U0347741

李若山谈独立董事

对外懂事，对内独立

李若山 —— 著

机械工业出版社
China Machine Press

图书在版编目（CIP）数据

李若山谈独立董事：对外懂事，对内独立 / 李若山著 . -- 北京：机械工业出版社，
2022.1（2022.10 重印）
ISBN 978-7-111-70094-4

I. ① 李… II. ① 李… III. ① 上市公司－董事会－研究－中国 IV. ① F279.246

中国版本图书馆 CIP 数据核字（2022）第 009569 号

李若山谈独立董事：对外懂事，对内独立

出版发行：机械工业出版社（北京市西城区百万庄大街 22 号 邮政编码：100037）

责任编辑：石美华 刘新艳 责任校对：殷 虹

印 刷：北京铭成印刷有限公司 版 次：2022 年 10 月第 1 版第 2 次印刷

开 本：170mm×230mm 1/16 印 张：27.75

书 号：ISBN 978-7-111-70094-4 定 价：129.00 元

客服电话：（010）88361066 68326294

何为独立董事？他有哪些职责？独立董事应该如何开展董事会的工作？在董事会上该如何发言？对于这些，从交易所独立董事培训班"新鲜出炉"的候选人们，从书上学了不少，但要真枪实弹上阵，他们可能还是一头雾水。另外，随着中国经济的繁荣发展，有越来越多的公司需要派出自己的高管到分支公司去担任董事、监事等职。怎么当好董事？如何成为一个称职的监事？许多刚刚上任的董事、监事对此感到困惑。

对于本书如何起名，我一直是很纠结的！有人建议本书的名字为《李若山谈独立董事：对外独立，对内董事》，这可能会很吸引人。一位我熟悉的董事长所在的公司即将上市时找不到一个合适的有财务背景的独立董事，这位董事长打电话给我，问我有没有兴趣到他们公司去担任这个职务。我简单询问了公司的情况后问："你为什么找我当独立董事？"他说："你不是给我们上过 EMBA 课的老师吗？"我说："是上过课，上课和独立董事有什么关系？"他说："老师好啊！老师给我们当独立董事，对外嘛，你很独立，因为你是做审计的。对内嘛，你一定非常懂事！因为你是我的老师！"听完他的解释，我"哈哈"大笑。原来他是这样理解独立董事的。如果这样去当独立董事，应该是一个不称职的独立董事吧！

2021年11月12日，在此书即将完稿之时，我突然获悉广州市中级人民法院对全国首例证券集体诉讼案做出一审判决，除责令康美药业股份有限公司因年报等虚假陈述侵权赔偿证券投资者损失24.59亿元之外，5名曾任或在职的该公司独立董事，需要承担连带清偿责任5%～10%不等，合计清偿金额最高约3.69亿元。尽管过去独立董事在证监会做出的行政处罚中常被作为相关责任人进行处罚，但独立董事涉及投资者民事赔偿的情况还没出现过。尤其是相对于独立董事每年领取十万元左右的津贴来说，这无疑是天价赔偿金额。此案震动了整个中国资本市场，尤其是独立董事这一行业。此后短短一个月不到，有将近60名独立董事宣布辞职，该事件掀起了一股独立董事的辞职潮。此案的判决也引起了更多的人关注上市公司独立董事的职能。

在中国的上市公司中，尤其是民营企业为大股东的上市公司中，大股东控制了公司的经营权，他们中的一些人对公司上市的意义理解不深，对上市公司的治理需要通过独立董事来平衡大小股东、内外股东的利益也相当陌生，更不能正确理解上市公司需要通过独立董事来平衡大小股东、内外股东利益的意义。对于自己的公司上市后，需要有几位既没有股权又没有上下游业务关系的外部专业人员来参加董事会，他们多少有些犯难，思来想去，觉得应该找有资格、关系好、能说话，又不会给他们找麻烦的人来当这个独立董事。这样，既能符合监管部门的要求，又能按照既定的格局与意图，我行我素地按原来的方式来管理企业。所以那位董事长才会对我说出"老师当独立董事能对外独立、对内懂事"的调侃之言。

对一个有独立人格、职业素养的专业人士来说，第一次担任独立董事职务确实是一个很大的挑战。尽管接受过资格培训，但现实中董事会的事务千头万绪，处理起来也绝非易事。此外，由于大多中国企业中的独立董事与大股东或管理层有着千丝万缕的关系，否则也不会被聘请，因此要做到既能维系过去的良好关系，又能合格地承担好独立董事的应尽职责，需要高超的商业智慧。

依我的理解，当独立董事，绝不能去附会前文中那位董事长的调侃之言。独立董事，保持"独立"，包括形式上和精神上的独立，最为重要。只有独立，才能站在公平的基础上，去维护全体股东的利益，包括大、中、小股东的利益，外部股东与内部股东的利益。而面对上市公司错综复杂的战略、薪酬、提名与审计等事务，做一个"懂事"的董事，平衡企业各方面利益格局，承担好公司治理结构要求的各项职责，并不简单。扎实的商业基础知识、良好的职业素养、善解人意的情商、高超的发言艺术，是独立董事应该掌握的"懂事"能力。在我二十多年的董事生涯中，我深深品味着其中的许多哲理，现在我将发生的一些事情写出来。

思考再三，我将本书定名为《李若山谈独立董事：对外懂事，对内独立》。我将前文提到的董事长对独立董事的调侃之言"对外独立，对内懂事"做了个顺序对换，其含义饱含我的一番苦心。有些民营大股东控制的公司，尽管上市了，成为公众公司，但不太习惯上市公司治理要求的约束，如根据法规聘请外部独立董事，对此，有些这类公司希望独立董事面对外部规则要求时，保持形式上的独立；面对内部表决时，配合上市公司做一些可能只对大股东有利的决策。但是，我写本书的心愿是，作为独立董事，要真正理解上市公司的治理要求，要懂得上市公司的所有规则，要真懂事；对内，要常常考虑全体股东的利益，尤其是上市公司外部的中小股东的利益，对大股东要保持相对独立性，要真正独立。所以，尽管只是顺序调换了一下，但对独立董事要求的含义就完全不一样了。

中国证监会于 2001 年 8 月 16 日正式发布《关于在上市公司建立独立董事制度的指导意见》之后，中国上市公司纷纷聘请社会各界人士到公司担任独立董事一职。文件中除了特别强调独立董事要占到上市公司董事会成员的1/3以上之外，还要求其中至少有一位具备会计专业的背景。在这种情况下，我于2002年开始，通过担任独立董事之职，参与了许多上市公司的董事会工作。从最初的福耀玻璃公司开始，我先后在中化国际、金丰投资、浦东路桥、兴业银行、太平洋保险、万丰奥威、广博股份、东方航空、陕鼓动力、张江高科、上海汽车、盐田港、第一医药等14家上市公司担任独立董事。由于《关于在上市公司建立独立董事制度的指导意见》规定最多只能同时兼任五家公司的独立董事，我还在其他上市或非上市公司兼任外部董事、股东董事、监事等职，如复旦复华、申能集团、二十冶、中南建设、华通银行、东渡国际、远泰股份等公司。我简单算了一下，除去一些小公司，前前后后也有二十多家公司，我可以算是董事"专业户"了吧。

通过这些董事、监事工作，我结识了很多对中国经济有一定影响的优秀企业家，如福耀玻璃的曹德旺、左敏，中化国际的施国梁、罗东江、陈国钢，兴业银行的高建平、李仁杰、陶以平，太平洋保险的高国富、霍联宏，东方航空的刘绍勇、马须伦、李养民，浦东路桥的葛培健，上海汽车的陈虹、程志鑫、王晓秋，金丰投资的阮人旦，中南建设的陈锦石，广博股份的王利平，万丰奥威的陈爱莲，陕鼓动力的印建安，盐田港的乔宏伟，张江高科的刘樱，二十冶的李勇，申能集团的杨祥海、王坚，东渡国际的李海林、董培良，祥腾股份的于教清等人。此外，我还结识了多位杰出的独立董事，如被中国并购界称为"并购之父"的王巍、中信集团董事蔡重直、招商银行创始董事长马蔚华、香港联交所前总裁袁天凡、国家税务总局前副局长许善达、国务院发展研究中心金融研究所副所长巴曙松、上海证券交易所前副总经理周勤业、上海国家会计学院前院长夏大慰、立信会计金融学院前副校长邵瑞庆、清华大学仝允桓、厦门大学吴世农、君和律师事务所肖微、美国驻华大使馆原商务参赞保罗·希尔、德意志银行亚太地区原主席蔡洪平等人（还有太多优秀人士，我实在无法一一列举，只能在书中慢慢道来）。他们绝对是引领中国经济发展最优秀的一代企业家与学者的缩影。他们的身体力行以及艰苦卓绝的付出为中国近 40 年的经济奇迹做出了重大贡献。能与他们共事，真是三生有幸。

这个优秀群体对我耳濡目染的影响，以及对我的帮助与指导，让我在实践中体验到，中国企业的发展，绝不像教科书中写的那样刻板，一是一，二是二，而是从错综复杂的问题中，找到一个可能不是令所有人满意，但大家还能接受的最优解。企业是在不断试错、不断弥补缺陷的过程中，跌跌撞撞地一步步走过来的。在这个过程中，除了经营层的努力之外，董事会也起到相当关键的作用。战略准不准，用人对不对，监督严不严，薪酬合不合适，可能给企业的发展带来正面或负面的影响。从表面上看，董事会只是对相关事务的董事会提案表态、投票，但是这些董事会通过的提案，最后往往影响企业的发展方向、生死存亡。一个公司的董事会运作如何，一个独立董事履职是否合格，是由公司发展的实践来证明的。这是我当了二十多年独立董事的感悟之一。

概括起来，一家公司的董事会主要的职责有四大方面：一是管公司的战略与预算，二是管公司副总以上高管的任命与考核，三是管公司高管的薪酬与激励，四是管公司的审计与监督。上市公司通常需要在董事会中设立四个专业委员会。首先是公司战略委员会，通常由董事长担任主席，且以创业股东任职的居多。其次是提名委员会、薪酬委员会和审计委员会，证监会规定，这三个委员会的主席一般由独立董事来担任。这三个领域经常要平衡大小股东的利益、外部股东与内部股东的利益、股东与经营层的利益，从治理的角度来看，由独立董事来承担这三大职务，在平衡这些关系时，相对会比较中立客观。

用制度规定董事会内部分工、独立董事比例等内容，从理论上来讲比较合理。但当董事会真正运作起来，牵涉具体的事务决策时，就没那么简单了。如我在前文所言，独立董事除了要正直、公正、客观之外，还必须具备良好的职业素养、专业知识，更重要的是，要有一个智慧的头脑来处理各种复杂的关系，平衡好各方面的利益与矛盾，而最后这一点，曾经是我最欠缺的。在董事会工作过程中，我凭着自己的职业道德和有限的专业知识，认真也自以为是地履行独立董事的职责时，犯过一些错误，做过一些愚蠢的决策，给公司造成了一定的损失。在本书中，我也总结了这方面的经验教训。

不过，总的来讲，在维护全体股东利益、执行监管部门的要求方面，我对公司的提案还是比较认真的，有时甚至认真到令其他董事不太舒服的程度。在某家上市公司我的独立董事任期结束时的一次会议上，公司董事长语重心长地对我说："李老师，我给你六年独立董事的工作做一个评价吧。你的优点比较突出，两个字，'认真'。如果再加两个字，'非常认真'。"我听后刚说了声"谢谢"，董事长马上又说："但是，你还有一个方面应该注意，三个字，'太认真'。"我听后一脸尴尬地又说了声"谢谢你"。实际上，这不是应该注意的事，这也许是我最大的缺点，只不过董事长婉转地表达了一下而已。他说完后，我们会心地笑了。

也许，正是因为这个突出的性格，我得到了太平洋保险集团董事会的推荐，让我这个独立董事荣幸地获得官方的认可，在 2010 年 12 月 18 日由上海证券交易所召开的"第九届中国公司治理论坛"上，我获得全国上市公司"十佳优秀独立董事"奖。给我颁奖的是当时的上海市市长韩正。这也是官方唯一一次对全国上市公司的独立董事进行表彰的活动。在我的颁奖词中，评委会对我担任独立董事的成绩给予肯定："李若山教授具有丰富的财务审计、公司治理方面的理论功底及从业经验，具有客观独立履行职责的审慎观念以及勤勉尽责、恪尽职守的职业操守，对任职公司董事会的各项重大决策发挥了重要的指导、咨询和决策作用。由李若山教授担任独立董事的中国太保董事会致力于治理结构和机制的不断完善，参照国际最佳实践，在集团和子公司层面构建了较为完善的治理体系，保证公司战略目标的实施，提高了风险控制的有效性。"我想，这大概也是我"太认真"带来的回报吧！

当我开始准备在电脑上敲击文字来涂写我的独立董事生涯时，我的脑子一下子乱起来。在过去二十多年的时间里，我担任过二十多家公司的独立董事、外部董事、监事等职。假定一家公司每年召开五六次董事会（记得最多的是中化国际，一年召开23次董事会），每次董事会有十几个提案（最多时有五六十个），粗粗一算，我参与讨论的董事会提案大大小小至少有上万个。其间，我访谈过各种各样的公司，调研过国内外几十家分子公司。有的事件我印象深刻，现在回想起来，还历历在目；有的事件因时日已久，几乎找不到清晰的痕迹。那么，我该从何写起？又该怎么写？写的时候，是否符合当时的客观现实？是否会下意识地标榜自己、贬低别人？这些是写作时常常遇到的难题。

首先，在内容安排上，我决定按企业分类。我挑选几家参与度比较高的重点企业，分别撰写我在这些企业亲历过的突出事件。比如，在中化国际，我印象最深刻的是请美国标准普尔公司进行公司治理结构的评估与改造。这在我的独立董事生涯中是独一无二的经历，即便今天回想起来，仍然觉得意义非凡。

中化国际一章中重点介绍的是公司治理结构的改革。太平洋保险一章中重点讲的是其内部审计体系的变化。太平洋保险通过对其内部审计的改造，历经三次革命性的嬗变，最终成为行业乃至全国企业内审的楷模，也给我的独立董事生涯带来自豪感。在浦东路桥，我印象最深刻的是它的内部控制建设。当时由我率领的团队经过大半年的现场调研，对近百个公司流程进行再造，前后花费三年时间推动内控改革及追踪其实施。我深深体会到，一家公司内控流程的变革，绝不是靠一套咨询公司设计出来的制度就可以完成的。如何解决内控变革背后公司内部利益格局的调整，才是变革过程中最棘手的难题。在中南建设一章中，我除了回忆当年他们如何通过高瞻远瞩的战略决策完成资本运作的宏图伟略，也对他们在追求多元化发展过程中所遇到的一些难题，以及他们如何尝试应对这些问题进行复盘。在兴业银行一章中，对于中国最优秀的金融企业之一，我除了描述他们如何利用极有战略价值的审计中介机构外，还重点介绍了董事如何进行现场调研得到决策依据。复旦复华一章中则重点介绍董事会如何应对外界的突发危机，尤其是重大突发危机事件。当然，我还化名介绍了我在一家企业中当独立董事不到半年就坚决请辞的原委。这些林林总总的事件，尽管有的是几年甚至十几年前发生的，但今天来看，对其他董事会和广大独立董事、监事、管理层也许仍有一定的启示。由于是抱着有内容多写，没有内容少写的态度，我没有刻意去追求每章内容的分量大致相等和格式一致。

其次，怎么写？议论式，叙事式，还是文件罗列式？似乎都不妥。好在我不是为了评职称，不是为了搞科研项目，只是想写一本工作思考和经验总结的书。写作时我贯彻两个原则：一是尽量尊重事实、忠于事实。凡是能找到的原始资料，能用尽量用。这样，相对来说比较客观。我找到许多原始资料，如写给曹德旺董事长的告别信原件、记录有我发言的董事会纪要、对会计师进行评估的汇报 PPT 等，还有各种访谈的文字记录。这些原始资料对于我今天以客观的角度来写当时的经历，很重要。为重现当年的真实情况，实在找不到原始资料的，我也尽量引用当时网络媒体的报道。在格式方面，不追求统一，既有原始资料的节选呈现，也有对发生事件的叙说；既有文字描述，也有图表列示。但是客观公正的原则不会变。二是尽量不对参与者做对与错的评判，只对我自己的问题进行反思。用现在环境中产生的思维，去评判十多年、二十多年前发生的事情，是不公正的。每个人在历史环境的局限下，都有可能产生这样或那样的错误认识，用"事后诸葛亮"的角度去批评历史中的问题，只会贻笑大方。对自己过去的问题，由于是当事人，反倒可以反思与评判。目的只有一个，就是不重复犯过去犯过的错误。

当我有了写书这个念头之时，恰逢 2020 年的春节，那时武汉暴发了新冠肺炎疫情。在政府有力的措施下，疫情得到一定控制。其中，最有力的防控举措之一是让所有人待在家中，无事尽量不外出。这恰恰让我这个有一定拖延症的人无法找到偷懒的借口。我以每天四五千字的速度码字，历经大半年，完成初稿，也算给自己一个像样的交代。尽管完成了初稿，但其中的文字、内容以及编排，都还不够完善，我将书中部分章节先后发给了包琰、王巍、周勤业、孙峥等朋友，他们对书稿提出了不少建设性意见，尤其是包琰博士和冯萌博士，他们对文字进行了详细修改。我对书中内容九易其稿，终于在 2021 年 7 月将稿件交给了出版社。在这个过程中，我特别感谢出版社编辑石美华女士，如果不是她的认真与执着，可能到今天我还完成不了拙作的撰写，这是我的真心话。

最后，本书写得怎样，好还是不好，是不是客观，值不值得看，欢迎大家看后给以评判！

李若山

2021 年 12 月于上海

目录 —— CONTENTS

CHAPTER 1
第一章

福耀玻璃

第一节　独立董事生涯的开始

2002 年 8 月的某一天，我接到老同学、老邻居厦门大学吴世农教授的电话，问我有没有兴趣当福耀玻璃的独立董事。我有点茫然，我并不熟悉福耀玻璃这家企业，更不知道什么叫独立董事。尽管我在厦门大学当老师的时候，曾在厦门大学会计师事务所兼职，对企业做过一些审计查账工作，对企业的实际运营也有些了解，但我对公司董事会的运作机制，特别是上市公司董事会的运作机制，基本上一窍不通。

事后我才了解到，吴教授打这个电话给我，与新出台的政策有关。2001 年 8 月 16 日，中国证监会正式发布了《关于在上市公司建立独立董事制度的指导意见》，对独立董事制度的建立以及独立董事的任职、资格、职权、责任等做了规定，后又于 2002 年 1 月与国家经贸委联合发布《上市公司治理准则》，以第三章第五节专节的形式规定了独立董事制度。至此，独立董事制度在我国正式确立。

　　估计是福耀玻璃的曹德旺董事长找了吴教授, 请他在学校中找几个合适的人来担任独立董事。当时的我真的是一点儿也不懂如何担任独立董事。因此, 我怯生生地问了一下, 还有谁会以独立董事的身份参加福耀玻璃的董事会。吴教授说, 除了他本人之外, 还有清华大学经管学院的副院长全允桓教授。后来才知道, 全教授当时也很犹豫。吴教授对他说, 请了复旦大学管理学院李若山教授在财务上帮忙把关, 应该不会有很大问题。全教授是研究企业管理的专家, 在这方面很有造诣, 他可以对企业管理方面的问题把一下关。如此配置, 我们作为独立董事的责任及风险应该可控。在这样的情况下, 来自清华大学经管学院、复旦大学管理学院、厦门大学经济学院的三个副院长, 出任福耀玻璃第一届独立董事, 我也就懵懵懂懂地开始了我的独立董事生涯。

　　2002 年 9 月 1 日, 我匆匆从上海坐飞机赶到福州, 参加福耀玻璃的董事会。接待我的是公司年轻的副总左先生, 他曾在厦门大学会计系学习过, 也算是我的学生, 自然比较熟悉。左副总与董秘陈跃丹将第二天要开的董事会的资料送过来, 我认真看了一下, 除了改选董事会外, 其余的提案基本上都是要求董事会授权向银行贷款, 加起来有近十亿元的银行贷款授信。这么多钱几乎是天文数字。我有点吃惊, 更多的是担心, 如此多的巨额贷款, 以后怎么还呢? 我翻看了福耀玻璃的财务报表, 更证实了我的忧虑并非多余。带着这个疑惑, 我几乎一夜无眠!

　　9 月 2 日上午 10 点, 在福侨大厦八楼会议室, 我第一次见到福耀玻璃的创始人、董事长曹德旺先生。他个子不高, 一米七不到, 很壮实, 有浓重的福建口音, 讲话很有力, 一看就是一个非常强势、非常有主见的企业家。会议室里除了我们三个新当选的独立董事之外, 还有左副总、曹德旺的妹妹曹女士等人。在我的记忆中, 曹德旺的儿子曹先生似乎没有到场, 还在美国分管海外业务。到会的执行董事们很朴素, 好像穿着工作服。由于刚刚开过临时股东会, 在座的董事都是全票当选, 会议流程走得很快,简单讨论了一下董事会分工，我名正言顺地当了审计委员会主席。接下来，是要通过银行贷款授信的提案。作为新当选的审计委员会主席，在第一次董事会上，我总觉得自己应该说些什么，于是，我很没有底气地问："怎么借这么多的贷款？这些贷款的偿还能力如何？未来的现金流在哪里？从财务报表看，似乎有蛮大的还款压力！"尽管曹德旺董事长不是学财务出身，但是，他对财务的理解很独到。他根本不从财务报表科目谈起，而是从上市公司本身、集团，还有海外公司的财务资源及汽车玻璃市场等方面进行分析，胸有成竹，谈得头头是道。对于这些贷款的偿付、使用布局以及今后的市场占有、未来现金流量等，他一一做了解释，似乎没有任何问题（当然，以后的发展事实也证明了这一点）。说实话，学会计出身的我，一点儿也没有听懂他说的那些道理，也实在说不出任何实质性的反对理由。吴教授和仝教授也相继提了一些问题，曹德旺董事长都一一做了解答。尽管董事长征求了与会的其他几位执行董事的意见，但他们似乎没有什么异议。董事会很快通过所有提案，我也经历了人生第一次上市公司的董事会。以后我慢慢知道，上市公司董事会是为了通过一些提案而召开的，而对提案认真阅读与预习，是开好董事会的关键。

第二节　通辽收购浮法玻璃厂之行

在担任福耀玻璃独立董事不久后，大概在 2002 年 9 月底，我突然接到公司董秘陈跃丹的电话，说近期公司要召开董事会，就公司收购通辽玻璃厂的事情进行沟通表决，问我是否愿意在此之前与曹德旺董事长一起去通辽等地考察与谈判。我当然愿意。这对我来说是一次很好的学习机会。因为对于怎样收购和如何谈判，我感到很陌生，如果不亲自参与考察，在董事会上是很难表态的。

我记得同行的还有另外两位独立董事。我们先去了准备收购的双辽玻璃厂，然后参观了附近的生产玻璃的主要原材料产地——硅矿，最后来到内蒙古的通辽市。

通辽玻璃厂是一家典型的国有企业，为了迎接我们的到来，工厂门口打扫得很干净。我们前后参观了一下，发现这家企业已有些年头，设备有些陈旧，有的地方还很破败。参观过程中，车间内的温度非常高，一条生产线的设备还出了故障，工人们忙前忙后地抢修。我不明白为什么福耀玻璃要去收购这样一家企业，它生产的并不是汽车玻璃的原料，而是建筑玻璃的，这是两个完全不同的玻璃品种。而汽车玻璃原料的质量要求远高于建筑玻璃原料。这次收购并不是福耀玻璃产业链的延伸。这家企业的优势有两个：一是离玻璃原料硅砂产地近，二是采用的是浮法生产线。浮法生产线是比较先进的生产线。我也是第一次了解到，所谓浮法，是将溶化后的液体玻璃原料倾倒在水银液体上，冷却后的玻璃会非常平整。但是，收购后如何与福耀玻璃进行产业链整合，对上市公司又有怎样的价值，我们还不是很清楚。

下午，我们开始与通辽市政府进行实质性的谈判。福耀玻璃的董事们与通辽市政府的谈判进行得很艰难，主要是在价格上谈不拢。一开始非限制性报价时，福耀玻璃开出的收购价是3亿元，但在后续实地考察及调查过程中，福耀玻璃的领导们觉得通辽玻璃厂问题不少，不愿意再出这个价，说如果还是3亿元的收购价，就不要了。通辽市领导再三说："我们已经按你们出的价，对如何使用收购资金做了计划安排，对通辽玻璃厂的闲散员工也进行了安排。现在，你们如果不要，我们怎么办？"谈判陷入僵局，并临时休会。

通辽市领导知道我的博士同学孙博士当时正在内蒙古自治区人民政府挂职锻炼，就打电话给孙博士，要他帮忙联系我，支持一下通辽市政府的这个收购案。果不其然，在会议讨论过程中，我接到孙博士打来的电话，在电话中，他再三强调，通辽是老少边穷地区，要对自治区经济发展多多支持等。我当然满口答应。我知道，这次收购一定会成功，不然，公司也不会花这么多时间与精力，不会有这么多董事会成员飞到通辽来谈判。再说，虽然我个人能力根本不足以左右这次谈判，但老同学的建议还是要尽力采纳的。经过一下午的谈判，最后，双方以各退半步圆满收场，福耀玻璃以2.5亿元的价格收购通辽玻璃厂。谈判成功后，双方都很高兴，晚上，通辽市领导设宴请我们一行人吃饭。席间，市领导再次说道：曹总，你看，我们这5000万元的缺口还不知道怎么填呢？原先我们是按3亿元的收购价来安排员工及其他善后工作的，这一下子少了5000万元，通辽市政府真的很为难！曹德旺董事长听到后，微微一笑说："这样吧，我也知道你们不容易，上市公司的钱，是由董事会来决定的，今天我们三位独立董事在场，谈判确定的2.5亿元的价格不能再做任何变动。我可以以个人名义，不用上市公司的资金，再无偿送给你们500万元现金，多少给你们做点贡献吧！你看如何？"听到这里，市领导大喜过望，连连点头说"感谢感谢"。从这点来看，曹德旺董事长对上市公司的治理还是很认真的。董事会集体决策好的事，他非常尊重，需要变通的地方，不再动用上市公司的资源。对此，作为独立董事，我们很感谢这位令人尊敬而又善于变通的董事长。

第三节　福耀玻璃的股权分置改革风波

2005年4月29日，一个困扰中国资本市场数载的"老大难"问题尘埃落定。经国务院批准，中国证监会宣布启动股权分置改革试点工作，按照"市场稳定发展、规则公平统一、方案协商选择、流通股东表决、实施分步有序"的原则进行操作，并按照"统一组织、分散决策"的总体思路进行。

此消息一出，犹如石破天惊。在此之前，中国证券市场有一个其他国家或地区没有的现象，就是上市公司股票有两类：一类是公司上市之前发行的股票，这类股票不能在证券市场中流通，即非流通股；另一类是公司上市后公开发行的股票, 这类股票可以按照市场价在证券市场进行交易, 即流通股。上市公司的控股股东持有的基本上都是不能流通的股票, 这导致上市公司的股票价格高低与他们毫无关系。公司上市, 除了通过发行股票能获得资金, 改善一下公司的现金流之外, 对于大股东来说没有其他任何好处。他们根本不关注股票价格的波动, 甚至越来越多的企业上市之后的第一件事是将公司通过发行股票所获得的资金千方百计地套出去, 一点儿也不在乎公司质量变差以及股票不值钱了。于是, 中国证券市场出现一系列乱象, 即一些控股股东要么占用上市公司的资金, 要么让上市公司为其控股股东的公司做违规担保。

2006 年 7 月 7 日, 沪深交易所在指定信息披露媒体发布"关于上市公司大股东及其附属企业非经营性资金占用的通告 (深圳证券交易所 2006 年第二号)", 公开披露截至 2006 年 6 月 30 日上市公司大股东及其附属企业非经营性占用资金及清欠承诺情况。两市共有 252 家上市公司完成了清欠工作, 82 家上市公司部分完成清欠工作, 清欠金额合计 137.96 亿元, 占所需清偿资金总额的 30.41%。但是, 两市仍有 147 家上市公司存在资金占用问题, 占用金额仍高达 315.70 亿元。

在两类股票不能同等流通的情况下, 要想治理好上市公司, 似乎是不可能的。在国务院的指导下, 证监会发文, 要求启动股权分置改革。通过持有非流通股的大股东与持有流通股的小股东协商, 在非流通股大股东给予流通股小股东一定补偿之后, 允许原先不能流通的股票流通, 从而让大股东与流通股小股东共享资本市场带来的溢价好处。

刚开始的几个试点单位中, 我印象最深刻的是三一重工这家上市公司。作为股权分置改革的第一批试点公司, 三一重工于 2005 年 5 月 10 日率先公布了股权分置改革方案: "非流通股股东为取得股票流通权, 支付对价给流通股股东, 由非流通股股东向流通股股东每 10 股赠送 3 股并补偿 8 元现金。"面对市场上沸沸扬扬传播的关于非流通股股东给予流通股

股东补偿不够的说法，三一重工的二把手向文波先生颇有些不悦，曾说了下面这段话：○

　　一头大猪带着一群小猪，墙上挂着一桶猪食，如果大猪不把猪食拱下来，小猪就一点儿都没的吃。现在，大猪将猪食拱下来了，一群小猪就开始闹意见，要求得到更多，这怎么行？现在公布的方案就是最后的方案，我们不可能再让步了。

　　当然，向文波将控股大股东比喻为大猪，将证券市场中的小股东比喻为小猪，尽管话糙理不糙，但还是得罪了不少股民，最后不得不通过媒体向全体股民道歉。然而，其股权分置改革方案成了其他公司的样本，很多公司按照这样比例的对价来推进股权分置改革，只不过上下略有浮动而已。

　　由于证监会下文，因此所有的上市公司必须开展股权分置改革。福耀玻璃也不能例外，董事会也召开会议，开始讨论股权分置改革方案。对此，曹德旺董事长是不太赞成的，因为股权分置改革的突然实施，完全打乱了公司的战略布局。

　　当时，福耀玻璃经历了1994～1999年的低迷以及2003年的爆发式增长，中国汽车业进入平稳增长阶段。随着汽车销售增长势头放缓，汽车玻璃等零部件企业也受到影响。与此同时，竞争对手如法国圣戈班等国际跨国公司完成了在中国的布点，这也给福耀玻璃的订单增长带来压力。为提高抗周期波动的能力，当时福耀玻璃正在加快国内外市场的拓展，并向上下游一体化扩张。

　　通过在长春、重庆、上海等地设立生产基地，福耀玻璃的产能从1999年的500万平方米汽车玻璃产能，扩充至2004年的1400万平方米，年均

○　摘引自https://business.sohu.com/20050518/n225612779.shtml。

增长超过 35%, 产能利用率也一直保持在 90% 以上。市场占有率一路攀升, 占国内配套、维修市场份额分别高达 50% 和 10%, 占国外维修市场份额达到 7% 左右。规模扩张降低了原材料单位采购成本, 尽管那几年汽车玻璃价格逐渐下跌, 福耀玻璃的毛利率却一直稳定在 35% 左右。此外, 异地设点缩短了产品的销售半径, 其市场反应更为灵敏, 运输费用和破损率也得到有效降低。

随着国内配套市场份额达到 50%, 国外配套市场便成了福耀玻璃的下一个目标。曹德旺董事长表示, 2007 ~ 2008 年, 福耀玻璃国外配套业务的销售收入要达到国内配套业务的规模。2004 年, 福耀玻璃先后获得韩国现代、通用澳大利亚霍顿公司的部分订单, 与大众欧洲奥迪 C6 配套的中标签字仪式也于当年 6 月举行, 成为被公认为世界上最难做的奥迪汽车玻璃全球配套的定点供应商之一。

从成本比较看, 国外汽车玻璃项目的土建、基础设施等的投入超过设备的投入, 而国内则是两方面投入各占 50%; 另外, 国内人工成本占汽车玻璃成本的 8% 左右, 而国外人工成本比国内高 30 倍, 这正是汽车玻璃产业逐渐向中国转移的主要原因。即使加上运费, 福耀玻璃出口产品的价格也比国外竞争对手低 20% ~ 30%。

在横向扩张的同时, 福耀玻璃也将触角纵向延伸至上游汽车玻璃原材料——高级浮法玻璃的制造。2004 年, 福耀玻璃与美国 PPG 化敌为友, 斥资 10 亿元引进其两条高级浮法玻璃生产线。此外, 福耀玻璃还从德国购买设备, 建造了一条年产能 12 万吨的高级浮法玻璃生产线。当时预计到 2006 年, 福耀玻璃的高级浮法玻璃年生产能力将达到 36 万吨, 其中 60% ~ 70% 可用作汽车玻璃, 能基本满足自用。高级浮法玻璃的自产, 一能显著降低生产成本, 二可避免原片玻璃采购受制于竞争对手。纵观世界汽车玻璃巨头, 无不采用上下游一体化生产模式。原片玻璃约占产品成本的 37%, 如果综合考虑运费、包装费和破损率下降等因素(福耀玻璃当时 50% 的原片

玻璃从国外进口），估计原片玻璃自产后，福耀玻璃产品的成本能下降 10%
以上。

随着纵横两向的快速扩张，福耀玻璃的资金链条越绷越紧。根据 2004
年一季报，其资产负债率已达 66.66%。2004 年 8 月，福耀玻璃裁减 1000
名工人和 500 名管理人员，裁员比例高达 25%，亦引发了一些关于公司资
金紧张的猜测。福耀玻璃曾在 2003 年以 12 元增发股票，募得资金 5.6 亿
元。2004 年 5 月，福耀玻璃准备再次增发，发行不超过 1.4 亿股 A 股，募
集资金不超过 13.3 亿元。该议案被公众股东否决，中信经典配置、汉盛、
鸿阳、博时精选、上投摩根基金以及社保 104 组合等机构股东投了反对票。

在这样的形势下，启动股权分置改革意味着进一步削弱大股东的控制
权。对此，曹德旺董事长认为，这可能会影响公司的正常成长及战略布局。
事实上，尽管福耀玻璃是一家家族控股企业，但在中国资本市场上，曹德旺
绝对算是一个很自律的企业经营者。曹德旺表示，他在从资本市场筹集资
金的同时，更注重对股东的回报。在当时，福耀玻璃是上海证券交易所的
股票中唯一派息大过股票融资的上市公司，堪称民营企业上市公司的典范。
如果按照三一重工的方案，也 10 股派 3 股、分红 8 元现金，不仅会大幅提
高公司的资产负债率，产生严重的债务违约风险，更会削弱大股东的控制
权，并打乱企业的中长期战略设想。对此，在好几次会上，曹德旺董事长
对一刀切的股权分置改革很不赞同。董事会一而再，再而三地推迟股权分
置改革方案的讨论。终于，在方案实施的最终截止期前，福耀玻璃拿出了
被认为是最"小气"、最"抠门"的股权分置改革方案，10 股送 1 股。

作为独立董事，我为这样"抠门"的股权分置改革方案感到担心。这
种 10 股送 1 股的股权分置改革方案的确与大部分企业不同，支付的对价非
常低，这与样板股三一重工相比，实在太过小气。在董事会上，我们几个
独立董事提出：能否适当提高支付对价，不然的话，如果方案在股东大会
上被否决，会很被动。曹德旺董事长不为所动。他坚持说，之所以出这么

低的补偿, 是因为公司股票"质地"优良, 具有高成长潜质, 不能等同于其他普通的上市公司。为了证实此言不虚, 曹德旺董事长承诺: 保证今后三年的利润以平均不低于 20% 的幅度增长, 并保证三年后, 在对赌期结束时, 股票价格不低于 6.38 元 (股权分置时的股票价格只有 5 元多一点)。如果达不到承诺的业绩, 到时再追加给流通股股东的补偿。这样一个"小气"的补偿方案, 最后在董事会上勉强通过。信息披露后, 自然引起证券界的责难, 各种批评不绝于耳。曹德旺董事长十分坚定, 认为应该没有问题。

2006 年 2 月 15 日下午, 福耀玻璃在福清总部召开了股权分置改革相关股东会议, 参加会议的流通股股东进行现场投票。最后网络汇总投票情况: 流通股股东赞成比例为 80.7%, 流通股股东的投票率达到 87.26%, 该方案获得通过。投票结果证明曹德旺董事长的判断是正确的。对于有长远发展战略且有未来承诺的股权分置改革方案, 投资者一定会同意的。这大概是所有上市公司中最"小气"的股权分置改革方案, 也是投票最顺利的公司之一吧。

2009 年, 根据经普华永道中天会计师事务所有限公司审计的公司 2007、2008 年度财务报告, 由于公司 2008 年度经审计的合并报表净利润为 246 052 503 元, 每股收益为 0.12 元, 低于 2007 年度每股收益 0.46 元 (公司 2008 年度派发股票股利, 导致发行在外的普通股数量增加一倍, 故按调整后的股数重新计算 2007 年度每股收益), 触发了追送股份条件。大股东曹德旺立即启动追加补偿的方案, 向所有流通股股东追送了承诺的股份, 秉承了他一贯遵循的"承诺是金"的格言。

通过多次与曹德旺董事长接触, 我进一步认识到, 曹德旺董事长作为一个成功企业家, 有着清晰的战略及执着、顽强的性格, 始终坚持将企业做实、做强、做大。在这样一个执行力超强的企业家领导下, 只要战略定位正确、企业文化到位, 福耀玻璃就一直能在行业中保持领先地位。2020 年我在电视上看到主持人问曹德旺董事长一个很尖锐的问题: "阿里巴巴创始人马云先生即将卸任 CEO，把教鞭传给下一任管理者。但您还奋战在第一线，您是对您的手下不放心吗？"曹德旺董事长回答说："我如果对下面不放心，或者对谁不放心，我就直接走了。我今天很自豪地告诉你，早期为了温饱，赚两片钱养家糊口，奋斗不息，到了这几年，这些根本不是我做的事情，再赚的钱它不是我的，我自己养老的钱已经够了。从另一个角度，国家培养一个真正会做事的企业家，那个代价不是说用一亿两亿来算的，国家培养一个企业家代价太大太大，我也不是一出来就是这样的。我认为，不要轻易谈退下来。坚持在第一线，像蜡烛一样把蜡烧光了再说。这个才叫作奉献。如果我现在开着我心爱的飞机到处去玩，那是不负责任的，那是不受人家尊重的。"⊖

确实，作为企业家的曹德旺，他是有底气来说这些话的。

第四节　告别福耀玻璃董事会

在福耀玻璃担任六年的独立董事之后，终于到了要告别的时候。由于最后一次参加福耀玻璃董事会的时间，与我去海外考察的时间有冲突，我没有现场参加董事会。我给曹德旺董事长写了一封告别信，在信中表达了对他的感谢以及我对福耀玻璃未来的期望。有了这个开头之后，我渐渐养成一个习惯，即每当我在一个上市公司的独立董事任职期满之后，我会尽量写一封告别信。可惜的是，有些信没有保留下来，我只在电脑中找到几封。以下这封信是当时的原件，未做任何改动。

曹董事长暨全体董事：

　　因去美国考察上市公司内部控制时间已定，故无法前来参加年度董事

⊖　摘引自https://baijiahao.baidu.com/s?id=1620099519472149081&wfr=spider&for=p。

会，深表歉意！

临行前，我已审阅了2006年福耀公司的财务报表，并与审计部门进行了沟通。作为独立董事，尽管不能前来参加董事会，但也做一次书面发言。

很感谢经营层与执行董事在2006年度所做的巨大努力，不仅很好地完成了股权分置改革的任务，而且，还交出了一份极其出色的财务报表。公司的利润在2005年的基础上，增加了50%，税后利润达到近6亿元，给投资者以丰厚的回报。在此，感谢我们的经营层，感谢我们的执行董事。

从具体指标来看，各项数据都非常好，不论是应收账款的回笼，还是现金流的状态，都是比较健康的。这说明管理层不仅完成了税后利润目标，而且，还是真金白银的。在目前这样的经营环境中，做到这些，是不容易的。

当然，福耀公司作为一个上市公司，要想在今后的经营环境中塑造出一个有持续经营能力，且能被国际认可的现代企业，在有些方面还需要努力，其中，有几个方面值得关注：

1. 公司在产品开发、市场营销以及生产管理方面，已拥有了非常多且非常好的经验。但是，在形成一套能够传承并能复制的流程与制度方面，可能还需要进一步努力与规范。目前，公司许多好的做法、好的经验只是沉淀在某些优秀员工与个别管理人员身上，没有总结出来并形成公司资源。这使我们的关键岗位，特别是高级关键岗位，过分依赖个人，缺乏职业经理人应有的环境。总结这些优秀经验，并形成公司流程，是当务之急。

2. 公司要对当前流程进行进一步梳理，并对内部控制进行全面评价。这不仅是证券监管部门的要求，也是一家优秀上市公司必须实行的自我评估体系。过去，公司在投资、经营等方面做了非常成功的决策，取得了优异成绩，但在某些方面也有不足，如对通辽的建筑玻璃的投资，有许多值得思考与总结的东西。如何发挥董事会中战略委员会的作用，是今后董事会应该关注的事情。条件成熟的话，福耀应该在今年适当的时候对内部控制做一个自我评估，并予以披露，以满足资本市场的需求。

3. 公司在资本运作上，已取得了可喜的成绩，如再筹资、定向增发等，比较成功，但相对于今后中国资本市场的开放来说，是远远不够的。随着中国金融市场的进一步开放，许多金融工具的开发，对一家优秀的上市公司来说，是一个极好的机会。如中化此次发行的可分离债券，其融资成本之低，融资量之高，是一般简单增发所不能比拟的。提高投资部门的科学性，招聘一些金融人才，是福耀今后用两条腿走路所必需的基本条件（不能简单靠生产与经营）。

当然，作为独立董事，我很荣幸地参与了福耀的发展，但感觉比较惭愧，没有做出应有的奉献。但是，我相信，在全体董事与经营层的努力下，在股东的支持下，福耀一定会成为国际认可的现代企业。

独立董事李若山

此次董事会，我全权委托仝某某教授代我行使独立董事的权力。谢谢！

2007-02-26

在开完 2007 年 2 月的最后一次董事会后，我离开了福耀玻璃，之后我仍一直很关注福耀玻璃的成长。在曹德旺董事长的带领下，福耀玻璃在后续几年中，不仅在国内成为汽车玻璃的行业巨头，而且，在国际化方面也非常成功。2019 年拍摄的长纪录片《美国工厂》，生动地反映了福耀玻璃在国际化方面取得的非凡成就。看来，我在告别信中所提到的问题，是有些多虑了。事实证明，福耀玻璃在这些方面早就未雨绸缪，通过不断变革，正在稳步成为国内、国际一流的企业。在此，祝福曹德旺董事长，祝福福耀玻璃，希望他们的明天更美好！

小结：作为独立董事"新兵"的我，初出茅庐，有幸结识了上市公司董事长中最优秀的民营企业家曹德旺先生，了解了上市公司董事会应该具备的四大功能——战略、提名、薪酬及审计，学会了董事会的开会方式。同时，公司战略并购与股权分置改革的操作实践，考验董事会对大小股东利益的平衡，给首次当独立董事的我，上了生动的第一课。

第二章

中化国际

第一节 入职中化国际独立董事

2002 年 10 月初，我去北京出差，突然接到曾经同宿舍但不同级的师兄陈国钢博士的电话。他在电话中问我是不是来了北京，晚上有没有空，说要请我吃晚饭。陈国钢博士比我高一届，是厦门大学经济学院七七级会计专业本科，而我是七八级会计专业本科。尽管我称他为师兄，但他比我小十岁，这大概是七七、七八级大学生中常见的现象。

他一直师从著名管理会计大师余绪缨教授，而我则师从著名财务会计大师葛家澍教授。毕业后，他成为中国第一批管理会计博士之一，参加工作后不久，他就成为央企中化集团公司的财务总监，这证明他的确是一位非常优秀的人才。

他毕业近十年，其间我们没有什么联系。突然接到他的电话，要请我吃饭，我不知道是为什么。晚上，我如期赴约，在吃饭时，他不经意地问我，有没有兴趣到他们集团公司下面的一家叫中化国际的上市公司当独立董事。我一愣，怎么又是独立董事，好在刚刚在福耀玻璃任职独立董事，心里多少还有点底。我还是问了一下："这么多年没联系，为什么突然要选我去你们下属公司当独立董事？"他实话实说，本来他准备请他的师妹、在上海交通大学管理学院教会计的胡博士来担任此职，但胡博士正在海外进修，不在国内。为了达到证监会对上市公司必须要有独立董事的规定，而公司注册地又在上海，所以想到我。我说可以试试。他又说："我们是央企，要走一定的流程，你能不能当独立董事，最后还要由领导来决定。"

不久之后，我又到北京出差。中化集团公司负责人力资源的柴总（柴国强）将我约到公司，很认真地询问了我的经历以及我对上市公司独立董事一职的看法。好在我过去曾经在会计师事务所兼职多年，有过不少公司的审计经历，对公司财务、内部审计以及内部控制的实践有点了解，对他的问题能回答得八九不离十。双方沟通后，柴总说："我这里可以了，你还得去见个人，进行下一轮面试。"我问是谁，他说是上市公司的提名与治理委员会主席王巍先生。我心里想，真是侯门深似海，在中化国际当个独立董事，流程还真不少。柴总还说，在见了王巍先生后，后面还有许多流程要走。见就见吧，好在这些部门都在北京。

在北京长安街上的一个大楼里，我找到万盟并购集团公司。办公室的一面墙上按时间顺序整齐地排列着公司多年来服务过的客户相框，有辽宁盼盼、中体实业、新希望等几十家公司之多。一看就让人觉得这是一家非常有实力的并购中介公司，而王巍先生正是这家公司的创始老总，难怪业界有人称他为"中国并购之父"。应该说，我后面在多家公司担任独立董事，如果还算称职的话，与王巍先生对我的影响及教诲有很大关系。

王巍先生的人生充满传奇色彩。他与我一样，是恢复高考后的第一批大学生，在东北财经大学读本科，专业是会计学。大学毕业后，他被分配到老家辽宁某地的建设银行工作。一年后，他被中国人民银行研究生院录取，进入地处五道口的金融学院，成为号称中国金融"黄埔一期"的学生。

研究生毕业后，他被分配到北京的中国银行工作。从媒体介绍来看，他不是一个"循规蹈矩"的人：他利用业余时间，同一批金融界的改革青年一起创办了一所名叫"财政金融函授学院"的民办大学，为来自全国各地的学员讲课、编教材，同时，还组建了民间机构"北京社会经济研究所"，讨论中国经济改革问题。

1987年，王巍先生到美国进修，除了正常学习外，他还在花旗银行、大通、世界银行等公司实习。1992年，在美国学习五年之后，王巍先生回到国内，才33岁的他，凭借丰富的阅历，以副总的身份筹建南方证券。1996年，在南方证券发展得热火朝天、上证指数达到4200点高峰时，他又毅然从南方证券辞职，创办了万盟并购集团公司。

第一次在万盟并购集团公司办公室见到王巍先生时，他给我留下很深刻的印象：瘦高个，皮肤有点黑，花白的小平头，谈话时有点咄咄逼人，让人有点压迫感。他很认真地询问了我的经历，大概与他走的路差不多，第一批恢复高考的本科、读研、出国进修，不同的是，我没有在海外实业公司工作过。谈了半个多小时，他说："可以了，我这里应该没有问题了，接下来，再走下面的程序吧！"我心里暗想：还有程序啊？在福耀玻璃上市公司当独立董事，程序非常简单，董事长曹德旺认可就行了。而到这家中化来当董事，相关人员见了一个又一个，最后还要再走程序，央企就是不一样啊！

回到上海不久，大概是2002年的10月中旬，我接到陈国钢博士的电话，他说："我们要在上海浦东的一家宾馆开一次董事会，尽管你还不是上市公司董事，但董事长及公司其他几位董事要见见你，你来列席一下会议吧！"正好那天我有空，就去了那个宾馆，第一次见到董事长施国梁先生。

施先生的经历有些传奇，他毕业于清华大学工程系，曾先后担任大连第二轧钢厂厂长、大连市计划委员会副主任兼大连市信息中心主任、上海市浦东新区管理委员会办公室副主任。不知什么原因，他会到中化国际当董事长。与他初次见面后，我就判断出他是苏南一带的人，带点吴侬软语的口音，后来才知道，他的确是苏州一带的人，还对苏州评弹颇有研究，唱的一口好评弹。他瘦高个，很斯文，很严肃，不苟言笑。所有人都有点怕他，尊称他为"老爷子"，只有王巍先生敢跟他开玩笑。最令我惊诧的是，他说话的逻辑似乎有些跳跃，一般人很难通过他的话语理解需要做什么事，要达到什么目的。他自己大概也知道这一点，每次讲完话，他都会问一句：你明白我讲的是什么吗？这使我每次与他对话，都必须全神贯注地仔细听每一个字，否则的话，真不知道他说的是什么，应该怎样回答。那次会议，记得好像是一次投资者见面会，我只是列席参加，来了很多基金公司的老总，问了不少问题，大多数与中化国际未来的战略发展有关，公司管理层做了比较客观的回答，基金经理们似乎比较满意。

　　又过了一两周，记得是 10 月 29 日，我接到公司董秘王克敏的电话，要我到上海一家宾馆参加董事会。由于会议开始之前我还不是公司董事，到了会场之后，我被要求先留在会场之外，等候董事会开会及投票结果。大约过了半个多小时，董秘王克敏才过来通知等在外面的我说"董事会已通过投票，恭喜你已经成为董事会中的独立董事"，然后我才进入会场参加会议。进场之后，我发现中化国际的董事会成员非常强大，除王巍、施国梁、陈国钢之外，还有执行董事王引平（后来一度成为年轻的董事长）、法律界很活跃的潘跃新律师以及集团公司人力资源总监柴国强。会议进行得很顺利，先是讨论新的董事会分工。中化国际董事会的分工与大多数上市公司不同。通常上市公司董事会设有四个专业委员会，而中化国际设有五个专业委员会，除了战略、薪酬考核、审计、提名与治理委员会之外，还有一个执行委员会。这个执行委员会很强大，后来出现的与经营层的矛盾也主要来自这个委员会。我还是干我的老本行，出任审计委员会主席。分工后，董事会讨论了三季度业绩快报，以及授权全资子公司——迪拜公司自筹资金 1880 万美元购买两条 1.4 万吨液体化学品船，并同意公司经营范围增加煤炭经营业务。尽管这次会议内容很简单，但令我印象深刻，与福耀玻璃以曹德旺董事长为主导的董事会截然不同，到会的每一个董事都做了非常认真、细致的发言，而且有些意见还是蛮尖锐的，体现两种完全不同的董事会开会风格。这次会议给了我一些压力，让我知道下次董事会不能只带耳朵，还需要带嘴与大脑，必须多做一些提案的研读准备工作，不然，就成了哑巴董事了。

第二节　理想很丰满，现实很骨感：不太顺利的 PTMEG项目投资

进入 2003 年，中化国际在施董事长的带领下，开始大刀阔斧的改革。在治理方面，施董事长的口号是，要将中化国际建成一个伟大的公司，对标美国 GE 公司，不管是在董事会还是在经营层架构上，都要向 GE 公司看齐。在企业经营战略方面，中化国际做了很大的调整。在我的记忆中，仅 2003 年一年，中化国际就开了 23 次董事会，几乎平均每半个月就要开一次董事会。董事会在非常认真地总结了中化国际上市几年后的得失之后，重新调整了公司的经营战略。公司认为：过去以传统对外贸易起家的日子会越来越难过，靠配额、特许经营权来维持公司五百强地位的路子会越走越窄。向产业链上下游延伸，向资源及市场延伸才是中化国际的出路。中化国际经营层决定，投资建设自己并不熟悉的化工实业，选定的是聚四甲撑醚二醇项目，简称 PTMEG 项目。尽管这个项目前期的可行性研究报告在 2002 年上半年通过了，但是，真正立项、选址、投资还是需要董事会讨论通过的。这个项目不算太大，两亿元左右的投资，对董事会来说，这是一个开创性的投资提案，为此，各位董事在开会前提出了很多要求，希望进一步了解该项目的投资内容。经营层特别请该项目的负责人，中国化工部前副部长杨义邦总工程师，来给我们讲解这个项目的意义。

杨总是一个非常典型的技术专家，他在给我们介绍项目时，首先列举

一大堆我们根本无法理解的化学公式，之后解释说，该项目采用当今世界上最先进的杂多酸连续本体聚合氨纶的材料，运用 PTMEG 专利技术进行生产。这个技术工艺流程短、无污染，投资只相当于欧美技术的 50%，投产后两年可收回全部投资。公司控股子公司，中化国际余杭高分子材料研发设计有限公司，对该专利技术拥有独立知识产权。而且，该项目的生产线除少部分机械设备进口外，大部分机械设备立足国内制造。项目投产后，将结束我国氨纶用 PTMEG 产品主要依赖进口的历史。

　　许多媒体对如此重大的利好消息进行广泛的报道：

✶

　　在 7 月 1 日同日正式启动的上海证券交易所 180 成分指数中，中化国际也荣列其中，标志着公司已初具蓝筹绩优上市公司的雏形。今后中化国际将以化工品营销、化工品物流、精细化工品投资为战略规划中的三大核心业务，并将在化工品营销、物流配送和产业化方面，形成具备竞争优势的产业链，完成企业经营结构的升级。公司产业化投资的方向，定位在高技术含量和高附加值的精细化工领域，并将以 PTMEG 为切入点开发出精细化工的系列化产品。

　　中化国际选择的 PTMEG，是具备产业化前景的高新技术应用项目。PTMEG 主要用于生产聚氨酯弹性体、氨纶和酯醚共聚弹性体，其下游是为氨纶提供原料，往上发展是原料 1,4-丁二醇。中国是全球的纺织品与服装加工、生产和出口大国，氨纶的需求量和供给量在不断增加，其主要原料仍旧依赖进口，国内目前尚无生产能力。随着人民生活水平的不断提高，中高档纺织品的生产将以较高的速度发展，纺织品中氨纶的使用将越来越普及，PTMEG 和氨纶的市场销售前景将更加广阔。此外，PTMEG 在医用高难度分子材料方面的应用日益广泛，以它为原料生产的热塑性聚氨酯还

　　⊖ 中化国际向中国优秀的上市公司迈进，www.sinochem.com/s/1375-4608-9776.html。

可广泛应用于石化、机械、军工、造船、汽车、合成革等行业。

中化国际首选 PTMEG 项目的投资生产，是要在广阔的产品市场需求中确立自身的竞争地位，使公司在十分活跃和重要的化工生产链中逐步占据重要地位。

中化国际拟在浙江省杭州市余杭区临平工业区，以自筹资金投资聚四甲撑醚二醇项目。项目概算总投资额为 19 526.26 万元人民币，建设期为两年，达产后可实现产品销售收入 53 000 万元人民币，年均利润总额预计为 9499 万元人民币。

由中国科学院自主开发的特殊催化剂聚四甲撑醚二醇工艺属国家"九五"重点科技攻关项目，并已通过国家验收。中化国际日前已与中国科学院签订了技术转让协议，在国内独家受让 PTMEG 的工业化合成技术，并向国家专利局申请专利注册。

公司计划该项目在 2002 年开始建设，2004 年 7 月 15 日投产，建设期为两年，如果顺利的话，再将产品产能于 2005 年扩建一倍多，从而有望达到年产 4 万吨工业化规模，以满足我国氨纶纺织业的需求。杨总还告诉我们，原先选址在余杭，出于今后运输上的方便，决定将项目移建到太仓。最为重要的是，该项目经过小试及中试，从技术上来看，非常成功。而且，海外有些化工五百强企业听说这项技术后，愿意出 100 亿元人民币来购买专利，但他们坚决不卖。杨总作为技术研发者，决定与央企中化集团公司合作，帮助中化国际成功转型。

尽管我们对技术方面的问题一点儿都不懂，但还是要非常认真地通过会议的方式，一次、两次、三次地反复研讨，最后，几位独立董事表态，决定支持这个项目的投资建设。但是，我记得一次在北京集团总部开会讨论这个项目的时候，有一位集团高管，职务不是很高，我实在记不得他的名字，他认为中化国际是一个搞贸易出身的企业，既没有人才资源，又没有上下游产业链的支持，在短期内做好企业转型的可能性不大，对这个项目要在短期内赚钱的打算并不看好。这是我第一次在研讨会上见到有人反对这个项目的实施。结果，董事会投票，该项目以全票赞成获得通过。最终，这个不同意见竟一语成谶。

2003 年 5 月 30 日，比原计划推迟了一年之后，中化国际太仓兴国实业有限公司奠基暨 PTMEG 项目开工仪式在太仓港口开发区石化区举行，出席的嘉宾层次很高，有江苏省、苏州市和太仓市的领导，以及中化国际施国梁董事长、王引平总经理、杨义邦总工程师等。会议由王引平总经理主持，施国梁董事长、太仓市委书记程惠明先后做了讲话，此次奠基仪式标志着兴国实业在太仓建设的全面开工。

2004 年 11 月 19 日，在基建结束、设备安装完工后，中化太仓的 PTMEG 项目进行试车，通过检验，并进行投产典礼。在典礼上，新来的董事长罗东江非常自豪地对来宾说："PTMEG 及催化剂项目投产后，整个装置只需 28 名员工进行操作，一年就能创造 6 个亿的销售收入。"媒体也对项目进行了报道：[⊖]

11 月 6 日 1∶16，中化国际整套 PTMEG 装置一次试车成功。根据分析化验取得的数据，产品质量达到世界先进水平，从而使中化国际成为世界上第二家拥有一步法 PTMEG 生产专利技术的公司。

该项目于 2003 年 9 月 20 日动工。太仓项目全体员工 13 个月连续奋战，终于使 PTMEG 项目建设投产。试车成功，表明中化国际战略转型取得了阶段性的突破，为日后中化国际的实业拓展奠定了坚实的基础，同时也证明中化国际所选择的小、中试一步放大，利用自主知识产权建设工业化大装置的道路是可行的。

⊖　中国中化集团有限公司官网，"中化国际PTMEG装置一次试车成功"。

　　但是，此报道中的"中化国际所选择的小、中试一步放大"其实含有一丝隐患，没有进行常规必须要做的最后环节——大试！这给计划能否如期产出带来许多未知数。

　　2005年9月，罗董事长再次到太仓项目现场考察，回来后在中化国际董事会上说：由于方方面面技术上的原因，试车后产品始终达不到技术标准，生产出来的产品无法使用，产品无法出售，而每天的损失不断增加。究其原因，其一，尽管进行了小试及中试，但没有按照常规进行大试，直接投产后发现许多技术上的问题无法解决。其二，在投资这个项目上，只依赖可行性报告。而一般可行性报告是由想投资建设的群体做出来的，他们将优点、长处、利益等无限放大，而将可能出现的不足、问题、困难等一笔带过。每次看可行性报告都会让人热血沸腾，好像一旦投进去，立马就可以数钱数到手抽筋，而做投资的关键程序是：必须做技术上的尽职调查，尤其是对自己不熟悉的新技术、新产品或新行业，可以通过技术上的尽职调查，将可能遇到的问题、困难、不足等事先了解清楚，并对这些可能出现的问题提出应对之策。但是，由于没有投资经验，我们忽视了这个重要程序，酿成大错。眼看要到2005年的第四季度，两年的建设期早就过了，企业已进入经营期，年底报表上的亏损将会并入上市公司的经营业绩。如果再不采取措施，会影响中化国际年度财务报表业绩。为此，公司不得不再次召开董事会来解决这一重大问题。

　　好在中化国际作为央企子公司，有一个很有实力的集团公司大股东。本着为资本市场股东负责的态度，这次董事会最终形成决议，让集团公司按我们投资的账面金额来收购PTMEG项目，上市公司只保留19%的股份。如此，按照当时会计准则中的成本法原则，不会将损失体现在上市公司的利润表中，以避免年报披露时出现重大亏损。在2005年9月的董事会上，我们通过以下提案：⊖

　　⊖　中化国际2005年年报，中财网，www.cfi.net.cn/p20060315001013.htm。

报告期内经公司第三届董事会第十三次会议审议批准, 2005 年 9 月 16 日公司及其子公司 SINOCHEM INTERNATIONAL (OVERSEAS) PTE, LTD. (中化国际新加坡)、海南中化船务有限责任公司与关联公司中国新技术发展贸易有限责任公司及中化欧洲资本公司签订了股权转让协议。根据协议公司将持有的中化国际太仓兴国实业有限公司 ("太仓兴国")、中化国际太仓兴凯实业有限公司 ("太仓兴凯")、中化国际太仓兴诺实业有限公司 ("太仓兴诺") 及中化国际 (苏州工业园区) 新材料研发有限公司 ("苏州研发") 各 56% 的股份以及中化国际余杭高分子材料研发设计有限公司 ("余杭研发") 71% 的股份转让给中国新技术发展贸易有限责任公司; 公司全资子公司 SINOCHEM INTERNATIONAL (OVERSEAS) PTE, LTD. (中化国际新加坡) 将其所持有的太仓兴国、太仓兴凯、太仓兴诺及苏州研发各 25% 的股份转让给中化欧洲资本公司; 公司子公司海南中化船务有限责任公司将其持有的余杭研发 10% 的股份转让给中国新技术发展贸易有限责任公司。公司已于 2005 年 9 月 20 日 ("股权转让日") 完成上述股权转让, 转让后公司持有太仓兴国、太仓兴凯、太仓兴诺、余杭研发及苏州研发各 19% 的股份。该项股权转让价格为 9434.18 万元, 股权转让损失为 178.71 万元, 占利润总额的 0.21%。

这个措施, 使 PTMEG 项目在上市公司中化国际 2005 年的账面上, 只亏损了 178 万元, 这对于公司当年 7 亿多元的净利润来说, 实在是无伤大雅。该项目的前期不顺, 给了我们几位独立董事很深刻的教训: 一是对任何投资项目, 不能仅仅看可行性报告, 更重要的是尽职调查。二是我们在产业链延伸过程中, 不能仅仅凭着书面上的计算, 将投资计划周期算得死死的, 不留任何余地。事实上, PTEMG 项目的科学性是显而易见的, 只不过在投资过程中, 对于从来没有做过实业的中化国际来讲, 需要更多的时间来进行调整与试错, 才能从实践中得到成功的经验。在转让太仓兴国 PTEMG 项目股权的若干年后，2021 年中国化纤行业快速发展，市场对 PTEMG 材料需求猛增，该项目公司赚得盆满钵满。这是后话。

在后来的几个投资项目中，不管是海外的新加坡项目，还是河南的生物能源项目，董事会在讨论提案时，都充分运用了从 PTMEG 项目获得的经验，一是重视对项目进行多方位的尽职调查，二是对投资计划的时间留有一定余地，取得了较好的效果。

第三节　中化国际治理结构首次评估风波

在中化国际经历了一系列经营风波之后，董事会进行深刻反思，认为大多中国企业缺乏一个完善的治理机制，容易出现内部人控制现象。那么，如何建立一个有持续经营能力的伟大企业？治理结构成为企业战略转型的瓶颈。经过董事会的酝酿，施董事长指示，让以王巍为主的提名与治理委员会出面，请全世界认可的美国标准普尔公司来对公司的治理结构评估打分，看看公司离国际标准到底有多远。这一动议得到董事会全体成员的支持。

一、中化国际治理结构评估的必要性

董事会从三个需要出发，总结了中化国际进行治理结构评估的目的。

（一）战略转型的需要

1998 年 12 月，脱胎于中化集团橡胶、塑料、化工品和储运业务的中化国际在北京成立，并于次年 12 月在上海证券交易所首次公开发行 A 股 1.2 亿股，融资 9.46 亿元。2000 年 3 月，中化国际股票正式挂牌上市，2001 年 7 月公司进行战略南移，将公司总部从北京迁到上海浦东。

公司成立初期, 主要做化工品的进出口贸易。在转型经济时代的初期, 公司通过配额与特许经营权, 有比较稳定的高利润回报。随着经济转型, 外贸进出口权被逐渐放开, 原来的特许经营权变成普遍的国民待遇, 无论外资还是个人都可从事进出口贸易。在这样的趋势下, 公司将如何生存和发展? 过去单纯地依靠化工品进出口或者代理的业务模式, 随着市场竞争的白热化, 利润日趋下降, 已影响到公司的生存, 更谈不上发展。公司董事会经过深思熟虑决定: 从战略上, 公司必须彻底转变贸易和服务的方式, 从更长的价值链包括上游的生产研发和下游的物流配送等领域获取价值, 来规避单一业务的风险。然而, 战略转型从何下手, 如何进行, 由谁来进行, 成为困扰公司大股东与董事会的棘手问题。随着中国资本市场的不断改革、独立董事的引进与设立, 以及国内证券监管机构关于治理结构文件的颁布, 作为上市公司, 而且南迁上海, 公司董事会认为, 先从中化国际治理结构的改革与完善做起, 彻底打破过去依靠垄断资源、赌行情的经营方式, 这样的时机已经到来。

（二）危机管理的需要

中化国际的大股东是中化集团。中化集团成立于 1950 年, 是在全球具有相当信誉的综合型国际企业集团, 以 "中化"（SINOCHEM）品牌享誉国际石油化工领域, 已先后 14 次被美国《财富》杂志评为 "全球 500 强企业之一"（2002 年列第 248 位）。中化集团以石油、化肥、化工品、橡胶、塑料的国际国内贸易及相关领域的实业投资为主营业务, 在金融、保险、物流和高新技术产业投资等领域有相当规模的发展。然而, 就是这样一家有相当实力的中央集团企业, 却在 1998 年遇到问题, 在亚洲金融危机的触发下, 从集团剥离出来的中化国际现金流急剧恶化, 外资银行全面收缩对中化国际的信用支持, 境外信用额度大幅度降低, 内忧外患引发了企业严重的支付危机。据统计, 中化国际 1998 年年底总资产 410.4 亿元, 净资产

82.3 亿元，而不良资产和潜亏却高达上百亿元。事后，在政府的支持下，中化国际化解了这次资金危机。然而，在这次危机之后，公司大股东与董事会清楚地意识到，这次资金危机是转型经济市场对传统业务模式管理的一次挑战。正是因为公司缺乏一个强有力的治理结构机制，公司管理人员普遍存在缺乏为股东长远利益着想的意识，只重视公司当前的利润，而忽视对公司战略的考虑，最终才引发此次危机。立即着手完善公司的治理结构，不再重演此次悲剧，成为大股东与董事会的当务之急。

（三）市场环境变化的需要

当时美国安然公司及世界通信公司的财务丑闻，以及中国银广夏、蓝田公司的虚假财务报表的案子，提醒中化集团大股东：良好的上市愿望，无法掩盖现实的残酷。公司资源沉淀在管理者手中，企业的机会在管理者手中，要使他们更多地为股东，而不是为他们自己着想，是需要一套办法与机制的。大股东在参考世界一流公司如 GE 公司的制度之后发现，良好的治理结构机制、一个有能力的董事会，是保证上市公司健康发展的基石。

在上述三个因素影响下，中化集团及中化国际董事会决定先从国际治理结构评级开始，逐步完善公司的治理结构，帮助公司完成治理结构的转型。

2003 年 4 月，中化国际董事会决定，邀请世界三大著名评估公司之一的美国标准普尔公司，对公司现有的治理结构进行评估打分，以便了解公司目前的治理结构状况到底如何，与世界公认的标准到底还差多远。在与美国标准普尔公司洽谈治理结构评估业务时，标准普尔公司提出一个有些奇怪的条件。他们对他们所出具的评估报告的使用进行了严格的规定，如果该报告只是中化集团内部使用，不进行公开的话，他们不会做任何干涉。如果将他们的评估报告对外公布的话，必须要将报告的内容全部公布，而不能选择性地公布，或部分公布，以保证评估报告的公正性及客观性。从这一点来看，国际著名的评估公司确实有原则，有底气，不会因为商业收费而损害他们的专业声誉。这是国内评估公司需要学习的地方。

二、标准普尔公司对中化国际治理结构首次评估的过程与结论

（一）标准普尔公司的评估标准及过程

2003 年 4 月和 5 月期间，标准普尔公司派了一个团队进入中化国际，与董事会、监事会、高管人员和部分中级经理进行一系列座谈和文件取证工作。经过近四个月的实地调查后，于 9 月和 12 月，在双方反复沟通和论证后，标准普尔公司分别提交讨论文本和修正文本。2004 年 2 月，中化国际董事会原则上认同标准普尔公司的评级结论。

标准普尔公司使用了 101 个评分点，从四个维度选出：①股权结构和外部因素的影响；②股东权利和公司财务利益相关人的关系；③公司的透明度、信息披露及账目审计；④公司董事会结构和运作。四个维度评分比重不同，分别为 6.5、5.5、5.3、5.3。具体内容如下。

第一，股权结构和外部因素的影响，包括股权的透明度和股权的集中度及相关影响。

首先，在股权结构方面，标准普尔公司认为，当公司的股权较为分散时，机构投资者能在监督和指导公司管理方面起到很重要的作用。尽管不是所有的大宗持股或控股股东都会对公司治理产生不利影响，但分析时必须对他们与公司之间的关系加以认真考察，以判断他们是否能够代表全体股东的利益。其次，在关联交易方面，标准普尔公司认为：一个公司在与其他公司交易的过程中，有可能采取背离市场原则的定价策略，或与关联企业发生借贷、赊欠或补贴交易。特别值得注意的是，经理人在进行关联交易时，可能会对公司或其组织结构造成不良影响，进而损害该公司小股东或债权人的利益。最后，在股权集中度方面，标准普尔公司认为：除大宗持股人以外，其他仅拥有少量或根本不拥有公司股份的外部权益人，有

可能对公司的治理方式产生不可低估的影响。这类非财务权益人包括公司雇员、公司所在社区的利益团体、监管部门和各级政府。就大多数上市公司而言，外部权益人的影响也许微不足道，但在某些情况下，这种影响不容忽视，他们会导致公司做出一些至少在短期内有损公司经营效益的决定。

第二，股东权利和公司财务利益相关人的关系，包括股东大会及表决程序、股东权利及反收购机制和公司与其他利益相关者的关系。

在这部分内容中，标准普尔公司的评分比较关注股东权利及股东大会程序等，如关注所有股东是否平等获得了股东大会的信息，是否有表决权，在表决权方面是否受到公平对待等。标准普尔公司特别强调的是：在一个法律法规不健全的国家，公司治理评分主要考察公司是否遵循普遍认同的良好治理准则和规范，或是否超越这些要求达到更高的水平。在一个法律法规相对完善的国家，公司治理评分则主要考察公司是否能够达到甚至超越国家法律法规对公司治理提出的要求。在上述任何一种情况下，公司治理评分所关注的都是公司在治理方面究竟做了哪些工作，而不是公司所在国家的法律法规和传统习惯对公司治理有哪些基本要求，评估是抛开国家现有的法律框架来进行的。比如，证监会并不要求在开股东大会时，向所有股东都发出书面或电子邀请，而标准普尔公司在进行治理结构评分时，将这一内容作为重要评估指标。他们的评估，更多的是考虑国际惯例，而不是每个国家的国情，如我国的证券市场是一个散户占到近九成的以短期投机为主的市场，是否适应这样的股东大会的机制呢？

第三，公司的透明度、信息披露及账目审计，包括公开披露的质量和内容、披露的适时性和可及性以及账目审计过程。

对于一个治理结构比较好的公司来说，良好的透明度意味着公司的财务报告能真实反映公司的实际财务状况，而且，标准普尔公司不仅关注财务报表的信息，还关注非财务报表信息，如对或有负债及与密切相关企业间关联交易信息的披露。他们认为：除了应该遵循本国的会计制度外，会计制度还没有与国际会计准则完全接轨的企业,要披露按国际公认会计准则要求编制的报表;同时,还要公开财务以外的其他经营信息,特别是公司的业务状况和竞争局面。在董事会方面,他们要求明确披露公司董事的资质,如何决定其薪酬待遇的标准及其与公司的独立性等。标准普尔公司对采用什么样的会计准则,聘请什么样的会计师事务所是很关注的,这是他们评分的重要指标之一。

第四,公司董事会结构和运作,包括董事会的结构及其独立性、董事会的角色及其运作效益和董事及高级管理人员的薪酬机制。

标准普尔公司将董事会的构成和运作效益作为一个重要的考核指标,这方面主要考察董事会在公司治理中所扮演的角色,它独立行使对经理人绩效监督的能力,以及它保障经理人对股东和其他相关权益人利益负责的能力。其中,董事会如何分权至关重要。他们认为:一个高效的董事会通常拥有大量的外部独立董事,能保护包括大小股东在内的一切股东的利益。相反,如果公司董事会被一个控股股东或几个大股东所操纵,它将难以行使对所有股东的职责。当公司经理人在董事会中占据主要地位时,这个问题会变得尤为突出。董事会之下通常设有一些重要的功能委员会,其成员的构成,包括执行董事和非执行董事的平衡,非常重要。

另一个考察董事会运作效益的要素,是管理层的薪酬和福利待遇。就管理层和董事的甄选以及其他表决活动而言,在董事成员推选方法上,是否采用累积投票制表决法,以便使小股东在公司董事会中产生应有的影响。董事会中董事的任期是否一致,是否不存在互相交错,这样可以确保公司在需要调整政策时,不会因为董事任期的连续性而受到限制。在评价董事会的作用及其运作效益时,外部董事的提名和选聘过程、他们为公司服务期间所获得的报酬及其支付方式等是十分重要的指标。

从历史看,上述标准普尔公司的治理结构评级标准,对公司治理水平要求之高,条件之苛刻,对尚处在股权分置时代的上市公司来说,确实难以理解。但经过数年的资本市场的发展，这些高标准正在逐步成为我国上市公司必须遵循的惯例，如披露高管与董事会薪酬、高管人员是否持有股权激励的期权等。这些当然是后话了。

（二）标准普尔公司对中化国际治理结构的首次评估结论

根据以上这些标准，标准普尔公司给中化国际的治理结构评级确实不太理想。在评价的101个公司治理环节中，只有58个得到正面评价，有21个得到负面评价，22个得到中性和不确定评价。在满分是101分的情况下，中化国际的治理结构总计得59分。不知道这是巧合还是故意，对于习惯百分制的中国人来说，59分是不及格，让人很不舒服，哪怕再多一分，得个60分，好歹算是及格了。但是，在谈判过程中，标准普尔公司始终坚持原则，硬是不给加一分，怎么谈都不行，斩钉截铁地说只有59分。

得到正面评价的58个治理环节，是一般公司均应具有的特征，如定期披露报表、公司股权在一定程度上市场化、董事会结构基本合理、配备一定数量的独立董事等。作为一个合格的上市公司，这些正面指标基本上均已具备，不多做分析了。

对于21个负面评价，中化国际的董事会从三个方面进行分析。

其一，技术型差异。由于经济发展的不同阶段而有所差异。例如信息公开化的方式与表达程度，独立董事制度的建立，中介机构的选择方式等。有条件的中国公司可以加快与国际标准的衔接，缩小这一类型的差异。需要说明的是，许多判断是人为的、主观的，需要协商解决，并没有一个严格的分野，不能根据技术差异而做出公司治理优劣的判断。

其二，社会型差异。由于不同社会制度和文化背景而有所差异。例如员工薪酬的表达方式与透明程度、股权激励的安排、职业道德与企业伦理的表达等。这是因长期社会文化背景不同而表现出的差异，常常不具备比较和直接转换的基础。即便处于一致的市场经济环境中，跨国公司也是在不断沟通和互相妥协后才形成有当地特色的公司治理模式。例如，日本的终身雇佣保障制度与美国的股权和高薪激励体制在两国企业合作中产生重要的理解屏障。

其三，经济制度差异。由于不同的经济制度而有所差异。例如大股东控制问题、董事与高管人员任命方式、会计制度的取舍等。这些差异是现行国家制度规定造成的，企业自身无法改变这些差异，但这些全球公认的治理标准与制度差异是值得中国公司高度重视的问题。在讨论中，标准普尔公司坚持用国际的审计师和国际的会计标准，认为只要我们的审计是由国内会计师事务所做的，而不是由国际四大会计师事务所做的，就是负面分，即使中国公司的全部实质业务在中国本土，而且没有国际融资的需求。此外，标准普尔公司始终坚持认为，中化国际的大股东即中化集团，等同于政府机构，因而将所有来自大股东的建议视为政府的干预等。这种差异是立场的差异，我们并不需要达成共识，只要互相尊重就可以了。

尽管如此，公司董事会并没有过分强调因国际化的差异所带来的苛求，在确认这些负面指标的情况下，针对这些情况，提出下一步的主要任务是：围绕标准普尔公司所给出的评级结果，巩固现有的 58 个正面指标，尽力改善 21 个负面指标，并完善 22 个中性或不确定指标，以改善中化国际的治理结构。

目标明确后，应如何切入？从何途径开始？经过酝酿，董事会在充分考虑国外公司治理经验的基础上，将在增加独立董事、调整专业委员会组成、改进各专业委员会的工作上寻找突破口，并首先从审计与风险管理委员会入手。董事会责成审计与风险管理委员会在做好 2003 年度经营绩效评价的同时，提出具体的完善公司治理机制的工作方案并加以执行⊖。从事后

⊖ 2003 年 11 月中化国际在苏州召开的第二届董事会第二十八次会议。

效果看，这一决定很正确。

三、中化国际治理结构首次评级后的转型

（一）审计与风险管理委员会对公司治理结构转型的推动

治理结构改善的前提条件是股东及董事会成员对公司现有状况有一个清晰的了解。中化国际作为上市公司，虽然每年均聘请国内较著名的会计师事务所对公司的财务报表进行审计，且出具无保留意见审计报告，但标准普尔治理报告在这方面给出的评分是负面的。他们指出三方面的问题：①中化国际每年仅向投资者提供中文的、按国内会计准则编制的财务报表，难以吸引国际一流投资者，而国内会计师事务所出具的审计报告更是难以得到国际投资者的认可。②该国内会计师事务所是由管理层聘请的，每次审计结束时，审计人员往往先与管理层沟通。这样的沟通很可能过滤掉一些不利于股东而可能有利于管理层的信息。真正到了董事会或股东手上的信息，并不一定是投资者最需要、最完整、最真实的信息。③在现代国际审计环境中，一流的会计师事务所不仅要提供审计业务，更应该提供与审计相关同时也是股东最迫切需要的相关改进建议，如审计过程中的管理建议书，此类专业管理建议书中，要详细分析财务报表背后的内部控制问题，并分析这些内部控制问题产生的原因、可能的后果以及提出改进的建议。令人遗憾的是，该国内会计师事务所不知是疏忽，还是无此习惯，在多年审计中，从未出具过类似的管理建议书。

鉴于上述原因，中化国际决定全面加强审计与风险管理委员会的职能，改聘国际一流的会计师事务所，以期编制出符合国际会计准则的会计报表与审计报告。为此，中化国际通过媒体发布重新招聘审计业务的公告，原文如下。[⊖]

○ 详见中化国际股份有限公司会计师事务所招标公告。

✳

中化国际股份有限公司关于选聘2004年会计师事务所的招标公告

招标目的

为了保证中化国际股份有限公司财务报表的信息质量，为了确保公司的财务报表的真实公允，本公司审计与风险管理委员会经董事会授权，决定招标选聘对本公司2004年度财务报表进行审计的会计师事务所。本着公平竞争的原则，欢迎国内外有资质的优秀会计师事务所参加竞标选聘。

招标内容

1. 该会计师事务所须在对我公司进行全面深入的独立审核后，对本公司的季报、中报及年报发表审计意见，并保证公司财务报表的表达与披露符合中国的会计制度与准则。

2. 该会计师事务所能够按照现行国际会计准则的标准，调整本公司的财务报表，并按国际会计准则的标准重新编制财务报表，并明确指出按国际会计准则编制的报表与按国内会计准则编制的报表的差异原因。

3. 该会计师事务所须在关注我公司的财务会计报表的信息质量外，还关注公司ERP及内部控制的运转情况，并能及时出具管理建议书。

4. 该会计师事务所在审计过程中，能与本公司的审计与风险管理委员会保持直接有效的沟通与协调，以确保审计与风险委员会能获得真实可靠的外部审计信息及相关情况，以保证审计与风险管理委员会职能得到贯彻。

投标须知

1. 各竞标会计师事务所必须提交其背景资料及资质证明。

2. 各竞标会计师事务所必须提供与我公司合作的具体合作方案。

3. 各竞标会计师事务所必须明确告知我公司具体的审计费用。

投标人资格要求

国内外各大有良好声誉、有上市公司审计资质的会计师事务所。

本公司审计与风险管理委员会根据具体选标程序初步选定合格的会计师事务所,在送交董事会批准后,交全体股东大会表决。表决同意后为最后选定的审计 2004 年度财务报表的会计师事务所。

招标流程

1. 发布会计师事务所招标公告。

2. 接受各竞标会计师事务所提交的背景资料、与我公司今后合作的具体方案和审计费用。

3. 由审计与风险管理委员会牵头组成的招标小组对各会计师事务所递交的材料进行评标,并对初步选定的会计师事务所进行面谈与质询。

4. 进行开标会议。

5. 交董事会批准并经股东大会表决。

6. 公布选定的会计师事务所。

招标单位

中化国际股份有限公司

此次招标,中化国际共收到 11 家会计师事务所的响应。经过初步筛选,有五家会计师事务所参加竞标。为保证此次招标的公正性,成立了面试小组,由审计与风险管理委员会主席牵头,包括公司内部审计机构的负责人与其他成员。为了保证招标的公平性,事先拟定评分规则,并准备几个方面的面试问题,其中包括:事务所对本公司的了解程度;事务所对化工行业进行审计的业务资源与能力；事务所如何处理公司董事会与管理层之间的利益关系。针对每个方面都制定了详细的评分标准。出于治理结构的要求，特别关注事务所与公司管理层之间的关系。众所周知，中化国际是央企，对会计师事务所来说，算是一个大客户了，在招标前，一些会计师事务所通过各种关系，找董事长、总经理，想通过关系拿到这笔大业务，但是施董事长为人极其正直，将各种关系户全部回绝了，有些关系人甚至去了施董事长的家，但也被他毫不留情地拒绝了。记得施董事长对我说："你们认真选取一家尽责的会计师事务所就可以了，我不会做任何指示与干预。"

在选聘会计师事务所的过程中，除了了解会计师事务所及它们的业务能力之外，其实审计与风险管理委员会最关注的是：这家会计师事务所究竟是以会计准则为标准的财务报表审计为主呢，还是建立在风险管理及内部控制基础上的财务报表审计？究竟是站在经营层的立场上进行审计呢，还是站在董事会审计与风险管理委员会的立场上观察问题？在提问过程中，几位参加招标的委员在问题中埋了许多"雷"，看看答辩时会计师事务所如何回答。

例如，我们提问：如果你们在审计过程中发现了一个重大会计差错，要求财务部门进行更正，他们更正了，并使财务报表符合会计准则的要求。对于这样的结果，你们满意吗？是否后续还有需要处理的事情？大多数会计师事务所的回答是：我们只做财务报表是否公允表达的审计，如果财务部门接受我们的审计意见进行更正，更正后的财务报表符合监管部门的要求，我们的审计工作就到此为止了。只有德勤会计师事务所上海区的负责人卢伯卿回答得很机智。他说：如果这么一个重大差错直到我们进场后才被发现，这就不是一个简单的会计问题了，说明企业内部控制存在问题。即使这次会计差错更正了，下次还会出现同样的错误，我们会努力寻找产生会计差错的流程问题，看看是不是内部控制出了问题，并会在第一时间与董事会审计与风险管理委员会沟通，希望公司通过程序的修订来防止类似问题的再次出现。听到这样的回答，我心中暗暗叫好，给德勤会计师事务所的评分自然高了许多。

最后，通过严格的筛选程序，招投标委员会果然选择了德勤会计师事务所作为新一年的审计师。

会计师事务所的更换，确实带来新变化。首先，在执行 2004 年的审计业务过程中，德勤会计师事务所提供了一份长达 80 多页的管理建议书，涵盖了公司各部门的 120 个内部控制问题，涉及财务、销售、采购、仓储、基建、后勤以及 ERP 流程等。这份建议书很详细地描述了各个部门存在何种问题，这些问题可能产生的后果，责任人是谁，如何予以改进。这份资料的提供，为董事会深入了解企业管理层的实质性问题提供了很好的指南，同时，为下一步公司治理的改善提供了方向。

其次，德勤会计师事务所不仅按照国内的会计准则对中化国际进行了审计，还按照国际会计准则重新调整公司的财务报表并审计，出具了英文的财务报告与审计报告。该英文财务报告的编制引起国内许多 QFII 的兴趣，一个明显变化就是，QFII 的投资比例随之增加。如在全球掌握着 8500 亿美元资产的 CAPITAL 公司，特地从美国赶来参加中化国际的投资者推介会。公司机构投资者的结构发生了质的变化。这使原先得到标准普尔公司中性与不确定评价的指标中，属于第一类公司股权结构的问题得到一定程度的改善。

除了改变会计师事务所选择的程序及会计师事务所的性质外，董事会审计与风险管理委员会的第二件大事就是确定审计与风险管理委员会和公司内部审计的关系。为此，审计与风险管理委员会在一次在上海西郊宾馆召开的公司董事会上拿出提案：修改内部审计的权属关系，内部审计机构应由董事会审计与风险管理委员会直线领导，审计与风险管理委员会在获得第一手没被过滤过的内部审计报告后，再通报公司总经理与高管人员。此提案一经上会，由于现有利益格局及高管人员以往的习惯，经营层一方的董事与外部一方的独立董事等，产生严重分歧，双方各持己见，互不相让。董事会几次中断，火药味很浓，大家争得面红耳赤，只差拍桌子了。最后，无奈之下，只能通过表决。最终，该方案以微弱的多数通过。内部审计权属关系的变化，从表面上看，只是一个职能部门结构的调整，实际上，是治理结构极大的变革，使董事会的审计与风险管理委员会能真正起到约束管理部门的作用。

（二）公司提名与治理委员会对公司治理结构转型的推动

标准普尔公司对公司治理结构的负面评价指标中，明确指出，公司现有高管人员绝大部分由大股东派遣——他们或曾在大股东公司任职，或由大股东招聘，经过大股东培训，再派遣到上市公司来。一个市场化的公司，高管人员清一色全由大股东派遣，确实会给公司治理带来相当多的问题。

提名与治理委员会重新修订了公司董事及高管人员的任命程序与办法，强调新任董事及所聘用的高管人员必备的资质与条件，并通过各种市场手段（如通过猎头公司）而非传统组织任命的手段，来充实企业的高管人员。同时，公司还按照标准普尔公司的要求，将独立董事的人数由证监会规定的占董事会人数的 1/3 扩大到 50%，占董事会席位的近一半（董事会席位共设十一名，实际任命十位，其中独立董事占五位）。

提名与治理委员会的改组与程序的制定，极大地影响公司的人才结构与素质，并进一步影响公司治理结构。

首先，从高管队伍的人才结构上，打破过去清一色由大股东任命管理人员的格局。在猎头公司与内部人力资源部门的努力下，先后从跨国公司 GE、国内著名的保险公司以及其他大公司，通过严格的程序，聘请到一系列职业经理人来担任公司总经理、副总经理、人力资源经理以及财务总监等。在这个过程中，特别强调招聘程序的科学性。其次，提名与治理委员会的程序规定，在某种程度上遏制了人力资源被公司内部高管人员所控制的弊端。

由于公司高管人员的任命必须由董事会的提名与治理委员会来决定，导致新近上任的高管人员中从外部聘用的增多，而他们与现有团队的磨合期太长，这使在短期内提高企业的管理效率有一定困难。总经理采取一个变通的方法，即绕开现有高管职务系列的流程，任命两位自己比较熟悉的同事为总经理助理，享受与公司高管类似的权利与薪酬，又不在高管职务系列中。其目的很简单，就是想通过任命自己熟悉的同事，使公司高管人员的互相配合变得更加默契，以提高管理效率。然而，这一变相任命程序却破坏了现有高管人员的聘用规则。这种绕开提名与治理委员会来任命高管人员的做法，不仅没有得到公司董事会的理解，还引起了提名与治理委员会的警惕。委员会认识到：个别高管人员能够绕开公司治理结构所规定的现有程序，来达到任命高管人员的目的，实质上是对公司治理结构的挑战。

在接下来的一次董事会会议上，以提名与治理委员会主席为首的独立董事，就这两名总经理助理的任命问题，对总经理提出质询。提名与治理委员会主席直截了当地质问该总经理：这两位总经理助理是否属于高管系列？他们的提拔与任命究竟是董事会的权力还是总经理的权力？问题尖锐、直接，最后总经理不得不做了检查，并撤销了两名总经理助理的任命。从表面上看，这只是一个简单的人事任命问题；实质上，这是公司董事会坚持治理结构制度化，且在任何情况下都不能变相突破，使得遵守的公司治理结构成为一种文化与习惯。

提名与治理委员会接下来所做的事，是要求公司所有高管人员在任命前必须填写一份诚信承诺函。该函的内容十分丰富，措辞十分严谨，除了结合公司以往出现过的所有案例，如取得重要文件没有及时交给主管部门以及科研人员跳槽所带来的技术保密问题等，还结合标准普尔公司对治理结构的要求。该函确立了 12 项诚信政策，分为四大类：第一类，遵信守纪，其中包括①公平雇用；②严禁越权；③保守公司机密；④遵纪守法。第二类，需要特别注意的法律法规，其中包括①国际贸易和特殊商品管制；②海关、工商、税务等政府部门监管。第三类，避免利益冲突，其中包括①与供应商、销售商的关系；②同业禁止；③与竞争对手的关系。第四类，保护公司财产，其中包括①财务控制；②不滥用公司财产；③知识产权。

为了保证该函制度上的严肃性，每一位高管人员签字时，律师必须在场确认，并对签字做出法律上的证明。这样的诚信承诺函，每年要签一次，以提醒高管人员的治理责任。从表面上看，这只是一份书面文件，但是，这个程序对治理结构水平的提高有重要作用，因为该承诺杜绝了个别高管人员在因违纪受到处罚后，强调自己事前不知晓相关规定而逃避应承担的责任的现象。

然后，提名与治理委员会要求，公司高管人员不要仅从内部提拔，要向人才市场广招贤才，避免"武大郎开店"，自己独大，避免内部拉帮结派，搞阶级斗争。当时中化国际的总经理是从美国通用公司中国总部请过来的。除了总经理之外，公司最需要的是一位既精通金融，又善于理财的财务总监。

提名与治理委员会通过猎头公司到市场上去寻找这样的人才。因为是央企，有比较吸引人的经济待遇，很快，猎头公司就推荐了一位加拿大籍华裔高级财务人才。按照惯例，提名与治理委员会先与此人沟通谈话，再由各独立董事分别对申请者进行单独面试。轮到我面试时，我先仔细阅读了他的个人简历。从简历上看，此人经历不凡，先后在五六家超大型企业主持过财务工作，其中包括小天鹅、太平洋保险这样的上市公司。此外，他还获得了许多含金量相当高的专业证书，如加拿大注册会计师、英国注册会计师等。在面试过程中，此人对财务专业问题基本上对答如流。初步印象，他确实是一个比较称职的候选人。但是，在面试与阅读简历时，我发现该候选人在十年左右的时间里，前前后后换了五六次工作，而且，每次换工作基本上都是平级调动，而不是高升一个职级。当我询问他职务调动的原因时，他的回答有点语焉不详。对此，我觉得，只从面试与简历去了解一个人似乎有点肤浅。于是我找到了人力资源总监，问能不能麻烦他对该申请者过去工作过的几个主要单位做一个背景调查，了解一下他工作调动的原因，并希望在对这项提案投票之前，将背景调查的结果给我。总监满口答应了我的请求。

不久之后，在厦门召开董事会，提案之一是投票决定是否通过该申请人成为中化国际的财务总监。在开会之前，我找到人力资源总监，询问此人的背景调查情况。结果，总监一拍脑袋，说了句："哎呀，我把背景调查的事给忘记了，抱歉抱歉！"此时，董事会马上要召开了，如何给该提案投票成了我的心结。犹豫再三，我在提案选票上填写了"弃权"两个字。这是我当独立董事以来，第一次投出弃权票。说实话，在一个上市公司的董事会上，对董事会提案投弃权或反对票，的确需要一些勇气。这倒不是面子问题，而是因为如果事后证明该人选十分称职的话，则说明我投弃权票不一定明智。在统计提案投票结果后，宣布我投了弃权票，但该提案还是因多数票同意而被通过，申请人被中化国际聘请为副总兼财务总监。2005年2月4日，中化国际在媒体披露的董事会资料中公布了这一结果：⊖

独立董事对公司有关事项提出异议的情况：

独立董事姓名	提出异议的事项	提出异议的具体内容
李若山	聘任饶某某为财务总监	投弃权票

一些媒体在获知上市公司审计委员会主席在选择财务总监的提案上投弃权票后，纷纷要求前来采访，想了解一下为什么我要投弃权票。出于职业道德，我没有接受任何采访，只说了一句"所有结果，请看已公布的信息"。其实，我心里多少有些打鼓，不知道这样投弃权票，对还是

⊖ 详见 app.finance.china.com.cn/stock/data/view_notice.php？id=13010418&symbol=600500。

不对。

此财务总监在任职期间，由于个性及能力问题，很不适应在中化国际中工作，工作不到一年，于 2005 年 11 月，自己主动要求辞职。下面是公司董事会会议决议公告的相关部分摘要：[⊖]

中化国际（控股）股份有限公司（以下简称"公司"）第三届董事会第十七次会议于 2005 年 11 月 2～3 日在上海浦东假日酒店召开。会议应到董事 10 名，实到董事 10 名，出席会议董事超过全体董事的半数。会议符合《公司法》《公司章程》及《董事会议事规则》的有关规定。经认真讨论，会议审议通过以下决议：

一、同意饶某某因个人原因提出的辞去公司财务总监职务的请求。

财务总监上任一年不到就辞职下马，多少印证了我当时的判断还是有一定道理的。如果做了背景调查，从更多方面了解此人的能力与性格，可能董事会在选择过程中做出更好的决策。

根据标准普尔公司的意见，提名与治理委员会所做的这些工作，对公司治理结构水平的提高，起到了相当积极的作用。

（三）薪酬委员会对公司治理结构转型的推动

标准普尔公司指出了公司治理结构中与薪酬有关的一个重大缺陷：目前的高管薪酬只有现金而没有中长期股权激励，可能导致高管人员更重视企业当前利益而不考虑股东的长远利益。薪酬委员会在收到评级报告后立即决定分步骤来解决这一治理问题。

薪酬委员会首先了解现有高管人员的薪酬结构与奖金水平，并通过审

⊖　详见quotes.money.163.com/f10/ggmx_600500_117225.html。

计与风险管理委员会所提供的管理建议书，进一步了解各部门的经营状况与存在的问题。然后在此基础上，考虑到股权激励的复杂性，提出首先从目前薪酬的考核与发放流程入手进行改革，作为过渡。

中化国际的收入标准是市场化取向的，中化国际追求的始终是市场化的人才战略。公司每位员工的薪酬及年终奖励均与其工作目标的完成情况紧密结合，凸显了公司以人为本的管理理念，从而将人的主观能动性和创造性充分激发出来，这与传统国有企业有很大区别。全公司从董事会到总经理，再到员工，必须按照委托机制逐级签订绩效合同，绩效合同的基本格式是一致的，主要包括职责和年度目标、薪酬面谈记录、目标和奖励的关系、季度面谈记录、价值观评估、年终评价，前有预期，后有推力，其核心思想是在沟通的基础上，形成目标和激励预期的一致性。

为此，每年的预算制定及考核指标的确认，成为薪酬委员会关注的问题。在董事会的努力下，公司每年的预算制定成为十分关键的程序。每年年底，董事会成员特别是薪酬委员会成员，在质询预算的各项指标上倾注大量精力，在反复权衡市场机会、公司现有资源、同行水平等各种主客观因素后，很慎重地确定预算指标，而且，这类指标主要分为对当前有直接影响的经营指标及与未来相关的战略指标，对二者均予以量化并制订了严格的考核方法。

当决算出来后，首先由审计与风险管理委员会对决算各种指标的完成情况进行审核，并报告决算完成的质量与程度，然后在此基础上，再由薪酬委员会来决定每位高管人员当年的工资实际领取金额与奖金数量。由于考核指标极其严格，经常有高管人员在公司实际利润超水平完成后，因其他关键指标没有完成，而没有得到分文奖金。特别是对一些事关重大的安全质量事故等，薪酬委员会更是采用了一票否决制。这些做法使高管人员很清楚地认识到：高管人员的工资和奖金，是由代表股东的薪酬委员会来决定的，而不是高管人员自行决定的。以下列示了董事会审计与风险管理委员会出具的对管理层的绩效评价报告, 是薪酬委员会评定奖励的重要参考资料。

中化国际审计与风险管理委员会对经营管理层的2004年绩效评价

中化国际经营管理层在较为复杂的国际国内形势下, 抓住有利时机, 稳定推进既定战略, 加强内部控制和管理, 取得令人瞩目的业绩, 给投资者带来可喜的回报, 并在证券市场上表现突出, 得到市场的肯定。

然而, 在此一年中, 公司主营业务虽然盈利比预算和同期有大幅增长, 但较多得益于客观经营环境的改善, 相关业务的战略推进和发展并没有取得质的飞跃; 流程优化等内部管控工作虽然得到进一步加强, 为公司现有盈利和未来盈利的安全性奠定了良好的基础, 但是仍存在一些需要继续完善的地方。

总的来说, 审计与风险管理委员会通过综合评估, 认为公司高级管理人员的经营业绩为良好, 成绩为87分左右。

绩效评价得分

根据以下的分析说明, 今年管理层的绩效评价具体得分如表2-1所示。

表　2-1

评分项目	权重	得分
财务方面	50%	46.4
客户方面	20%	16.6
管理方面	20%	16.7
发展能力	10%	7.4
总　计	100%	87.1

具体评价

1. 财务方面

总体评价

2004 年中化国际全面摊薄后收益为 0.95 元 / 股，总体经营成果大幅超过预算指标和 2003 年同期水平。销售收入完成预算。

从盈利结构看，仍保持了贸易业务盈利为主，物流业务盈利为辅的基本情况。贸易业务中，除基础化学品类、塑料类业务外，其他贸易业务经营基本稳定，具体经营成果因经营环境的不同而有明显差异。冶金能源事业部具备较高的市场地位和较强的经营能力，凭借资金优势和稳定的上游资源获取能力，在有利的经营环境下取得突出经营业绩；橡胶部有一定的客户基础和较稳定的经营能力，授信资源投入增加，周转减慢，并因政策性资源的丧失及受国内外倒挂的客观影响，盈利下降；农化事业部的业务发展良好，已初步具备了稳定的盈利能力；物流业务盈利增长主要来自非自管投资项目收益；船务公司受修理费用增加影响盈利同比下降，通过核心客户的开发和扩增运力，在国内中高端市场初步具备了较高的市场地位，为后续快速扩张奠定较坚实的基础。

存在问题

1）各部门盈利差异较大，在经营转型上没有突出表现。如塑料、散化事业部虽然完成调整后预算指标，但实际盈利能力并没有根本性提高，与其他经营同类商品的单位存在较大差距。地区事业部出现大幅亏损。"经营商品差别化程度低，客户行业地位较低，增值服务能力弱，大多数商品缺乏稳定的上游供应"的情况没有明显改善。与此同时，整体经营创新少，且对授信资源的需求提高。因此，作为现有主要支柱的贸易业务虽然盈利大幅提高，但实际经营能力并没有根本改善。

2）公司整体经营现金流量同比有较大改善，但较多经营单元仍然出现经营活动现金流出，同时应收账款周转、库存周转等营运效率指标同比下降, 后续应关注。

2. 客户方面

总体评价

管理层通过努力, 保持了在客户管理上的既有优势, 总体客户结构基本稳定且结构有一定的优化, 如主要业务单元和公司整体的最终用户销售比例提高, 核心部门客户稳定性较高, 对公司业务的持续稳定发展有较好的帮助。但是, 基础化工、塑料、地区事业部核心客户流失情况较突出, 不利于其形成并保持稳定的经营能力。

此外在客户管理方面, 客户管理部较严格执行现有的流程, 对客户的价值分析基本形成定期的评价制度, 授信业务的整体风险暴露水平较低, 整体管控较完善。

存在问题

1) 2003 年提出的客户需求未能在公司层面综合利用的问题没有明显改善。

2) 现有的授信业务管理仅针对现有贸易业务, 未能及时根据公司业务的发展延伸到物流、投资项目等领域。

3) 授信业务管理的关键环节——审核客户授信资格, 没有明确的实地考察判定标准, 依赖于考察人员各自主观标准而产生的考察结论缺乏可验证性。

3. 管理方面

总体评价

公司管理层高度重视内控管理, 通过重新梳理和设计进行流程的优化, 并初步建立了持续优化的机制。通过优化后的流程进行的 ERP 功能扩展工作, 为后续流程的固化和效率的提高奠定了较好的基础。通过重新调整中台, 基本实现商务分离, 同时通过招标竞争机制, 节约了物流成本并促进了储运公司的市场化工作, 在内部管理和成本控制等方面发挥了较好的作用。

但是, 现有前后台在服务和协调上仍存在一些矛盾与冲突, 不利于整体运作效率的提高。逾期事件调查暴露出关键管控流程的执行上仍存在一定的疏漏，说明内控管理的优化和深化是长期持续的系统工程。

存在问题

1）2004 年形成较多的规章制度，但在公司信息平台上没有进行明确的分类管理，针对单一操作流程的规范性文件散落在不同的分类中。

2）受现有人力资源的限制，商务部作为公司中台未能充分发挥应有作用，与前台在合作沟通上存在一定的障碍。

3）在敞口业务或行情业务的管理上没有建立明确的应急机制。

4）未严格执行流程的现象仍有发生。

4. 发展能力

对公司可持续发展状况评价

管理层在董事会的领导下，配合治理结构的调整，总体完成预算指标，盈利结构有所改善，并且通过对可能出现损失的项目计提各项准备，已不存在以前年度遗留事项对后续经营的影响。但贸易单元盈利差异较大，高龄库存长期存在且金额较大，出现较大标的的法律诉讼事项，说明对经营过程的控制有待进一步提高。

同时，管理层积极推进公司的战略转型，海外中心建设、物流战略顺利推进；精细化工品研发及生产战略推进顺利，上游投资计划进展顺利，公司长期稳定的经营能力有一定的提升。但是，贸易业务的分销服务战略推进较慢，个别生产项目（寰达）的管理和执行力较差。

存在问题

1）部分商品由于人员流动的严重影响，在部分地区不得不停止经营，说明现有业务缺乏核心竞争能力，经营能力并没有固化到公司层面。目前取得的盈利主要来自市场因素或比较竞争优势，但长期发展所需要的核心竞争能力或长期竞争优势并不明显。

2）虽然人力资源的市场化推进有较明显进展，但是人力资源稳定性较弱的情况没有明显改善。

3）分销团队的建设进展较慢，制约了分销战略的强有力推进。

总结

综上所述，公司在 2004 年度的整体经营业绩是较为突出的，管理层的工作是卓有成效的。虽然在某些经营和管理上仍存在着一些问题，但是我们可以看到管理层对此是有所认识的，这为公司今后长足发展打下较好的基础。

从上述报告中可以看出，董事会的专业委员会对经营层日常工作的调研是很细致的，数据是很翔实的。而且，既有成绩的肯定，又有具体问题的提出，为下一步经营层的薪酬考核提供了合理的依据。

此外，董事会审计与风险管理委员会还专门要求内部审计部门对于上述问题的分析不能仅仅停留在表面，还要对其根源进行挖掘，从制度及流程上寻找原因，以便通过相应的改革，避免上述问题重复发生。下面是内部审计部门针对上述问题，出具的对中下层各个部门内部控制问题的调查报告。

中化国际董事会内部审计与风险管理委员会调查分报告

一、A事业总部

（一）基本情况

A 事业总部（主要经营化工贸易）是中化国际七大事业部中经营规模较大的一个，按商品大类，下设 10 个业务部、3 个业务辅助部，在全国建立销售网点 8 个，经营化工原料的进口、内销及国内贸易，现有员工 50 人。

2003 年 1 ～ 6 月营业额为 14 亿元，亏损 458 万元，同期盈利水平对比落差巨大，是中化国际亏损最大的事业部。

1 ～ 8 月份损益情况原因如下。

1. 来自事业部的解释：（1）销售节奏把握不好，存在惜售心理；（2）对市场盲目乐观，苯乙烯等主要商品在大量采购后市场急剧下跌，亏损严重，处于两难境地；（3）未做足够的风险分散，如闭口业务。

2. 审计调查组认为：这种颠覆式的、高度离散型的经营结果，不是稳定持续成长的表现，绝不是简单的经营失误或管理缺陷所能解释的，更不是一个上市公司所追求的目标，这是如何看待市场、如何看待经营内涵，特别是营销质量与管控手段有效性的重大认识问题。它不仅对化学品部影响巨大，对中化国际未来的发展也有重大影响，其连带效应和共性问题，须引起高度重视。

（二）样本测试

1. 敞口业务：均无供需分析报告；没有有效的止损措施，止损价格对远洋货起不到止损作用，5000 吨苯乙烯亏损 1180 万元，是亏损最大的单笔业务。

2. 预算销售毛利率大部分低于 1%，与实际执行结果差异大。

3. 实际操作中存在瑕疵。如部分合同没有加盖对方公章，合同修改未盖更正章，未经审核确认；国内销售业务普遍存在无合同现象，公司对是否签合同没有执行标准；部分闭口业务保证金或定金未按公司规定比例收取。

综上归纳：（1）没有合理的库存规模标准，采购与销售能力不相匹配；（2）没有规避市场风险的有效措施；（3）过分看重市场机会，过度追求利润指标，忽视经营质量、客户培育及商品开发的导向作用。

二、B 事业总部

（一）基本情况

B 事业总部（主要经营塑料贸易）主要经营 PE、PP、PVC 等塑料原料的进口、内销及国内贸易业务, 是中化国际承继的传统经营商品之一, 已在全国建立销售网点7个, 现有员工近50人。

1~6月份及1~8月份损益情况原因如下。

1. 来自塑料部的解释: (1) 客户结构不合理, 核心客户离散度很大, 以中间商为主, 直销工厂只有17%, 没有目标和重点, 缺乏市场营销能力, 销售网点形同虚设, 销售额仅占5%。(2) 货源配置及区域位置不合理, 以中东、欧美为主, 无规避风险的能力; 内部货源配置不合理, 如PE国内货源为零, PVC以中小型电石法生产工艺的厂家为主。(3) 2003年3、4月份的采购超过销售能力, 价格持续下跌, 止损点止不住, 多数情况是无人接货, 亏损是必然的。

2. 改进措施: (1) 以区域分销商为目标, 在全国选择重点地区, 如华北——雄县, 华东——温州、常州, 华南——乐从等; 下半年续建营销网络, 以具备营销能力。(2) 在货源方面下大力气, 继续巩固目前的6个供应商, 同时提升国内石化资源供应量, 以及韩化等近洋货, 争取SHELL等供应商。(3) 改变原有事业部结构, 分离购销功能。(4) 改变原有考核、激励办法。

（二）样本测试

1. 敞口业务: 普遍没有供需分析报告; 没有有效的止损措施, 止损价格对远洋货起不到止损作用。

2. 实际操作中存在疏漏。如部分合同没有加盖对方公章, 合同修改未盖更正章, 未经审核确认; 国内销售业务普遍存在无合同现象, 公司对是否签合同没有执行标准; 部分闭口业务保证金或定金未按公司规定比例收取; 部分预算单超出事业部总经理审批权限; 部分出库单没有财务确认收款签字, 对超出50万元的出库, 仅凭客户电汇底单, 而未按规定办理授信备案。

结　论

A和B事业总部在第二季度出现的经营业绩大起大落, 实质上是内外部环境已发生重大变化而经营模式延续多年未有本质改变的一次营销危机。这反映出中化国际在意识上，特别是在行动上，对市场经济的理解与实践仍不够深刻和到位。在有限的资源下，中化国际的市场化战略定位及中长期目标不够清晰，过分注重短期利益和市场机会，忽视客户培育及新商品、新业务的开发，导致经营业绩的大起大落是必然的结果；人力资源相对匮乏，考核与激励机制的不够合理以及管控中存在的缺陷，制约了业务的发展，使经营业绩的大起大落成为必然。

三、规章制度及其执行中存在的问题

中化国际现执行的内部规章制度，是在 2001 年版的基础上逐步修订完成的，分为财务、业务、行政综合等大类，主要以 ERP 为操作平台，围绕业务进程进行信息录入、审核及分析等，审批以事业部为基本单位，超出权限的由有关管理部门及上一级领导签批。目前，根据业务和管理进程中存在的不足，部分内容仍在增删修改中，如正在进行的优化业务流程以及 ERP 升级，将进一步加强对业务环节的管控力度。

（一）基本评价

中化国际现行内部规章制度，依托 ERP 对业务进程及其信息进行规范，从总体上保障了公司的正常业务运作。但在风险预警、绩效考核及管理基础工作中仍存在一定的缺陷，缺乏及时有效的管控手段，表现为化学品、塑料业务经营业绩的大起大落以及在执行有关程序中存在漏洞。

（二）制度符合性测试发现

1. 制度性缺陷。

（1）当规章制度内容发生变更时，仅发布变更通知，对原有规章制度未进行修订，易造成执行标准混乱。例如《中化国际总体业务流程操作暂行规定》（2001-09-19）中关于预算单审批权限的设定与《关于公司领导分工及签字权限的变更的通知》（[2002]中化股办字第 015 号）不符。

（2）事业部内部制定的规章制度没有经过公司统一审核、备案，与公司制度的一致性无法把握。例如《化学品事业部止盈止损流程》与《中化国际关于存货资产止损管理的实施细则》关于止损点的设置矛盾。

（3）董事会对库存规模超预算情况没有明确授权审批规定。

（4）对借货、离岸业务没有制订具体操作办法。

（5）对什么样的业务不签订销售合同缺乏执行标准。

（6）对 ERP 系统里作废的预算单、合同等未制订明确的清理制度。

2. 预算与决算的差异大，跟踪手段不足，无解决措施。

（1）对组织结构、功能的变化以及流程的变化缺少对变化前、后的差异评估分析。

（2）授权管理的海外成本中心的库存管理，未纳入中化国际，上报总公司分析评价部的库存仅为 ERP 库存。

2004年1月12日

这些审计报告，给董事会薪酬委员会考核高管的薪酬与奖励提供了很有力的依据，达到了奖优罚劣的效果。个别高管因为生产事故等原因，被一票否决，奖金分文没有，有的高管因为业绩突出，获得丰厚的回报。

在董事会每次讨论高管人员当年薪酬与奖金时，所有被考核的高管人员，即使本人是董事会成员，也必须现场回避。这一程序的采用，在一定程度上保证了薪酬委员会与其他董事会成员能够畅所欲言，比较中肯地讨论与评估高管们的薪酬与奖励。

公司董事会为进一步理顺高管人员的薪酬结构及实际水平，要求薪酬委员会与国际著名的人力资源咨询公司接触，就公司高管人员的股票期权的激励方案进行调查与设计，并拿出初步方案。由于该方案需要国有资产监督管理委员会及证券监管部门的批准，最后无疾而终。

（四）战略委员会对公司治理结构转型的推动

公司进行治理结构评级的初衷，是推动公司的战略转型，但是，公司清楚地意识到，要实现实质性而非外在形式的转型，是需要一定基础和条件的，而审计与风险管理委员会、提名与治理委员会以及薪酬委员会等功能的发挥，是公司战略转型的基础。试想，如果公司董事会得不到一手资料，如果公司董事会不能按照市场原则配置人才，如果公司不能按照市场水准提供薪酬，那么，要求现有的体系与人力资源进行转型就成为无源之水，无本之木。在上述三个委员会全面启动转型之后，战略委员会开始实质性推动。

战略委员会根据国内外市场，分析公司所处的环境与形势，认为中国目前正在进入重化工时代。这意味着当经济发展到人均 GDP 1000 美元的水平时，我国由发展中国家向发达国家迈进，今后对化工的需求很大，预计这个阶段将延续 7 ～ 15 年。从战略上，公司将彻底转变贸易和服务的方式，要从更长的价值链，包括上游的生产研发和下游的物流配送等领域获取价值，来规避单一业务的风险。战略委员会决定实施战略转型，不仅要搞贸易，还要做物流和自主研发和生产。

在接下来的战略转型过程中，战略委员会总结了中化国际的优势：掌握了化纤原料的市场，有丰富的营销经验，有充裕的资金，有良好的公司治理能力。公司将目标转向与具有项目建设和管理能力但缺乏市场和资金的民营企业合作，并通过努力找到一家正在建设一项极有市场的化工项目，这是一家苦于缺乏资金及营销渠道的西北民营化工企业。战略委员会抓住机遇，通过专家与中介机构的论证，由中化国际控股，共同开发与建设该项目。事后证明，该项目的投资十分成功，不仅取得超过预期的收益，而且通过人员的派遣，使中化国际培养了一批熟悉与擅长项目建设和生产的管理人员，为中化国际下一步向实业转型奠定了人才基础。由此可见，战略委员会在推动公司转型过程中，不仅需要遵循科学合理的投资程序，而且还需要根据自己的实际情况，在不同阶段按照不同的方式进行转型。

经过努力，公司按照"追求细分领域领先"的战略思路对传统的化工业务经营模式进行了梳理和改造，确定了以农化、特殊化工品、PVC以及一些化工细分产品为核心，通过技术、产业和营销等要素的组合形成具有丰富内涵的经营模式，战略转型基本上取得了成功。这给企业带来良好的收益，公司的财务效益逐年持续上升，给投资者的回报逐年增加，验证了公司治理结构的改善确实与公司价值成长是正相关关系。

第四节　转型后第二次标准普尔治理结构评级及总结

中化国际在2004年再次与标准普尔公司续约。2005年4月和5月，标准普尔公司重新将上次的流程执行一遍。不同的是：随着时间的推移，标准普尔公司对治理结构评估的内容发生了一些变化。四个维度没变，将原来的101个指标减少到80个，有些内容与标准有一定的修正，结论由原来的百分制改为十分制。在此基础上，标准普尔公司对中化国际治理结构评级提交了讨论文本和修改文本。在80个评价指标中，中化国际获得61个正面评价、15个负面评价和4个中性评价。总体得分为6分，相当于全球的中等偏上水平。按照中国人的评分习惯，6分算及格。我们花了这么大的力气，严谨刻板的美国人终于给了我们及格分。标准普尔公司说，6分已经相当不错了，即使在美国被认为治理结构最成熟的GE公司也只得8分。标准普尔公司自己也承认，满分10分只是在理论上存在而已。

在第二次评级中，公司治理结构在几个方面得到较大提高：首先，股东结构方面，增加一些机构投资者，特别是 QFII 的加入，大幅推动了公司治理水平的提高，为日后股权分置改革的健康进行奠定基础。其次，会计师事务所的变更，国际会计师事务所的加入，以及按照国际会计标准披露的外文财务报表，帮助治理结构水平得到不少改善。再次，独立董事在公司治理结构中发挥的作用，是这次评级得分较高的另一个原因。有趣的是，在上次评级过程中，标准普尔公司曾将独立董事过多参与公司的经营活动评为负面分，理由是独立董事过多参与公司经营，可能会与经营层中高管人员利益一致。但同样的情况，这次评级给的却是正面分，理由是独立董事只有充分理解公司内部经营状况，才有能力改善公司的治理状况。由此可见，即使是标准普尔公司的治理结构评级，也有些艺术大于科学的成分。

最后，治理结构评级改善最多的部分，是公司在董事会层面上建立了许多制度与流程，使得公司在股权、薪酬、提名及战略事项上，更多地依赖科学的程序。然而，不少负面分是我们无法改变的，如将中化国际的大股东中化集团看成政府的化身；中化国际董事长的任命要走一定的组织形式；召开股东大会不给所有股东发邀请函；每次股东大会全体股东不能通过网络来表决；甚至因为中化国际与会计师事务所签的业务委托书不能给标准普尔公司翻阅，被怀疑其中有"猫腻"而被打负面分。对此，中化国际董事会只能予以承受。

治理结构水平的提高，确实带来了公司价值的成长。中化国际上市后的近六年间，业务收入增长近五倍，可持续的经营利润（经常性收益）增长了三倍，且在上市后连续六年坚持给股东现金分红，在公司业务规模不断扩张、对资金需求不断上升的情况下，累计分红总额达 10.6 亿元，超过公司从资本市场募集资金总量（9.46 亿元），占公司历年收益总额的 45%，使中小投资者分享了治理结构改善所带来的物质利益。与此同时，自 2005 年以来，中化国际董事会几乎年年被多家媒体评为最佳董事会，公司被评为中国最受尊敬的 25 家上市公司之一。

中化国际是内地首个自发聘请美国标准普尔公司进行评级的公司。从表面来看，两次评级的分数并不高，尤其是第一次评估——不及格。花了这么多精力、时间、资金进行评估，最后还落得一个差评，事后应该怎么处理，确实有些为难。董事会内部有些不同看法，有人觉得反正不是法定业务，参考一下即可，不一定要公布。公开了，评分又不好看，是否有些自取其辱呢？犹豫再三，董事会决定还是按照与标准普尔公司在合同中约定的，如果公布，就全部公布，目的是通过评估结果看看中化国际与全世界优秀企业的差距，为自己提出今后的努力方向。

评估报告公布后，果然在市场上引起巨大反响，说我们作秀的有之，说我们自讨苦吃的有之，说我们崇洋媚外的有之。我们通过与媒体对话，表达了对此次治理结构评估的态度。下面是中化国际的董秘与媒体对话的摘录。⊖

✳

评级不谋作秀只为发展

问：中化国际是内地首家引入国际公司治理评级的上市公司，当初为什么会有这个想法？

答：中化国际引入标准普尔对公司治理进行评级的初衷是：第一，中化国际董事会希望自己能成为一个有作为、有决策能力的董事会，董事会在公司治理方面下了很大的功夫，对 GE、花旗等公司的治理结构做了认真的研究。中化国际主营的是国际贸易，上市之前在国际市场上摸爬滚打了将近 50 年，所接触的理念都是国际理念。尽管目前公司获得了很多荣誉和称号，常受到境内投资者的推崇，但中化国际董事会的目标不仅在于此，还要做国际市场上受人尊敬的董事会，使公司成为中国优秀的绩优蓝筹上市公司。

第二，瞄准国际优秀公司找差距。集团公司未来 5 ～ 10 年的目标是

⊖　摘引自 futures.money.hexun.com/825255.shtmla。

成为一个全球性的伟大公司，中化国际作为集团旗下唯一的上市公司，担负着在中国国情和制度下探索一套管理模式和机制的使命。在这个使命下，中化国际董事会要瞄准国际上最好的公司，找出自己与它们之间的差距，除了财务上的差距外，缩小在公司治理上的差距该如何努力呢？坦率地说，证监会的治理准则——比如要求上市公司董事会下成立四个专业委员会，为我们开了个好头。国际上好的上市公司到底有多少个专业委员会以及如何运作等，我们不太清楚。基于对比国际优秀公司、在公司治理上找差距的出发点，中化国际聘请了标准普尔为公司治理进行评级。

第三，董事会对持续改善公司治理的姿态和信心。中化国际启动标准普尔公司治理评级项目是在2003年上半年，当时市场环境并不好，国内外一批所谓的绩优公司如美国的安然、世通及中国的银广夏、东方电子、蓝田股份等，由于财务造假纷纷被曝光，在此背景下，投资者意识到公司治理的风险可能比财务风险更可怕。以前我们要求北京证管办和上海证管办对公司进行巡检，但证管办认为，如果中化国际这样的公司有问题，他们简直没法干了。这说明中化国际还是一个比较令监管机构放心的公司。但中化国际的目标是成为百年企业，成为全球性的优秀公司。为此，我们聘请了国际上独立的第三方标准普尔为我们的公司治理进行评级，在找差距的同时，表明了董事会在公司治理方面的信心和今后不断持续改善的姿态。

除此之外，中化国际的客户和供应商大部分是国外的大公司，它们对中国的制度和法律等不太了解，通过独立第三方对公司治理进行评级，便于它们以其熟悉和易接受的技术平台来进一步判断公司的价值和合作前景，为公司下一步开拓新业务、与国际上的跨国公司合作并缔结新的战略联盟提供一定的借鉴。

问：评级结果如何？

答：从评级结果看，分数并不高。在评级前，按照标准普尔的10分制评级，我们预期能有4～5分就不错了，因为两个体制不一样。但从实际结果来看, 总共 101 个评分点, 中化国际获得 58 个正面评价、22 个中性和不确定评价以及 21 个负面评价, 反映了公司在治理结构、股权结构、财务利益人、信息披露透明度等几个方面是积极正面和中等偏上的, 这有些出乎我们的意料。

问: 在这些评价中, 这样的结果是外部环境还是公司内部环境造成的, 或者说谁的影响比较大?

答: 标准普尔的评分点分四个方面——股权结构和外部因素的影响; 股东权利和公司财务利益相关人的关系; 公司的透明度和信息披露及公司董事会结构和运作, 从中选了 101 个评分点。四大块占总分结构不是平均计算, 而是 6.5、5.5、5.3、5.3 不等。由于中化国际是标准普尔在中国内地评级的第一家公司, 我们不熟悉也不了解标准普尔的标准, 公司随他们去评, 我们不是为了宣传或对外作秀, 是为了完善自己公司的治理。正面评分的不多说了, 因为好的方面国内公司差不多。

在 21 个负面评价中, 我们初步分析后认为, 有两个是中国证监会严格禁止的。比如说股东大会电子通信表决, 在国际上如日本曾发生过黑社会通过通信表决权操纵股东大会的问题, 但标准普尔采用的是 OECD 标准, 公司没有采用股东大会通信表决要被扣分; 还有一个是中国证券法规不要求或者说曾经要求后来取消的, 即会计审计要聘请 "四大"。中国证监会曾发过文件要求会计审计聘请 "五大", 但因安然、世通等相继出事, 便取消了该文件。我们和标准普尔辩论 "是不是聘请了安达信可以加分", 但他们坚持他们自己的评级标准。另外, 标准普尔认为只按中国会计制度编制报表而没有按照国际会计制度编制报表, 或者没有对两种报表做差异比较分析, 要扣分。

我们认为, 在全部 21 个负面评价中有 8 个是中化国际应该做到而没有做到的, 比如说中化国际目前的高管薪酬, 只有现金而没有中长期股权激励。按理, 目前我们不是不能做, 但对于中国国有企业来说, 碍于面子等原因起步比较晚, 因为从某些角度来说, 工资不能比首长高, 这才是好同志；但从资本市场的要求来说，有中长期激励才能让投资者更放心。还有一个是监事会不能发挥作用要被扣分。确实中国许多公司都是这样，但我们不认为别人这样我们也应该这样。实际上，只要监事会自己想有所作为，还是可以做很多事情的。另外，如高管人员收入没有披露要被扣分，他们还认为不仅要披露高管的收入，还要披露每个员工的收入。诸如此类，我们认为有些问题是出于中国的国情因素，我们还是要尊重中国特别是国企的法规环境。

通过对具体的减分原因进行分析后，我们自己有了底，并不是如人家想象的那么差。当然，我们还是存在许多需要努力的地方，在评分点中，那些中国证监会虽然不做要求但也不反对的问题，我们会按照国际投资者所要求的去改进。如聘请"四大"，中化国际可能会在"四大"中选一家，除了按照中国会计准则编制财务报告外，再出一个比较差异的报告，以迎合国际投资者。标准普尔认为董事会中独立董事还太少，目前公司独立董事的人数已经超过了对中国上市公司的要求，下一步，公司还将继续增加独立董事以提高比例。这是我们在评级后准备改进的地方。至于如一股独大、通信表决等问题，由大环境决定的问题不是我们自身所能解决的。

经过评级我们发现，中化国际的公司治理还是比较完善的，实际水平应该还高于标准普尔所得出的评级。与此同时，从中发现了许多需要改进的地方，有利于公司缩小与国际标准的差距，向国际上真正做得好的公司靠拢。

重化工时代的机遇

问：能否介绍一下公司的主营业务？

答：公司目前的主营业务是贸易，这也是我们的传统业务。今后公司的主营业务会分三大块：传统的贸易分销业务、上游的化工品生产研发和下游的物流配送服务。

问：你说投资者最近比较关心焦炭，这是为什么？

答: 焦炭是中国的一种富有资源, 中国焦炭出口量占到国际贸易总交易量的 60%, 中国的焦炭决定了世界焦炭的供应。2004 年, 中国政府为了减少焦炭生产给整个社会环保及资源消耗带来的压力, 一下削减了 25% 的焦炭出口配额, 再加上美国等国家经济复苏对焦炭等原材料的强烈需求, 导致国际市场上焦炭价格出现快速上涨, 从年初的每吨 180 美元涨到最高时的 470 美元。在欧盟目前和中国政府的谈判中, 焦炭成为一个热点问题。

中化国际在焦炭出口领域中处于领先地位, 占中国出口的 10%, 是上市公司中占比最大的。公司一季度利润比去年同期增长了将近 100%, 这当中多半来自焦炭, 焦炭成了公司重要的利润增长点。随着欧盟与中国政府的谈判进程, 政府焦炭配额逐渐由经济行为上升为政治行为。为此, 投资者非常关心谈判以及谈判可能会给公司未来的经营发展带来的影响。

问: 能否谈谈伊战和国际油价上涨对公司的影响?

答: 这是去年对公司影响比较大的一个因素。应该说, 公司经营的石化商品的价格与原油价格有较大的关联, 刚才所说的战争因素通过影响原油价格进而给公司带来不确定性。高油价创造了高收入, 但也导致了高成本库存。但这些因素今年对公司的影响比较小, 毕竟公司主要是为石化厂商提供服务, 通过规模采购、网络销售、加速周转降低成本提高收益, 通过为客户提供持续的服务来赚取利润, 而不是囤积石化商品高卖低买来赚取差价。在更精细化的产业分工中, 中化国际是在为企业提供采购、物流配送等服务。

问: 中化国际有一个从传统的化工品贸易商向化工品综合服务商的战略转型策略, 为什么要制定这样的转型策略, 目前进展如何?

答: 公司以前是做化工品的进出口贸易的, 这在外贸进出口权没有放开时是一个稳定的利润增长点。但入世之后, 外贸进出口权将逐渐放开, 外贸由原来的特权变成国民待遇, 无论外资还是个人都可从事进出口贸易。在这样的趋势下, 公司将如何生存和发展? 我们认为, 单纯地依靠化工品的进出口或者代理, 将不能维持公司的生存, 更谈不上发展。从战略上,一方面公司将彻底转变贸易和服务的方式，由看领导变成找客户；另一方面，要从更长的价值链包括上游的生产研发和下游的物流配送等领域获取价值，来规避单一业务的风险。2002年我们实行了战略转型，不仅要搞贸易，还要做物流和生产，其中的生产是基于研发的生产。

目前，物流的战略转换已经得到了体现，2002年物流占了公司利润的1/4，2003年上升到了1/3。生产领域还处在建设期和培育期，预计今年年底有一批项目可以投产，明后年将陆续规模投产。如果这批生产项目能顺利投产，就可以说公司基本上实现了战略转型。2004年是中化国际战略转型的突破年，商人到底能不能搞实业，要由实践来检验。

问：前不久公司斥资2.8亿元买船，这也是物流的内容吗？

答：目前物流分两块——重资产物流和一般物流。一般物流是指对贸易客户的延伸服务，如租船订舱、报关报验和仓管货管等，进而收取相应的费用，这也叫轻资产物流。重资产物流则是指船舶运输、铁路运输以及码头和储罐的服务，它主要分成三块——海运、码头中转和陆上运输。公司投资2.8亿元买船属于海运领域。

我国将经历一个重化工的发展阶段，国家在沿海地区设立了七大乙烯化工区，这些乙烯企业将从2004年开始投产，2005年进行大规模生产。这么多产品需要大规模运输，光英国石油公司（BP）估计就要15～20条船，这个领域未来具有很大的发展前景。目前公司投资了4条船，在该领域中继续处于全国领先的地位。

问：能不能谈谈重化工时代的具体前景？

答：重化工时代就是经济发展到人均GDP达1000美元的水平，未来工业发展对化工原料有着极大需求的阶段。衡量一个国家重化工发展水平的一般标准是人均乙烯年消费量，目前世界人均乙烯消费量是13公斤，发达国家是78公斤，而我们国家是4.9公斤，如果主要提供给东南沿海地区的6亿人口，即人均消费10公斤，与世界平均水平还是有一定的差距。我国由发展中国家向发达国家迈进, 今后对化工的需求非常大。我们预计这个阶段将延续7～15年, 也有专家说是20～30年。在这个情况下, 国家成立了天津、南京、上海、宁波、镇海等七大沿海乙烯化工区以满足未来工业原料的需求。

这样的发展阶段对于中化国际来说是一个很大的机遇。第一, 我们可以做这些商品原料的国际贸易和分销; 第二, 它们所产生的物流需求, 包括近洋、近海、沿江、内河运输的需求等; 第三, 仓储和转运, 由于炼油厂需要相应的原油, 而中国是原油贫乏国, 需要进口。一般原油运输用10万～30万吨较大规模的船运输才比较经济, 但这些船不能直接进入中国的许多沿海地区, 这又产生了仓储和转运的需求。

我们化工品贸易分销现在占的市场份额不到10%, 我们准备再从市场中争取5%～10%的份额, 并继续增强物流的配送能力。

问: 你们在这个行业中的主要竞争对手是谁?

答: 基本上没有。对于个别商品可列举出一批竞争对手, 如焦炭、橡胶等, 但综合起来不交叉。国外还有一家荷兰公司, 它与我们公司比较类似, 在物流方面有竞争的态势, 但还没"交火"。在分销方面, 它主要集中在北美, 不会有竞争。

问: 能否概括一下你们主要靠什么赚钱?

答: 主要靠服务, 贸易、物流、研发等, 靠的都是服务。尽管我们已经有相当多的重资产, 如工厂有厂房、设备、技术, 物流有船舶、槽车和码头储罐, 但如果服务不好或者缺乏客户服务理念, 还像过去那样当大爷, 仍然赚不到钱。必须把客户、客户的需求放在第一位去研究分析, 才能在市场竞争中建立自己的竞争优势, 可持续发展, 最终实现公司的战略蓝图, 为股东提供持续增值的回报。

问: 投资者最近在关心公司哪些方面?

答: 首先关心的是本次国家宏观调控对公司的影响, 然后是公司目前的主要产品焦炭的价格走势及欧盟与中国政府谈判中中国政府的态度和可能的出口配额调整、公司新投资的生产项目、公司的战略转型、公司的人事变动等各种问题。

现在的 QFII 也非常关心中化国际，目前公司与主要的 QFII 投资者都建立了联系，在前几天与 QFII 进行的 8 轮 10 多个小时的"一对一"推介沟通中，了解到它们对中化国际非常看好。在全球掌握着 8500 亿美元资产的 CAPITAL 公司，特地从美国赶来参加推介会，就是专门冲着中化国际来的。还有一个在日本发行、专门投资中国 A 股股票的开放式基金，也首选了中化国际。

在这样的形势下，我们认为除了境内机构——基金、券商等机构投资者的关注外，QFII 将成为中化国际新的投资力量。

总之，在两权分离的资本市场中，如何使上市公司在公平、公正地对待全体股东的基础上，使公司在不断提高生产效率的同时，让全体股东分享公司价值成长所带来的成果，治理结构的好坏是关键因素之一。

在中化国际通过标准普尔治理结构评级，来逐步推动公司战略转型的过程中，我们总结出以下几点结论。

首先，治理结构对两权分离的公司，特别是转型新兴市场条件下的上市公司，是极其重要的。将资源交到管理层手上，而不对其进行必要的控制与制约，久而久之，这些沉淀在管理层手上的资源一旦形成利益格局，要改变它是非常困难的事，中化国际这样的上市公司也不例外。而打破利益格局，需要有一定内在与外在动因。

其次，迫使中化国际改变治理结构的内在与外在的动因，是由于当时亚洲金融危机的波及，外贸类型的中化国际遭受严重的财务危机，几乎达到崩溃边缘。痛定思痛之后，现有利益格局产生松动，形成了中化国际要求变革公司治理结构的最大动因。

由于中化国际是外向型公司，与国际公司交往较多，有较为开放的企业文化，比较容易接受国际标准，因此选择国际著名的标准普尔公司作为中介，以国际标准来对公司现有治理状况做出评价，找出差距，为下一步治理结构的改善提供目标与依据。

最后，虽然可以找出许多理由来论证标准普尔的治理结构评级标准过于苛刻，但是，从发展眼光来看，大部分定位还是准确的。如对中小投资者的保护与尊重，披露高管人员薪酬水平等，这些要求后来被中国证券监管部门逐渐采用。中化国际按照标准普尔评级要求重新梳理、完善公司治理结构状况的决策无疑是正确的。

根据在中化国际担任独立董事的亲身经历，我认为，中化国际改善治理结构的方法与路径是与众不同的。他们首先从董事会中的专业委员会入手，而且是从审计与风险管理委员会开始，通过改变信息审计、披露的方式，继而推广到提名与治理委员会的人事权限，再深入到高管人员的薪酬标准与激励，然后再考虑战略委员会的企业转型，环环相扣，逻辑合理，使公司治理结构的改善与转型顺理成章，水到渠成。

但是，不管怎样，这只是我在中化国际的体会，其局限性在于，每个公司有其特殊背景与原因，不能简单地将中化国际治理结构的转型作为模板进行推广，否则将得到东施效颦的效果。

第五节　亡羊补牢：否决新能源项目投资

在经过标准普尔公司评级之后，中化国际董事会的运作更加健康了。董事会中的所有成员，理解作为一个良好治理的董事会，每个人应尽的责任。就在此时，董事会又开始研究战略转型，即如何从一个传统贸易型企业，转变为有核心竞争力的国际一流的化工全产业链企业。为此，董事会专门开了几次专题会。当时做的有关战略转型的 PPT 非常有水平，我看了后感到非常震撼。PPT 分享如图 2-1 ～图 2-6 所示。

过去五年，中化国际的资产规模和业绩同步增长，规范的法人治理塑造了良好资本市场形象

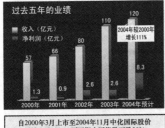

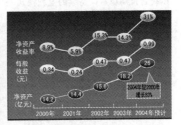

◆ 上市以来累计现金分红4.15亿元，其中大股东累计分红2.67亿元

◆ 原始股东的投资增值贡献超过7倍

◆ 社会信任度列第7位，连续4年入选《财富》中国上市公司百强

◆ 2002年7月入选上证180指数，2004年10月列入道琼斯中国88指数

图 2-1

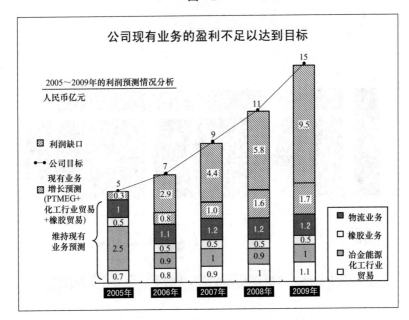

图 2-2

公司面临的主要问题

1. 缺乏长期稳定、持续的盈利模式

传统贸易业务受到挤压

- 政策优势逐渐丧失
- 行业竞争加剧
- 缺乏稳定、有价格竞争力的货源
- 缺乏稳定的客户群

核心盈利产品/业务较少

- 经营的产品类别繁多，真正的核心盈利产品较少
- 目前稳定盈利过亿的产品只有焦炭，稳定盈利过千万的业务也只有天然胶、铁矿砂、石蜡和船务

2. 未能很好体现集团赋予的战略定位

主营业务（化工行业）缺乏产业优势

- 化工行业领域缺乏上游产业支撑
- 没有核心技术和产品
- 没有行之有效的营销网络
- 项目、生产和供应链管理能力缺乏

上游实业发展方向不清晰

- 公司存量投资项目有30多个，但投资策略不清晰，盈利能力弱
- 石化行业涉及面广、产业链长，而化工行业资源有限，缺乏一个明晰的战略主攻方向及切入点

根本问题是公司的核心竞争力不强

图 2-3

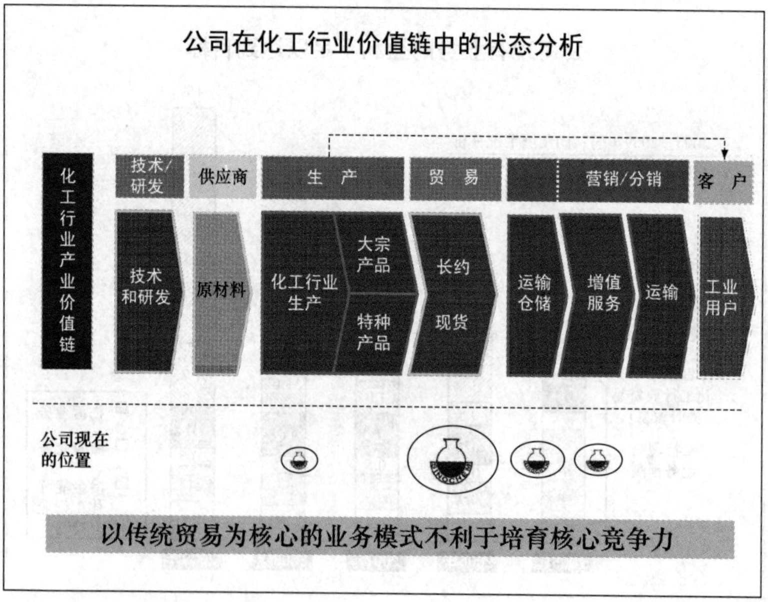

图 2-4

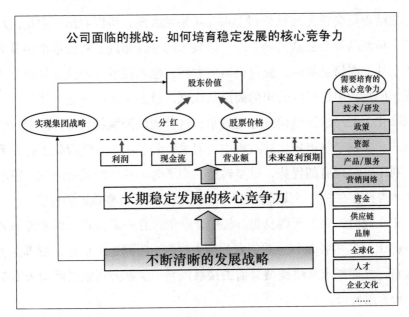

图　2-5

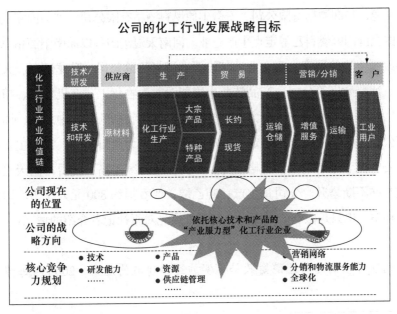

图　2-6

战略委员会首先回顾公司上市几年来的表现，可以看出，中化国际的确是个称职的社会公众公司。除了给股东的分红超过了从资本市场募集到的资金外，在信息披露、公司决策等方面，也体现了一个社会公众公司的责任。但是，中化国际公司的高层认识到，过去长期依赖化工贸易，尤其是国际化工贸易的经营模式越走越窄，这种依赖配额制、特许经营权的经营模式，在越来越市场化的过程中，似乎看到了尽头。整合化工行业上下游，利用公司现有的优势，尽早转型，到了时不我待的关键时刻。董事会各专业委员会在尽力寻找机会与突破口，甚至到了有些焦虑的程度。

正在此时，来了天赐良机。经中介介绍，有一家很热门的新能源公司准备转让51%的控制权，欢迎我们前去收购。听到这个消息，董事会当然很兴奋，立即要求战略委员会前去接触谈判。这家公司就是河南天冠新能源股份有限公司。

从资料上来看，河南天冠燃料乙醇有限公司与吉林燃料乙醇有限责任公司、黑龙江华润酒精有限公司、安徽丰原燃料酒精有限公司并列为国家发改委确定的全国四家燃料乙醇定点生产企业。河南天冠集团是以原南阳酒精总厂为核心改制组建的国家大型企业，其旗下有燃料乙醇公司、卧龙酒厂、天冠啤酒厂、冰醋酸厂等公司，产品涉及生物能源、生物化工、有机化工、精细化工、饮料酒、工业气体、电力七大类。我们这次收购的是其中之一，即燃料乙醇公司。与其他三家乙醇定点生产企业以玉米为原料不同，它的主要原料为小麦。由于近年来粮食价格暴涨，小麦价格持续走高，使得河南天冠的原料成本亦不断攀升。公司每生产一吨乙醇，要亏损约800元人民币。即使有国家补贴，也只是微利。下面是总经理杜风光对报社记者介绍的情况：⊖

国家提供的燃料乙醇财政补贴实施逐年递减的规则，2005年每吨补贴

⊖　摘引自www.wabei.cn/p/200809/90250.html。

1883 元，2006 年每吨补贴 1628 元，2007 年和 2008 年每吨补贴 1373 元，到 2008 年则会完全取消。

当时河南天冠集团 3000 吨级纤维乙醇项目生产线正式投入生产，此项目是利用纤维素废弃物制取乙醇，可以解决粮食乙醇"原料价格上涨、成本过高、生产效率偏低、与人争粮"等问题。

在我们与河南天冠开始谈判不久，网络上传来了河南天冠集团将以增资扩股形式引入资本，拟出售 51% 的控股权给中化国际的新闻：[一]

　　内部消息：中化国际收购河南天冠 51% 股权，双方将于近日正式签署收购协议！

这一消息不知是内部流传出去的，还是被收购方河南天冠故意放出去的，形势似乎压着我们非收购这家企业不可。经过治理结构评估的中化国际董事会已不同以往，表现得非常冷静。当战略委员会与对方初步谈判结束，提案上交到董事会时，董事们不仅要求看提案内容，还要求提供非常详细的背景资料。下面是参加前期谈判的战略委员会的同事给董事会提供的来自权威部门的背景信息，以印证这项投资的可靠性。

生物质能源替代石油　财政部拟定发展目标
（2006-07-26　中国石油商务网）

最近两年，由于国际油价持续走高，世界各国竞相发展石油替代品。7 月 24 日，财政部副部长透露，我国正在拟订生物质能源替代石油的中长期发展目

　　[一]　摘引自 guba.eastmoney.com/news,600500,29012.html。

标，到 2020 年，我国生物质能源消费量有望占到整个石油消费量的 20%。

这个目标主要包括：到 2020 年，生物液态燃料生产规模达到 2000 万吨，其中燃料乙醇 1500 万吨、生物柴油 500 万吨。如果进展顺利，到 2020 年，生物液态燃料的年产量有望进一步提高到 3000 万吨以上。

财政部副部长表示："我们希望（石油）消费量的 20% 左右，用替代能源来解决，因为消费量还在增加，这样的话，能够在 2020 年以前，把我们（对石油）的对外依存度控制在 50% 以下。"

财政部副部长还表示，我国原料供应非常充足，这一目标完全可以实现。以薯类为原料生产燃料乙醇为例，利用我国现有荒草地的 1/20，即可满足 1000 万吨的乙醇原料需求。

以补贴和税收优惠支持生物质能源发展

虽然生物质能源很环保，但目前的生产成本还比较高，对此，财政部副部长表示，将以补贴和税收优惠的形式来支持相关企业，加快我国生物质能源的发展。

生物质能源产业，将实行"行业准入、定点生产、定向流通"制度，国家财政对定点企业给予支持。定点企业将通过公开招标的方式确定。当生物质能源产品销售价格低于盈亏平衡点时，中央财政将给予补贴。财政部副部长还表示，中央财政还将对开发利用荒草地等未利用土地建立生物质能源原料基地的企业给予一次性补助。对于非定点但获得生物质能源示范资格的企业，将给予奖励。相关细则有望在近期公布。

乙醇燃料企业热恋生物化工
（2006-08-04 中国化工产业信息网）

记者近日从河南天冠企业集团有限公司（后文简称"天冠集团"）获悉，

其下属的上海天之冠可再生能源有限公司（后文简称"上海天之冠公司"）前不久正式与中国科学院上海生命科学研究院签订了丙酮-丁醇技术合作项目。双方决定在改进丙酮、乙醇发酵技术的相关项目方面开展合作研究，加快其产业化进程。

据了解，除天冠集团外，丰原集团等另外三家燃料乙醇定点生产企业下一步也有扩产、新增生物精细化工产品的计划，有的已经得到或者目前正在申报国家发改委的批准。为何乙醇燃料企业会纷纷热恋生物化工？

离生物精细化工很近

据介绍，丙酮和丁醇都是重要的溶剂，还是涂料、塑料和橡胶等产品的主要原料。随着近年来下游产业的发展，丙酮和丁醇的市场需求直线上升。据了解，去年我国丙酮、丁醇消费量均超过了 50 万吨，但生产能力仅为 40 万吨左右，每年需要进口大量的丙酮、丁醇。

目前虽然化工法制造这两种产品的产量在逐渐增加，但据专家预计，到 2010 年仍然有较大的市场缺口，市场空间巨大。上海天之冠公司研发经理史吉平介绍说，我国 20 世纪 50 年代的丙酮、丁醇通常采用粮食发酵法生产，是用粮食或其他淀粉质农副产品，经发酵制得丁醇、丙酮及乙醇的混合物，通常的比例为 6：3：1。随着 20 世纪 70 年代后期石油化工业的迅猛发展，发酵法才逐渐被淘汰。天冠集团以前生产过丙酮、丁醇，原来有一个溶剂生产车间，专门生产溶剂，后改为生产酒精。而近年来由于石油价格的飞速上涨，加之石油资源的日益紧缺，粮食发酵法生产丙酮、丁醇的技术重新显示出优势。

近年来，中国科学院上海生命科学研究院从我国土样中自然分离、诱变、选育得到了高丁醇比例菌种，上海生命科学院的发酵法重新拥有了市场竞争力。而天冠集团则在粮食发酵技术上国内领先，双方进行技术合作，目的是将丁醇的成本进一步降低，把技术优势变成市场优势。

"粮食路线"显示出竞争力

上海天之冠公司研发经理史吉平说,他们进军丙酮和丁醇的信心主要来自乙醇项目的成功经验。作为我国"十五"期间规划的四个燃料乙醇定点生产企业之一,天冠集团上个月宣布建成投产我国首条秸秆乙醇生产线。而另一个燃料乙醇定点生产企业——安徽丰原生化公司,早就看好化工领域,并重组了丰原宿州生物化工有限公司。2004 年,公司对引进 5 个国家的设备、闲置达十年之久的"八五"重点建设项目——宿州市环氧乙烷建设项目进行恢复建设,一次性投产成功。

对此,有分析人士认为,环氧乙烷是乙二醇的主要生产原料,下游产品产能增长过快导致乙二醇价格持续走高,环氧乙烷的价格也水涨船高。据专家介绍,目前丰原宿州生物化工有限公司的生产线是我国第一条也是唯一一条以玉米等淀粉质农作物为原料每年生产 2 万吨乙烯、环氧乙烷、乙二醇的生产线。最主要的是,它使用非石油化工法生产,是用可再生能源生产不可替代生化产品。

近几年石油价格居高不下,只要石油价格高于 35 美元 / 桶,粮食价格低于 1400 元 / 吨,粮食路线就很有竞争力,目前该生产线已成为我国生物乙烯及衍生产品的样板。

产品角色可以相互转化

乙醇燃料生产企业延伸产业链,搞农作物深加工,不但是培育效益增长点的又一新的开端,而且是吃干榨净的循环经济,产业链可以相互转化。史吉平告诉记者,丁醇可以做化工原料,也可以做燃料。国外发达国家也正在研究用丁醇添加汽油。

作为燃料,丁醇比乙醇具有更好的性能。乙醇燃料的能量相当于汽油的 64%,而丁醇相当于汽油的 100%。随着石油价格的飞涨,将丁醇作为生物能源也是极有可能的,同样可以 10% 的比例与汽油进行配比。届时,可以形成生物精细化工产品与生物能源的角色转换。吉林燃料乙醇有限责任公司和黑龙江华润酒精有限公司同样也在做强乙醇汽油试点项目的基础上增加精细化工的产品生产。

吉林燃料乙醇有限责任公司更是明确地将公司的产品定为三大系列：以燃料乙醇为代表的乙醇系列产品；以饲料和生物有机肥为代表的玉米深加工系列产品；以乙酸乙酯为代表的精细化工系列产品。该公司的乙酸乙酯项目利用乙醇脱氢一步法先进技术，在生产成本、产品质量方面具有明显的优势。乙酸乙酯是近年来发展较为迅速的化学品之一，它被称作无毒、无公害型的"绿色溶剂"，可广泛应用于食品、医药、有机合成等生产领域，正越来越多地受到世界各国的青睐，市场前景较好。

这些是极力推动中化国际去收购河南天冠的团队提供给董事会的信息。说实话，任何人看了这些利好消息，都有马上去收购的冲动。此外，参与前期谈判的团队还专门印发了一个极其打动人的PPT给所有董事，来认证投资这个项目的可靠性。图2-7～图2-24是节选的几张PPT。

确实，在该项目提案上董事会时，石油价格已攀升到六七十美元一桶，书店中有很多关于能源涨价后如何应对的书籍。我印象深刻的是《当石油涨到二百美元》这本书，宣扬全球马上要进入石油能源危机阶段。在介绍项目时，战略委员会还专门聘请一些能源专家，来介绍美国如何通过新能源的投入，来应对马上要来临的能源危机。

综合以上信息，不管是从国际还是国内、宏观还是微观来看，这个项目似乎都非常理想。从介绍资料来看，有图有真相，有数据有路径，似乎这个项目只要通过，就能给中化国际带来巨大的投资收益。

图　2-7

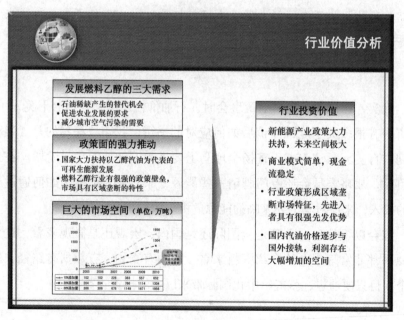

图　2-8

投资的可行性

原料是否有保障?是否会影响粮食安全?

- 生产1吨燃料乙醇,需3.5吨小麦或玉米,同时产生0.8吨饲料
- 按照10%添加量计算,2010年燃料乙醇行业将消耗2086万吨粮食,同时产生523万吨饲料
- 实际消耗粮食1563万吨,占粮食总量的比例为4.2%,可以通过粮食储备政策解决
- 国家政策是引导使用原料多样化

这个行业是否赚钱?

- 燃料乙醇企业盈利能力与粮食采购价格和国内成品油价格相关
- 按照玉米采购价1300元/吨计算,90号汽油出厂价4400元/吨达到盈亏平衡
- 以目前90号汽油5200元/吨出厂价(相当于原油60美元/桶)计算,净利润大约为350~450元/吨,未来成品油价格并轨将使盈利能力大增

是否有好的投资机会?

企业名称	产能(万吨)	大股东	投资机会
河南天冠	50	南阳国资	有
安徽丰原	44	蚌埠国资	无
黑龙江华润	10	中粮集团	无
吉林燃料乙醇	44	中石油	无

行业的风险如何控制?

- 投资风险:行业处于高速发展期,需要巨额前期投入,以占领更多的市场。可以寻找战略合作者和利用资本市场降低风险
- 短期收益风险:巨额投入不能带来即期效益,短期内收益收益较低
- 竞争风险:竞争者与我方抢夺空白市场的威胁。应该抓紧时机进入,尽快开始跑马圈地

图　2-9

为什么在诸多替代能源中选择燃料乙醇?

法规的完整性、技术的成熟度、原料易得、降低污染、化工衍生品的相关性以及中化国际进入后达到行业领先的可能性是战略选择的重要前提

	技术特点	燃料和车辆的适应性	消费者的成本	补给燃料的基础设施	综合评价
氢能源/燃料电池	• 效率高 • 操作简单无噪声 • 技术尚不成熟	• 燃料电池汽车技术还未商业化	• 燃料电池成本普遍比内燃机车高	建设广泛的氢气基础设施较困难且昂贵	是未来燃料的发展方向,但技术尚不完善且成本高,短期内不具备实用的条件
电动汽车	• 比内燃机车效率高且更简单 • 具有较好的操作性 • 电池过重且经常需要长时间充电	• 电动汽车数量有限	• 电池成本很高 • 电动车生产成本约为普通汽车的2倍 • 汽车维护成本很低	充电比较简单	电动汽车技术成熟度效率高,但较高的成本制约其不可能成为替代燃料的主流
天然气和液化气	• 技术成熟且已投入使用 • 一次加料驱动距离短	• 对现有车辆适用性较强	• 高油价时代成本较低 • 汽车维护成本低	越来越多的加油站可以加气、改造加油站的成本	已投入应用,但由于这两种燃料皆与石油开采密切相关,因此不能解决根本问题
甲醇汽油	• 技术成熟 • 甲醇有剧毒,大多数国家限制使用	• 现有车辆无须改装	• 使用成本对目前有所降低	无须改造目前的加油系统	甲醇汽油的技术成熟而且成本低廉,但由于甲醇有剧毒,因此不具备推广的可能性
乙醇汽油	• 技术成熟 • 燃烧热值与目前汽油基本相同	• 现有车辆无须改装	• 使用成本与汽油基本相同	无须改造目前的加油系统	• 工艺成熟、原料易得而且可以很好地降低污染,是比较理想的替代燃料

图　2-10

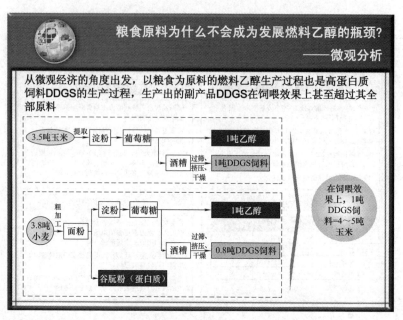

图　2-11

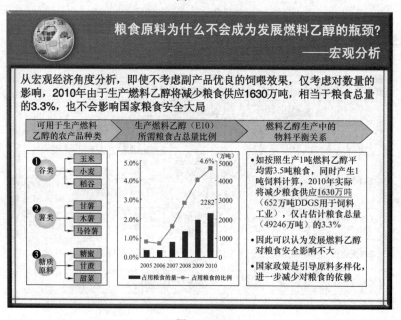

图　2-12

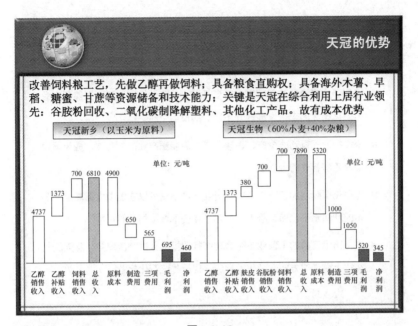

图　2-13

国内外纤维（秸秆）乙醇技术的发展状况

国外的纤维乙醇技术已经取得突破，初步具备了工业化的条件；国内的技术尚不成熟，工业化尚需时日。其中天冠在国内技术研发上居领先地位，已建成国内最大的实验工厂

国外纤维乙醇技术进展	国内纤维乙醇技术进展
• 美国BC International公司计划投资9000万美元，将一个闲置炼油厂改造成年产燃料酒精7600万升的工厂，以甘蔗渣滓为原料 • 美国Masada Resource公司计划投资1.5亿美元，建造年产酒精3600万升的工厂，以城市固体废弃物为原料 • 美国Arkenol公司计划投资1亿美元，在加利福尼亚州建造年产3028万升酒精和1.8万吨柠檬酸（另一种发酵产品）的工厂，计划以稻草为原料 • 加拿大Iogen公司建成了一个以燕麦壳、玉米秸秆和麦秸为原料的示范工厂，纤维乙醇的成本已降低到1.2美元/加仑，2004年4月纤维乙醇燃料产品正式上市。这标志着纤维乙醇产品商业化的划时代进步	• 国内还不具备实现纤维乙醇工业化的条件，在理论研究方面，山东大学、河南农业大学、南京林业大学、华东理工大学处于领先地位 • 天冠集团2006年年初建成了国内最大的一条纤维乙醇生产线，年产3000吨，以玉米秸秆为原料 • 安徽丰原生化也已建成一条年产300吨的纤维乙醇生产线，以玉米秸秆为原料 • 预期在未来若干年，我国纤维乙醇的工业生产成本以现在的价格计算将下降到4000元/吨左右的水平

图　2-14

天冠投资项目对于中化国际的重大战略意义

- 抓住了全球能源替代的重大历史机遇，战略性地进入了新兴能源产业，为中化国际的未来发展打开了巨大的市场空间

- 争取控股天冠乙醇资产，占领了国内新能源产业的制高点，成为国内燃料乙醇行业的领导者

- 为中化国际增加了一项新的主营业务，不仅可以在短期内提高上市公司的利润水平，而且极大地增强了在资本市场的蓝筹形象

- 中化国际目前的主营业务是为传统行业提供分销物流服务，除天胶外，在往上游延伸方面，替代能源应该优于传统石化行业

图   2-15

战略扩张计划

实施时间	项目名称	投资（亿元）			备 注	投资计划（亿元）	融资计划（亿元）
		注册资本	实际投资	贷款额			
2006年	重组现有50万吨/年产能		4.35			4.35	
2007年	湖北新建10万吨/年项目	1.0	0.6	2.5	以早籼稻为原料	5.1	11
	河北改扩建15万吨/年项目	1.5	0.9	1.5	以玉米为原料		
	广东改建30万吨/年项目	3.5	2.1	4	以甘蔗、糖蜜为主要原料，以木薯原料为辅		
	广西改扩建15万吨/年项目	1.5	0.9	1.5	以木薯、糖蜜为原料		
	重庆改建10万吨/年项目	1	0.6	1.5	以甘薯为主要原料		
2008年	四川改建10万吨/年项目	1	0.6	1.5	以甘薯为主要原料	1.8	4.8
	湖南新建10万吨/年项目	1	0.6	2.5	以甘薯为原料		
	海南新建5万吨/年项目	1	0.6	0.8	以糖蜜、木薯为原料		
2009年	江西新建10万吨/年项目	1	0.6	2.5	以早籼稻为原料	0.6	2.5
合计	165万吨					11.85	18.3

注：2007、2008、2009年新建项目投入的资本金中，天冠新能源计划占60%。

图   2-16

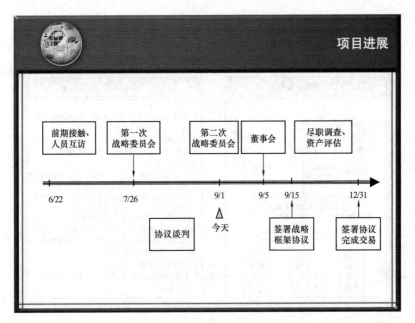

图　2-17

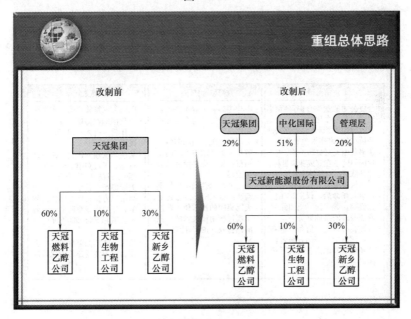

图　2-18

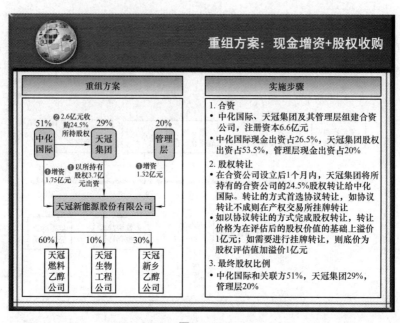

图　2-19

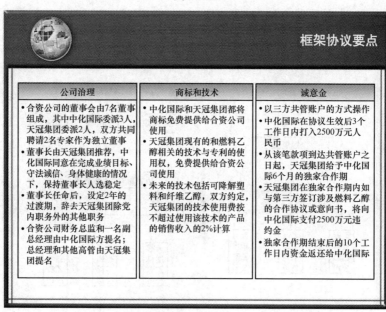

图　2-20

框架协议要点

中化国际的其他承诺	天冠集团的其他承诺
• 在合资公司成立后一年内向合资公司支持不超过3亿元人民币借款，该款项将作为中化国际与天冠集团完成燃料乙醇产业战略布局的专项资金 • 合资公司设立后，就天冠集团原已签订的国内燃料乙醇合作项目，如符合合资公司战略发展要求，甲方同意合资公司承继这些合作项目	• 国家产业政策不发生重大变化的情况下，中化国际在此次合作中获得的ROE不低于10% • 独家合作期内，天冠集团不就燃料乙醇项目与任何第三方在中国境内进行合作或进行与合作有关的谈判和磋商 • 合资公司设立后，天冠集团及管理层不能直接或间接在国内从事与合资公司燃料乙醇业务构成竞争关系的业务

图 2-21

财务预测—假设条件

- 股权改造2006年年底前完成，经营期从2007年到2016年，共10年，不计算中化国际股权的残值
- 2008年现有50万吨/年的产能全部达产，达产后的开工率按照89%计算
- 新建、改扩建装置的开工率按照第一年为建设期，第二年50%，第三年及以后89%计算
- 新建项目由天冠新能源60%出资
- 增资扩股后，天冠新能源所涉及原有资产经营形成的债权债务全部正常运行，不会影响正常的经营损益
- 经营期内，银行负债全部正常运行，每年借新还旧，不还贷，利率维持不变
- 经营期内子公司形成的利润提取10%的公积金和5%的公益金之后全部按照股权比例用于分红
- 所得税税率：33%
- 经营期内，燃料乙醇结算价格按照目前价格计算，即按照目前国内90号汽油的出厂价格5200元/吨乘以0.911等于4737.2元/吨计算
- 经营期内国家财政补贴按照现行1373元/吨计算

图 2-22

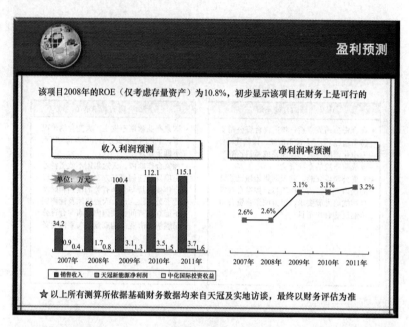

图 2-23

敏感性分析一: 对成品油价格的敏感性

该项目收益率对国内成品油出厂价非常敏感, 由于国内成品油价格改革的目标是向国际原油价格靠拢, 所以预期未来将有较高的投资回报

原油价格 (美元/桶)	90号成品油出厂价 (元/吨)	燃料乙醇结算价 (元/吨)	吨净利润 (元)	2008年存量资产净利润 (万元)	2008年 ROE
70	6007	5472	1167	51932	29.0%
65	5604	5102	800	35600	19.9%
60	5201	4733	432	19224	10.8%
55	4798	4371	66	2937	1.6%
50	4395	4004	−301	−13395	—
40	3589	3270	−1035	−46058	—

☆ 假设国家财政补贴为现行的1373元/吨。
假设原料收购价格不变 (玉米、小麦都按照目前0.7元/斤的水平计算)。
假设2008年天冠燃料乙醇所有生产装置达产, 平均开工率89%。

图 2-24

此时，只要头脑稍微一发热，举个手，投个赞成票，中化国际的投资就成了板上钉钉的事。但是，此时的董事们个个很谨慎，前期有些盲目投资 PTMEG 项目的阴影还未散去。董事们要求推迟表决，另外，再请第三方，而不是战略委员会来做尽职调查，并请国家发改委的领导来对中国的能源政策做一个详细介绍。毕竟这是一个十亿元的投资，草率不得。

通过独立董事蔡重直，董事会请到国家发改委的专家来介绍中国的能源政策，果然使我们茅塞顿开。发改委的专家首先明确中国是一个缺少粮食的国家，每年要进口不少玉米，绝不会长期允许用粮食去制作能源。通过尽职调查，很明确地计算出，只有当石油的价格涨到 100 美元 / 桶以上，这些生物能源才有微利可赚。前文的 PPT 中说 70 美元 / 桶以上能赚 5 亿元的算法是有问题的，是在国家给予大量财政补贴的基础上才有可能赚钱，而国家正在每年削减这些补贴。从图 2-17 可以看到，这个项目从 6 月开始接触谈判，到 9 月上董事会，战略委员会为此付出非常多的努力。但听完专家介绍，再仔细阅读技术尽职调查报告，董事们一致反对此项收购，认为风险太大，未来盈利空间很有限，石油价格的风险很难控制。

通过董事会的投票，公司及时终止了这个已谈判长达三个多月的项目。投票结束后，参加谈判的同事觉得，该项目被董事会否决，很可惜。尤其是事后，通过媒体报道得知，另一家央企参股了该企业，拔得头筹，更是扼腕痛惜。

现在我再次在网上查询河南天冠的资料，发现该公司因多达十几项的法律诉讼，被多家法院认定为失信公司，且还有不少负面消息。当前的石油价格一直在三四十美元一桶，要想通过生物能源来取得利润，看来是难上加难。回头看，我们当时的决策应该是正确的。此事件再次证明，在上市公司重大投融资项目中，尽职调查远比可行性报告重要。第三方尽职调查的结果，远比参与项目的当事人提交的可行性报告的结论更可靠。

第六节   中化国际的股权分置改革

与民企福耀玻璃不同, 作为央企的中化国际, 在对待国家规定的股权分置改革这件事情上, 表现出迥异的态度。前面我们说到, 对于既是大股东又是经营者的曹德旺董事长来说, 更多考虑的是福耀玻璃中长期的战略发展及对经营权的绝对控制, 很担心股权稀释后失去控制权, 会影响公司长期战略的执行。后来马云在阿里、雷军在小米设置 AB 股制, 大概是出于类似的考虑, 是希望对既是股东又是经营者的创业股东来说, 控制权不要旁落, 更不要被财务投资的股东干预。但是, 对于股东与经营层不一致的央企来说, 考虑更多的是如何带头执行好国家政策, 如何合理地完成股权分置改革这个任务。中化国际第一步是请经营层做了一个很详细的分析, 就解决股权分置的问题进行论证, 论证报告如下。

关于中化国际解决股权分置问题的建议报告

2005 年 4 月 29 日, 经国务院批准, 中国证监会发布《关于上市公司股权分置改革试点有关问题的通知》, 宣布启动股权分置改革试点工作, 股权分置改革随即成为证券市场瞩目的焦点。目前首批四家试点上市公司已于 5 月 9 日公布试点方案。那么, 对于中化国际而言, 股权分置改革究竟意味着什么? 如果进行股权分置的改革, 成本和收益又会如何?

1. 相关背景介绍

股权分置问题被普遍认为是困扰我国股市发展的头号难题。由于历史原因, 我国股市上有 2/3 的股权不能流通。同股不同权、同股不同利等"股权分置"存在的弊端, 严重影响着股市的发展。

作为解决股权分置问题的一种尝试, 2001 年 6 月国务院发布了《减持国有股筹集社会保障资金管理暂行办法》，开始实施"国有股减持"。该办法第五条明确规定，国有股减持主要采取国有股存量发行的方式。凡国家拥有股份的股份有限公司（包括境外上市的公司）向公共投资者首次发行和增发股票时，均应按融资额的 10% 出售国有股。国有股存量出售收入，全部上缴全国社会保障基金。此次尝试由于以牺牲流通股股东利益为前提而遭到市场的拒绝。仅 4 个月后，2001 年 10 月 22 日，中国证监会宣布停止执行《减持国有股筹集社会保障资金管理暂行办法》第五条规定，并表示将公开征集国有股减持方案，研究制定具体操作办法，稳步推进这项工作。

2002 年 6 月 23 日，国务院决定，除企业海外发行上市外，对国内上市公司停止执行《减持国有股筹集社会保障资金管理暂行办法》中关于利用证券市场减持国有股的规定，并不再出台具体实施办法。国有股减持政策正式"叫停"。

解决股市沉疴需要"大智慧"。2004 年 1 月底，国务院颁布《国务院关于推进资本市场改革开放和稳定发展的若干意见》（俗称"国九条"），明确提出"积极稳妥解决股权分置问题"，"在解决这一问题时要尊重市场规律，有利于市场的稳定和发展，切实保护投资者特别是公众投资者的合法权益"，确定了解决股权分置问题的目标和指导原则。

2005 年 4 月 12 日，中国证监会负责人就股市八大敏感问题接受记者采访时首次公开表态，根据"国九条"的总体要求，"解决股权分置已具备启动试点的条件"。证监会称，股权分置问题的产生，主要源于"早期对股份制的认识不统一，对证券市场的功能和定位的认识不统一，以及国有资产管理体制的改革还处在早期阶段"。股权分置作为历史遗留问题，影响证券市场预期的稳定，使公司治理缺乏共同的利益基础，不利于国有资产管理体制改革的深化，"已经成为完善资本市场基础制度的一个重大障碍，需要积极稳妥地加以解决"。4 月 13 日，沪深股市受此利好刺激强劲反弹，沪深 300 指数以 1000.90 点报收，涨幅 2.27%；上证综指、深成指数则报收于

1248.20 点和 3371.49 点，分别涨 2.35% 和 1.8%。

　　公开表态半个月后，4 月 29 日，经国务院同意，中国证监会发布了《关于上市公司股权分置改革试点有关问题的通知》，标志着股权分置改革试点工作正式启动。

2. 股权分置改革现有方案介绍

　　从现有的进行试点的公司来看，股权分置改革大体而言可分为四种方案。

　　1）在总股本不变的情况下，由非流通股股东直接按一定比例（如 10 股送 3 股）向流通股股东赠送股份。如假定原来总股数为 100 股，其中非流通股为 70 股，流通股为 30 股，按 10 股送 3 股的方案，最后的结果为非流通股为 61 股，流通股为 39 股，而总股数仍为 100 股。

　　2）先按比例进行转增（如 10 股转增 3 股），而后非流通股股东将其转增获得的股份全部送给流通股股东。如假定原来总股数为 100 股，其中非流通股为 70 股，流通股为 30 股，按 10 股转增 3 股的方案，总股数先变为 130 股，其中非流通股为 91 股，流通股为 39 股，而后非流通股股东将其转增获得的股份全部送给流通股股东，即非流通股为 70 股，流通股为 60 股，而此时的总股数变为 130 股。

　　3）在以上两种方案的基础上，再由公司对流通股股东进行一定数额的现金补偿，如 10 股流通股直接可获得 8 元的现金补偿。

　　4）非流通股股东以零对价自行缩股。如假定原来总股数为 100 股，其中非流通股为 70 股，流通股为 30 股。非流通股股东以零对价自行缩股 20 股，结果非流通股为 50 股，流通股为 30 股，流通股股东占有的净资产得到了增加（该方案还未被使用过）。

3. 股权分置改革对中化国际而言的潜在收益

　　对于中化国际而言，如果进行股权分置的改革，可能获得的潜在收益有如下几点。

1）非流通股股东的资产将实现增值。目前非流通股协议转让价基本与每股净资产相当，而且股权转让受到严格限制，而股权分置改革后，非流通股的转让价格将与市价相同，根据不同方案测算，非流通股价值有望增加30%～100%，而且非流通股股东以后可根据市场情况自主决定转让股权，资本运作空间增大。

2）大股东仍然可以保留控股权。目前第一大股东中化集团的持股比例为64.4%，通过让渡部分股权补偿流通股后，持股比例在50%左右，仍然拥有上市公司控股权。

3）优化治理结构，提升公司形象。股权分置一直为各界所诟病，不利于公司治理。解决股权分置问题，无疑可以优化公司治理，增强外界信心，改善公司形象。

4）有利于公司再融资。据中信证券5月12日消息，国家后续很可能将通过政策手段强力推动股权分置问题的解决，上市公司不解决股权分置问题，就不再受理其再融资申请。对于进行股权分置改革的公司，国家在其以后的融资过程中将给予优惠政策。而且在股权分置结构下，由于不同类别股东利益不一致性，市场对增发、配股或发行可转债等股权融资抵触情绪较大，而全流通将有助于公司今后融资。此外，股权分置的改革实现后，非流通股价值的增值将有助于公司进行股权抵押贷款。

5）对于非流通股股东而言，股权分置改革做得越早，成本越低。目前第一批四家试点公司的改革方案已经公布，其流通股股东的补偿幅度在10股送3股左右。后续进行股权分置改革的公司，无论是监管机构还是市场，对于其给予流通股股东补偿幅度的预期将大大增加，如10股送4股或更多。随着股权分置改革的进一步推行，后期的补偿幅度将越来越大。对于非流通股股东而言，尽早进行股权分置改革无疑是明智之举。

6）有利于管理层激励。目前对管理层实施股权激励，缺乏股票来源。

实现全流通后，可以由大股东从其持有的股票中拿出小部分用来奖励管理层。同时，管理层的经营业绩评价、薪酬不仅仅基于会计利润，还与市场价值挂钩，有利于激励管理层考虑公司的长期发展。

7）有利于流通股价值提升。通过对流通股做出补偿，现有流通股的价值有望得到较大幅度增加（视不同方案而定），估计增加幅度至少为30%。

4. 股权分置改革对中化国际而言的潜在问题

对于中化国际而言，如果进行股权分置的改革，可能面临的潜在问题有如下几点。

1）非流通股股东的股权份额会有一定数量的减少。非流通股要想获得流通权，必须向流通股支付一定的对价。无论是何种方案，实施后非流通股股东的股权份额都将减少至50%～55%，这可以理解为中化国际大股东为取得流通权所付出的直接成本。

2）公司股票全流通后可能面临恶意收购。由于所有的股票都将上市流通，公司在未来可能面临恶意收购的潜在威胁。在设计方案时，大股东应注意保留适当的股权比例以维护其对公司的控制权，并且在公司章程中加入反收购的保护性条款。

3）博弈过程很长，不确定性较大。从方案设计、报批、股东大会表决到最后实施一般要三个月以上，其间国家政策、市场环境和投资者看法都在动态变化，使得方案的实施结果存在较大不确定性。为此采取的对策包括尽早筹划，趁市场对试点反应较好时尽快推出试点，在方案设计上要有一定的灵活性和风险防范机制，对实施过程中可能面临的问题有应对措施。假设股民以7.64元/股买进，以目前的股价5.19元/股计算，每股损失2.45元，要使流通股股东得到充分补偿，补偿幅度至少为47%。

4）全流通后，原非流通股股东的股票卖出行为存在一定限度的制约。如至少在12个月内不上市交易或者转让；持有试点上市公司股份总数5%

以上的非流通股股东应当承诺，在前项承诺期期满后，通过证券交易所挂牌交易出售股份，出售数量占该公司股份总数的比例在 12 个月内不超过 5%，在 24 个月内不超过 10%；通过证券交易所挂牌交易出售的股份数量，达到该公司股份总数 1% 的，应当自该事实发生之日起两个工作日内做出公告。

5. 现有解决方案评述

目前股权分置改革试点方案几乎都采用向流通股股东送股的方式，调整原非流通股股东和流通股股东在公司的持股比例。具体做法分为两种：一种是原非流通股股东的股数减少，流通股股东的股数增加，公司总股本不变；另一种是原非流通股的股数保持不变，流通股按一定比例扩股，公司总股本增加（如清华同方）。上述两种做法也可以结合起来使用。两种方法的本质是一样的，但采用后一种方法，给市场的感觉似乎送股力度更大。以中化国际为例，如采用扩股方式向流通股 10 股送 10 股，则相当于第一种方法的 10 股送 5 股左右。建议采用第二种方法，即流通股扩股方式。

方案的实施关键是送股比例的确定。从保持大股东中化集团 50% 控股比例出发，可采用 10 股转增 3 股的方案，所有转增股份全部给流通股股东，流通股原来 10 股变为 19 股（见表 2-2）。

表　2-2

	转增前	转增后	股本变化
总股本（万股，下同）	125 769.38	163 500.19	1：1.3
中化集团国有股	81 000	81 000	1：1
其他非流通法人股	4 269.38	4 269.38	1：1
流通股	40 500	78 230.81	1：1.93
中化所占比例	64.40%	49.54%	
其他非流通法人股所占比例	3.39%	2.61%	
流通股所占比例	32.20%	47.85%	

　　对于流通股股东来说, 分别以最高点 7.64 元 / 股和当前价 5.20 元 / 股看, 方案实施后的股价平衡点分别对应于买进, 则实施该方案后的盈亏平衡点为 4 元 / 股 (7.64/1.93) 和 2.7 元 (5.2/1.93), 则两个盈亏平衡点对应的市盈率为 9 倍和 6 倍 (以 2005 年第一季度利润计算)。目前公司的市盈率为 9 倍, 如果方案实施后的市盈率维持在 9 倍, 则实施方案对于在最高点买进的投资者来说不会有损失, 而以当前价计算, 流通股价值增值 47%。

　　对于非流通股股东来说, 只要股价不跌破 2.2 元 / 股 (对应市盈率为 5 倍), 方案实施后其拥有的价值就高于全流通前的账面净资产价值; 如果市盈率维持在 9 倍, 则其拥有的市值相对于原净资产价值可增值 88%。

　　可见, 方案能否顺利实施和给各方带来增值, 主要看全流通后的股价水平, 这也是方案实施过程中面临的一个主要不确定性因素。为此, 可通过方案的设计稳定投资者预期, 保障方案平稳实施。具体措施包括, 规定非流通股的流通条件, 譬如规定一个股价水平 (如 4 元 / 股), 只有当平均股价超过这个水平时, 非流通股才可获得流通权, 否则 5 年内不能流通; 或给予流通股现金选择权, 比如不愿参与方案的股东, 可以将股票按一定价格水平出售给战略投资者或证券公司等。通过这些保障措施, 可以稳定投资者预期, 增强流通股股东信心, 避免股价非理性下跌带来冲击。

中化国际董事会办公室

✳

　　从上述文件来看, 中化国际作为央企, 确实在管理科学性方面强一点, 理性思考多一点。由于有文件的支撑, 董事会很快同意采纳上述的推荐方案, 并准备交给股东大会表决。

　　说到股东大会表决，这在当时情况下，是一个难题。中国资本市场在发展过程中，首先离不开股东们支持，尤其是广大中小股东的支持。没有他们当年拿着有限的资金，踊跃进入股市，不可能有今天中国的证券市场，这是不言而喻的事实。保护中国资本市场的中小股东，是监管部门的天职。

　　当然，由于中国证券市场是一个发展中的市场，是一个摸着石头过河的市场，一方面，许多尝试性的措施与政策，让中小股东吃了不少苦头；另一方面，由于中小股东素质的参差不齐，某些股东大会开着开着就变了形。

　　有一次我作为独立董事参加某公司的年度股东大会。会议开始之前，陆陆续续地来了一批小股东，老太太、老先生居多，二十个左右，他们相互比较熟悉，嘻嘻哈哈地打着招呼就来了。进行股权登记时，我发现他们购买的股票并不多，有几千股的，有几百股的，最低有一百股的。不管怎样，他们是可以以股东身份参加股东大会的。在会议登记处，他们索要矿泉水、文具、文件袋等，且数量越多越好。接下来，在股东大会过程中，他们的注意力并没有放在会议流程上，要么交头接耳低声嘀咕，要么玩手机。

　　到了股东大会的茶歇时间，会议组织者多少会给大家准备一些点心，结果，这些老先生、老太太立马冲上去，拿出事先准备好的各种袋子往里装，不消几分钟，桌子上所有的点心荡然无存。

　　接下来，股东大会继续，他们依然心不在焉地待在会场里。上市公司股东大会一般尽量在中午前结束。此时，会议一结束，这些股民就立即冲上去，将董事长及董秘团团围住，一方面抱怨公司分红少，另一方面说身体不适，无法行走，还有不少说自己肚子饿，要吃饭。许多上市公司为息事宁人，往往给他们发一些交通卡，或者买一些盒饭给他们吃。这些小股东在拿到交通卡或盒饭后，立马拿出日程表，看看下一家上市公司的股东大会在哪里开。尽管这只是极少数的股民，只是极个别的现象，但确实给许多上市公司召开股东大会带来烦恼。尤其是有关股权分置改革的股东大会，牵涉许多小股东的切身利益，许多上市公司的股东大会最后演变成全

武行的会议。以下是摘录的一些新闻报道。[○]

股权分置股东大会还有很多细节，比如，股东大会上发生过打架斗殴，茶杯得用纸杯，怕成为斗殴的工具。所有股东进场得安检，怕带什么利器，否则发生斗殴就麻烦了。甚至不设主席台，因设主席台，也发生过斗殴，股东提意见：你跟我都是股东，为什么你坐在台上，我坐在台下，不设主席台。

为此，作为央企，为能安全地开好有关股权分置改革的股东大会，中化国际董事会办公室做了很细致的准备工作。选择了一个相对宽敞的五星级宾馆。除了在会场外面配备一定数量统一着装的专业保安之外，在会场的设置、茶具的准备、座位的安排，以及发言的流程上也考虑得十分细致周到。同时，还在会场内部安排不少身着便衣的公司内部工作人员，以防开股东大会时发生不测。

事实上，由于我们的股权分置改革方案对价相对宽松合理，给予流通股的补偿相对较高，在整个股东大会过程中，除了极个别小股东有意见表示反对之外，整个股东大会开得比较平稳。等到会议结束，该股权分置改革方案被高票通过后，我们所有董事才长舒了一口气。

第七节　中化国际布局内部控制建设

一、未雨绸缪，提前布局内部控制建设

随着中国资本市场的发展，上市公司在治理与内部控制方面出现的问题越来越多。当时除了银广夏、蓝田股份外，还有一批上市公司暴露出治理结构差、内部控制混乱的问题。

[○] 摘引自jingji.cntv.cn/2012/06/28/ARTI 1340869000328 790.shtml。

财政部会同有关部门于 2006 年 7 月发起成立具有广泛代表性的企业内部控制标准委员会，研究推动企业内部控制规范体系建设。2007 年 3 月 2 日，企业内部控制标准委员会发布了《企业内部控制规范——基本规范》和 17 项应用指引的征求意见稿。与此同时，上海证券交易所在 2006 年 6 月 5 日发布了《上海证券交易所上市公司内部控制指引》，并要求所有在上海证券交易所上市的企业自 2006 年 7 月 1 日起施行。

作为央企的中化国际，当然要一马当先予以响应。而且，这恰恰是我多年潜心研究的学术领域，对于应该如何在实践中运用与实施，我心里没底。在财政部及上海证券交易所发布文件后不久，董事会审计与风险管理委员会针对中化国际内部存在的问题，召开会议。下面是当时的会议记录，现在看来，也是有一定意义的。

中化国际（控股）股份有限公司第三届董事会审计与风险管理委员会2006年第二次会议记录

会议时间：2006 年 9 月 28 日
会议地点：上海金茂大厦 18 楼
召集人：审计与风险管理委员会主席李若山
会议内容：关于公司内部控制自我评估情况的通报

会议记录
李若山主席：大家好，今天召集大家开个短会，主要是关于公司内部控制自我评估的工作安排。根据上海证券交易所颁布的上市公司内部控制指引，与之前最大的区别，一是增加了公司董事会，二是提高到战略管理层面，战略是董事会制定的，怎么确定目标。与过去相比增加了新的内容，一是目标，二是风险，这次提出风险确认、风险评估和风险选择。现在没有一家公司在按照这个新规定做，中化国际能否在这方面做一些工作，不说超前，也不要滞后，因为上海证券交易所要求所有上市公司必须自2007年7月1日起施行。我们董事会专业委员会虽然分工很明确合理，但是相互之间权力的制约比较少，沟通也不多，比如再融资、投资，一般由战略委员会审议通过提交董事会决策，在战略委员会决策过程中，审计与风险管理委员会有没有对决策的流程提出风险方面的建议，实际上还是有很多信息不对称的问题。最近有报纸刊登关于COSCO的运输问题，一直狂赔，过去是一天扔一辆桑塔纳到海里，现在是一天扔一辆宝马到海里，现在运往日本的货甚至出现负运费。当然，这是集装箱的运输。

冼明董事：这是过度竞争造成的现象。

李若山主席：是的，那么这是否会波及液体化工品运输行业？公司运力规划47条船，规模很大，如果将来船到位了，出现这种情况就麻烦了。所以针对这个问题，我拟定了《关于内部控制自我评估情况的通报》，对于我们来讲，要确定几个节点。12月31日前，对所有已经暴露的问题进行评价分析，一是德勤会计师事务所的管理建议书所提出的有关内部控制的问题与建议；二是近两年所发生的法律纠纷及诉讼案件；三是近几年公司所发生的违纪违规事件，包括公司内审部门提供的审计报告。这些问题已经出现，或多或少显示了公司内控流程的问题，那么这些问题有没有消除，我想在12月底前对已经暴露的问题做一个分析总结。

冼明董事：应该包括安全环保方面，因为近期出了件大事，山西寰达死了一人，从内控角度这也是风险，集团内部已经对我们进行通报。国家规定三人死亡，A类企业就会被取消，所以安全环保也是个大问题。

李若山主席：暴露的事件要一个个进行反省，一是制度有缺失，二是制度没有得到很好的贯彻，要把问题根源找清楚，不要重复犯错误。所以我建议12月31日前对已经暴露的重大问题进行梳理；1月1日之后，我会给一个很明确的内控表，各部门进行自我评价；4月1日起由审计与风险管理委员会会同内部审计部门，对各部门的自我评价报告进行抽查、复核，并进行穿行测试；最后，撰写全公司的部门制度评价报告，并请外部会计师事务所进行评价复核。7月1日前要把初稿提交董事会，因为最终报告是要见报的。原来所有的美国上市公司都很担心这东西见了报，会对公司股价造成负面影响，因为内控报告揭示了哪些方面有问题以及如何改进，后来事实证明，它没有对股价造成大的震动。我写的通报里面还漏了一点，就是前面冼总讲的战略上的风险控制，这一块怎么做。比如PTMEG，如果没有集团公司接下来，公司这两年的报表就很难看了。现在投资决策是很谨慎了，但还没有制定一个流程。这次再融资的资金全部投入船队，而且募集成功后还不能变更投资方向，这个战略风险如何把握？上次董事会上蔡总的意见是很有道理的。10月22日董事会上，建议请专家来给大家讲一讲。

冼明董事：我认为决策风险主要有两个方面，一是决策流程是否科学，二是制定了战略方向后，实际后续的跟进。

李若山主席：一个企业不是不可以做多元化，但是多元化的东西你挤得进去吗？挤得进去你站得住吗？站住以后能不能往前走？每次董事会讨论决定要不要买船，要不要搞乙醇项目，决策都很困难。对于我们来讲，要去投资的人可以讲一千个有利的理由，但是可能有2000个不利因素他不说。还有专家由谁去请的问题，要搞投资项目的人请的专家肯定是有倾向性的，能不能邀请中立的专家，我们的内控流程也没讲这个问题。所以大家看看还有没有什么补充，我想这东西完成后要提交董事会，以后是要作为董事会文件下发的。

史建三董事：现在公司执行的流程应该是比较完善了，那么执行的风险与决策的风险相比较，可能决策的风险更大。我们长期以来的习惯是做可行性研究，从可行的角度寻找理由，不是从不可行的角度来分析，但是最后的决策可能需要有人从不可行的角度唱反调，从决策流程的角度来讲，有没有可能从内控上提示出来，人力资源方面提出人力资源配置上的风险，然后几个专业委员会能从不可行的角度分析，这样的决策可能比较稳妥。

冼明董事： 就是敏感性分析以后由谁来做，是否以后由审计与风险管理委员会来提出风险问题。

李若山主席： 这一块就不是公司层面上操作的了，审计与风险管理委员会来做是否超越董事会了？

王卫平： 审计与风险管理委员会有权在决策之前邀请项目对立面的专家来研讨。

冼明董事： 但是委员会是完全可以管经营层的，很多决策是由经营层提出的。

李若山主席： 当初选择再融资券商，我提出要有个竞标过程，但是后来不了了之，那么董事会内部到底如何分工？以后还有些项目对象的选择，很多是游离在公司正常流程之外的，比如买船的程序。

冼明董事： 主要是买船的程序大家都不懂，没有专家。

李若山主席： 我看过审计部的审计报告，PTMEG当时在施工过程中，大量的东西集中采购，都是由一个人决定的，新项目的控制没有流程。我个人感觉当时审计事务所的招标很公正，我们是不是所有程序都这样操作了？比如招投标程序，以后兼并收购的内控问题，好像现在都是在凭感觉做，还有董事会内部的战略决策。

史建三董事： 经营层决策是委员会管辖范围之内的，董事会层面的决策有建议权。

冼明董事： 但是很多项目都是从经营层报上去的，举个过去的例子，我们原来定今年ISOTANK做300个，后来增加了1000个，上次开会又增加了1000个，这个变化有没有很好的解释呢？我看了报告，也没有特别好的理由，主要是因为要再融资，但是这样别人可能质疑：你当年论证300个的时候是什么道理，然后增加 1000 个，市场发生了什么变化。当然，这个项目不一定错了，问题是这个过程影射到别的项目，是不是也会这样，中间如果突然有变化，解释和理由是否充分？是否为了应付别的目标而做这个项目？如果是，那就比较可怕了。公司最初做 ISOTANK 的目的是锻炼服务的本领，所以少做些，这时候的投入都是积极的，升至 1000 个后，并没有增加车和司机，那么公司在服务环节要练的本领和另投 1000 个有什么关系？这 1000 个到位后大部分应该是出租给其他大公司，这就变成一个租赁公司，和原来的定位不一样了，原来是要做物流服务公司。

李若山主席：类似这样特大宗的采购有流程吗？

冼明董事：有。

李若山主席：董事会的内控流程我来写，后面的那些怎么办？明年 7 月拿出报告，时间上难度还是比较大的。

冼明董事：时间安排我同意，我们先把基础工作做完。

王卫平：还有个问题是内部问题怎么拿出来，有些很深的东西是否自己敢于暴露。

冼明董事：一般这样的评价写得好是利好，如同汽车的召回制度，处理得好是正面的，表现出公司负责的态度，处理不好就会出现问题。

王卫平：关键是自己是不是敢于暴露问题，有些问题可能内审可以审出来，外审不一定能审出来，但是由于高层原因不能对外报告，这个问题怎么处理？

李若山主席：冼总以后在经营层决策的控制方面可能要多给些支持。

冼明董事：好的。

李若山主席：董事会层面的内控如何描述，建议权和控制权的差异具体在什么地方？

史建三董事：实际上董事本身也有这个权力，如果觉得董事会的决策需要完善，也可以对董事会提出建议。审计与风险管理委员会当然更有这个权力, 而且客观上上次蔡总已经提出了董事会决策的问题。

李若山主席: 还有一点, 我觉得现在外界信息太灵通了, 董事会会议刚结束, 回到家就接到问询电话。所以, 信息披露问题、诚信承诺等, 以后都要增加到内控流程中。

冼明董事: 这的确挺难控制, 有可能是对方泄漏了信息。我们现在重点是内控?

李若山董事: 是的, 还包括下面的子公司。现在我们子公司内控情况如何?

冼明董事: 我们的分公司、子公司权力不大, 一直是上海集权控制, 这点还是比较好。

王卫平: 但是收购项目就不这样了, 实际控制力很差。几个收购项目里, 三联管理得最好, 我建议从正面的角度对其进行评价, 虽然它很集权, 但是它有自己的管理办法, 而且很有效。其次是安联, 最差的是诚信, 云南的项目也不行。

李若山主席: 能不能总结一下三联的管理办法?

王卫平: 我们正在写报告。

史建三董事: 我们应该实地考察一下这几个项目, 对几个公司进行比较分析。

李若山主席: 10 月下旬可以吗?

史建三董事: 可以。

李若山主席: 山西寰达的管理情况如何?

王卫平: 山西寰达都在我们管理之下, 一直是中化国际的人在管理, 但是就是管理不好, 这与山西的大环境也有关系。

李若山主席: 这样, 我建议对三联好的方面进行总结通报, 对他们也是正面的肯定, 让他们在归属中化的时候增加成就感。我一直说内部控制不仅仅是约束手段, 也是主要激励手段。等审计报告出来后, 由董事会对他们进行肯定是不是效果更好一些？

王卫平：好的，等报告出来我把近期的报告发送给您。

冼明董事：我们现在系统设置得非常科学，能保证文件及时发送到相关人员。现在基础工作做得比较好了，最大的问题就是决策。原来决策是赌行情，这已经被限制，基本不会出现大的问题。

李若山主席：现在公司主营靠什么？

冼明董事：准确地说现在应该是贸易分销，原来是贸易。总的来讲靠服务，服务里分为物流和分销，但是分销确实还是不太容易，我们的贸易成分还比较大。

王卫平：我感觉我们收购的几个项目都是反着做的，收购的成本很高，产品出来后市场价格下来了，都是在市场最好的时候进入，时间切入点不理想。

李若山主席：现在船也是市场好的时候。

冼明董事：的确应该慎重，据报道，明年全球平均每周有一条液体化学品船下水。有一个屏障保护我们，就是内贸运输，有国家政策保护，外商进不来，但是还有国内竞争。

李若山主席：今年的利润中物流占了1/4？

冼明董事：肯定的。石油价格下跌对公司化工板块没有影响，因为我们没走行情路线。橡胶估计这两个月贡献要停下来，橡胶价格已经大跌，好在公司先挣了一笔，比其他一些公司情况好，但是和原来的进度相比预计会有差距，说明公司的盈利能力受市场价格影响还是比较大，包括以后的船，也要受价格影响。

史建三董事：每周一条船下水影响还是比较大的。

冼明董事：这是预测，可能还是不能满足需求，但是我们所有的希望都放在经济持续增长，不断有新的需求上。20年前的日本船运市场与中国目前的情况很像，但是后来倒闭了近50家船运公司，我们有必要收集一些相关资料，现在就是没有专家为我们提供权威意见。

李若山主席：但是如果论证发现真有不好的可能，现在也踩不了刹车。

冼明董事：我觉得项目本身不一定不好，关键是配套资源是否到位，比如人力资源。如果都没到位，那的确是风险，如果实际能力很强，就可能是打败竞争对手的机会，我们最担心的是自己并不强，却买了很多工具。现在怕就怕没论证，如果论证了项目还是不错的，也就放心了。

王卫平：还有就是由谁论证。

李若山主席：可以邀请专家来给大家分析一下。关于内控，先由板块层面出报告，然后公司层面汇总出报告，最后增加董事会的战略问题。

冼明董事：我再做一个中化国际的内控体系、组织架构，描述公司中后台的内控体系和功能。

李若山主席：中化国际的内控是我担任独立董事的公司中做得出类拔萃的，但是从更严格的要求来讲，存在两个缺陷，一是在并购新公司方面做得不够，对新建项目的内控不成熟。如果要检查的话，这要作为一个重点。二是在董事会层面上，在完善治理结构的过程中，在发挥董事会的作用方面，没有考虑风险控制问题。这两点是我们比较薄弱的。我们的优势是传统业务的内控体系做得比较细致完善，而且执行得比较好。

冼明董事：刚才李老师谈到中化国际内部人力资源的风险很大，很多地方依靠某一个人，业务中有这样的情况，包括以前的行情业务，行情业务不是不好，而是没有合适的人了，以前做行情业务的人能力比较强，人失去以后再做自然就是风险。

李若山主席：人力资源问题也存在于兼并收购中，兼并收购一般要做四个尽职调查，包括对公司财务、法律、技术、人力资源的尽职调查，人力资源的尽职调查要对背景进行了解。我们过去决策的时候可能做得不够。

王卫平：比如收购海南诚信的项目，总经理的社会关系非常非常复杂，中化国际虽然占85%的股份，但是完全控制在对方手里，没有话语权。

李若山主席：等于是变现后企业实际还在她手里，这要引以为戒。我一直在董事会强调，资本的合作不一定是利益的合作，资本合作了不一定利益在你手中。企业兼并首先是人力资源的整合，还有业务的整合等，这一点风险投资做得最好。一旦我们资本进去了，资产固化为固定资产后是很难退出的。这个经验教训我们可以在下次董事会上作为一个议题讲一下。我们现在是哪个部门管理实业项目？

冼明董事：由各个相关事业部门自己管理。

王卫平：目前审计下来，业务发展部做项目没有书面上的流程，完全是按照惯例。

李若山主席：要求业务发展部建立流程图和制度，以后收购兼并一家企业，事前事后的步骤要明确，德勤给过一套兼并收购的流程，可以借鉴。

王卫平：另外还有文件归档问题，以及项目费用问题，费用支出很随意，比如有律师费高于市场近一倍的现象，没有明细，但是审批流程都有。

李若山主席：互相制约在高管这个层面就没有了。

王卫平：年初我们对总经办进行审计，也存在高管不规范消费现象。

冼明董事：我看过审计报告了，但是其中的问题没有追究。

王卫平：还存在购买私人物品入公司会务费的情况，怎么对会务费进行控制？

李若山主席：这肯定是个问题，但我们内部审计关注的应该是更大的东西。我不是指不去管，内部控制是有成本的，对于有的问题我们一般是宣传教育，不能把主要目光和精力放在上面。

王卫平：这是企业文化中的诚信问题。

李若山主席：是的，我想我们更大的精力要先用于解决重大问题，包括新的项目，比如船的投入是上亿的，如果出了问题，是灾难性的。诚信问题可以通过企业文化解决，如果发现了，做适当提示处理。

冼明董事：有些也是用人问题。

王卫平：这方面三联做得很好，我们可以进行总结，对其他的收购企业用这个标杆衡量一下。

李若山主席： 好的，下次董事会上我做个报告，作为审计与风险管理委员会此次会议的总结向董事会报告。王老师把对三联的审计报告发给我。

冼明董事： 10月下旬考察并购项目，我提前计划一下。

李若山主席： 好的，重点是云南、海南、内蒙古，估计用一周的时间。

（以上为本次审计与风险管理委员会会议纪要）

审计与风险管理委员会主席签字：李若山

现在回过头来看十几年前的会议记录，各位董事与高管对中化国际的内部控制问题的认识比较到位，非常重视，既有对问题的剖析，也有解决问题的对策，而且，还特别重视对现场的调研。当然，这些措施最后结果不是非常理想，实际上是公司成立多年所形成的利益格局所致。

一个公司内部控制的建立与完善，需要对现有利益格局进行调整。这是若干年后，我经过在多家公司担任董事职务的历练后才悟出的一个道理。

二、对中化国际内部控制建设阶段性的安排

上述会议结束后，董事会审计与风险管理委员会起草了一个关于中化国际内部控制自我评估的情况通报，内容如下。

中化国际审计与风险管理委员会关于内部控制
自我评估情况的通报

上海证券交易所颁布的上市公司内部控制指引规定，所有上市公司必

须自 2007 年 7 月 1 日起施行该指引。为了认真贯彻上海证券交易所的规定，审计与风险管理委员会从即日起，要求中化国际各部门从 10 月份开始，分阶段实施上海证券交易所的内部控制指引要求。审计与风险管理委员会将在每个节点予以评估、检验，以确保公司能按照上海证券交易所的要求实施本公司的内部控制制度。

第一阶段：10月1日至12月31日

1. 审计与风险管理委员会要求，根据德勤会计师事务所 2004 年与 2005 年两年的管理建议书所提出的有关内部控制的问题与建议，各部门必须就存在的问题、可能的风险以及改进的措施进行检查，并从流程上评估是否消除了内部控制的风险。

2. 审计与风险管理委员会要求，就近两年所发生的法律纠纷及诉讼案件，针对内部控制的要求，进行重新检查与评估，对案件发生的根源、过程及后果进行分析，分析其是否由内部控制不足引起，并予以讨论，提出完善内部控制流程的措施与方法。

3. 就近几年本公司所发生的违纪违规事件进行评价分析，除了外部及客观原因之外，从内部控制的角度，从业务流程上分析产生的原因，并重新修订流程，防止类似事件再次发生。

第二阶段：1月1日至3月31日

1. 各部门确定风险点，检查内部控制流程的制定与实施情况，并对存在的问题进行总结，制订出修改计划，并制定实施的时间表。

2. 各部门总结内部控制的自我评价，并按上海证券交易所的要求写书面报告。

第三阶段：4月1日起

由审计与风险管理委员会会同内部审计部门，对各部门的评价报告进行抽查、复核，并进行穿行测试。最后，撰写全公司的部门制度评价报告，并请外部会计师事务所进行评价复核。

三、中化国际钢贸诈骗案暴露的内部控制问题

　　经过上述工作，我们认为，中化国际的内部控制与治理结构应该相对完善些了，起码不会出现重大经营失误风险。作为审计与风险管理委员会主席，我可以对自己职责范围内的工作相对放心了。然而，现实重重地给了我们一个耳光。我们还没有将内部控制自我评估写完，中化国际的法务部就报告了一个不利的消息：公司出现一个重大经营风险，损失可能高达1500万元。得到这个消息后，我们很着急，立即联系董事会办公室，要求在第一时间获得与此有关的全部信息，以便及时处理。

　　事情的经过是这样的：2007年1月30日，冶金能源事业部到公司钢材货物存放地点上海奉宝仓储有限公司（后文简称"奉宝"）提取中化国际所有的冷轧钢板、热轧卷、带钢等10 521.598吨钢材时，意外发现中化国际的大量货物被该公司擅自处置了，不知去向。中化国际要求提货时，奉宝的人员拒绝办理放货手续。此时，奉宝的法人代表林根生已经被公安机关控制。根据调查和初步判断，此案涉嫌诈骗，供应商与仓库串通实施诈骗。据了解，涉案金额除中化国际的34 887 522.6元之外，还有中国矿业（中国五矿下属企业）7000万元、美国嘉吉5000万元、华昌源3000万元。

　　当晚，经营层召开了紧急会议，了解情况并认真分析之后，确定全力保全剩余货物，争取第一时间报案，尽快通过法院查封仓库等行动方案，并马上实施。

　　经公安要求，奉宝的人员对货物进行了盘点，中化国际发现仅剩下4000余吨货物，其余6000多吨货物已经被非法转卖。

　　2月1日上午，罗东江董事长紧急赶赴上海，在听取经营班子从案件突发

至今所掌握的相关信息、已经采取的紧急应对措施、目前财产保全的结果以及下一步的工作计划后，对事故内部处理、安排和应对等事宜做出明确指示。

（1）加紧弄清案件涉及的所有法律关系，尽可能将买卖方等更多的关联方牵涉进来，加大资产保全的范围，将损失减至最低。

（2）保持和加强与公安、司法机构的现场沟通与合作，努力争取更多的支持和帮助。

（3）鉴于此案件将牵涉公司领导班子的很大精力，当时正处于集团和中化国际年终会即将召开之际，要特别注重公司其他业务的正常经营和管理，减少相关的负面因素的影响，不要乱了阵脚。

（4）要认真进行内部风险管控流程的梳理，尤其是对从业人员的道德风险等方面进行排查。

2月1日下午和晚上，罗东江董事长分别与公司在沪高管、全体独立董事进行工作沟通。

2月2日上午，罗东江董事长召开公司领导班子工作会议，结合此次经营事故，对即将召开的《中化集团年度工作会议》及2月12～13日在上海举行的《中化国际年度工作会议》的准备工作提出如下要求：[一]

（1）在目前工作经营事态变得很严峻的局面下，必须以"端正态度、深刻反省、痛下决心"来解决思想认识问题；必须以"转变作风、明确部署、真抓实干"来解决行动问题。

（2）对钢材经营事故处理方面要求：全力挽救减少损失，制定面对资本市场的应对预案，内部细致查找不足并相应补课。

…………

作为审计与风险管理委员会主席，我觉得仅仅了解经营风险的结果是

[一]　摘引自中化国际2007年董事会邮件。

不够的，防范此类事故的重复发生，可能比解决问题更重要。对此，审计与风险管理委员会要求在最短时间内，将此重大事故的整个流程报告上来，以便了解内部控制问题所在。下面是呈报给审计与风险管理委员会的函件。

关于钢材经营事故有关情况的报告

1. 业务过程简要说明

此类业务开始于 2005 年，累计经营了四万吨左右，盈利约 200 万元，经营模式为内贸闭口代理业务，即从上家买货全额付承兑汇票，卖给下家收取 20% 保证金，约定期限内付款提货。

此次出险共涉及冷轧钢板、热轧卷等共计 10 522 吨钢材，采购金额为 3489 万元。供应商为上海至诚实业有限公司（后文简称"至诚"），冶金能源事业部依据由中化国际、至诚、奉宝三方共同确认的货权凭证，在公司商务部门现场验货后，已经支付至诚全额货款。下家客户为上海恒琪金属制品有限公司，依据合同约定，交货前客户需要支付货值 20% 作为保证金，至案发前共收取上海恒琪金属制品有限公司保证金合计 707 万元。

2007 年 1 月 30 日发现我司存放于奉宝仓库的大部分货物被至诚和奉宝非法出库。涉及同类案件的企业还有美国嘉吉、中国五矿和酒钢集团等，涉案总值为 1.8 亿元。公安机关已经羁押了当事人。

2. 案件的进展情况

此案发生后，公司立即采取了相关措施，主要情况如下。

1）通过法院迅速查封和扣押上家至诚以及奉宝仓库的相关资产，到 2 月 16 日为止，已经查封的资产有存放于奉宝仓库的钢材 4042 吨价值 1500 万元，奉宝仓库设施价值 1500 万元，主要有库房、钢材加工设备、塔吊等，至诚及其法人代表林根生房产权益 1200 万元。查封的资产大体已经覆盖案值。

2）与公安司法进行良好沟通，并取得了他们的支持与配合，如帮助我们补开了增值税发票，减少抵扣损失 600 万元。

3）加快民事进程（自 2006 年起刑民可分开），争取尽早优先受偿，并尽快将有效资产出售抵账。

目前，这三个方面中的前两个已经基本完成，解决了外围问题，但第三个是解决问题的关键，其他债权人已经启动民事程序，而我司的民事程序目前走在最前面。未来的结果有以下三种可能。

第一种，法院将四个债权人并案处理或执行，四个债权人公平受偿，我司损失约 1500 万元。

第二种，房产权益和我司确认权属的钢材被我司优先受偿，其他资产公平受偿，我司损失约 500 万元。

第三种，法院将我司的诉讼第一时间判决，被告不上诉，公安配合、支持当地企业发展，我司全额优先受偿，我司没有损失。

目前来看，第一种是被动的结果，第二种是要努力保证的结果，第三种是争取的结果，难度极大，目前正在朝此方向努力。

3. 对此案的认识与整改措施

此案的发生，教训是深刻的，也是痛心的，更为重要的是正确认识和分析此案发生的原因，积极采取有效措施，从根本上杜绝此类案件的发生。对此案的认识与整改的措施如下。

此案的发生，从根源上分析，是这类业务的性质所决定的，是对这类业务模式的管理不到位所造成的。业务模式管理是 2006 年全面实施的一种管理方式，旨在按照"细分领先"的要求，消除那些风险大收益低、与公司业务发展战略不相匹配，以及低附加值、无实质经营内涵的业务，对于这类业务模式实行退出，公司总体上在 2006 年按此原则做了大量调整工作, 对改善经营质量的成效是明显的, 但还是不到位。在2006年冶金能源事业部的经营模式调整中, 退出了煤炭业务的经营, 梳理了矿砂经营模式, 缩小了钢材业务的经营范围。但是, 钢材的内贸代理闭口业务一年中一直被允许经营, 一是被表面信息掩盖, 如交易和盈利记录、闭口特点等, 而上下家可能存在关联这样重要的信息被隐瞒; 二是中后台、法律部曾经怀疑和担心的问题, 没有拿到公司层面进行讨论决策, 对这个曾经辉煌的部门多多少少存在一定的宽容。

此案的发生说明模式管理方面仍然存在死角和漏洞, 对于"有形无实"业务的甄别能力不够。另外, 管理部门的敏感性、执行力和原则性还不够强, 放过了很多可以快速反应处理问题的机会, 管理的有效性没有很好地实现。要杜绝此类事件的发生, 必须从根子上进行业务调整, 包括部门和人员的调整。首先查找内部还有没有类似业务, 坚决停掉此类业务, 此项工作已于春节前完成第一轮的审核, 春节后还会对重点商品(如矿砂)等进行详细分析和评估。

在管理方面, 对薄弱环节进行调整和加强, 如商务流程、仓库管理与审批等, 通过此案的教训, 强化各商务经理、财务经理、法务经理的风险意识, 加强管理主动性、原则性和责任感。

春节后, 此案将进入法院审理判决环节, 我们将尽最大努力, 争取最好的结果, 将损失降到最低。

公司将会对整个案件进行全面认真的审计和调查, 并依据结果对相关人员进行领导责任和直接责任的问责。

中化国际(控股)股份有限公司

2007-02-28

✳

　　根据上述报告，我们分析认为：所谓钢贸，其实根本不是贸易业务，而是一种变相的融资业务。一些从事钢贸业务的民企，由于缺乏融资渠道，便想到利用信用程度较高的国企，尤其是央企，来进行融资。于是，它们便构造出明修栈道、暗度陈仓的办法。表面上，好像是民企在与国企做钢铁贸易业务，民企先交20%的定金给国企，然后国企付全额资金将民企所需要的钢材买下来，并运送到民企所指定的公共仓库中，由两方共同监管。等民企找到钢材的购买下家，将钢材卖给此下家并收到下家货款后，再将剩下的余款打给国企。而且，民企告诉国企，我们这是闭口贸易。所谓闭口贸易，就是民企早已将供应商上家，以及需要钢材的买家找好了。在交易中，不存在钢材滞销的问题。对于国企来说，尤其是做惯了国际贸易的企业来说，闭口贸易是上下游锁定的贸易业务，此类业务风险是最小的。尽管利润不高，但只要高于资金成本，哪怕是蝇头小利，也认为这样的业务是值得去做的。通过国企来做钢贸业务很流行。下面的资料摘引自《钢贸风云》一书，这本书对当时这种做法进行了详细的描述。[⊖]

一般模式

　　1. 当前市场上钢材的常规（注意是常规）销售模式是这样的：钢铁生产企业（以后简称"钢厂"）卖给钢材贸易商（以后简称"钢贸商"），钢贸商再卖给下级分销商或是终端用户。这种销售模式最为平常不过，但钢材这个行业也有其自身特点。

　　A：金额高

　　举例来说，某规格热轧卷出厂价现金5000元/吨（看到这个例价，想

　　⊖ 大风扬.钢贸风云 [M].北京：中国发展出版社，2014。

必这个行业的从业者都会记起那风光无限的日子吧），从钢厂一单要是进货3000吨的话，那这一笔业务就需要资金1500万元。

B：钢厂强势

一般钢厂与钢贸商的合作有两种模式：协议拿货和单笔拿货。

协议拿货是指钢贸商与钢厂签订协议（一般是年度，需要交保证金），开始就规定每月固定拿货多少吨。然后钢厂每月就往钢贸商的指定地点发货，价格是月初估的，等到月底，综合市场该品种的价格走势再定一个结算价。一般来说，这个价格对钢贸商来说是有优势的，让钢贸商有钱赚，不然搞什么。当然，最后也有钢厂坑协议商，价格不如临时拿货的合适，这是后话，暂且不表。

这里面钢贸商完全没有话语权，每个月要做的就是月初就把全款付给钢厂，然后求爷爷告奶奶请钢厂开恩，赶快发货。因为有些从北方钢厂拉货到南方的钢贸商还需要集港、等船期等一系列工作才能将货放进自己的仓库。

说得再细一点。比如协议规定每个月从钢厂拿货某个品种5000吨，钢厂在上个月底会告诉钢贸商预估的单价和发货量（比如合同规定是5000吨，你不可以少拿，但钢厂会根据自己的排产计划少发给你，一般不会多），然后钢贸商要做的就是准备好钱，别的完全说不上话。然后月底发完货的时候，钢厂会出一份结算单，告诉钢贸商这个月发货的结算价是多少，这个同样，你只有听的份。

这里面仔细算一下你就明白了，比如1月1日就把全款打到钢厂，到1月末发完货的时候，钢贸商就要交2月的款了，而上个月的货可能才到码头等待装船或装火车拉回来，效率高的也只可能是差不多才到库准备卖，也就是说，就做这一个规格1500万元的货，也最少得有3000万元的资金，这3000万元还全是给钢厂的，其间公司还需要运营，等等。所以少则需要三套资金，多则需要四五套资金，这很正常。这样一放大，钢贸商压力就很大。做企业都知道，哪个企业会放那么多闲钱来做生意，那这些资金从哪里来呢？

除了银行最有钱，还有谁？

那当然是大型国企了。银行和国企其实性质差不多，但区别在哪儿呢？

银行办事效率低，那是因为银行本身还有业务，它不可能只做钢贸这一行业，哪怕再赚钱也不可能，这是由银行的性质决定的。而国企呢，开始做了之后发现这个赚钱，可以单独划一个部门来做这个事情，甚至再成立个分公司专门做这个事情。那效果肯定是不一样的。

这就很有意思了，部分国企（我不能说全部）完全就是钢贸商手把手教的，它们根本连螺纹和线材是什么样子都不知道，发的货需要带哪些材料也完全不懂。所以相当于钢贸商教国企的那些人员怎么结算，怎么做风控，需要哪些材料，如何监管，如何放货等。所以后来我跟某些国企领导吃饭时常开玩笑说，这是钢贸商拿着钱拉着国企来赚钱。银行虽然效率低，但毕竟利息低。国企既能放承兑，也能放现金，虽然利息高一点，但反应快，放货相对及时。所以在钢贸商最头疼的资金支持这块，相当长一段时间内国企和银行一起主导。拿钢贸商和国企之间的合作来说吧。若钢贸商需要一笔资金3000万元（承兑），保证金按30%计算，代理费用按每月1.2%计算，监管费按2元/吨计算，三个月周转一次。

流程是这样：钢贸商需要向钢厂采购一批3000万元的钢材，找到国企，在上述条件都谈好的情况下：

钢贸商先向国企支付现金3000万元×30%=900万元；

国企向钢厂支付现金3000万元；

钢厂发货，货归该国企；

其间所发生的一切物流费用均与该国企无关，且物流沟通均不需要国企人员出面（后来为了风险控制，这方面有所加强）。

三个月到期后，若该钢贸商全部付清货款，那么该国企挣得毛利为：

（1）代采购费用：3000 万元 ×70%×1.2%×3（敞口部分的每月 1.2%，共三个月）=75.6 万元。

（2）监管费用：约 1 万多元。

那么这笔 3000 万元（实际是 2100 万元）三个月时间的资金成本是多少呢？如果这笔钱放在账上不动的话，按 2010 年一年存款利率 2.25% 来算的话，利息收益是：2100 万元 ×2.25%/12×3=11.8 万元。

注意，这 11.8 万元不是资金成本，而是国企拿着这钱啥也不干放在账上的利息收益。但如果企业钱多得花不出去，那么相对来说资金是 0 成本。当然，具体怎么看就仁者见仁了。

即使就按成本是 11.8 万元来算，三个月之后该笔业务毛利为 64.8 万元。有钱赚，增加了公司的销售额（这也很重要），报表也好看了，何乐而不为？后来衍生至国企自己去银行开承兑，然后付出去，当然毛利率（注意是毛利率，不是毛利）低了点，但那是真正的空手套白狼。这个回头有机会再说。

上面算这笔账也解释了，为什么后来那么多国企相继跟进冲了进来。

从上述资料来看，钢贸市场的民营企业利用国企的金融信用，通过变相融资，将钢贸行情越做越大。但是，其中的风险点越来越严重。国企认为，既然是变相融资，国企的收益是相对固定的，因此一般不会关注钢材价格变动。它们认为，只要钢材真实入库，融资前有担保，锁定这两个关键控制点，就可以高枕无忧了。但是，对于一路上涨的钢贸业务来说，在有限的融资通道中，无限放大融资杠杆，是许多民营钢贸企业梦寐以求的事。与中化国际做钢贸业务的至诚，将与其他公司签订过贸易合同的钢材，又与中化国际再签一次，来个"一女多嫁"。由于钢材上没有具体标志，至诚又通过行贿勾结奉宝，当中化国际贸易部的人去公共仓库验货，奉宝将其他国企存放的钢材说成是中化国际的钢材，以骗取中化国际贸易款项的支付。结果，这种通过虚构业务，不断放大杠杆，骗取国企资金的手法，终于到了捉襟见肘的地步。当有几个客户同时去取一批货的时候，东窗事发。中化国际法务部不得不一方面报警，一方面报告给公司董事会。

董事会审计与风险管理委员会很重视此事，不仅要求公司法务部采取紧急保全措施，尽可能减少损失，还对此类钢贸业务的流程进行梳理与分析，最后认为，这种盈利能力不强、风险极大的所谓贸易业务，不适合中化国际的战略方向。审计与风险管理委员会明确指示，在处理完这桩案子后，全公司坚决叫停钢贸业务，以后绝对不准再开展此类业务。

若干年后发现，由于董事会审计与风险管理委员会及时、果断地采取措施，并通过内部控制流程的分析，杜绝此类业务的再次开展，公司躲过一劫。几年后，上海地区发生大规模钢贸金融危机，引发此次危机的事件的手段与方法，与中化国际发生的事件的套路几乎一模一样，损失的金额却大得惊人。下面是一些媒体的报道。[○]

2012 年 8 月份，媒体报道"中铁物流事件"引爆整个行业。虽然之前陆续出现过老板跑路、虚假仓单被查等事件，但中铁物流事件却意义非凡，成为整个行业危机爆发的导火索。

事件大致为：2012 年年中，某公司去上海宝杨仓库提货，被仓库人员以各种理由拖延不放，这引起该公司警觉，要求全部放货，后来该仓库有关人员采取过激措施——用卡车堵大门、坐在货上等阻挠提货。8 月份左右该事件被媒体曝光引起整个行业大震动。这里面尤其特殊的是上海宝杨仓库是中国铁路物资股份有限公司（下称"中国铁物"）下属中国铁物上海公

　　○　摘引自"钢贸那点事"（4）（sohu.com）。

司的仓库。"中铁"这块招牌是行业翘楚，其仓库一直被业内公认为"最安全"，此次出事，一片哗然。

包括央企中国铁物旗下子公司在内的多家企业皆未能幸免。业内多位消息人士称，涉事者"包括中国铁物宝杨路库、宝钢物流五号库、上海兴扬库等在内的多家仓储公司"，与多家钢贸公司联手，以仓库名义开具虚假仓单，将明知并不属于后者的钢材资源，向金融机构和民间托盘公司进行重复抵押。

此轮因重复抵押"受伤"的托盘者不单单是银行，还包括托克上海、上海闽路润、上海闽兴大等钢铁贸易公司，以及中国铁物上海、中国铁物哈尔滨等国企。

接近该次事件的消息人士告诉记者，中国铁物宝杨路库的某位主要经办人虚开仓单，和上海金舆商贸有限公司（下称"上海金舆"）联手，将一批货物托盘给托克上海的同时，还重复开单给厦门象屿、上海闽路润等多家托盘公司，累计涉案金额超过5亿元。后由于上海金舆托盘到期，无法回款给托克上海，后者按约到中国铁物宝杨路库提货，竟发现无法将货提出，才将事件引爆。

✦

根据"上海法院网"公布的开庭公告统计，2013年3月18日至4月17日，一个月间，上海共有209起银行起诉钢贸商的案件开庭，涉及23家银行，其中中国银行、中国工商银行、上海农商行、民生银行的开庭数均超过20次。

早在2012年8月，中国建设银行、光大银行、民生银行等金融机构就已将上海多家钢贸企业告上法庭。据悉，截至2012年9月5日，上海地区钢贸贷款余额共计1975亿元，占全市中资银行贷款余额的4%，钢贸贷款中有275亿元已转为不良贷款。

由于从内部控制的角度，中化国际早早停止此类业务，才没有被卷入这场风波。可见，企业内部控制只要落了地，还是有防微杜渐作用的，至少不会重复犯自己过去犯过的错误。

总之，在我的独立董事生涯中，应该说，在中化国际做独立董事的这六年，是我学到最多而且幸福感最强的一段经历，尤其是对上市公司治理结构机制的理解，让我感悟很深。

在福耀玻璃当独立董事，让我知道董事会的一些开会形式，让我懂得独立董事应尽的义务，除此之外，我对如何做一个合格的独立董事，还是很模糊。在中化国际工作的六年中，对于在一个既是央企又是上市公司这样的股权结构中的独立董事，如何通过契约安排、制度设计、流程再造、权责制衡等一系列有效措施，来保证全体股东获得相对平等的利益，我有了更多的实践体验。尤其对如何通过董事会的专业分工、合理设置流程、内控设计等方面，发挥董事会战略、薪酬、提名及审计四大职能，防范出现经营层的内部人控制等现象，有了更多感受，使我对上市公司治理结构的理解不再停留在概念上，而是深入到一件件、一桩桩具体的公司事务中。例如，由审计与风险管理委员会独立招聘会计师事务所，由审计与风险管理委员会独立听取内部审计的报告，会使监督的独立性大大得到提高。而经营层提出的并购重组，如果董事会战略委员会通过尽职调查，更多听取第三方的意见，其决策可能更加科学合理。特别是中化国际通过美国标准普尔公司对其治理结构的评估，更让我意识到，一个好的公司治理结构，需要内外部环境配合，才能有效实施。而实施好的治理机制，最大的问题不是制度本身是否科学，而是内部利益格局的调整。

在此我特别感谢中化国际董事长施国梁先生的大胆放权、勇于改革的决心与能力，感谢一起共事的王巍、蔡重直、史建三等独立董事的支持，很感谢当年曾经一起上学，又一起在中化国际工作的陈国钢博士，从他们身上，我学习到许多完善公司治理及内部控制的宝贵经验，为我今后当一个合格的独立董事创造了条件。

　　应该说，正是在中化国际当独立董事工作中的不断试错，才使我慢慢认识到，独立董事绝对不是用几本简单的教科书就可以培养出来的。一定是在经历了无数次经营事件的磨炼后，才逐渐懂得，作为一家社会公众公司一员的独立董事，应该如何为所有股东公平服务。我之后在其他几家公司当独立董事时，借鉴了我在中化国际的工作经验，使我少犯一些错误。感谢中化国际！感谢在那段时间与我一起共事的所有同事！

　　小结：中化国际的董事会经历是我所有独立董事生涯中最有收获、体会最深的。从美国标准普尔公司的二次治理结构评级的沿革，到战略投资并购中的决策程序改变，从董事会提名及薪酬委员会对公司高管任命的操作，到会计师事务所的逐一选聘机制，从国企的股权分置改革，到钢贸危机的处理，充分体现了一个伟大企业所需要的董事会的治理结构。在中化国际董事会这个平台上，我第一次在董事会提案的表决中投出对财务总监聘任的弃权票，事后印证这并不是一个错误的决定。

CHAPTER 3

第三章

太平洋保险

第一节　入职太平洋保险独立董事

2006 年 7 月的一天，我突然接到一个电话，是久未联系的老朋友周忠惠打来的，他原来在上海财经大学任教，后任普华永道会计师事务所合伙人，他问我是否有兴趣担任还未上市的上海太平洋保险股份公司的独立董事。当时，我对保险行业一点都不了解，有些犹豫。他说："反正现在还没有上市，如果你当独立董事的名额还有多余的话，我建议你试试。"既然老朋友让我试试，我就试试吧。毕竟，在此之前我与太平洋保险还是有那么一段往来的故事的。

2004 年，我除了在复旦大学管理学院当老师之外，承蒙老院长郑绍廉教授的推荐，我还担任了复旦大学校务委员会委员。虽然这是一个虚职，但当时的校长王生洪及党委书记秦绍德还是比较尊重这个委员会的，凡是遇到重大决策，一定会先让校务委员会提意见。在 2004 年的一次校务委员会会议上，秦绍德书记介绍说："经与校长办公室讨论，复旦大学决定与太平洋保险公司（后文简称'太保'）在浦东合办一所学校，名字为复旦太平洋金融学院，属于本科性质。大家对这个提案有什么看法？"轮到我发言时，我是不太赞成与太保合作办学的。我的理由有几个：第一，太保与复旦大学合办的金融学院，所设的专业是社会上最热门的金融、保险、工商管理专业，由于热门，复旦大学本身这类专业的师资稀缺，优秀的师资就更稀缺了，与太保合办一个这样的学院，会分散复旦大学本来就不多的优质师资资源。第二，这个学院刚刚创办，就挂上复旦大学的名牌，但其生源并不是一本的，如何保证学生的毕业质量？如何不影响我们复旦的声誉？第三，听说这个学校办在浦东，离本部很远，管理是个问题。尽管我在会上持不同意见，但校务委员会只是一个咨询部门，这件事学校早决策好了，我们只能说说而已。

2004年4月，太保集团联合大连实德集团、台湾润泰集团、上海德锦投资、香港香江国际集团和嘉惠罗马集团投资设立了复旦大学太平洋金融学院，总投资20亿元，注册资金2亿元。太保集团出资10亿元，占股41.25%。

按计划，整个学院总投资20亿元，分前期投入和后续建设计划。太保集团与复旦大学的协议规定：金融学院创办前期的经费缺口，由太保集团等投资方负责筹资解决。复旦大学太平洋金融学院成立后，让我哭笑不得的是，学校居然派我这个"持不同政见者"去兼任该学院的金融系主任。这个学院在浦东惠南镇，离复旦大学有四五十公里，我去过一两次，路上要花一个多小时。

后来，这个学院由于成为太保上市过程中的最大障碍之一，在处理了在校所有学生的毕业事宜之后，被关闭了。

在答应周博士的电话邀请之后，太保董事会办公室启动了聘请独立董事的流程。不久，我接到董事会办公室的电话，问我有没有空去太保一趟。刚刚上任不久的董事长高国富要见我，要与我当面谈一下。

我们约了一个时间见面。记得那次见面是在太保总部，位于浦东陆家嘴交银大厦高层，办公室很宽敞。第一次见到高国富董事长，我以为走错了门。高董事长长得相当年轻，戴着眼镜，很斯文，像个大学生，一点也不像国内三大保险公司之一的当家人。后来我才知道，高董事长来太保有点临危受命的意思。以下是从媒体上摘录的一些资料。

✴

8月2日下午，上海市委组织部和金融工委召集太保集团三家总公司和各分支机构总经理100多人开会，宣布组织部的人事命令。在半个小时的会议中，组织部方面对王国良的调动理由，主要表述为干部交流制度和股东对公司改革发展有较高期望两点。

据与会人士透露，在会上，王国良表示服从组织安排。但明眼人都看出，王国良的神态充满无奈。

太保内部人士表示，其实这次调动更多的应该是来自股东的意愿。其中，今年3月复旦太平洋金融学院突然遭遇资金链问题，成为引爆上海方面和股东对王国良强烈不满的导火索。

知情人士向本报透露，对太保集团股东来说，要保证集团整体上市，一定要解决太平洋金融学院问题，但是这么一个大问题，显然是要靠上海市的力量来协调。但是，在上海有关方面和股东看来，原本涉嫌违规的金融学院工程现在的这个困境应该由王国良——这个当初一意孤行的始作俑者来承担。

…………

"实际上，走到今天这样的地步，和王国良多年来过于强势的做事理念和风格有太多关系。从某种意义上说，正是王国良自己终结了其在太保的历史。"接近太保高层的人士分析说。

…………

　　但是，至少目前来看，王国良在担任太保集团董事长的 8 年时间里，太保的发展速度远远落后于业界。[⊖]

　　在上海市政府极力打造金融强市的背景下，太保集团无疑是上海市政府图谋的金融控股集团强柱之一。记者从太保集团内部获悉，上海市城建投资开发总公司总经理高国富将接掌太保集团。

　　现年 50 岁的高国富是一位留美博士，曾任共青团上海市委副书记、上海外高桥保税区管委会副主任等职。业界人士称："高国富虽未从事过保险业，但他丰富的投资经验将有助于提升太保集团的投资收益，推动太保集团整体上市进程。另外，集团总经理及其他高层并无变化，经营和战略将不会受太大影响。"[⊜]

　　在与高董事长寒暄几句之后，我们切入了正题。高董事长详细询问了我的工作经历，以及准备如何来太保当独立董事等问题。我一一回答并表达了自己的态度，而且再三强调，我不懂保险业务，还需要学习这方面的知识，我会尽职尽力地去履行我自己的工作职责。高董事长表示理解。当我们谈完独立董事相关事情之后，话题变得轻松起来。我好奇地问高董事长："你在城投做得好好的，怎么会来接太保这个担子？这个担子不轻哟。"高董事长说："是的，这是组织的安排。"不过，他说，到太保后有两个目标：一是要完成太保上市的重任。在此之前，太保这手上市牌已经打了近 7 年，波折不断，上市方案亦屡屡更换，却始终未能如愿以偿，数年"望市兴叹"。让太保上市，是他最重要的任务。二是要在太保中建立起一支国内一流的

　　⊖　摘引自http://news.cctv.com/financial/20060806/101575.shtml。

　　⊜　摘引自http://finance.sina.com.cn/money/insurance/bxdt/20060802/10432785243.shtml?from=wap。

保险人才队伍。他说，尽管保险行业有着严格的行业壁垒，有着行业特许经营权的限制，但是，这个行业的竞争是很残酷的，需要有一支特别能战斗的队伍。对此，我深以为然。事后，经过六年的共事，我发现，高董事长的这两个目标基本上都实现了。看来，人还是要有梦想的，然后可以朝着梦想去努力，最后一定会梦想成真。

第二节　出任董事会审计委员会主席及与会计师事务所的沟通

一、首次董事会审计委员会会议的尴尬亮相

经过股东大会的表决，太保的新一届董事会成立了。新一届的第一次董事会是在上海交银大厦的高层会议室召开的。我看了一下，董事会共有成员 15 人，阵容很豪华。除了太保的高国富董事长和霍联宏总经理之外，独立董事中有国家税务总局原副局长许善达，号称香港打工皇帝并担任过香港联交所总裁的袁天凡，在证监会担任过首届发审会委员的肖微律师，在香港安永会计师事务所工作过的退休合伙人张祖同。另外，凯雷作为大股东之一，派来两个哈佛毕业的华裔非执行董事：杨向东与冯军元。剩下的是其他几个大股东派出的董事，包括代表申能集团的杨祥海董事，他还兼任太保董事会的副董事长，以及宝钢派出的于业明等人。按照规则，除了讨论必要的提案之外，就是进行董事会的分工。我还是干我的老本行：董事会审计委员会主席。审计委员会共有三人，除我之外，还有香港安永会计师事务所退休合伙人张祖同及申能集团派过来的非执行董事周慈铭。周慈铭原先在上海财经大学任教，还担任过副系主任，后来进了国企。同是教师出身的我，在审计委员会中，与大家的沟通比较顺畅。

加入太保董事会后，我遇到了第一次董事会审计委员会的会议。董事会办公室通知，这次会议由我主持。刚刚担任太保独立董事一职，我个人最大的担心是我对保险行业的业务不熟悉，而外行领导去管理内行工作，

是很容易出问题的。在这一段时间，我每天恶补保险行业的专业知识，拼命学习各种保险法规，包括保险行业最重要的法规——《巴塞尔协议》（就是 2020 年 12 月 20 日，马云在陆家嘴金融论坛发言时所说的，欧洲金融界老年人俱乐部的协议），了解什么是保险行业的内含价值，什么是偿付能力，什么是期交，什么是趸交，什么叫资产错配。第一次审计委员会会议有两个议题，第一个议题是如何规范太保的关联交易，第二个议题是听取 2007 年的半年度经营情况。太保除了准备申请发行 A 股，同时还准备申请发行 H 股。太保股东众多，股东与太保之间有各种关联交易。为了保证关联交易不影响社会公众股的利益，各个交易所，尤其是香港联交所，对关联交易有严格的规定，要求申请 IPO 的文件中有专门对关联交易管理的承诺。审计委员会很重要的工作，是了解公司的财务状况。极其尴尬的是，因为时间安排冲突，开会时我正在去北京出差的路上。如此重要的会议，而且还是我主持的会议，我只能通过电话来全程参加，我感到既尴尬又忐忑。这是我在太保第一次以会议主持人的身份亮相，尽管将提案看了又看，但我心里还是没底，只能硬着头皮上。下面的会议记录记录了我第一次通过电话方式尴尬地参加太保审计委员会会议的情形。

★

中国太平洋保险（集团）股份有限公司第五届董事会审计委员会2007年第一次会议会议记录（2007年8月1日）

太保集团第五届董事会审计委员会 2007 年第一次会议于 2007 年 8 月 1 日在上海召开。李若山、张祖同、周慈铭等全体委员出席了会议，李若山主任委员通过电话方式参加并主持会议。霍联宏、汤大生、陈巍和部分部门领导列席会议。

李若山：今天全体委员都出席了，我们召开审计委员会第一次会议，本次会议主要有两个议题，首先我们审议《关于公司 H 股关联交易管理暂行办法的议案》。请公司风险管理部对议案内容进行说明。

（公司风险管理部总经理李洁卿做议案说明。）

李若山：好，谢谢风险管理部的介绍。请各位委员发表意见。

张祖同：该项管理办法是否符合香港地区法律和香港联交所的规定？

李洁卿：本办法符合香港地区法律和香港联交所的规定，在制定过程中我们请协助太保香港上市的富尔德律师事务所根据香港地区法律要求参与办法的制定和修改。

李若山：我想问两个问题：一是公司目前是否存在香港联交所规定的关联交易？有没有这样的业务发生？二是按照关联交易做的时候是否有困难？比如说，香港联交所规定连续性的关联交易需要预先通报，我们能否把这个数字估计出来？我们这样做有没有技术困难？当然，如没有此类业务发生就比较简单了。大家的意见如何？

李洁卿：根据我们同上市律师事务所富尔德在制定本办法时的探讨和沟通，在此次香港 H 股上市准备中，他们已对我们的关联交易情况进行了检查，在制定过程中充分考虑了公司的实际情况，并在和公司相关部门进行沟通。从香港联交所上市规则来讲，因为它是一个规则，我们集团要在香港联交所上市必须遵守这样的规则，我们要进一步完善这方面的措施。

李若山：我们在执行时是否有困难？

霍联宏：富尔德是香港律师事务所，他们对 H 股的情况比较清楚，现在也是在让他们检查，H 股招股书及申报材料里凡是按照香港地区法律规定需要披露的信息是否都已披露出来。关联交易管理的核心是信息的披露，律师在帮助我们鉴定和检查。因为这是我们制定的制度，要求我们必须遵守。从公司来说，股东和董事、管理层，大家都必须遵守。关于执行的难度，主要取决于股东和公司管理层。我们有坚定的决心这样做，就没有什么难度，如果不做就会有难度。另外，公司制定了这个制度，大家都要遵守,不遵守就会受到香港联交所的处罚,所以我们都要执行。

李若山: 好的。其他委员是否有意见?

张祖同: 我有个问题。根据这个制度,公司在经营的过程中,遇到一些有关联的情况都要依照香港联交所上市的条例来执行。但是关于独立董事或者高管人员买卖上市公司股票或内幕交易处理等在哪个方面有所规定? 律师是否提到这方面的处理意见?

李若山: 风险管理部有什么意见? 我个人理解内幕交易和关联交易应该不是一个范畴,关于内幕交易是有一套专门规定的。

张祖同: 我明白,但是我认为这方面的规定也很重要。我们已经考虑到关联交易处理,那另一方面的问题是否有所考虑,或者什么时候考虑? 因为这个问题在上市初期是非常重要的,一旦出现任何这方面的问题,香港联交所就会对公司采取某些行动,这会影响公司声誉。

李若山: 这是个好问题。2007年7月,上市公司万科董事长王石的太太买了上市公司的股票,目前这个问题还没处理完,影响很不好。像独立董事、高管人员的亲属购买股票的问题可能和关联交易还不是同一个问题,属于内幕交易的范围。以后我们审计委员会或者风险管理委员会在公司上市前可以就这个问题提出一些讨论或规定。

周慈铭: 关联交易的管理办法在公司上市后是一个很重要的制度。刚才风险管理部李总也做了很详细的说明。上次董事会李总的介绍也很严密。这个制度本身应该说包含了相关的规定,但我有一个建议,这么重要的制度可以请香港上市律师出一个法律意见书,因为我们还要提交董事会审查。像这么重要的法律文件,我们审计委员会也很难说可以完全把握好,需要专业的法律意见。律师参与了这个制度的制定过程,应该可以给出一个法律意见。这样我们就可以提交董事会,给董事们一个充分的法律方面的看法。

李若山: 这个意见非常好,请记录在案。其他委员是否还有补充意见?

如果没有意见，我们就一致同意将这个议案提交董事会审议。下面我们听取上半年经营情况的报告。我看公司上半年经营利润增长很快，超过保费增长，而且利差收益很大，增加了30多亿元，能否把具体的情况介绍一下？

（霍联宏总经理报告公司上半年经营情况。）

李若山：谢谢霍总，也谢谢经营层上半年做出来非常漂亮的经营业绩，为我们公司早日上市打下了坚实的基础。各位委员对上半年的业绩和下半年的打算有什么意见与看法？

张祖同：没有。

周慈铭：刚才霍总做了一个很客观也很令人振奋的报告。总体上，我感到国家宏观经济情况比较好，这是外部条件。此外，上半年资本市场的井喷对我们投资收益的提高贡献很大。还有，关键是公司管理层的努力工作，特别是公司全体员工目标一致，围绕上市目标做了很多工作，应该给予充分肯定。我想谈一点，我在上次寿险董事会也讲过，我们在看到好的形势时也要有忧患意识。比如，今年上半年业绩好的一个重要原因是我们投资收益的大幅增加。上次寿险董事会上也有董事和监事提出，如果剔除投资收益，保险业务增长了多少？所以，我们还要继续细化分析，看到特殊性。忧患方面还需要注意的是我们要注意指标的控制，特别是寿险。产险综合成本率是低于预算目标的，但就怕下半年会反弹，因为按照以往惯例下半年可能会反弹，所以管理层需要看一下是否要调整指标，提出约束性的目标等，因为上半年经营情况这么好，下半年就有余地了。寿险上半年费用支出增加24%，要关注业务增长对利润贡献多少，因为费用支出增加这么多。我们的管理要更加细化。此外，还要特别关注风险管理，因为下半年通常会出现较多违规案例，对我们业绩和声誉的影响会比较大。刚才霍总所讲的下半年几方面的重要工作非常对，包括加息的影响。事实上，加息对寿险影响很大，所以我们要认真研究，做好预案。总体上，对上半年的成绩充分肯定。此外，以前我们说过财务部可以按照上市规则试着编制一下财务报表，上次我拿到过一份，就可以和平安、国寿进行比较。这对于我们判断公司在资本上以什么形象出现，有什么差距是很有帮助的。现在可以试着编制一下。

汤大生：我们正在做 6.30 审计，审计后就可以提供经审计的数据。

霍联宏：我对产险指标的调整做一下说明。目前公司管理层对于董事会下达的指标都非常重视，严肃性加强，如果调整，需要按照法定的程序进行。集团总经理室经过研究，认为产险主要是由于上半年业务增长加快而影响了成本指标的达成，但董事会提出的综合成本率 97.5% 的目标不能随意改变，要改变需要说明具体原因。产险因为上半年业务高速增长导致准备金提取增加，而准备金提取增加又会使综合成本率提高。今年上半年主要得益于车险业务发展得比较快，现在车险质量相对较好，而且交强险目前发展的情况也还不错。

周慈铭：车险我们公司做得还是很稳健的，其他公司亏损的比较多。

霍联宏：对，但因为上述原因，产险如果要守住这个指标，下半年的速度就要降下来。

周慈铭：所以，整个集团对子公司的指标也要监控，上半年做得比较好，下半年不要一下子翻上来。

李若山：我对上半年经营业绩发表一些看法。第一，我和其他委员一样，非常感谢霍总和我们的经营层，在上半年市场竞争这样激烈的情况下，能够完成这么好的业绩和提交详细的报告。我想提出两点建议，一是上半年应收保费这么多，下半年应充分关注。因为应收保费说明我们已经保了，但钱没收进来，这可能对我们的利润影响比较大。请经营层下半年在应收保费方面协助落实一下。二是上半年由于新会计准则的调整，公司净资产增加了 50 多亿元，这是相当大的一块。6 月 30 日公司可供出售的资产是在股票市场处在较高点位上估计出的数字。我们很难保证下半年股票市场还能持续上半年的情况，所以请大家关注一下市场波动对我们利润的影响。

还有一点，2007年年初，我听到一些政策变化，比如对基金和证券的投资比例有个调整，以前是基金的投资比例高一些，证券投资比较少。这也会对我们年底的利润产生影响。这是我的意见，对其他委员的意见我都赞成。其他委员如无补充意见，本次会议到此结束，感谢大家。

中国太平洋保险（集团）股份有限公司第五届董事会

审计委员会2007年第一次会议会议记录签字页

审计委员会委员　李若山

✦

多年之后再翻看这份会议记录，我给自己在太保第一次会议上的尴尬亮相，打一个刚刚及格的分数吧！

二、与安永会计师事务所沟通与碰撞

我进入太保董事会后，接下来的事，是董事会审计委员会如何与外部审计打交道。前面提到，我进太保当独立董事，是担任审计工作的普华永道会计师事务所的合伙人周博士推荐的。但是，在我进入太保董事会之前，审计工作已由普华永道会计师事务所改为安永会计师事务所。作为董事会审计委员会主席，我开始与安永会计师事务所打交道。

应该说，国际四大会计师事务所之一的安永会计师事务所，无论在审计与财务业务能力方面，还是在国际业务的资源整合方面，都是国内会计师事务所无法比拟的，这是历史原因造成的。太保准备同时在境内与境外上市，而对国内会计师事务所来说，整合国际资源是一个软肋。国际四大会计师事务所百年历史的沉淀，使其中之一的安永会计师事务所，在应对审计业务过程中，尤其在境外资源方面，有着超常的业务能力。按照 A 股上市规定，公司上市需要连续三年盈利。如果太保想在年内上市，必须考虑 2004 年、2005 年和 2006 年的净利润是否达标。太保 2006 年、2005 年及 2004 年的盈利分别为 21 亿元、17.5 亿元和 -3.89 亿元，并不能满足上述规定，上市遇到了业绩难题。

财政部宣布，自 2007 年 1 月 1 日开始，所有公司全部采取与国际基本接轨的新会计准则。根据这个准则，在新老会计方法交替过程中，有许多业务可以采取追溯调整的方法，来处理会计中的历史遗留问题。太保按照这个新的方法，对 2007 年上半年的财务数据进行追溯调整，调整后，太保在 2004 年、2005 年及 2006 年的净利润分别为 -11.06 亿元、11.31 亿元及 10.08 亿元，相应时期营业利润分别为 -15.99 亿元、15.09 亿元及 20.04 亿元。调整后，这三年的利润指标还是无法满足连续三年盈利的要求，因此安永会计师事务所建议推迟一年，利用 2007 年的财务数据，而放弃 2004 年的财务数据。2007 年上半年太保的净利润及营业收入分别为 38.23 亿元及 46.85 亿元，这样的财务指标使太保符合境内的上市标准。安永会计师事务所认可了这个调整，出具了无保留意见，让太保顺利地通过了 IPO 审核。应该说，安永会计师事务所在推动太保上市的过程中，起到了一个专业中介应有的作用。

然而，作为新成立的董事会审计委员会，我们在与安永会计师事务所的初期磨合中，并非一帆风顺，主要表现在董事会审计委员会应该对会计师事务所有哪些要求、会计师事务所应该对审计委员会承担什么样的责任这两个方面。

2007 年，第一次董事会后不久，按照专业分工，审计委员会开始与安永会计师事务所进行首次沟通。由于是首次会议，双方都很重视，审计委员会的三位委员全部出席，安永会计师事务所派出五六位很资深的合伙人参会。

会议开始后，首先是安永会计师事务所的高层代表发言，他们详细介绍在这几年的审计工作过程中，为了克服会计中的历史遗留问题、协调中外会计准则披露差异问题以及满足监管部门对 IPO 的财务要求，所做的各项细致的工作。尤其是针对保险行业的要求，在计算偿付能力及内含价值上，提供很多技术支持。太保最后能够得到监管部门的认可，得以核准上市，安永会计师事务所的工作人员提供了出色的服务。对此，作为审计委员会主席的我，表达了对安永会计师事务所工作的满意与感谢。

在介绍完安永会计师事务所的审计工作之后，话题切换到未来董事会审计委员会如何与安永会计师事务所进行工作对接上来。作为审计委员会主席的我，提出除了审计报告之外，最关注的是，安永会计师事务所对太保进行审计的过程中，有没有出具管理建议书，如果有，能否给我一份。安永会计师事务所合伙人马上回答："有的有的，有电子版的。我们给了管理层，可以请管理层转发给你们。"我回答说："这样似乎不妥。因为管理建议书是我们外聘的独立专业机构对管理中存在的问题所做的审核结论，管理建议书主要是指出管理中出现的各种内部控制的问题，包括哪些流程有问题，证据是什么，责任人是谁，存在什么样的风险，改进的建议与措施又是什么。如果有些问题的根源在管理层，管理建议书发给他们后，再转发给我们，尽管我们相信太保的管理层很优秀，但对于由管理层转过来的信息，有没有遗漏，有没有增减，我们无法把握。从内部控制的原则出发，我们希望安永会计师事务所在发送太保的管理建议书时，不管是电子版的，还是纸质版的，同时送达经营层与董事会审计委员，不希望由管理层转发。"安永会计师事务所立马认可这一做法，说下次一定两边同时发送。

在与安永会计师事务所打交道的过程中，我们发现，作为国际一流的会计师事务所，与国内本土的会计师事务所相比，它还是有很突出的优点的。除了前面说的，安永会计师事务所还有非常广泛的全球行业资源。只要客户有需求，不管在世界的哪个角落，安永会计师事务所能马上对接，帮助客户得到所需要的信息。另外，安永会计师事务所对客户企业需求的反应很快。每次客户企业一提出要求，安永会计师事务所都会迅速反应，提供各种解答与帮助。

安永会计师事务所是如何快速应对客户诉求的呢？下面是一个很明显的

事例。在 2009 年的一次业务沟通会上, 太保董事会审计委员会向安永会计师事务所通报了对他们前期审计工作满意度调查结果, 是通常所说的供应商评估。所谓供应商评估, 是请参与该项采购服务的部门, 对供应商的前期服务, 进行事后的全面评估与打分, 以便让供应商在下一次服务中有所改进。

通常, 对供应商的考察包括多个方面: 实力 (技术、容量、竞争力等)、响应速度 (销售服务、质量反应速度、对防范问题的反应以及对改进工作的兴趣等)、质量管理 (效率、产品设计以及质量保证程序等)、时间控制 (服务期的长短以及服务是否准时等) 和费用控制 (差旅费用等)。对供应商的评估工作应尽量让那些能够感受到服务的部门来做, 而且指标能量化就量化, 不能量化也要很具体, 切忌模棱两可。由于打分项目分得很细, 指标比较具体, 总体评估下来, 安永会计师事务所的服务质量还是相当不错的。可能是由于受到太保 A 股上市的时间压力, 加上又是刚刚接手普华永道会计师事务所转交过来的业务, 安永会计师事务所对太保的公司结构、业务流程的了解, 还需要一个时间过程。对于首次承接太保审计工作的安永会计师事务所来说, 无论在队伍配备上, 还是在时间安排以及沟通上, 都有不少需要改进的地方。我将评估结果摘录如下。

我们对安永会计师事务所的评估总体上分为五个方面:

一、行业经验

1. 审计师的行业经验, 对保险行业及公司业务发展的理解;

2. 对公司战略目标、业务模式、管理方式、组织结构的理解。

二、专业能力

1. 能否基于对公司的深入了解和丰富的行业知识, 准确找到审计工作的关键点, 提高效率, 控制风险;

2. 审计服务团队必要的专业能力、持续性, 技术专家;

3. 对审计重点进行合理的审计工作安排，对疑难问题提出合理的处理建议。

三、项目管理

1. 对公司环境的融入，与公司各方的融洽相处；

2. 财务、投资、精算、税务、IT、内控等审计服务团队间的沟通；

3. 充分的审计计划，合理、可行的工作安排；

4. 向公司提出的需求是否合理，表述是否准确、简洁、高效；

5. 对效率和效果的重视与平衡；

6. 按照公司要求，按时、准确提供各项数据，及时出具报告。

四、沟通与反馈

1. 与公司及时、有效沟通审计工作中存在的问题，包括审计发现、工作进展、数据需求等；

2. 注重沟通方式及渠道，沟通目标明确、主题清晰；

3. 倾听外部声音的意愿，给予适当的重视，及时反馈；

4. 认真对待不同的意见，做出相应的调整、改进或反馈。

五、增值服务

1. 管理建议切合实际，帮助公司改善管理、改进工作；

2. 主动与公司分享行业经验和制度更新。

评估工作是由董事会审计委员会领导组织的，要求集团财务管理部、审计中心分别牵头对财务报告审计服务和内控审计服务进行质量评估。评估以调查问卷形式开展。其中，对财务报告审计服务质量的评估主要由集团财务管理部，会同集团董事会办公室、精算、IT及各子公司财务部等13个部门共同参与。而对内控审计服务质量的评估则由集团审计中心会同集团及各子公司合规部门共同参与。

第一次评估的结果令我们有些意外。总体来看，公司各部门对安永会计师事务所的服务表示满意的比例都不太高，大概只有37%；认为他们的服务水平一般的，占47%；很满意的比例，只有1%；不满意和很不满意的，占到15%。其中，财务部门非常直接地指出，安永会计师事务所外勤工作人员中，新员工及实习生的比例有点高。此外，核心团队的稳定性需要改进；有的部门提到，由于会计准则不断变化，在帮助太保的财务人员跟上会计准则变化方面，安永会计师事务所的服务水平有待提高；其他意见还包括全国分子公司的审计覆盖率、审计合同的格式等，每条意见都非常具体、中肯。当我们将评估报告反馈给安永会计师事务所的高层合伙人时，他们有些吃惊，作为国际一流的会计师事务所，他们大概觉得，他们的客户居然提出如此之多的意见，使其服务质量受到挑战。由于我们的评估意见有事实，有依据，他们还是诚恳地表示接受所有的意见，并承诺在明年的审计中全面改进。这次与安永会计师事务所的沟通就这样结束了。

这次沟通，让我领略了国际一流会计师事务所的反应速度与工作态度，坚定了我们对承接审计业务的会计师事务所进行供应商事后评估的做法，并将其制度化沉淀下来。在随后的几年中，安永会计师事务所的服务质量越来越好，水平越来越高，成为太保最优秀的供应商之一。图3-1是2013年，也是我担任太保独立董事的最后一年，对安永会计师事务所的又一次供应商评估的结果。

从这个评估结果可以看出，相关部门对安永会计师事务所的服务，整体满意度达93%，特别是对财务报告审计的满意度已达96%，这是相当高的评价。作为一个审计机构，面对这么多部门、这么多要求、这么复杂的业务，安永会计师事务所能将服务提高到如此水平，确实相当不容易，证明了它不愧为国际一流的中介机构。

在总体评价的基础上，我们还对其中许多分类指标进行了比较分析，如图3-2～图3-4所示。

审计服务质量综合评价结果

> **2012年满意度情况 —— 总体满意度较高**

> 财务报告审计		> 内控审计		> 汇总	
■ 很满意	33%	■ 很满意	25%	■ 很满意	30%
■ 满意	63%	■ 满意	65%	■ 满意	63%
■ 一般	4%	■ 一般	10%	■ 一般	7%
■ 不满意	0%	■ 不满意	0%	■ 不满意	0%

图 3-1

审计服务质量综合评价结果
——财务报告审计、内控审计服务质量汇总

> 各项能力评价

	很满意	满意	一般	不满意	很不满意	不了解
行业经验	32%	66%	2%	0%	0%	0%
专业能力	30%	67%	3%	0%	0%	0%
项目管理	30%	68%	1%	0%	0%	1%
沟通与反馈	35%	65%	0%	0%	0%	0%
增值服务	24%	47%	24%	0%	0%	5%
加权平均合计	30%	63%	6%	0%	0%	1%

图 3-2

审计服务质量综合评价结果
——财务报告审计服务质量

➤**各项能力评价**

	很满意	满意	一般	不满意	很不满意	不了解
行业经验	31%	69%	0%	0%	0%	0%
专业能力	33%	64%	3%	0%	0%	0%
项目管理	31%	67%	1%	0%	0%	1%
沟通与反馈	37%	63%	0%	0%	0%	0%
增值服务	31%	54%	15%	0%	0%	0%
加权平均合计	33%	63%	4%	0%	0%	0%

图 3-3

相较于传统的财务报告审计业务，内控审计是一个新的领域。不仅是上市公司，就是国际一流的咨询公司，对此也有一个学习、消化的过程。从上述评估来看，安永会计师事务所对新业务的掌握，特别是内控审计的增值服务等方面，比财务报告审计要略逊一筹，还有许多需要改进的地方。

此外，我们还对连续多年的财务报告审计服务质量评估结果进行时间序列分析。2008 ～ 2012 年的评估数据如图 3-5 所示。

从图 3-5 可以看出，安永会计师事务所的服务质量，相较 2008 年已大幅提升，财务报告审计服务质量总体满意度持续提高。从 2008 年到 2012 年，"很满意"的比例从 1% 上升到 33%，"满意"的比例从 37% 上升到 63%，而"一般"的比例从 47% 降低到只有 4%，五年间，进步显著。

审计服务质量综合评价结果
——内控审计服务质量

➤各项能力评价

	很满意	满意	一般	不满意	很不满意	不了解
行业经验	33%	58%	9%	0%	0%	0%
专业能力	22%	72%	6%	0%	0%	0%
项目管理	27%	70%	3%	0%	0%	0%
沟通与反馈	29%	71%	0%	0%	0%	0%
增值服务	8%	33%	42%	0%	0%	17%
加权平均合计	25%	65%	8%	0%	0%	2%

图 3-4

审计服务质量综合评价结果
——财务报告审计服务质量

➤ 与以前年度审计服务质量评价的比较

	2012年	2011年	2010年	2009年	2008年
■ 很满意	33%	36%	33%	14%	1%
■ 满意	63%	53%	48%	53%	37%
■ 一般	4%	11%	19%	24%	47%
■ 不满意和很不满意	0%	0%	0%	9%	15%

总体满意度不断提高，不满意的现象连续三年不存在，但很满意的比例较上年度略有下降

图 3-5

仔细观察，我们还发现，从 2011 年到 2012 年，"满意"的比例大幅提升，从 53% 上升到 63%，有 10% 的提升，但是，"很满意"的比例却降低了 3%。究竟为何？评估的相关部门给出如下反馈（见图 3-6）。

审计服务质量综合评价结果

➤ "很满意"的比例下降主要原因分析

很满意——财务报告审计			"很满意"的比例下降的主要原因
	2012年	2011年	差异
行业经验	31%	38%	−7pt
专业能力	33%	39%	−6pt
项目管理	31%	31%	—
沟通与反馈	37%	44%	−7pt
增值服务	31%	29%	2pt
加权平均合计	33%	36%	−3pt

（表格右侧说明栏）
➤ 随着公司组织架构的调整、业务流程的不断改进，公司对会计师事务所的要求不断提高，评价标准较上一年度有所提高，会计师事务所在各方面均存在改进空间。

➤ 安永会计师事务所审计团队中的高级审计员及以上级别的人员较为稳定，但本次审计团队中新进人员较多，对公司流程方面的事项不甚了解，与公司人员的沟通摩擦有所增加，故"很满意"的比例下降。

很满意——内控审计			
	2012年	2011年	差异
行业经验	33%	60%	−27pt
专业能力	22%	60%	−38pt
项目管理	27%	60%	−33pt
沟通与反馈	29%	55%	−26pt
增值服务	8%	40%	−32pt
加权平均合计	25%	56%	−31pt

图　3-6

"很满意"的比例下降主要有两个原因：第一，随着公司组织架构的调整、业务流程的不断改进，公司对会计师事务所的要求不断提高，评价标准较上一年度有所提高，会计师事务所在各方面均存在改进空间。第二，安永会计师事务所审计团队中的高级审计员及以上级别的人员较为稳定，但本次审计团队中新进人员较多，对公司流程方面的事项不甚了解，与公司人员的沟通摩擦有所增加。

图 3-7 和图 3-8 中是安永会计师事务所有进步的方面以及存在的问题。

审计服务质量综合评价结果

> ## 进步的主要方面

>> 对公司战略目标、业务模式等的了解深度有所增加

>> 各审计服务团队的沟通较以前充分、顺畅

>> 对房地产行业的了解加强

>> 基本能够根据公司工作流程的变化改进工作机制

图　3-7

审计服务质量综合评价结果

> ## 较好地保持

>> 对保险行业的熟悉和理解

>> 切合实际的管理建议

>> 适当的专业能力

>> 重视审计计划

>> 稳定的审计团队

>> 按时提供各项数据，及时出具报告

>> 良好的工作关系

>> 增值服务

图　3-8

　　最后，在肯定优点及提出问题的基础上，审计委员会还对安永会计师事务所未来的工作提出一些希望，明确其在明年的审计工作中需要提高的领域（见图 3-9、图 3-10 ）。

审计服务质量综合评价结果

> ### 需要提高的领域

> > 及时与境外子公司及信息技术部门分享行业经验和制度更新

> > 及时与内部审计部门分享行业经验

> > 对公司精算部门提出的疑难问题提供合理的处理建议

图   3-9

审计服务质量综合评价结果

总结：服务质量较2011年度进一步提高，同时希望：

> 继续加深对公司的了解，形成全面正确理解，提出更合理、更切实可行的管理建议；及时根据公司组织架构的变化制定更为合理的工作机制

> 财务、投资、精算、税务、IT、内控等审计服务团队间的沟通继续保持充分、及时、顺畅、高效，提高各团队步调的一致性

> 继续保持现场审计人员的稳定性，以确保审计的延续性

> 及时与公司财务、精算、IT、内部审计部门分享更多的行业经验，对于疑难问题提出合理的处理建议

> 不忽略境外子公司，与境外子公司分享安永会计师事务所在给国际保险公司提供审计及咨询服务过程中的理解、经验及国际会计准则的更新

图   3-10

对安永会计师事务所的供应商评估，让我深刻地理解了上市公司治理机制中独立董事存在的意义。我国监管机构颁布的独立董事规则中，要求独立董事承担提名、薪酬及审计委员会主席之职，监管机构希望通过这些机构的设置并由独立董事承担职责，一是防止内部人控制，二是平衡各大小股东之间的利益关系。其中，最重要的基础是保证信息透明。对此，审计委员会有很大的义务与责任。但是，作为一个非常设的机构，审计委员会如何在日常的工作中履行好这一职责呢？我觉得利用好内部审计与外部审计功能是关键。对内部审计部门的把握的相关内容，我会在下一节介绍，这里仅介绍通过供应商评估制度，监督外部审计勤勉尽职，这样董事会才可利用好外部审计功能，为董事会的治理结构发挥应有的作用。这是因为：

首先，作为上市公司的法定义务之一，财务年报必须经有资质的会计师事务所审计，并出具审计意见报告。我国共有九千多家经过批准的合格会计师事务所，过去政策规定，只有四十多家有证券业务资格的会计师事务所能审计上市公司年报，这一规定随着证券法的修改，已被取消。从政策上来看，这九千多家会计师事务所绝大部分都有资格对上市公司执行年报审计。但事实上，尽管名字都叫会计师事务所，但术业有专攻，不同的会计师事务所在擅长的专业方向、能力、资源等方面，还是有一定差异的。审计委员会为上市公司选择合适的会计师事务所，把好审计第一关，很重要。

我的经验是，在前期选聘会计师事务所时，应该将上市公司的所有需求明确告知前来应聘的事务所，这一点非常重要（详见兴业银行一章中的相关内容）。但是，当选聘结束，会计师事务所进入现场，执行审计并出具审计报告后，对于其是否达到预期的招聘要求，是否满足审计委员会的审计期望，并不能简单地在年报审计沟通会上，凭着个人感觉来做结论。通常，来现场参加审计沟通会的都是事务所的高级合伙人，他们不仅有扎实的专业基础，还往往有很高的情商。他们会使用令人非常舒服的方法和语言，与审计委员会沟通, 这当然无可厚非。但是, 审计委员会最为关注的一线信息究竟如何? 还有什么不到位的地方? 与既定目标是否存在差异? 这些问题只要上市公司管理部门不问, 会计师事务所是不会说的。没有一线部门提供对会计师事务所的供应商评估信息, 审计委员会在与会计师事务所沟通时, 只有听取的感觉, 而缺乏提出问题的能力。

其次, 极个别的会计师事务所在投标承接审计业务时, 会组织所有的核心资源来进行竞标, 列示自己有多少优秀的专业人员, 有多强大的专业资源, 有多丰富的行业经验, 这当然是事务所真实情况的写照。而且, 经过初次审计, 审计委员会确实看到该事务所有强大的专业实力, 并对其产生好感。但随着时间的推移, 由于资源有限, 事务所为满足其他新客户的竞争需求, 会慢慢将一些核心骨干抽调到其他新客户的业务中去, 会慢慢地因为对老业务的熟悉而放松对新出现问题的警惕, 应了"熟视无睹"这个成语。此时, 下面与会计师事务所打交道的各个职能部门感受到会计师事务所服务质量的下降, 但除了抱怨几句之外, 别无他法, 他们缺乏与审计委员会沟通的渠道与方法。而设立由各职能部门对会计师事务所进行供应商评估的制度, 可以打通这一渠道, 保证审计委员会能随时了解会计师事务所的工作质量, 从而衡量其执行业务标准与其最初的承诺是否一致。

最后, 由于有了对会计师事务所的供应商评估制度, 审计委员会对会计师事务所有充分的话语权, 会计师事务所会对审计委员会的独立性保持高度的尊重, 愿意并敢于将审计中发现的一些问题, 在第一时间及时告知审计委员会, 让审计委员会在董事会中起到真正的监督作用。

只要是我担任独立董事的上市公司, 一旦进入审计委员会, 我就一定会坚持每年对会计师事务所进行供应商评估。评估结果既是审计委员会下一年度聘请会计师事务所的重要依据, 又是提高会计师事务所对上市公司审计质量的措施之一。

第三节　太保"A+H"股的上市风波

太保经过多年的不断努力，终于实现在境内 A 股整体上市的计划，于 2007 年 12 月 25 日在上海证券交易所挂牌成功上市。根据太保 A 股的招股说明书，在发行 10 亿股 A 股后，公司将尽快启动 H 股上市事宜。H 股发行将不超过 9 亿股，发行价格将不低于本次 A 股的发行价格。H 股发行完成后，境外投资者所持有的 A 股股份将在获得监管部门批准后转换为 H 股。

太保在筹划上市时，公司内部对于是先上境内 A 股，还是先上境外 H 股，有一定的争议。太保一位高层的想法是，A 股和 H 股同步上市是最理想的上市框架，或者先 H 后 A。由于一些准备工作尚不充分，太保不得不放弃原定计划。太保先在 A 股挂牌上市，然后再准备发行 H 股。以同样采取"先 A 后 H"上市路径的中国中铁为例，该公司在 2007 年 12 月 3 日登陆 A 股市场，2007 年 12 月 7 日完成了在香港联交所的挂牌上市。同一个公司在境内外发行股票时，有一个价格协同问题，这一难题，太保上市时遇到了！

在境内上市时，太保在 A 股的招股说明书中规定，其 H 股发行要在 2008 年 9 月 24 日之前完成，否则要重新召开股东大会。而且，太保在招股说明书中强调，为了保护 A 股股东的利益，在发行 H 股时，其 H 股的发行价格不低于本次 A 股的发行价格。这一承诺给太保 H 股的发行带来一定的麻烦。如果 A 股发行价格定高了，可能在市场上发不出去，而且也会影响后面境外 H 股的发行——因 A 股定价太高，也跟着发不出去。如果发行价格定低了，一是融不到足够的资金，二是给二级市场留有太多的炒作空间。不得已，在发行 A 股之前，太保找了几家权威的证券公司进行路演与询价。各大证券公司给出的发行价格高低不一：[一]

[一]　摘引自finance.sina.com.cn/stock/newstock/20071225/11414333639.shtml。

✳

　　平安证券分析师童成墩给40元到50元的区间，认为公司拥有全国第二大产险公司——太平洋产险98.14%的股权，同时拥有全国第三大寿险公司——太平洋人寿97.83%的股权。这一业务结构符合公司"发展主业，推动价值型增长"的战略目标。

　　银河证券张曦给出的首日定价是比较高的，最高价达到55.1元/股。他预计公司2007年净利润增长达到39.3%，2007年至2009年寿险年均APE增长17%。对公司寿险业务的估值为每股41.8元，产险业务的估值为每股3.60元，合计为每股45.4元。基于谨慎和乐观情景假设的估值得到的估值区间为每股39.2元至55.1元。

　　国泰君安伍永刚在参考中国平安、中国人寿新业务价值倍数后，给予太保2007年、2008年新业务价值65倍乘数。他运用相对内含价值法，预测太保2007年年底的评估价值为45.33元/股，上市首日定价为每股43.8元到46.8元。其中寿险价值为33.32元/股，产险价值为9.30元/股，其他业务价值为2.71元/股。从中期看，伍永刚给予太保2008年年底的评估价值为58.20元/股。其中寿险价值为44.49元/股，产险价值为11.24元/股，其他业务价值为2.48元/股。

✳

　　最后，太保在A股上市时，取了个相对比较低的发行价格，定价每股30元。开盘当天，太保股票的开盘价格却一下子飙升到51元/股，比发行价格高了70%。内部有些高管觉得发行价格定低了，使公司应该募集到的资金减少了，认为定价太保守。随后不久，太保的股票随着证券市场的上下起伏表现很不理想，从开盘时的51元/股跌到发行价30元/股，半年后，基本上在每股20多元左右的区间徘徊。股票如此低迷，除了证券市场本身不稳定的原因之外，社会环境对太保所处的行业也有很大的影响。

在太保上市的第二年，2008年年初，中国南方遭遇了前所未有的冰雪灾害，而祸不单行的是，年中又遭遇了百年不遇的四川汶川大地震。这两个意想不到的不可控因素，让几大保险公司付出了巨额赔偿。包括太保在内的几家保险公司，经营业绩自然不会太好看，股票价格低迷很正常。在此期间，有关H股上市的各项工作还在如期进行，包括律师、会计师及券商的H股上市辅导工作也在正常开展。

但是，随着股东大会规定的H股上市截止期（2008年9月24日）越来越近，H股还要不要按时发行，如何按时发行，怎么发，成为摆在太保董事会面前的关键问题。2008年5月28日，在境内A股上市后的第一次股东大会上，A股的投资者对此问题的态度比较激烈。以下内容摘引自媒体对股东大会的报道。

✳

"尽管目前尚难以确定地震的最终损失，但是由于太平洋保险的寿险业务和产险业务构建了较为完备的风险分散机制，太平洋保险的整体业务经营风险都保持在可控范围之内，地震不会对公司财务基础造成太大的负面影响。"5月28日，太保集团总经理霍联宏在东莞召开的股东大会上表示。

他称，对于年初发生的雪灾，太保需要理赔支付4亿元，但由于积极采取了风险管理手段，损失也处于可控范围内。一位业内人士称，这给太保的股东们派发了一颗"定心丸"。

当日，太保集团董事长高国富在股东大会上阐述了太保H股的上市进程。他表示，太保的上市计划不会改变，此前在A股招股说明书中宣称的H股发行价格不低于A股发行价格不会改变。

"为保护A股投资者的利益，公司目前并没有调整H股发行价格不低于A股发行价格这一计划的打算。根据招股说明书，如果在9月24日前公司未完成H股发行工作，所有的材料都将重新申报。所以，在这段时间内，

公司肯定不会调整计划。如果需要调整，也将召开股东大会进行讨论。"高国富称。

　　不过，一些参加股东大会的股民代表还是对此表示担忧。一位不愿透露姓名的参会股民告诉记者，从目前香港资本市场具体情况来看，如果按照预先承诺的不低于 A 股的发行价格来发行 H 股，这个发行价格将会面临很大的困难。因为境内的 A 股市场价格只有 24 元 / 股左右，对于境内打中新股的投资者来说，如果一直持有，浮亏损失惨重。事实上，对于三大保险公司（人寿、太保、平安）来说，今年是祸不单行的一年，保险业赔付巨大，半年报一定相当难看。在三只保险股中，平安被打回"原形"，太保更是被"拦腰斩断"，这样的股价，岂能让人不担心？当然，对于被套太保股票的中小股民来说，还是希望太保 H 股上市能带来利好消息。

　　而据记者了解，在股东大会上，一些股民在对中国太保的经营业绩予以肯定的同时，也对公司股价长期处于 A 股发行价以下表达了一些不满情绪，甚至有人建议，为尽早成功完成 H 股发行工作，是否可以调整这一既定计划。高国富董事长对此予以拒绝，他表示，尽管目前公司股价不能让人满意，但是太保的基本面并没有发生重大负面变化，目前公司管理层要做的事情，还是将核心业务做好，太保在 A 股上市后，获得了比较充足的资本金，业务规模和质量都获得了较好的发展，公司对未来充满信心。

　　尽管在股东大会上，太保的高管给 A 股投资者派发了一颗"定心丸"，但到了董事会层面，操作这件 H 股上市的事情就没这么简单了。

　摘引自http://gubaf10.eastmoney.com/news,601601,394270,d.html。

　摘引自https://business.sohu.com/20080610/n 257399146.shtml。

在此之前，因为美国金融危机对世界资本市场的影响，H股一直很低迷，我们留意到香港资本市场已有明显的回暖迹象。就保险股来看，经过这次调整，A股和H股的溢价显著收窄。太保通过补充相关文件，发行H股的相关事宜已获得香港和内地管理部门允许。诸多因素似乎都向着有利于太保发行H股的方向发展。但是，参考在香港上市的其他几个保险公司的股票价格，太保发行A股时，承诺的H股发行价格不低于A股发行价格这一定价，显得有些偏高，很可能会成为其H股路演失败的导火索。出现这样的情况，源于太保上市当初选择先A后H的路径，且在发行A股时，又做出H股发行价格不低于A股发行价格这一承诺。而A股发行后意外遇到严重天灾这样的事，是太保始料未及的。

如果要对A股投资者言而有信，太保必须以高于或等同于A股发行价格的价格在香港发行，香港投资者如果不买账，不愿意认购，会造成上市失败。如果以低于30元/股的价格在H股上市，那太保又无法履行对境内A股投资者的承诺。

这一难题，最后终于摆到太保董事会面前。H股发与不发，成为此次董事会最大的焦点。会议开得很激烈，许多争论，直到今天回想起来，还历历在目。

董事会是在2008年8月左右召开的。因为9月是上次股东大会规定的截止期，如果太保在此之前发行H股股票的话，就不需要再次召开股东大会来表决，也不需要经过证监会、保监会的核准。毕竟，每次召开股东大会，每次上报证监会和保监会等待批准，都有许多不确定性，如果没有什么特殊情况，公司希望通过董事会授权，马上去香港联交所发行H股，这是最理想的选择。

难题是，太保在A股市场的股价徘徊在每股20元左右，太保董事会办公室曾在香港进行试探性的路演，投行给出的H股发行价在每股20港元左右，远远低于A股30元/股的发行价。如果太保一定要冒险去冲一下，坚持按照 30 元／股左右的价格发行股票的话, 可能没有足够的机构来认购, 会导致 H 股发行失败。这样不仅募集不到应有的资金, 还会影响公司的国际声誉。如果按照路演的价格, 以远低于 A 股的发行价格、约每股 20 多港元的价格发行, 首先是募集的资金不够, 其次还会引起 A 股股东的不满, 甚至还可能引起法律纠纷。

在董事会上, 我们几位董事的表态是: 放弃这次 H 股的发行, 等待证券市场好转, 消化了冰雪灾害及汶川地震的影响, 当太保的经营业绩有所恢复时, 再次启动 H 股的发行, 可能更为适当。即使再次召开股东大会, 再次上报证监会、保监会, 只要做好解释, 也能取得股东和监管部门的理解, 不是很困难的事情。

这一表态, 获得其他几位境内董事的赞同。他们认为, 推迟 H 股发行, 利大于弊。但是, 中介机构及境外股东董事对此有不同意见, 可能是出于他们自身利益, 他们很想在 9 月 20 日之前将 H 股发行出去。

他们讲了很多理由: 作为境内三大保险公司之一的太保, 在境内外有很好的声誉, 而境外投资者是国际一流的基金, 它们注重的是中长期投资, 有很好的战略眼光。每股 30 元左右的发行价格不算高, 多做一些沟通交流工作, 这个价格是可以发出去的。即使低了一两元, 也是可以接受的。他们还反复强调, 现在是一个合适的发行窗口, 特别是, 这次发行既无须召开股东大会, 也不需要监管部门批准, 效率很高。一位瑞士银行来的高级合伙人在发言中竭力建议马上发行 H 股, 不仅举了很多过去成功的例子, 还用了许多数据计算来证明现在这个时间是可以发行 H 股的。

为什么董事分为两派、态度泾渭分明呢? 说穿了, 还是屁股决定脑袋吧! 按照规定, 如果太保仅仅在 A 股上市, 外方私募投资者的股票要解禁流通, 最少四年, 而且, 它们投资的是外币, 在 A 股套现, 再转换成外汇, 转移到境外, 几乎是不可能的事。但是, 外方投资者很聪明, 在投资协议中约定，如果太保能在 H 股上市的话，它们的股权可以按照协议转为 H 股股票进行流通，可以在香港市场马上抛售套现，不受时间及规模的限制，更不受币种的限制。太保越早在 H 股上市，境外投资者套现的速度越快。我们初步算了一下，当年私募基金凯雷投资太保时，股价为每股 5 元左右。如果 2008 年 9 月太保在香港上市，它将手中上市的股票套现后，大概可以赚六七百亿元，而且，还不受中国外汇管制的影响。外方投资者情愿冒着发行失败的危险，也希望太保早早在 H 股上市。

　　董事会会议开得很激烈，两方意见相持不下。此时，我在会上指出："如果作为中介的外方投行瑞士银行，你们认为 30 元 / 股这个价格可以在香港发行 H 股的话，只要你们瑞士银行带头，以这个价格先认购全部发行的 10% 的股份，那么作为独立董事的我，就同意现在到香港发 H 股。如果你们不敢认购，为什么要太保去香港冒这个发行失败的风险呢？"显然，这一招将那个竭力建议立即去香港上市的瑞士银行代表给难住了，他支支吾吾地敷衍几句后，不再坚持自己的意见。

　　最后，经过董事会表决，以多数票通过了推迟去香港发行 H 股的提案。事后证明这一决定完全正确。过了一年多，自然灾害对保险行业的影响慢慢变小了，太保在 A 股市场上的表现，也渐渐得到认可，股价从每股 20 元左右回到 30 元左右。董事会重新启动 H 股的发行事宜，在原来资料的基础上补充了一些新的信息，重新上报证监会及保监会，得到批准后，再次召开股东大会并得到通过。2009 年 12 月，太保在香港联交所发行了 H 股，发行价为 28 港元 / 股。由于发行价基本接近 A 股的发行价，而且，再次发行 H 股的流程、条款得到监管部门的批准及股东大会的投票通过，上次股东大会中不低于 A 股发行价的承诺，已不具有法律效力，没有给太保带来负面影响。以下是媒体对太保发行 H 股的一些报道。[⊖]

　　⊖　摘引自 https://business.sohu.com/20091224/n269180027.shtml。

✴

2009 年 12 月 23 日上午 9 点 30 分，中国太保 H 股 IPO 仪式在香港联交所准时开始。太保二十多位"重磅人物"——董事长高国富、总经理霍联宏、常务副总经理徐敬惠等高管集体现身联交所交易大厅，其中，约莫一半是服务太保多年的老将，剩下的多是行业资深"空降兵"。

交易大厅外，三四十家中外媒体的记者期待着与太保高管直接对话的时刻，其中，大部分媒体关注的是中国太保 H 股上市首日的股价表现。在它们看来，这家平日低调保守、锋芒内敛的保险集团，是否会复制民生银行 H 股上市首日的破发行情，仍是一个见仁见智的问题。

太保高管的自述和解答当是整个上市仪式的高潮部分。几句简单的开场白之后，太保董事长高国富开始历数公司上市后的艰巨任务——"坚持专注保险主业""价值持续增长""完善公司治理""深化经营管理"，以及如何拿出更好的成绩单来回报投资者。

十分钟后，直接进入问答时间。在有了对国寿、平安两只保险股的一些了解后，香港媒体记者的发问直扣主题，将"太保 H 股定价是否偏高、上市后的发展战略、新会计准则对保险业的影响、保险业目前隐含哪些风险、明年盈利预期"等问题一股脑儿抛给了高国富。

由于时间有限，高国富的回答点到为止，但不乏亮点。在谈到是否有金控构想时，高国富坦率地重申："专攻主业保险。"支撑这个论断的是，无论是从太保内部资源优势还是从外部市场发展来看，太保董事会一致认为，目前更适合把主业保险做深做透。不久前他已在香港透露，太保将把融资额的九成转为人民币以重点发展内地保险业务。

对于定价是否偏高的问题，高国富坦诚，28 港元 / 股的发行价是四家投行当时竭力推荐的，"我们也感到非常合适"。对于未来经营业绩，他表示，内地保险业经营环境好转，未来将"一年比一年好"，太保今年的盈利将超过去年，未来还将受惠于企业年金业务，他对股价充满信心。

中国太保 H 股昨日以 28 港元 / 股开盘，受市场影响出现盘中破发，但午后突现反弹，最高冲至 28.6 港元 / 股，最后守住首次公开发行价格，收盘于 28.3 港元 / 股，微升 1.07%。太保本次 H 股全球发行 8.613 亿股（未含超额配售部分），募集资金总额约为 240 亿港元。

对于太保自身而言，成功实现 A、H 股上市更是一次努力后的突破，太保必将面对更多来自市场及投资者的考验。

从媒体报道来看，太保推迟 H 股的发行，确实是明智之举，一是发行价格比较理想，二是并未对 A 股投资者的情绪产生太多影响。看来，一个良好的治理结构，对平衡内外投资者利益有一定的积极作用。

第四节　太保折戟瑞福德并购风波

在太保第一次推迟 H 股上市计划，并于 2009 年第二次准备 H 股上市时，发生了太保收购瑞福德健康保险股份有限公司（后文简称"瑞福德"）事件。

在太保正紧锣密鼓地为 H 股上市进行冲刺之时，我突然接到董事会办公室的一个通知，就太保拟收购瑞福德这一提案召开董事会进行讨论。

我觉得事情有些突然。我们大部分董事对瑞福德并不熟悉，只能通过董事会办公室提供的一些提案资料对其有初步了解。

从资料获悉，瑞福德是经保监会批准开业的第一代全国性、商业化专业健康保险公司。瑞福德由国内五家大型民营企业集团共同发起成立，它们分别是深圳市瑞福德集团有限公司、深圳安吉尔饮水产业集团有限公司、深圳嘉年实业股份有限公司、深圳市盈投投资有限公司和沈阳易捷投资有限公司，注册资金为 3 亿元人民币，经营地为深圳，是为数不多的几家健康保险公司之一。

众所周知，中国的所有金融行业，不管是保险，还是银行、信托，还是证券基金等，都是国家严格管制的行业。这是因为，金融企业牵涉面广、影响面大，金融往往可以影响国家经济的正常发展，甚至还可能影响国家的政治安全。全世界任何一个国家政府，都对金融行业进行严格管制，不会轻易给金融企业发牌照。即使发牌照，监管机构也会对申请人进行极其严格的审核。所谓金融，用著名经济学人士、曾经做过政府官员的黄奇帆先生的话来说，就是六个字：信用、杠杆、风险。我个人觉得，这样的总结非常到位。

在金融行业里，不管是客户将钱放在你那里，还是你将钱放到需要资金的贷款人那里，首先都是要讲信用。利率多少？何时还款？只有讲信用，人们才敢将钱放在金融机构中相互流通。中国这么多金融机构，是否都严格讲信用呢？不一定！但是为什么大众还是那么相信金融机构呢？因为中国的金融机构是国家特批的，中国金融机构的信用，实际上是由政府背书的。老百姓普遍认为，只要金融机构是监管部门批准成立的，它们的信用就是经过政府考察的，它们一定会讲信用。

其次是杠杆。金融机构的杠杆是所有行业中独一无二的，往往会达到1：8、1：9。在经营过程中，股东自己不用出太多本钱，经营所需要的大部分钱来自储户或投保者。比如股东自己只出10元本钱，然后从投保者或储户那里获得90元资金，就可以合法经营了，可以将一起筹集到的100元（10元本钱，90元投保者或储户的钱）拿出去放贷。即使扣除一些准备金，由于存款与贷款之间的利率差约为3%，也能赚个两三元，这是已经扣除存款人利息的纯利润。对于只出10元的股东来说，毛利通常可高达百分之二三十。这就是金融杠杆的厉害之处。许多从事传统制造业的民企，看到金融业如此赚钱，都趋之若鹜，但国家对牌照的管理十分严格。

瑞福德的五个民营大股东，并没有从事金融行业的经验与资源，它们不知道金融含义中的最后两个字，就是风险。由于杠杆巨大，金融行业的风险非常大。当金融企业拿到储户或投保者的钱后，将这些钱放到哪里去是很有讲究的。不仅利润要远高于存款利息，更重要的是，要能按时、足额地将本金收回，这很考验金融人员的业务能力。如果你放出去十笔贷款，只要有一两笔不能按时、足额收回，可能一年的努力就都白费了。金融行业最难做的是风险控制。尤其是健康保险行业，更具有特殊性。媒体是这样评价我国的健康保险行业的：○

市场上的 4 家专业健康险公司可分为两类：人保健康与平安健康均由综合性保险公司开办，昆仑健康和瑞福德健康则是无依无靠的"纯"专业公司。虽然都要和其他寿险、财险公司竞争，但前一类可以利用综合性保险公司在渠道、客户等方面的很多资源，而后一类所有的事都得自己做，无形中更增加了公司的经营成本。

此外，健康险虽为市场上需求最大的险种，却比其他险种难做，一是赔付比较大，二是除了保险人与被保险人之外，还引入第三方——医疗服务机构，关系的复杂化造成道德风险管理难度加大，常常导致理赔风险失控。在健康险市场上，来自被保险人的道德风险主要表现为：健康险消费者参保后，会较多地索取医疗服务，甚至与医疗卫生机构"合谋"；或者以伪造、编造的有关证明、资料或其他证据，编造虚假事故原因或夸大损失程度。据了解，美国商业健康险欺诈带来的损失占总健康险保费的 10%，而在我国，业内普遍认为远大于 10%。

果不其然，开业才一两年的瑞福德，由于不专业，风险控制做得不到位，遇到许多经营问题。2009 年一季度，瑞福德被保监会通报批评两次。

○ 摘引自http://insurance.hexun.com/2009-12-02/121878312_2.html。

一次是因为瑞福德在销售一款名为"福满堂"的健康护理服务计划时，违反保监会对有关产品的监管规定，以向客户返还健康维护保险金、健康体检奖励金等名义给客户提供附加利益。之后不久，保监会再次通报批评该公司的总精算师少提、漏提准备金及相关负债等行为。

而当时，国内有人保健康、平安健康、昆仑健康和瑞福德健康4家专业健康保险公司。2008年健康保险的原保险保费收入为585.46亿元，4家专业健康保险公司的贡献仅为140多亿元，其中人保健康高达137.77亿元，位居第二的瑞福德健康仅为2.43亿元。而在专业健康保险公司获得的140多亿元的保费中，八成以上来自带有理财性质的业务，规模在110亿元左右。瑞福德正是其中的始作俑者，这直接导致了其偿付能力的危机。⊖ 保监会公开数据显示，瑞福德2009年3月以后的单月保费收入没有超过200万元的，其中，收入最多的6月不过159万元，5月则只有73万元。而保监会开出的罚单中，瑞福德总精算师和董事长都曾因违规提取准备金及给客户发放额外收益而"榜上有名"。为此，瑞福德上海分公司在2年的时间内换了5位总经理，最短的任期甚至只有3个月。

面对这种情况，最着急的可能是监管部门——保监会。众所周知，保险牌照是监管部门审批的，尽管不能保证审批后的保险公司不会出现问题，但如果真出现问题，监管部门很着急。因为监管部门对保险市场本身有监管义务，它最担心的是，保险机构因经营不善而倒闭，会给社会产生不安定因素。如瑞福德这样的健康保险公司，如果因资金链断裂造成后期支付困难，可能会引起社会连锁反应。

在这种情况下，监管部门找到有一定专业能力的太保，希望太保能接手瑞福德，以期通过太保的收购整合，将瑞福德经营不善的隐患早早消除。在监管部门的牵线下，太保开始与瑞福德进行接触，并将是否收购该公司

⊖　摘引自https://xuexi.huize.com/study/detal-2655.html。

这个提案提交给董事会进行讨论。

董事会讨论得很热烈。通过参阅前期制作的财务与法律尽职调查报告，我们发现，瑞福德的财务状况相当差。除了账上还有一些有限的资金外，其已销售出去的健康保险等项目，都是赔本的买卖。长期来看，这个窟窿还不小。唯一值得考虑的是，它有健康养老险的牌照。其实，这样的牌照太保正在与另外一家保险公司即上海长江养老保险公司谈。那家公司是上海国有企业，其财务质地要比瑞福德好很多。

董事会上讨论最多的是，瑞福德项目是监管部门推荐的，监管部门很希望通过太保的收购来解决瑞福德的问题，而此时，太保正在向监管部门申请发行 H 股，如果太保收购瑞福德，那么申请发行 H 股的事情估计会顺当很多。如果太保不同意收购，H 股的发行会不会受影响呢？尽管监管部门从未表态一定要让太保收购，但这样的可能性不是没有。通过权衡利弊，董事会最后决定，可以收购，但估值不能太高，考虑到未来的潜在损失，在现有净资产的基础上打个八九折就差不多了。这还是在考虑了监管部门牵线的基础上，做了些让步，给出的一个我们认为较高的价格。董事会决定，这个价格是我们的底线，如果高于这样的价格，坚决不要。我们不仅要对保险市场负责，作为一个上市公司，我们还要对证券市场中的中小股东负责。我们不能因为去承担一些不应由我们承担的义务，而让证券市场中的中小股东买单。董事会决定后，授权经营层与瑞福德进行谈判。

瑞福德知道太保这次收购多少有些临危受命的意思，于是开出一个天价，不仅不考虑现在瑞福德糟糕的财务状况，而且居然要求太保溢价收购，且溢价的比例不低。这大大超过太保董事会授权的底线。当这些消息传达到董事会后，董事会对此项收购表示坚决反对，认为宁可 H 股发行受影响，也决不能做有损于中小股东的事情。当太保的经营层将董事会因不同意瑞福德提出的价格而放弃收购的决定告诉瑞福德时，他们很愕然。他们可能以为有监管部门推荐和牌照的因素，即使是个烂资产，也可以顺理成章地卖个高价，而没有想到太保由于有着良好的治理机制和高水平的董事人才，拒绝了收购，觉得十分不可思议。

从当时的报道来看，所有的媒体都认为，太保收购瑞福德是板上钉钉的事，没想到太保不要了。事后，尽管太保没有收购瑞福德，在申请 H 股上市的过程中，监管部门仍积极主动地给太保提供了许多帮助，看来，我们的担忧完全是多余的。后来，2009 年 12 月，我在保监会的网站上，看到瑞福德被安邦保险及中乒集团收购了。至于买卖价格是多少，媒体没有披露，这成了一个大众不知晓的谜。

第五节　太保财务总监离职风波

一家上市公司，除了董事长、CEO、董秘之外，最重要的职位是财务总监。尤其是保险行业，由于业务的特殊性，在许多财务处理上，有着自己独到的核算规定，如计算保险的偿付能力、保险的内含价值等。找一个既懂保险业务，又精通财务的财务总监，相当不容易。

在我进入太保当独立董事的时候，太保为了上市，聘请的财务总监是境外股东推荐的吴先生。吴先生比较年轻，是国际四大会计师事务所出来的，新加坡籍。我作为董事会审计委员会的一员，与他沟通比较多。吴先生很敬业，每次与他就财务报表问题进行沟通时，基本上还是能得到想要的信息的。

我个人觉得，一是他毕竟是从境外临时加入太保集团的，对太保的历史了解不够，当我问到一些财务历史遗留问题时，他的回答不太清楚。二是他来自新加坡，而太保上市时要与国内许多监管部门打交道，尤其是财务问题，让不太熟悉国情的他去沟通，显得有点吃力。还有一个最大的问题：由于吴先生是外聘来的，加上境外股东的竭力推荐，他的薪酬奇高，基本薪酬高达近 600 万元，还不包括其他补贴。这个薪酬远远高于董事长高国富的薪酬，他是太保工资最高的。当然，我个人并不反对因工作岗位特殊，公司中可以有几个远高于董事长薪酬的职位，但我觉得吴先生的薪酬与他的工作内容相比，有些偏高。

吴先生从2007年12月起担任太保的财务总监，大约一年多之后，在2009年5月的董事会上，被炒了"鱿鱼"。很有意思的是，在董事会的公告上，同样的两个高级管理人员的任免信息，表达方式完全不同。公司的其他高管不再担任此职时，公告中用的是"免去"两个字；而对吴先生的表述是"不同意聘任吴××先生为公司的财务总监"。尽管董事会对吴先生的离职审计的评价还是蛮高的，对他的工作业绩基本上予以肯定，仅指出其在团队建设方面还有待完善，但用这样的词汇表达，对于一贯用词很谨慎的太保董事会办公室来说，实际上是表达了董事会对境外股东推荐来的财务总监不太满意吧！这当然只是我个人的主观判断。

由于吴先生的离职，财务总监岗位只能暂时空缺。除了让现有的财务部门副职高管临时顶一下这个岗位之外，公司人力资源部门开始通过各种方式，到人才市场去寻找新的财务总监人选。经过层层筛选，终于从众多候选人中找到一个由猎头公司推荐的高级人才。此人叫陈某某，从其学习与工作简历来看，的确很出色：1995年10月至1998年1月，在红牛维他命饮料有限公司担任财务总监；1998年9月至1999年6月，在沙特阿拉伯ALJ（中国）有限公司担任财务总监；1999年7月至2001年4月，在吉通网络通信股份有限公司担任副总裁兼财务总监；2001年4月至2010年10月，在央企中国铝业股份有限公司担任执行董事、副总裁、财务总监；2008年3月至2010年10月，在农银汇理基金管理有限公司担任董事；2009年5月至2010年10月，在中铝海外控股有限公司担任总裁。从陈先生的履历来看，首先，他有外资企业的工作背景，而且，很难得的是，他还有一段海外的工作经历，这使他很容易得到境外股东的支持；其次，陈先生又有国企，尤其是央企高层的工作经验，这又使他很容易得到国企大股东的支持。

陈先生不仅是财务出身, 还有许多公司高管及董事会的工作经历。唯一遗憾的是, 他的大部分工作经历是在传统制造业、通信业, 即使有一些金融行业的背景, 也只是担任董事, 而不是实际操作的高级管理人员, 而且, 他从事的基金管理公司工作似乎与保险行业的工作性质差得比较远。即使美中有不足, 这样的人才也是从几百个候选人中精心挑选出来的。由于公司财务总监属于高管系列, 对其聘用, 一定要先通过董事会的批准, 才可以正式任命。于是, 将陈先生任命为公司副总兼财务总监, 作为一个提案, 准备放在 2010 年 11 月的董事会会议上来表决。

　　开董事会之前, 我提前看完了关于提名的提案, 并详细阅读了陈某某作为候选人的履历。我问董秘: 陈先生是通过怎样的流程招聘进来的? 又是怎样成为财务总监候选人的? 董秘回答, 这个程序是先由公司董事会提名委员会提出用人要求, 然后由公司人力资源部启动人才招聘流程, 后经猎头公司推荐, 公司提名委员会与人力资源部进行面试审核, 最后提交董事会审议通过。我说, 既然是市场招聘, 我最关心的不是他的履历, 而是我的老规矩, 是否对他的经历进行了必要的背景调查。因为履历是申请者自己填写的, 即使填写的全部属实, 也可能并不完整, 有些不想让我们知道的信息, 申请者可以不写。尤其是对申请者不利的信息, 他一定不会填写, 而这对于我们未来的工作安排很不利。我告诉董秘, 希望在开董事会讨论此提案前, 给我提供陈先生的背景调查资料。我还说, 当年中化国际在聘用财务总监时, 我曾经投了弃权票, 原因是我没有拿到当事人的背景调查资料, 我不希望这样的事情重演。毕竟, 在一个大公司的董事会上出现弃权票与反对票, 并不是一件令人高兴的事。董秘很认真地回答: "李老师, 我们一定叮嘱人力资源部做好这件事情, 给你一个交代, 请你放心。"

　　2010 年 11 月 25 日, 董事会如期召开。除了以往董事会的文件之外 (我们开董事会时, 桌子上都有一个显示屏, 文件通过显示屏呈现出来, 省去了许多纸质打印材料，减少了后续保管的问题），我的桌子上还多了一份关于陈先生的背景调查资料，两页纸，很详细。

当讨论到陈先生任公司副总兼财务总监的提案时，我发言提问："请问人力资源部领导，此份背景调查资料你们请谁去做的？"对于这个提问，人力资源部的领导觉得很奇怪，有些不知所措！我说："请大家仔细看一下陈先生的背景调查资料，尤其是结论部分！这份调查资料除了详细介绍了陈先生的工作经历，特别是陈先生在中铝工作时的经历之外，还一一列举了上级领导对他的肯定、各种获奖、各种表彰，甚至还有相当多同事对他的美誉，写了整整两页纸，最后结论是这样写的：'通过我们对陈某某先生的背景调查，我们的结论是，除了他有上述优秀的能力与性格外，此人基本无缺点。'（大意）"

我对这样一份只有肯定，竭力推荐，而没有任何负面信息的背景调查资料的立场持保留意见。为此，我追问这份背景调查资料是哪个部门做的，人力资源部领导的回答让我啼笑皆非。他说，这份背景调查资料是请猎头公司代做的。听到这个回答，所有参会的董事都笑了起来。陈先生是猎头公司推荐的，背景调查居然请猎头公司来做，从内部控制不相容职务应分离的原则来看，显然是有问题的。难怪会在背景调查资料的最后，出现此人基本无缺点的结论。而且，董事们对陈先生没有任何保险行业工作经历这一点，颇有微词。毕竟，保险行业的会计专业知识，是很难在短时间内补上来的。但陈先生是通过社会招聘层层筛选出来的唯一候选人，如果董事会否决这一提案，不仅前期轰轰烈烈的招聘工作全部无效，而且，太保会因财务总监的长期缺席而受到监管部门的批评。

最后，通过反复讨论，董事们原则性地通过了提案。前提条件是，对陈先生的聘用期暂定为一年，从2011年1月1日到2011年12月31日，而不是像其他太保高管人员那样，聘用期一般是三年，与董事会换届保持一致。董事们的意思，一是看他能否尽早将保险行业知识补上，适应太保这个环境；

二是由于背景调查资料是由猎头公司做的，其客观性有限，对他的认识还有待观察。先聘用一年，然后再决定是否长期任用，这样做比较妥当。

董事会后不久，陈先生走马上任，担任公司副总兼财务总监。2011年6月24日，陈先生担任财务总监七个月之后，保监会完成了对他的资格审查，下文同意了太保公司对他的任命，批准的任期时间是到2011年年底。

然而，保监会批文下达之后没有几天，大约在2011年7月，在太保2011年半年报披露之前，我突然接到董事会办公室打来的电话，说陈先生由于个人原因，要辞去太保副总兼财务总监之职。这一消息很突然，陈先生上任才半年多，现在又是半年报披露之前的敏感期，二者叠加，对太保在证券市场的形象很不利，会引起市场对太保财务业绩的猜疑。对此，我反复询问辞职原因，陈先生坚持说，家在北京，工作地在上海，两边跑不方便，一定要提出辞职。其实，这个情况在他来太保求职之前就存在了，现在怎么成辞职的理由了呢？事后我们一直未能了解陈先生辞职的真实原因，我猜想，保险行业财务知识对他的挑战应该是第一位的。可能是经过半年的工作，陈先生自己估计，要在短时间内挑起这个重担，会有相当大的压力，为此他提出辞职。可惜，由于他是猎头公司竭力推荐的，背景调查是猎头公司一手操办的，对于这样的不足，猎头公司只字未提。后经反复做工作，陈先生最终同意，在半年报披露之后再离职。在2011年8月的董事会上，经全体董事一致同意后，陈先生才对外宣布离职，由公司高管顾先生接替他的财务工作。事后对陈先生的离职审计中，评价不是太高，特别是在团队融合方面，指出需要有较大改进。

我再次深深体会到，在任命公司高管时，尤其是像财务这类重要的工作岗位时，除了参考履历来判断其专业胜任能力之外，由第三方做一个合理的背景调查，从多方面、多角度了解申请者的能力、优点以及不足，对公司董事会的决策有很大的帮助。下面是2020年疫情期间，发生在南京某家企业的一个重大财务舞弊案，再次印证了对重要岗位进行背景调查的重要性。

✦

2020 年 2 月，江苏南京一家公司账上的 1900 多万元公款不翼而飞。公司财务总监索南有重大作案嫌疑，因为只有他能接触到转账所需的 3 个 U 盾，且公款丢失那天他曾来过公司，警方调查时他处于失联状态。随后，警方查明这位财务总监的身份和学历是假的。通过一枚在椅子上提取到的指纹，警方在前科人员数据库比对出了这位财务总监的真实身份——詹某，这个有着两次犯罪前科的嫌疑人。

詹某在上海打工时，曾将同事的 60 多万元偷走，2006 年被抓获后，被判处 5 年有期徒刑。

2011 年，詹某在四川巴中担任一公司出纳，卷走公款 700 多万元，2013 年被抓，被判处有期徒刑 7 年。他落网时，《今日说法》栏目以《追捕"隐形人"》为题目报道了该案件，詹某供认，2020 年 1 月 24 日，他利用除夕公司放假潜回财务室，对电脑动了手脚。第二天一早，他赶到广东转账、取现、洗钱。为了掩人耳目，他还一直和公司董事长保持电话联系，甚至还提交了年度工作计划。詹某供述，他用几千元找到了一份倒卖个人身份证"四件套"的"工作"，其间意外发现一个叫索南的人的身份证上的照片，和自己很像，于是，他借索南的身份信息，伪造了中国人民大学的硕士学位和注册会计师证，然后开始了面试之路。"高学历和良好的工作背景"吸引了好几家公司，但在最后审核时露出了破绽。

某建筑公司董事长孙建（化名）因公司急于扩展业务，亲自面试了詹某。在面试过程中，詹某表现得十分专业，关于税务、投资、融资，说得头头是道，有自己的见地，孙建对他很满意。

正式入职后，同事们对他评价很高，"精通法律、公文写作、电脑研究等", 以为他是一个智商、情商皆高的富二代。在职期间, 詹某还为公司处理了两起法律纠纷, 主持了两个过亿元的投资项目, 工作能力让公司领导层刮目相看, 三个月后就升职为财务总监, 年薪36万元。

事实上, 詹某只有初中学历。服刑期间, 詹某只有一个爱好——看书, 关于企业管理的书他都看。出狱后, 他经常去听注册会计师的课、名师讲座, 不断积累专业知识。在这家公司工作后, 他还花了1/3的工资, 报名了注册会计师的考前培训班。詹某对警方说, 他是因为赌博输了, 才临时起意转走公款。但是据南京警方调查, 詹某进公司不久, 就和洗钱人员在网上有了联系。在2019年8月担任财务总监后, 他在南京找到两个大学生, 利用他们的身份证注册了几个皮包公司, 便于日后转账。

可见, 上述南京这家公司就是因为在聘用高级管理人员时, 尤其是财务总监时, 没有采用背景调查这一简单的内控手段, 才有如此遭遇。在我任职董事的上市公司中, 对高管任命的必要条件是背景调查。没有这一程序, 我决不轻易表态。这应该是所有上市公司任命高管时的必要程序吧!

第六节   太保内部审计机构的改革

如果说, 在我当独立董事的二十多年中, 有什么值得我引以为傲的事情的话, 大概只有两三件。一件是前面讲的, 中化国际的治理结构评估与改革; 另外一件就要数参与太保内部审计的改革了。从理论上来讲, 企业监督有几个层次——业务流程、管理流程、内部审计及外部审计, 但真正起关键作用的监督, 还是内部审计。那么, 如何理解内部审计监督的重要性呢? 如何让公司全体员工心悦诚服地接受内部审计的监督呢? 这可能是一个难题。但是, 有一次听了一个故事后, 我对内部审计监督有了新的认识。这个故事如下。

✳

20世纪30年代，四川嘉陵江是当时主要的航运干线。由于某些航道水流很急，运输的木船在这些江面上航行时，必须依靠一批纤夫拉着纤绳，才能逆流而上。需要多少纤夫，哪段航道需要拉纤，是大家靠经验来判断的。但是，在拉纤过程中，总有一两个人不参加拉纤，而是拿根鞭子站在一边监督，如果发现谁的纤绳没绷直，监工就抽他，直到他的纤绳绷紧为止。而且，木船经过的越是急流险滩，监工盯得越紧，鞭子抽得越凶，过了危险地段，监工才会稍微放松一下，这已经成为纤夫们约定俗成的模式。

有一次有个人看到这个情形很愤怒，本来这些纤夫在过急流险滩时就累得气喘吁吁，作为团队中的一员，监工不去帮纤夫拉一把，助一臂之力，反而狠狠地抽打他们，这不是雪上加霜吗？于是，当纤夫们将船拉过了危险航道，在江边休息时，这个人很不满地冲上去，责备那个监工的不当行为，指责他没有帮助纤夫拉纤。

这时，意想不到的事情发生了。这些纤夫围上来，问这个人："你干吗？"这个人说："我在帮你们打抱不平啊！"此时，为首的纤夫出来说话了，他指着这个人说："去去去，哪里凉快哪里待着去！你知道监工怎么来的吗？他们是我们全体纤夫集资花钱请来的！"这个人不解地问："为什么啊？"为首的纤夫说："你知道为什么我们这条船用30个纤夫，而不是20个或40个纤夫吗？告诉你，根据我们以往的经验，这么大一条船，要过嘉陵江这个航道，至少30个纤夫来拉，才可以拉过去。如果40个人来拉，也可以，但每个纤夫分的钱就少了。如果20个人来拉，再怎么使劲也拉不过去。30个纤夫拉这条船，力量正好差不多，大家分的钱也比较多。有一个前提，就是拉纤的30个人必须同心协力一起拉，才可以拉过去。可是在以往拉纤的过程中，曾经由于个别纤夫身体不好，或者没休息好，或者在拉纤时开小差，而其他纤夫忙着拉自己的纤绳，根本不知道旁边的人努力不努力，结果在过急流险滩时出了事故，船毁人亡。努力的人不仅没有拿到自己应有的回报, 甚至还搭上了性命。怎么办呢? 大家一合计, 决定从自己的份子钱中拿出一小部分, 请一个拉过纤的专业人士在大家拉纤过程中什么都不干, 只做一件事——确保每个纤夫都在努力拉纤, 而且, 越是容易出险情的地方, 越是要盯牢, 以确保大家的整体利益。"听完纤夫的解释之后, 这个人默默走开了。

也许这个故事是虚构的, 但它从某个角度解释了为什么企业在发展到一定阶段之后, 必须要有一个强有力的专业监督机构。说白了, 就是要通过这样的监督机构, 以他们的专业能力与独立地位, 来确保公司的整体利益不受损害, 确保所有员工都能得到公平待遇。而内部审计, 在公司中就扮演着这一角色。

作为独立董事, 我在大部分企业里出任董事会审计委员会主席。这大概与我所学的专业有关。这一角色, 一般人理解比较多的是与外部会计师事务所沟通。确实, 监管部门甚至在法规中有明确指标——审计委员会一般一年内与外部会计师事务所沟通不得低于三次。第一次是对其审计计划进行沟通, 第二次是审计过程中对需要调整的会计事项进行沟通, 最后一次是年报审计结束后, 会计师事务所单独与审计委员会沟通, 保证审计委员会能独立地履行监督职务。但是, 监管部门并没有具体规定, 审计委员会如何与内部审计保持紧密的联系。我个人认为, 如果审计委员会要独立履行好其职责, 强大的内部审计有时甚至比外部审计更加重要。

在被上市公司任命为审计委员会成员之后, 我会好好研究公司内部审计的现状。

一、太保第一次内部审计机构的变革: 内部审计的独立

2007 年年中, 我进入太保董事会。太保有 4 家专业子公司, 近 80 家分

公司及几百家中心支公司，8 万多名员工，30 多万个营销员，资产规模大概为 6500 亿元，而内部审计人员只有 100 个左右，大部分还是刚刚从稽核审计部门分离出来的。

2007 年 7 月，太保根据《关于规范保险公司治理结构的指导意见（试行）》（保监发〔2006〕2 号）的规定，将原来集团、产险、寿险的稽核审计部门拆成三个独立的部门：审计部、风险管理部与合规管理部。其中，各个层级的审计部门加起来，总共不到 100 人，分别归不同的部门领导，即集团的审计部归集团管理，而产险或寿险的审计部，只对产险或寿险的领导负责，而不对集团的领导负责。审计部主要负责审计公司的财务、业务及内部控制；风险管理部负责对公司的风险状况进行检查评估；合规管理部则负责对公司管理制度、业务规程和经营行为的合规风险进行识别、评估与监测。这一转变，当然对内部审计的独立性有一定提高。但是，运转没多久，这样的架构所存在的缺陷，就逐渐显现。根据总结，太保内部审计有以下四大困惑。⊖

（一）地位之困：公司上下不放在眼里

1. 拒接、对抗、拖延！内部审计人员不被审计单位放在眼里。

情景 1：拒接。某次审计，审计人员进驻某分公司，按照惯例，分公司领导应该参加审计进场会，以示对审计人员的尊重和对审计工作的重视。进场会开始后，分公司中层干部都到了，但分公司领导迟迟不露面，打手机也联系不上，两个小时后才来，而且不打招呼直接坐下，旁若无人，给审计人员下马威。

情景 2：对抗。审计人员到一家公司开展审计，发现了"小金库"的线

⊖　高国富，李若山. 超越：一家企业内部审计的嬗变[M]. 北京：中国时代经济出版社，2013.

索并取得了一些证据, 约谈某内勤人员, 该人员态度十分嚣张, 看到审计人员取得的审计证据, 一把抢过来并当场撕毁。

情景3: 拖延。在对一家公司进行审计时, 审计人员要求一位财务人员提供凭证, 等了一天, 迟迟不见凭证踪影。第二天, 审计人员找财务经理询问该财务人员的有关情况, 财务经理告知, 该员工已经休假, 大概十多天后才能回来。审计人员一算, 过十几天, 现场审计也已经结束了。

2. 一个电话, 审计人员的活儿就白干了!

情景4: 某审计小组对某分公司进行审计, 发现分公司存在通过截留保费差额、埋单、套费等方式形成"小金库"的问题。审计小组将此情况形成了专题报告, 准备上报审计部总经理进行处理, 但是, 就在专题报告上报之前, 审计部总经理打来电话, 说总公司已经知道此事了, "小金库"已经处理了, 审计专报也就不必了。事后, 审计小组了解到, 分公司总经理在审计小组发现问题后, 以此事是为了发展业务为由, 向总公司分管领导做了汇报, 总公司分管领导要求审计部总经理做出了上述决定。

3. 审计报告"五不准": 高层领导也不理解内部审计!

情景5: 2011年, 在某次审计报告的沟通会上, 内部审计与被审计对象陷入僵局, 被审计单位的领导很不愉快: "你们的审计报告也要改进, 今后, 行业通行的问题就不要写了, 不能整改的问题就不用写了, 去年发现的问题就不用写了, 鸡毛蒜皮的小问题就不用写了, 你们专业判断不准的问题也就不用写了。"按此标准, 审计报告写什么呢?

(二)专业化之困: 审计领域, 你专业吗? 被审计领域, 你内行吗

1. "计划安排了吗?" "不要写一堆鸡毛蒜皮的问题!"董事长苦口婆心。

情景6: 计划安排了吗? 2009年的一次董事会, 董事长拿着江苏保监局一篇《××人寿泰州中心支公司王××涉嫌非法集资数额巨大》的报道说: "2003年到2006年, 该人寿公司泰州支公司团险业务部经理任职期间,

保费不入账，直接打入其个人账户及其控制企业账户，同时，冒充投保人的身份申请退保金，挪作他用。金额高达 3.9 亿元。"董事长问："问题严重啊，我们太保一定要防止这样的问题，但如何防范呢？你们（内部审计）安排这样的审计项目了吗？"

情景 7：我不要一堆鸡毛蒜皮的问题。董事长说："审计检查的力度要大一点，现在，管理层给我的报告都是如何经营好，如何规范，成效如此大，报喜不报忧，等到问题出来后，我才知道！你们（内部审计）给我的报告也是无关痛痒、鸡毛蒜皮，能不能提供一些有实质性内容的报告！"

2."告状多，你们内部审计也要考虑考虑！"总经理语重心长。

情景 8：在总经理办公室，一子公司领导向总经理汇报工作，汇报之余，想到前几天一份令人不悦的内部审计报告，抱怨说："内部审计部门的审计报告出发点是好的，但是，他们不懂业务、不专业，提出的问题和解决方案也不在点儿上，而且按他们的建议做，我们业务的发展……"过了几天，总经理将相关子公司领导反映的情况告知了审计中心，并语重心长地说："审计中心，也要注意自己的工作方式！"

3."拍脑袋的审计计划，我不满意。"审计总监一脸无奈。

情景 9：审计计划会议上，审计总监问："这个审计计划是怎么定下来的？"回答："我们按照以往的经验制订的。"审计总监继续问："计划有没有考虑到董事会、经营层和监管机构的有关要求？"回答："我们不知领导的要求，所以……""唉。"审计总监也不知道说什么好。

（三）考核之困：士气不鼓反泄

1.得罪人的内部审计，考核还想得高分？

情景 10：2009 年，内部审计部门在公司年底的 360 度考核中，又排在公司各部门的倒数。是内部审计工作做得不好吗？

2009 年年初，太保内部审计加大了相应的检查力度，审计总监提出"横向到边，纵向到底"的检查要求，对各级机构进行全面的审计。审计人员精心准备了方案，仔细进行了排查，发现不少经营管理方面的问题，其中一些重大的问题以审计专报、审计警示等方式上报公司高层。在公司360度考核中，内部审计得分很低。

2. 怎么看，年度考核的结果还是有点欠公平！

情景11：年关将近，太保的年度考核开始了，部门领导犯愁了，今年考核中的D给谁呢？算了吧，还是按360度考核办法，让员工之间相互打分吧。员工也犯愁了，虽然一年做了很多工作，成效也比较明显，但大都是部门外其他项目工作，不知道考核时领导是否考虑这些加分因素。另外平时有点小脾气，不知道同事在360度考核打分中是否给予了特殊"关照"。考核的结果出来了，不公平的结果还是出现了。

（四）资源管理之困：近水也解不了近渴

1. 内部审计人员大量流失，审计总监看在眼里，急在心里。

情景12：2010年，太保有审计人员74人，流失15人，都是内部审计的骨干，流失率达到20%。由于内部审计没有独立的人事任用权，审计人员职业发展空间没有打开，晋升较慢，再加上考核等级比较低，影响审计人员的收入，人员流失严重。毕竟内部审计还是有一定技术含量的，流失的骨干一时难以补充，导致部分审计工作的开展出现困难。审计总监看在眼里，急在心里。怎么办？

2. 隔岸观火，干着急，没有用。

情景13：2011年第四季度，太保下属的产险总公司出现大量的人事变动，分公司领导班子进行调整。根据监管要求，分公司领导干部的离任必须进行离任审计。当时审计中心负责产险审计的人本来就不多，第四季度审计计划的负荷也比较满，一下子出来这么多项目，部门总经理傻眼了。审计总监立即召开会议调度审计人员，虽然当时负责寿险的审计人员相对空闲，但是，由于负责寿险的审计人员不熟悉产险业务，有心无力，帮不上忙。最后，不得已，从产险合规部门调人，并暂停一些常规审计项目。一番忙乱之后，审计中心好不容易才完成了上述的临时任务。

3. 人力紧张，能力不够，难以达到董事会与高级管理层的要求。

情景 14：公司董事会与高级管理层赋予了审计中心发现重大问题、揭示重大风险的职能。然而，审计中心绝大部分审计人员的时间都消耗在单个的、具体的、独立的审计项目上，没有对系统性、战略性、趋势性的风险问题进行思考与调查，很难有效完成董事会与高级管理层赋予的使命。某次会议上，审计部门领导表达了这种忧虑："我心里真的没有底，现在的审计中心难以从具体的事务中解脱出来，万一重大问题、重大风险没有被发现，我们就有负于董事会和公司高管的重托，怎么办？"

引用这么一大段资料，道出了太保内部审计确实存在许多窘境。作为审计委员会主席，我每次与内部审计中心沟通，想了解太保的重大经营风险在哪里，审计中心工作人员回答我的提问时，基本上都是泛泛而谈的空话、套话。例如，我问，上一年度太保在内部控制上存在什么样的问题，他们给我的答复如下。○

目前内部控制存在的漏洞

（一）公司修改和完善了内控框架与内控制度，继而陆续出台了各项业务、财务标准操作流程，为内控建设提供了制度保证。但在企业合规和风险管理文化培养上着力不够，员工风险管控理念、合规意识还需要进一步提高。

○　摘引自2007年审计中心给董事会审计委员会的内控评估报告。

（二）公司董事会、监事会和管理层对内部控制的责任还需要在日常管理中加以具体明确和细化，内部审计工作的沟通机制还需要进一步加强。

（三）随着国家及监管机构出台新法律法规和监管要求，以及公司业务领域的扩展、新产品的出现和风险管控的需要，以往的检查发现问题表明，目前部分操作流程中控制点还不够全面，控制措施还不够严密，不能完全覆盖所有潜存的风险。

（四）合规管理、风险管理和内部审计三者的职责边界在具体操作时需要进一步明确，同时也需要三者在整体上协调一致，并且衔接严密。

（五）在实施日常合规检查和内部审计工作中，内部控制体系的建设和实施的评估工作不仅要侧重某个领域的控制活动，更要加强内控评估的全面性，对公司内部控制体系采取的调查、测试、分析和评估等方法需要进一步科学化和系统化。

（六）风险评估方法侧重于经验，定性多于定量，风险分析模型种类还有一定的局限性，评价标准还不够完善和科学。

（七）在信息的传达沟通上不够及时，公司的方针政策不能准确地传达到最基础的操作层面，影响了相关人员对其责任和义务的政策与程序的全面了解，从而削弱了其对政策和制度的执行力。

在报告中，审计中心用得最多的是"部分""某些""有时"等似是而非的措辞。在交流过程中，当追问到具体产险、寿险以及资产管理公司到底存在什么样的重大风险与问题时，审计中心往往是顾左右而言他。如果一家大型金融公司，有几十万个员工，没有一个称职的内部审计机构，没有一支强大的内部审计队伍，仅仅依靠董事会审计委员会的力量，要将对股东负责的重大风险控制在能够接受的范围之内，几乎是不可能的事情。

改造内部审计架构，发挥内部审计的强大功能，以保证公司在合法、合规的框架中运行，应该是董事会审计委员会的职责之一。在这样的背景下，董事会审计委员会在董事长高国富的支持下，会同高层管理领导，对太保的内部审计进行了一次脱胎换骨的重大变革。

二、太保内部审计的第二次变革：集中分散的内审部门，成立统一的审计中心

内部审计要实现监督企业在合法、合规的范围内运营的功能，有两个前提：一是独立性，独立性可以保证内部审计超越所有业务部门的干预，将发现的问题交由最高管理层来处理；二是专业性，专业性能保证内部审计在可能的条件下，以专业眼光来发现隐藏的重大问题。企业如果不能满足这两个前提，那么，内部审计的监督功能形同虚设。

2008 年 10 月，在董事会审计委员会的支持下，原先的三个内部审计部门，即产险、寿险及集团公司的内部审计部门，全部撤销。这些人员重新集结，成立了审计中心，下设三个部门、七个特派办。其中，审计一部负责集团审计，审计二部负责寿险审计，审计三部负责产险审计；七大特派办分别设在沈阳、天津、兰州、成都、武汉、广州与杭州。

与改革前相比，审计中心最大的变化，是由董事会审计委员会及集团公司总经理双重领导，而不是像过去那样，由作为业务主管部门的产险及寿险公司来管理。由于董事会审计委员会及集团公司总经理自己并不经手具体业务，在审计过程中，独立性得到了保证。另外，过去三个审计部门各自为政，忙闲不均，审计人员变成各部门的私有财产，很难调配审计人才资源，尤其是在有应急任务的情况下，要想进行协同作战，难上加难。审计一体化又归集团统一领导后，有限的资源得到了整合，效率大大提高。

变革后的内部审计，其审计目标马上拔高了，而不是像过去传统内部审计那样，只盯着发票、财务或一些鸡毛蒜皮的小事。转型后的内部审计将目标确定为"监督和防范影响或损害公司'可持续价值增长'战略目标

实现的问题与风险"，推出"3+S"监督框架，并从两个维度去把握内部审计工作的重点：一是系统性流程、重要性机构、风险性问题，即避免将有限的审计资源放到无限的审计对象中去，抓住影响公司可持续发展的重点方面；二是强调经营成果的真实性、经营行为的合规性以及内部控制的有效性。最终，要实现第一个维度的重点，需要从第二个维度的重点入手。通过这次变革，审计后的干预变少了，审计资源的整合变得顺畅了，内部审计效果得到极大的提升。

　　例如，审计中心发现，一家美国的咨询公司作为项目唯一的第三方实施供应商，与太保签订了 11 个合同，合同金额达数千万元，合同单价高于太保 IT 外包单价 1 倍以上。审计人员希望对项目负责人访谈，以了解整个项目的实施情况。该项目经理原先因负责数据仓库 EDW 的有关开发事宜，与内部审计人员有过工作接触，有一定抵触情绪。但此次审计中心地位提高，再次审计时，该项目经理相当配合，即使面对审计人员一些尖锐的提问，也能心平气和地一一解释，在沟通过程中还对 EDW 存在的一些问题与缺陷发表了自己的看法，最后在和谐的气氛中结束访谈，为进一步审计打下了基础。[⊖]

　　尽管这次变革给内部审计带来脱胎换骨的变化，但仍然没有解决审计独立性最重要的三个问题：其依赖的工作的经济来源是否独立？对其的考核是否独立？内部审计人员的职业发展是否独立？这些问题如果不解决，只是对内部审计部门进行物理上的集中，那么虽然从表面上看似乎是一个独立部门，但到了关键时刻，如每年内部审计制定经费预算时，还是要看那些决定给内部审计部门多少经费的业务部门的表情；内部审计工作的年终考核，还是要看对审计部门进行年终考核的领导的脸色；内部审计人员职业上的发展，还是要看给内部审计人员升职的部门的姿态。内部审计只是

　　⊖　高国富，李若山. 超越：一家企业内部审计的嬗变[M]. 北京：中国时代经济出版社，
　　　　2013：343.

在形式上独立，实际上依然存在以下几大问题。

（1）内部审计的主要功能依然是查错防弊，而不是像国际一流的内部审计，已经从这一功能向企业增值服务方向发展。如果内部审计总是从查错防弊的角度进行工作，很可能会成为公司全体业务部门的对立面。只有在审计过程中，不仅仅是提出问题，还能给出具有可行性的建议与方法，让被审计部门不仅能改正错误，还能提高效益，内部审计才会受欢迎。

（2）尽管太保内部审计经过两次变革，建立了"3+S"的监督框架，建立了集团、寿险、产险的内控矩阵，全面风险管理审计得到加强，但由于技术和能力的原因，仍然存在不少监管死角及空白，难以对太保整体风险予以把握。

（3）由于只是物理上的集中，审计部门三大块业务之间仍然存在鸿沟，内部审计资源整合不够，缺乏一定的前瞻性与理论基础。审计结果无法拔高，难以推广。

（4）由于经费不独立，内部审计部门无法学习与购买先进的技术，使用先进技术，尤其是 IT 的能力远远不够。

根本原因还是审计独立性问题。为了达到真正的独立，太保的内部审计部门在董事会、审计委员会、经营层的多方推动下，进行第三次变革，这次是最重要、最彻底的变革。

三、太保内部审计的第三次变革：真正形式上、精神上的独立

太保内部审计的第三次变革中，最重要的动作是第一步：全体起立！什么意思？这是指所有在太保内部审计工作的人全体下岗，然后双向选择，即个人提出申请，内部审计部门领导重新选择。这一招，首先将那些因历史原因来到内部审计，又不愿意从事审计工作的一部分人挡在门外。

其次，内部审计部门在选择过程中，可以剔除那些想从事内部审计工作，而能力欠佳的审计人员。这使内部审计人员不管是业务能力，还是凝

聚力, 得到空前提高, 队伍更加纯洁。

再次, 内部审计部门在原有近百人的队伍基础上, 通过业务部门、技术部门、社会招聘等渠道, 用了两到三年时间, 逐步扩展为近三百人的队伍, 几乎是原有人力资源的三倍左右。这些人中有审计财务出身的, 但更多的是业务或 IT 出身, 大大增加了审计资源, 开拓了审计视野。

在解决了队伍素质问题之后, 内部审计最重要的三个独立性问题得到解决。一是经费独立。内部审计不管是工资、奖金, 还是业务开支费用等, 经费不需要像集团公司其他部门那样, 一层层上报给业务部门, 再汇总到集团的总体预算中进行审批。集中以后的审计中心, 其所有经费预算, 单独由董事会审计委员会会同集团经营层审批。有一次董事会审计委员会在审批审计中心经费过程中, 指出他们在编制审计费用预算时, 差旅费预算部分太低, 不利于到全国各地的分支公司进行外勤审计, 要求他们追加费用, 以便与全年审计计划中的外勤审计计划相符。审计中心的领导看到这个批示很感动, 过去审计费用预算上报后, 只有被削减的可能, 从来没有被追加的机会。他们觉得, 在审计资源得到如此保证的条件下, 没有理由做不好审计工作。

二是对内部审计的工作考核。过去, 内部审计要与其他业务部门一样, 进行全方位 360 度的考核。这对于一个专门执行监督、审核的部门来说, 是一件很痛苦的事情。由于利益格局的问题, 业务部门一般从自己部门的利益出发开展业务, 而内部审计必须把握大局, 从公司整体利益出发。两者在看问题时, 天然存在利益冲突。内部审计一旦坚持原则, 损害了业务部门的利益, 就可能得罪业务部门。过去所谓的 360 度背靠背年终工作考核, 往往成为业务部门唯一能够"报复"内部审计的机会。不要说内部审计部门平时得不到表彰, 有时连年终奖金都是最低的。这次改革决不能再留下这个缺口。

经过酝酿, 决定由董事会审计委员会、董事长、总裁共同对审计中心进行考核。这种考核方式，极大地鼓舞了审计中心的士气。到了年底，他们再也不需要看被审计单位的脸色。这使他们的原则性更强，对集团公司整体利益的忠诚度更高。

在解决了审计中心的经费、考核问题后，最后一个问题是审计中心工作人员的职业发展。不管审计中心如何独立，毕竟只是太保的一个部门，设一个主任、两三个副主任，就差不多了。一个三四百人的精干队伍，只有三四个行政职位，对于一些有理想、有抱负的审计人员，似乎有些僧多粥少的感觉。审计职业生涯如果发展不好，职业上升空间不大，要留住有事业心的人才，只是一句空话。

审计中心会同董事会审计委员会，除了设置必要的行政岗位外，还从技术方面设置多层次的技术职级（从5级到16级），包括首席审计师、高级审计师、副高审计师等技术职务系列，且与薪酬挂钩。这使那些有技术能力的审计人员，即使在行政上得不到晋升，也能在技术职称上获得应有的尊重。

在完成了这些组织上的保障改革之后，在2012年11月变革后的审计中心会议上，董事长做了如下发言：[⊖]

未来太保集团是专注于保险的综合保险集团，既有专业的保险公司，也有发展专业销售代理和服务性公司，既有线上公司，也有线下公司，这些会给集团公司的体制、机制、运行流程带来新的变化，审计工作要正视这种变化，认识和理解变化中的新理念、新工作机制，更好地与时俱进，发展相适应的审计新能力、新工具、新模式，运用内部审计的独特眼光、工具、手段，使组织朝着有效的创造和实现价值持续增长的方向前进。

⊖　高国富，李若山. 超越：一家企业内部审计的嬗变[M]. 北京：中国时代经济出版社，2013：194.

作为审计委员会主席的我，发言如下：[⊖]

内部审计的结论要从局部向整体发展，从整体评价的角度为太保实现价值增长服务，将局部问题上升到整体问题，从全局角度来考虑与评价，将为太保更好地护航。

经过这一次脱胎换骨的变化，董事会审计委员会专门下文，重点布置落实内审工作的提升。其中，内部审计如何考核，岗位如何设置，工作如何运转等内容，文件中均有详细的描述。[⊜]

关于中国太平洋保险（集团）股份有限公司提升内部 审计专业化能力建设方案的报告

各位委员：

为进一步深化内部审计体制机制改革，提升内部审计专业化能力建设水平，公司制定了《关于中国太平洋保险（集团）股份有限公司提升内部审计专业化能力建设的方案》，现提交董事会审计委员会。

以上情况，特此报告。

附件：《关于中国太平洋保险（集团）股份有限公司提升内部审计专业化能力建设的方案》

中国太平洋保险（集团）股份有限公司

二〇一一年十月十七日

⊖ 高国富，李若山．超越：一家企业内部审计的嬗变[M]．北京：中国时代经济出版社，2013：194．
⊜ 中国太平洋保险（集团）股份有限公司董事会审计委员会材料之六。

附件

关于中国太平洋保险（集团）股份有限公司提升内部
审计专业化能力建设的方案

自 2008 年 9 月太保集团实施内部审计一体化集中管理体制改革以来，在董事会审计委员会和经营层的直接领导下，经过审计中心全体人员的共同努力和相关部门的积极配合，审计中心始终坚持"在创新中发展、在发展中提高"的工作思路，通过体制创新、机制创新、方法创新和队伍建设创新，基本确立了以风险为导向的审计理念和审计增值服务的审计价值观，初步实现了"一体化管理、专业化运作"的运行目标，基本达到"监督公司运行、防范经营风险"的监督目标，审计一体化集中管理体制改革成效显著，达到了董事会和经营层审计一体化集中管理体制改革的目标。

一、提升内部审计专业化能力建设的必要性

随着公司战略目标的不断推进和公司治理结构的持续优化，内部审计在人员管理体制和内部运行机制方面面临新的挑战，亟须通过深化改革予以推进。当前，公司建立了推进"以客户需求为导向"为主要特征的"外延性价值增长"战略，审计中心在积极探讨如何将审计条线的集中化改革推向深入，进一步拓展审计价值领域，提升审计价值效能。同时，随着审计中心创新管理的不断深化，一些不够完善的体制机制发展的滞后效应逐渐显现出来，存在一些亟待解决的课题，客观上提出进一步深化改革的要求。

当前，内部审计体制机制方面亟待深化改革的主要方面有：

（1）以行政管理为主的部办工作机制与审计专业化运作的客观要求存在较大的差距，不仅造成部办职责交叉重叠，而且使资源配置得不到优化，审计业务流程的运作无法畅通，制约了审计效能和审计专业化水平的进一步提高。

（2）人力资源管理政策制度与内部审计特有的专业特点、工作性质和职业要求不相适应，使审计队伍专业化、职业化建设遇到一定的困难，队伍不稳定性问题突出，人员补充机制和队伍培养机制难以真正建立。

（3）内部审计工作体制、预算管理体制与考核管理机制之间存在不相适应的情况，与内部审计一体化管理体制改革的长远目标、内部审计独立客观性职责的履行和国内外最佳企业实践有一定的差距。

二、提升内部审计专业化能力建设的基本目标和基本思路

1. 基本目标

提升内部审计专业化能力建设的基本目标，是按照"巩固、创新、提高"的基本原则，巩固既有的改革成果，进一步优化流程运行机制、清晰专业发展路径、理顺考核管理体制，提升审计条线监督与咨询两大专业能力。

2. 基本思路

（1）流程再造。改变现行的以行政管理为主的部办职能部制的运行管理机制，按照"流程化管理、高效化运作"的总体思路，建立以"流程驱动、前中后台分离"为主要特征的一体化运作管理机制。

（2）职涯规划与干部培养。深化人力资源管理的改革，建立与审计业务特点、专业发展相适应的职涯规划体系和干部培养机制，通过优化职涯规划、打通上下左右通道、设立候选培养职位等多种形式，拓宽审计人员职业发展路径和干部培养路径，形成审计人员管理和干部培养的新机制。

（3）考核体制完善。调整考核评价的主体结构，形成与工作领导关系、预算管理关系相适应的考核管理及人员管理新体制。

三、提升内部审计专业化能力建设的基本方案

（一）流程再造

根据审计业务流程化管理、专业化运作的特点，建立以"流程驱动、

前中后台分离"为主要特征的内部审计运行体系。打破原来的三部七办的行政管理体制，按内部审计业务流程划分为前、中、后台，把条块结合为主的矩阵式运行机制改为流程驱动为主的全程控制运行机制，使审计集中管理实现从"物理集中"深化变革为"逻辑集中"，运行模式从三部七办的"平行行政架构"变革为"流程执行架构"，形成"前台审计实施、中台技术支持、后台审计管理"的分工协作、责任清晰的资源共享型运作机制。

审计前台部门负责具体实施审计业务，报告监督责任范围内的重大风险问题，并分析风险动因；审计中台部门负责审计的技术支持，识别公司内系统性风险，对系统性、根源性、高风险的问题或缺陷进行深度分析，提供综合的技术专家服务；审计后台部门负责审计管理，如制度与规划，实施审计质量监控，系统设计，综合信息披露等。

为保证流程再造工作的有效、合理，审计中心自 2011 年 5 月起组织实施了内部试点，目前，各个流程试点运行顺畅，效果良好，拟在董事会审计委员会审批通过后全面推广实施。

（二）职涯规划与干部培养

（1）设计审计职位体系，促进审计人员专业化发展。根据审计专业工作特点，设计审计人员的工作职能评估模型，对审计人员承担不同职责所需的专业技能进行了重新评估与确定；在此基础上，结合流程再造后人员管理机制所发生的相应变动，区分管理序列和技术序列，打破技术序列的职级限制，增设首席审计师，职级分布拟从 5 级到 16 级。依据市场对标和监管要求，结合公司发展等因素，合理确定人员结构比例。在管理序列中，新增"副总经理""总经理助理"职位，为发现和培养年轻干部提供平台。

（2）人才结构优化，培养中高端审计专家。引入竞争，形成优胜劣汰的良性竞争机制。审计岗位薪酬应综合考虑公司发展和行业特点，对标可比全国性金融企业；高端审计人才、关键人才的薪酬对标应考虑人员来源与市场水平，以提高市场吸引力。公开招聘重要高端岗位，以充实中坚力量，遴选领军人物，建立人才梯队，实现人才结构优化，逐步形成一定数量、具有丰富理论和实践经验的技术型与专家型审计骨干队伍。

（3）拓展发展路径，丰富审计人员职涯规划。制定与审计专业特点、工作特点相适应的职涯发展路径，打破管理序列与技术序列之间的限制，实现管理序列与技术序列双向交流。促进高、中级的审计人员与其他条线的双向交流。对于达到一定资质的审计骨干授予签字人资格，并作为高职级职位的任职条件之一。

（4）建立公司中、高级干部的横向培养机制，增强风险意识，树立内控管理理念。根据审计干部专业特点和横向职位的有关要求，建立审计干部与其他专业条线干部的双向任用和选拔制度，明确集团系统中层以上领导干部的晋升提拔，在同等条件下，优先考虑有审计工作经历的人员，任职产、寿险分支机构领导班子成员、财务总监、合规负责人应当具备审计工作经历，以及审计条线中高端职位在财务、合规等条线的任职经历要求，既形成开放式、互补型的审计人员职涯规划路径，又有利于实现内控三道防线的一体化。

（三）考核体制完善

1. 审计条线考核

（1）考核指标。建议以风险为导向制定 KPI 指标，对审计条线考核"内控审计有效性""重大问题的揭示情况""重点工作达成率"三项指标，由审计委员会确定。

（2）考核标准。"内控审计有效性"是指审计条线符合监管部门对上市公司内控的要求，外部审计机构对集团公司系统的内控状况出具无保留意见的审计结论，或是虽出具了有保留意见的审计结论，但相关问题内部审计已经揭示与报告；"重大问题的揭示情况"考核外部检查指出的重大风险领域，审计条线在事前已报告或揭示，外部检查没有发现的重大问题内部审计已揭示；"重点工作达成率"考核审计条线对集团下达的重点工作任务达成率是否达到100%。

（3）考核方式。建议由董事长组织审计委员会成员及集团总裁根据考核指标进行综合评定。各自的权重占比分别是：董事长30%权重，董事会审计委员会40%权重，集团总裁30%权重。

（4）考核结果及运用。考核结果的运用与集团公司当年考核方案进行合理对接，由董事会审计委员会根据考核结果向公司提出审计条线考核等级的建议。

2.审计内部考核

对审计部门与审计人员的考核，则是根据公司绩效管理政策，针对审计工作的职责与特点，对审计条线核心考核指标进行层层分解，以审计效能为导向制定部门考核指标与考核标准，以工作完成的质和量为导向制定人员考核指标和考核标准。以审计项目经理制为基础，围绕审计项目开展多层级、多维度的考核评价，建立公平、透明、量化与持续的考核模式，最终达到有效传导公司绩效文化，实现审计委员会及管理层下达的关键业绩目标，促进审计人员专业化能力的提高，审计各部门间高效协同的考核目的。

经过这样的变革之后，太保审计中心在地位上得到独立，在能力上得到提升，在技术上得到支持，在资源上得到加强。内部审计功能出现了意想不到的飞速变化。

第三次变革后不久，审计中心利用IT，先是通过远程审计方法发现了重大线索，然后立即组织队伍到现场进行实地审核，发现一起重大的寿险湖北分公司舞弊案。

该分公司的 3 名工作人员相互串通，利用程序与 IT 上的漏洞，通过对 1996～1997 年承保的"少儿成长六金""子女高等教育""为了明天"等险种进行违规操作侵占公司资金，共涉及 116 万元，其中利用系统漏洞获取超额退保金 28 万元，骗取教育金 54 万元，对终止保单进行重复付给 33 万元。

在查获上述案件后，审计中心立即给寿险公司发出警示审计报告，指出因系统中内部各种报告文本版本较多，更新不同步，业务数据与财务数据发生偏差，要求立即对系统进行校正。另外，部分险种的参数设置不准确，计算规则有误，要求精算师根据实际情况进行变更。通过这一次的审计，并及时采取措施，我们从根儿上杜绝了同类错误的再次发生。

与此同时，审计中心再接再厉，在 2012 年又连续查处另外三起舞弊案，极大鼓舞了士气，提高了审计中心在太保的地位与威信，体现为太保价值服务的重大功能。

2013 年，因独立董事任期结束，我离开了太保，不再担任该公司的审计委员会主席一职，但是，我还是十分关注太保内部审计的改革是否能继续保持下去，而不是像某些公司，改革到一定程度之后，由于利益格局难以平衡，又回到改革前的起点。令我感到欣慰的是，太保内部审计的改革越来越好，这肯定是与太保有着扎实的治理机制有关。

以下是媒体对太保审计中心的一些后续报道：[○]

在由中国审计署主管的中国内部审计协会进行的三年一度的全国"双先"评选活动中，中国太保集团凭借扎实高效的内部审计工作荣获两项大

　　○　摘引自http://news.esnai.com/2017/1122/166158.shtml。

奖：中国太保审计中心华中区审计部喜获"2014 至 2016 年全国内部审计先进集体"荣誉称号，集团审计副总监阎栗获得"2014 至 2016 年全国内部审计先进工作者"荣誉称号。中国太保成为上海市国资委系统唯一同时获两项殊荣和上海市唯一连续两次获"双先"表彰的单位。

审计署中国内部审计协会创立的全国内部审计先进集体和先进工作者荣誉表彰是中国内审领域最高级别的奖项，旨在鼓励各行业内审部门的创新与卓著贡献，充分发挥内审先进典型的示范作用。

近年来，中国太保在"体制、机制、流程、数字、队伍"等方面积极推动内审转型发展，进一步巩固了中国企业内审标杆地位。2014 年以来，中国太保内审先后荣获 19 项国家级荣誉表彰，包括获评人力资源和社会保障部与中国保险监督管理委员会的"全国保险系统先进集体"荣誉称号，连续四年获得全国内审理论研究最高奖项"内部审计理论研讨论文评比一等奖"，连续两年获得中国保险行业"金牌讲师"荣誉称号以及全国企业内审系统建设最高级别的"内部审计信息化优秀成果奖"等。

在太保担任独立董事的六年中，让我最自豪的是，参与太保审计中心的发展与改革，并使其成为行业乃至全国内部审计的楷模与标兵。在这个过程中，我最大的感悟是，一个合格的内部组织，必须建立在一个好的公司治理中。审计中心的成功，离不开有高瞻远瞩眼光的高国富董事长的支持、毫无私心的霍联宏总经理的授权、有实干智慧的审计中心陈主任脚踏实地的努力，更离不开那些不计名利的全体内部审计人员的全身心投入。是你们，让我留下在太保工作中最美好的回忆。谢谢你们！

小结： 太保是一家金融企业。金融的三个关键词是：信用、杠杆、风险。要在董事会治理架构中做好风险控制，审计委员会必须发挥独特的作用。在选择了作为外部审计的会计师事务所之后，通过长期实施一套严格的供应商评估制度，来保证会计师事务所后续审计质量持续稳定，是董事会审计委员会必须履行的职责之一。在控制好外部审计质量的同时，通过将金融企业内部审计部门人员集中，赋予其独立性、权威性，发挥其控制企业运营风险的作用，这是我在太保当独立董事的又一重要体会。此外，在重要人事选聘方面，除了必要的背景调查之外，还要注意背景调查流程的客观性。这是我在太保当独立董事的又一体会。

第四章

中南建设

第一节　初次结识中南建设董事长陈锦石

中南建设是一家借壳上市的民营企业。我与中南建设的缘分，与该公司创始大股东陈锦石董事长有关。陈锦石是一个传奇人物。当年，他带领二十几个泥木工，以 5000 元起家，从劳务分包开始，一路走来，用了三十多年的时间，带领中南建设上市，并发展成为中国房地产行业的龙头公司之一，年产值高达 3000 亿元。中南建设能有今天这样的成就，与陈锦石的智慧和努力息息相关。

我最早接触陈董事长的时候，中南建设还未上市，是中南控股集团公司（后文简称"中南控股"）下属的一个专营房地产的子公司，正处于转型阶段。用陈董事长的话来说，为了找到转型的方向，那时他正处在疯狂求知的阶段，他报考了复旦大学管理学院的 EMBA，并如饥似渴地投入到每一门课的学习中，正如高尔基所说，就像一个饥饿的人扑在面包上。与其他 EMBA 学生不同，陈董事长是一位极其务实、追求效率的实干家，他有两个很突出的特点：一是对课程内容的消化能力特别强，理论与实践结合得很快、很好；二是布置落实任务很快，决不拖泥带水，执行力超强。有两件事情令我印象深刻。

陈董事长还在复旦大学管理学院读书的时候，他通过他的财务总监邀请我去他们海门公司总部实地考察。当时还没有苏通大桥，去海门要先坐汽车到太仓，然后再摆渡去海门。由于我是初次去中南控股，陈董事长很慎重，派了公司最豪华的奔驰车来接我。不巧，车子抛锚了，下不了摆渡船，我不得不下去推车。事后，陈董事长觉得很过意不去，反复向我道歉，觉得没有安排好。其实，我倒觉得这是小事，无所谓的。

到了公司后，陈董事长很谦和地介绍了公司的现状，并力陈想解决两个大问题。一是公司目前的高管是当年与他一起打拼的兄弟，尽管很有凝聚力，执行力也很强，但文化水准是一个问题，他们都是凭以往经验来管理的，很难适应现在不断变化的环境。通过社会招聘进来的职业经理人，公司很难了解他们以往的情况，来了之后，还有个别人不太适应中南控股的文化氛围与环境。怎样才能打造一个适应环境变化的管理队伍？这是他一直思考的问题。二是公司下一步如何整合、做大？尤其是在财务方面，希望我帮他出出主意。我对他们公司不太了解，不敢贸然接话。那天我只是聆听，没有做任何实质性的表态。

通过这次接触，我发现陈董事长尽管外表十分刚强，气场很强大，有着大部分民企一把手不怒自威的强硬气质，但是，他在和学校教授、专家沟通时，态度很谦和、诚恳。在他面前，只要从专业角度将道理讲清楚，他还是很谦虚的，会充分尊重专家的意见，这让我很愿意与他交往。

不久后，陈董事长派人送来一份邀请函，请我在2008年1月8日到上海虹桥迎宾馆去开中南控股资本经营研讨会。随着中南控股的发展，陈董事长敏锐地嗅到中国房地产市场发展的巨大机会。在复旦大学管理学院学习的过程中，他意识到，如果完全靠银行贷款这条路往前走，会很艰难，受资产负债率的限制，一定会影响企业的发展速度。他一直想走资本市场这条路，将公司推向资本市场。由于各种原因，境内房地产公司的 IPO 受到限制，很难在境内 IPO 上市。中南建设曾经尝试去境外上市，先后找了百富勤等境外的中介券商做了一些方案。有一次，他请了这些人在上海兰生大酒店专门研讨中南建设去香港上市的相关事宜。会上争论很大，贬褒不一。我在会上的观点是不建议去境外上市，理由有三：一是境外上市对中南建设的估值很低。香港市场是个外向的国际市场，对房地产并不看好。有些境内房地产公司到香港上市，其发行价接近净资产价格，起不到融资的作用。二是中南建设如果在香港上市了，其境内创始股东的股票是不可能在境外流通的，这给中南建设的市值管理带来困难。三是香港是按国际规则管理资本市场的，甚至有做空机制，这对于一个土生土长的境内房地产公司来说，风险很大。最后，经过会议讨论，陈董事长打消了去境外上市的念头。我发现，陈董事长最大的优点是，他在复杂的问题中能抓住问题的要害，而且从善如流，做出正确的判断。一旦认定是正确的，他就会坚决执行。这是中南控股能够一步步走向成功的主要原因。

2008 年 1 月 8 日，中南控股资本经营研讨会如期召开。会议先简短地总结了公司的发展历史：从 1988 年的南通市中南建筑工程有限公司开始，经过近 20 年的发展，已成长为建筑施工面积超 400 万平方米、房地产年开发面积近 100 万平方米、年销售收入超 60 亿元、税后净利润近 5 亿元的大型企业集团。

会议总结了中南控股的关键一役。2005 年 2 月，公司成功竞得南通中央商务区项目，该项目位于南通市新城核心区。南通中央商务区项目的成功开发，将使中南控股的综合实力跃上一个新的台阶，成为国内有一定知名度的集团公司。

会议在总结过去历史的基础上，提出未来三年及十年后的目标：以"打造时代精品，构建卓越空间"为使命，以"永不满足、务实创新"的精神，坚持"为顾客创造超越期望的价值，为员工创造自我实现的舞台"的核心理念，抢抓市场机遇，整合社会资源，励精图治，开拓创新，接轨国际一流水平，成就中国领先企业，为实现 2010 年 150 亿元、2020 年达到 800 亿元的战略目标而努力奋斗。

作为参会代表，看到这个目标，我吓了一大跳。要知道，当时已经是 2008 年 1 月了，中南控股 2007 年的产值才 60 亿元，离 2010 年只有两年不到的时间，要实现 150 亿元的产值，似乎有些天方夜谭。特别是 2020 年，11 年时间，年产值要达到 800 亿元，增长 12 倍，这更像白日做梦。然而，现实是，中南控股在陈锦石董事长的带领下，到了 2020 年年底，集团实现综合营收 3165 亿元。看来，应了那句话，人还是要有梦想的，万一实现了呢！

在研讨会上，除了确定今后的目标，公司毫不避讳地披露了存在的几大问题。

✴

存在的问题和困难

1. 缺乏有经验的团队，对工作中存在的困难估计不足，缺少应对困难的方法。

2. 对南通总承包公司 IPO 工作，存在不少棘手的历史遗留问题。

3. 对公司自身定位不够准确，缺少预先的判断和对资本市场的判断；对引进战略投资等方面的定位不够正确。

4. 国家对于房地产行业的政策导向不明确，房地产借壳上市存在风险和审批通过的可能性存在问题。

5. 资本运作的手段比较简单，缺少更多的创新或手段应用。

6. 公司的组织体系没有得到有力保证，尤其是缺少专业人员，使工作不能有效推进。

　　陈锦石董事长希望教授、专家们给出一些意见，尤其是下面这些问题的解决办法。

需要专家分析、解决的问题

　　1. 预计 2008 年国家货币政策、银行信贷政策会有哪些新的变化？针对这些变化，企业有哪些应对措施？

　　2. 在新的政策形势下，企业，尤其是房地产企业有哪些可行的创新融资渠道？这些渠道各自的利弊、操作方式如何？

　　3. 根据中南控股现状，下一阶段资本经营的整体思路应该如何定位？

　　4. 针对在上市、买壳过程中遇到的各种问题，中南集团应该采取什么对策？

　　5. 中南建筑业务在 A 股、香港或海外其他地方上市各自的利弊、可行性如何？

　　6. 中南建设的房地产业务买壳应该注意哪些问题？境外上市是否还有可行性？

　　7. 下属的北京城建地铁公司今后在资本市场运作有哪些可能性？独立上市还是装入已有上市公司？各有什么可行性和利弊？

　　8. 中南建设在建筑机械、发动机、华茂药业等业务方面进行资本运作的方式、手段有哪些？如何操作？

　　9. 我们的多元化业务如何一开始就和资本市场进行对接？如何利用资本市场的力量推动多元化业务的快速发展、成熟？

　　从流程来看, 会议很务实, 很有目的性。会议中多数人还是比较赞同中南建设在境内借壳上市的, 而且认为在 A 股借壳为首选, 这条路比较适合未来的发展。因为是研讨会, 最后大家只是提供参考意见, 不做结论。如何做? 怎么做? 这些难题, 基本上让陈董事长拍板。

第二节　中南建设借壳 "大连金牛" 的困惑

　　通过决策, 中南建设明确了在 A 股市场借壳上市的方针, 之后陈董事长立即带领团队开始行动。在聘请了券商、会计师事务所、律师事务所等中介机构之后, 集团公司内部开始进行股份制改造, 以达到 A 股上市的要求。同时, 通过各种渠道寻找合适的上市公司壳资源。经过努力, 他们找到处在财务困境中的 A 股上市公司大连金牛。

　　大连金牛的大股东是东北特钢集团的子公司, 由于经营不善, 通过公告, 拟转让控股权。消息一出, 想借壳上市的企业趋之若鹜。2007 年 8 月 1 日, 东北特钢集团接到辽宁省相关政府部门关于重组大连金牛的批复, 正式宣布转让其持有的 40.67% 大连金牛国有法人股, 重组之事正式启动。9 月 13 日, 大华 (集团) 有限公司 (后文简称 "大华") 正式现身大连金牛重组, 拟受让上述全部股权, 由此掌握对大连金牛的实质控制权, 并实现借壳上市。

　　但是, 2007 年 9 月 26 日大华借壳一事突生波澜。大连金牛公告称, 根据《国有股东转让所持上市公司股份管理暂行办法》, 国有股东拟协议转让上市公司股份事项须经相关国有资产监督管理机构同意, 并在证监会审核通过后才能组织实施。东北特钢集团拟采取公开征集受让方的方式转让所持有的大连金牛全部股权。这意味着大华借壳将重走 "公开招标" 之路。

　　10 月 22 日, 大华终于在五家意向受让方中 "重新" 脱颖而出, 成为最终的 "合规" 受让方。持续一个多月的大华借壳大连金牛 "风波" 似乎平息了，但最后还是出现了一个意料之外的结果。12月21日，东北特钢集团突然宣布，接到大华终止履行《重组框架协议》的函。借壳一事被终止了，终止的具体原因不详。分析人士指出，这说明重组终止的背景很可能是大华主动撤出，而大连金牛重组方向不会因此改变。大华不借这个壳，还会有其他企业来借。

此时，中南控股向大连金牛伸出橄榄枝。2008年1月18日，在研讨会召开后不久，大连金牛和中南控股签订了《重组框架协议》，大连金牛的控股股东东北特钢集团将以所持的大连金牛的控股权和1.22亿股为代价，回收大连金牛的全部资产、负债和人员。而中南控股拟将其旗下盈利能力较高的中南房地产业有限公司（即中南建设）注入空壳，获得大连金牛控股权和1.22亿股，实现借壳上市的目的。此消息一公布，立即引起媒体的极大关注。毕竟，民企向国企借壳是个敏感事件，估值如何，代价如何，能否得到相关部门的批准，都要画个问号。

但是，从最终披露的信息来看。陈锦石董事长是个很大气的企业家。根据方案，东北特钢集团将其9000万股大连金牛的股票，以9.489元/股的价格转让给中南建设。按照2007年每股收益0.09元来计算，相当于国有股以105倍的市盈率转让给民企。

与此同时，在转让结束后，东北特钢集团还保留32 233 330股股票，重组后还可以通过销售这些股票来获利。这对于国资委来说，是一个很划得来的重组方案。而中南建设在将自己的资产置入大连金牛时，其净资产的估值是按资产基础法来计价的，即基本上是历史成本估值，没什么溢价。高价从国资委手上收购国有股份，而以较低的溢价置入民企资产，这样大气的方案得到了监管机构的青睐。信息一披露，引来市场一片叫好声。当然，这也为后面的借壳程序带来了麻烦。

中南建设在其拟借壳大连金牛的方案获得监管部门的初步同意后，紧锣密鼓地开始了一系列程序的实施。其中，中南建设内部股份制改造需要获得相关部门的评估、审计、核准。相当烦琐的手续和多个部门的协调，费时费力。我曾经听过许多想借壳上市的老总抱怨：当你被手续麻烦到不想借壳了，那说明差不多要成功了。这或许算是一个黑色幽默吧。

在中南建设走到借壳上市的最后几个流程时，在 2008 年 12 月左右，受美国次贷危机的影响，上证指数从年初的 5000 多点已下跌到 2000 点左右，跌幅之大，令人瞠目结舌。此时，尚未重组且没有停牌的大连金牛的股价从借壳启动时的每股 9 元多下跌至 3 元左右。而这时，马上就到向监管部门上报最后审批材料的时间了，考虑到大连金牛借壳方案中的换股条件，一件令人痛苦的事情发生了。

按照换股方案，中南建设需要用 9.489 元 / 股的价格，将其 50 亿元资产置换给大连金牛壳公司，这是报给监管部门借壳方案时 30 天的市场均价。现在由于证券市场不景气，大连金牛股票的 30 天市场均价只有 3 元左右，与方案中的置换价格相比，每股价格相差 6.5 元左右。如果还是按照 9 元多的价格进行置换，这明摆着是一桩亏损买卖，而且不是亏损一点点。如果按照 9 元多的价格进行股权置换，与按 3 元多的市场价格相比，可能要亏损二三十个亿。有人给陈董事长算了一笔账，大连金牛目前股价为 3 元，只要用 18 亿元的现金，就可取得方案中要用 50 亿元资产取得的股份，相差 32 亿元，任何一个股东都接受不了这样的亏损。他们建议陈董事长向监管部门申请，能否按最新每股 3 元左右的价格重新设计方案并进行审批。在新方案中，还是 50 亿元资产装进大连金牛，按现在每股股票 3 元计算，50 亿元净资产可以折成 16 亿股左右，而不是原方案中的 5 亿股左右。

这样的申请当然遭到监管部门的否决。监管部门认为，审批方案已公布于众，如果中南建设要取信于资本市场，必须按审批方案执行，或者中南建设可以放弃这次借壳业务。这使得陈董事长很为难，要么不做，放弃借壳，当然，这么做可能就放弃了今后 A 股的所有机会；要么硬着头皮去试一下，不惜亏损几十个亿。左右为难之际，聪明的陈董事长决定借用外脑。在上海兴国宾馆，他再次召开高层会议，邀请中介、中南建设高层及部分院校专家出席，讨论究竟应该怎么办。

我也出席了此次会议。与会者各持己见，争辩得很激烈，打退堂鼓的有之，希望推迟的有之，坚持按原方案推进的有之，争取修改方案再借壳的有之。我的观点是维持原方案，理由有三：第一，要取信于市场，取信于监管部门。因为此方案是 2008 年年初公布的，证券市场知道中南建设是以这样的估值与代价来进行借壳上市的。现在，因为证券市场变化，就贸然取消借壳，将失信于市场，失信于监管部门。这样的事情在当时屡见不鲜。例如，媒体报道，中邦置业拟借壳鑫新股份，其借壳方案早已披露，但是因为证券市场的剧烈震荡，股市一路下滑，上证指数跌到冰点，最后中邦置业放弃了借壳上市。第二，最重要的事情，是如何看待大连金牛当前股价与借壳股价之间的关系。目前大连金牛的股价只有 3 元。这个 3 元的股价，并不是对中南建设资产的估值，而是对大连金牛资产的估值。由于中南建设一直没有进入壳公司，投资者并不看好每股收益只有 0.09 元的钢铁企业。如果中南建设将资产置入壳公司，中南建设的每股收益高达 1 元多，每股净资产高达五六元，对标国内房地产上市公司的估值，股价可以高达二三十元。何必计较大连金牛当前 3 元左右的股价呢？第三，目前证券市场人气下跌，整个市场低迷，投资者很悲观，监管部门想寻找质地优良的企业上市。只要企业现在质地优良，可能对它的历史遗留问题不会太计较，这应了证券投资的一句名言：机会是跌出来的，风险是涨出来的。我的这些观点得到一部分会议出席者的赞同。

最后，经过一天的激烈讨论，达成了共识，仍然按照原有方案继续推进借壳上市的事宜，坚定地推进中南建设走资本市场的战略。终于，在 2008 年 12 月 31 日截止日这一天，证监会重大重组委开会通过了中南建设借壳大连金牛的方案，准予中南建设按照原方案借壳上市。

2009 年 5 月 21 日证监会下达批文，意味着中南建设借壳成功，借壳成功后的上市公司股价立即攀至 14.12 元，之后，强劲上扬的股价势不可挡，改名为中南建设的大连金牛股价一度在 12 月 11 日达到 27.5 元的历史高价，累计涨幅约 3 倍。中南建设有惊无险地完成了资本市场的这一跃。这当然应归功于以陈董事长为首的决策层有着高瞻远瞩的思维和执着坚持的勇气。借壳完成后，陈董事长在第一时间邀请我担任中南建设的独立董事。由于我已经是五家上市公司的独立董事，按证监会规定，我没有资格再担任其他上市公司的独立董事，因此我只能婉拒，并表示以后有机会一定到中南建设担任这一职务。2015 年，中南建设换届的时候，我，终于正式加入中南建设的董事会。

当时我在其他公司的独立董事一职已到期，但由于交接的延误，五个名额仍是满的，暂时无法再担任新的独立董事。陈董事长说："没关系，不一定非当独立董事，当一个非独立董事吧！这样，不占用你的独立董事名额。"与在其他上市公司当独立董事不同，由于是担任外部董事，我与中南建设签了一个聘用合同，除了规定任期从 2015 年 4 月 17 日开始，到 2017 年 4 月 16 日结束，与董事会换届时间保持一致之外，还规定了担任外部董事的义务与责任。这倒让我对中南建设刮目相看了，有合同肯定要比口头承诺好，毕竟这是一个相当重要的岗位。双方事前明确各自的权利、义务及责任，总比事后扯皮好。于是，2015 年 4 月，我开始了中南建设外部董事的职业生涯。

第三节　中南建设的外部董事之职

进入中南建设董事会后，我发现，中南建设是一个极讲效率的企业，于是也就理解了为什么公司能以这么快的速度发展壮大。中南建设的董事会，除非法定要求现场召开（如年度财务报告审核之类的会议），否则尽量采用通信方式，既避免大家舟车劳顿，又节省大量时间。尤其现在通信技术发达，电话会议与现场开会的交流效果差异不大。听说，为了提高效率，陈董事长在他的专车中配置了一套很先进的通信设备，可以让他不受地域、时间的限制，随时召开会议并处理各种事务。

第一年的外部董事经历让我更深层次地领会了这家企业高速增长的秘诀。首先，以陈董事长为中心的领导班子，很重视对国家宏观形势与政策的研究；其次，在理解消化国家宏观政策的基础上，领导班子能快速制定出企业的战略方向，并立即付诸行动。

2015年，中南建设先后开了15次现场董事会，讨论了71个提案，在年度董事会工作报告中，可以看到这些提案的内容，并感受到公司雷厉风行的工作方式。董事会对形势的分析如下：[⊖]

2015年房地产政策坚持促消费、去库存的总基调，供需两端宽松政策频出，促进市场量价稳步回升，行业运行的政策环境显著改善。报告期内，中央多轮降准降息，通过降低首套及二套房首付比例、减免税费、放开准入等措施，构建宽松的市场环境；地方政策灵活调整，采取税费减免、财政补贴、取消限购限价等多种措施刺激消费。同时，地方政府还通过控制土地供应规模，加大保障性住房货币化安置，推动户籍制度及住房公积金改革等长效机制，进一步改善市场环境。多轮政策组合奠定了楼市回暖基础。

面对这样的形势，陈董事长提出，为抓住当前的机遇，中南建设必须进行五大转型：一是发展模式转型，做精做强；二是商业与经营模式转型，打造全产业链模式；三是产业化转型，以产业为主，多元化为辅；四是技术能力转型，依托技术与装备，加大研发投入；五是体制机制转型，调动

⊖　2015年度中南建设董事会工作报告。

全员积极性。

在五大转型方针的指引下，中南建设立即加大了对公司方方面面的改革。我对财务方面比较熟悉，陈董事长针对上市公司的预算及资金管理拟定了力度很大的调整方案，并征求我的意见。以下是我对这些方案的反馈意见。

对《资金管理改革》的几点看法^㊀

1. 将资金管理权限从集团大包大揽变为分级管理，是一个很大的进步，但一定要防止一放就乱的情况。特别要注意分级管理是授权管理，而不是放权管理，二者区别是：授权是有条件的放权，而简单放权是无条件的放权。

2. 各公司有权自行融资、自行结算。但不管什么资金管理活动，一定要纳入内部银行，也就是说，所有开立的账户，只能在内部银行，哪怕自行向银行贷款融资，也要划入公司内部银行，以便信息的掌控与了解。

3. 规定了各公司向集团融资的成本为 10%，但似乎没有规定存款利息。是否参照银行同期存款利息，是活期利息还是定期利息，均没有说明。建议为了鼓励各公司的积极性，可略高于银行同期利息，并根据时间长短适当调整利息差。

对《中南建设全面预算管理方案》的一些看法^㊁

1. 该预算管理方案的设想非常好，也比较周全。但在放权过程中，同时加强预算控制，是要害与根本。

㊀　2016年3月17日李若山董事对董事会中的财务预算改革提案的书面回复意见。
㊁　2016年3月17日李若山董事对董事会中的财务预算改革提案的书面回复意见。

2.经营、投资及财务预算如何编制与统一，如何与日常管理结合，目前没有看到模式，这是最大的问题。是否按传统三大财务报表编制，然后在此基础上按管理会计模式重新切分，不是很清楚。我建议，先按传统三大财务报表编制，然后分解为固定成本、变动成本。同时，四大集团从管理角度出发，将部门分为利润中心、成本中心与费用中心，预算编制与管理按这样的方式进行。

3.对预算进行管理与考核非常重要。如年底考核前，如果预算中的费用有节余，如何防范突击花钱？没有用完的预算在第二年编制前，是否清零？超额完成预算是否要给奖励？如何对大幅度偏离预算的行为进行分析、奖惩？对于以上问题要有明确的原则与规定。

我提出这些建议后，公司董事会非常重视，立即布置相关部门加以落实，并在事后向我反馈这些意见在制度实施过程中的效果。这种实干与速度兼具的精神，一直是中南建设企业文化的重要内容之一。

第四节　中南建设进行多元化：是一个馅饼，还是一个陷阱

一家企业在某个传统行业中浸润越久，会越了解行业的艰辛与痛苦。传统行业最大的问题是技术含量不高、行业门槛较低、竞争者越来越多，变成一片"红海"之后，只能靠不断压低销售价格进行竞争，利润变得越来越薄，企业生存越来越难。

中国一些传统行业的龙头企业，在早期因市场产品短缺，完成原始积累并取得较多收益之后，想到的第一件事，是进行产业的战略转移，由单一产业向多元化产业方向发展，尤其是向上下游产业链延伸，以期通过产业转移突出重围，向利润较高的新产业方向发展，进入前景更大的"蓝海"产业。许多企业家最信奉的一句话是："不要将鸡蛋放在一个篮子里。"通

过产业转移，企业可以在新的产业中成为龙头。

我在中化国际做独立董事的那段时间，公司想从传统化工贸易向化工制造转移，到太仓去投资开发 PTMEG 的化工制造实业，但结果并不理想。由于没有很好地进行技术上的尽职调查，又没有化工实业的产业经验，投资后与预期差距很大，后来差一点成为上市公司的包袱。从大数据看，传统行业从单一产业向多元化转型的过程中，失败率高达 80%。不管是深圳的三九集团，还是后来的乐视，都因为过度多元化，不仅转型没有成功，还拖累了自己本来的主业，使企业慢慢走向衰败。

我个人觉得，应该将鸡蛋与篮子的那句话改成"将鸡蛋放在最最结实的篮子里"。对于企业来说，不管是单一产业还是多元产业，如果篮子不结实，放在哪里都没有用。多元化到底是馅饼还是陷阱，要看企业在产业多元化过程中的能力。

中南建设是以房地产为主业的一家民营公司。尽管在上市前还算不上行业中的第一梯队，但以专业眼光来看，公司独到的对土地资源位置的战略判断能力、严格的施工成本控制以及务实精细的企业管控，使其在传统房地产行业中，能够获得比同行略高的利润。早几年，我曾经参观过中南建设总部的办公楼。在一间超大办公室的墙上，有一块巨大的显示屏，集团公司的管理人员能通过这块显示屏实时观察全国各地所有的施工现场，甚至还能观察施工现场的一些重要职能部门，如财务部的办公室。这些视频还能实时连线，对现场进行指挥与控制，将可能的浪费及舞弊控制在最低程度。

当时移动互联网技术刚刚发展没多久，公司能利用网络技术进行管理，说明其管理思维超前。通过精细化管理，将成本控制到极限，就不难理解它为什么能获得行业中的超额利润了。我很佩服这套管理方法。

正像我上面提到的，处于传统行业的中南建设，早在上市之前就对公司的未来发展提出了十分明确的多元化战略。我在 2008 年年初参加其资本

经营研讨会时，翻阅了中南建设分发的文件，他们是这样对未来的多元化战略进行规划的：[○]

本规划期内，全集团总体上的发展主线和重点是以建立和加强建筑、房地产与机械产业集团内的适度多元化（相关多元化）以及各下属产业公司的专业化经营为主，以控股集团公司在机械制造业、能源等基础产业、高新技术产业和现代服务业等领域内培育不相关多元化的种子业务为辅；逐步朝着从单一的劳动密集型、资金密集型，向技术或智力密集型的产业结构升级目标迈进。

（1）以核心竞争力为基础，通过"核裂变"发展模式，不断扩张集团整体规模。

（2）以"一线两圈"（京沪沿线、长三角和环渤海经济圈）为主、东北三省和中部地区为辅的整体市场布局战略。

（3）资本化运作、产业化整合，资本经营和生产经营相辅相成。

（4）以控股集团公司的投资控股为核心、培育四个产业子集团和一个体育产业公司的双层集团化协同发展战略。

（5）企业发展遵循先做精，后做强，再做长的原则。

从文件中可以看到，中南建设确实和许多传统行业的企业一样，除了做大做强主业外，渴望着在新兴行业中分一杯羹，包括在高新技术、现代服务业等领域中，极力想培育出不相关的多元化种子业务。

在这个过程中，中南建设开始根据多元化战略进行各种尝试。当然，既然是尝试，肯定免不了要交学费。问题是，学费究竟应该付多少？

○　中南建设资本经营研讨会会议资料。

　　2007 年 1 月, 在参加年初董事会会议后不久, 我接到一些媒体的电话, 要就中南建设在媒体上披露的董事会公告中的有关事项对我进行采访。中南建设公告如下。[⊖]

✦

江苏中南建设集团股份有限公司六届董事会
五十一次会议决议公告

　　本公司及董事会全体成员保证信息披露的内容真实、准确、完整, 没有虚假记载、误导性陈述或重大遗漏。

　　江苏中南建设集团股份有限公司六届董事会五十一次会议于 2017 年 1 月 12 日以传真和电子邮件方式发出会议通知, 于 2017 年 1 月 17 日在公司 20 楼会议室召开, 会议应到董事 9 人, 实到董事 9 人。出席和授权出席董事共计 9 人。公司监事和高级管理人员列席了会议。会议由公司董事长陈锦石先生主持。本次会议的通知和召开符合《公司法》及《公司章程》的有关规定。

　　与会董事认真审议, 一致通过了以下议案:

一、关于合资设立中南建设区块链农业发展 (深圳) 企业 (有限合伙)（暂定名) 并联合投资大数据农业的议案

　　江苏中南建设集团股份有限公司 (以下简称 "公司" "本公司") 拟与从某、高某、穆某合资设立中南建设区块链农业发展 (深圳) 企业 (有限合伙)（暂定名)（以下简称 "本合伙企业")。公司拟作为有限合伙人, 以现金方式认缴出资 29 700 万元, 占本合伙企业的 99%。从某、高某、穆某作为普通合伙人, 分别以现金方式认缴出资 135 万元、75 万元、90 万元, 合计占本

　　⊖ 摘引自江苏中南建设集团股份有限公司六届董事会五十一次会议决议公告。

合伙企业的 1%。

本合伙企业的唯一目的是以股东的身份与黑龙江北大荒农业股份有限公司（以下简称"北大荒股份"）合资成立公司（以下简称"标的公司"），本合伙企业对标的公司的认缴出资额为 29 999.999 9 万元，持股 80%。

（详见刊登于 2017 年 1 月 19 日的《中国证券报》《证券时报》《上海证券报》及巨潮资讯网上的《江苏中南建设集团股份有限公司关于合资设立中南建设区块链农业发展（深圳）企业（有限合伙）（暂定名）并联合投资大数据农业的公告》。）

表决结果：同意 6 票，反对 1 票，弃权 2 票。

董事李若山对该议案投反对票，反对理由：

1. 合作方的公开信息未有从事此类项目的经历；

2. 该项目收入产出不明确，作为投资未来退出方式不明确。

董事陈小平、陈昱含对该议案投弃权票，弃权理由：项目评估不充分，对此项目持保留意见。

对于记者提出的采访要求，我一律予以拒绝。我给媒体的答复是，一切以公开披露的信息为主，我没有其他补充说明，并尊重上市公司董事会的全部议案。我认为，这是作为一名董事应该有的职业道德。不能因董事们的意见不一致，在风口浪尖上给上市公司增加麻烦。当然，此事已经过去三年多了，我觉得现在可以讲一下我为什么投反对票。

在担任独立董事的生涯中，我一般很少投反对票，最多投弃权票。有些学者在中国上市公司治理结构的理论研究中，认为独立董事不独立、不作为，不敢对大股东不合理的方案发表自己的独立意见，并放弃投反对票的权力。甚至有的学者还据此做了实证研究，在结论中说，中国上市公司的独立董事与上市公司大股东们同流合污。其实，这是一个很错误的认识，说明我们许多学者长期待在象牙塔中，靠拍脑袋来做治理结构的研究。

现实中，大多数上市公司很尊重外部董事、独立董事，而这些外部董事、独立董事也很尽职。一般情况下，考虑到有些董事可能会对某些提案提出一些看法，影响到后面的表决，大股东通常的做法是，在上董事会之前，就相关提案的内容事先征求独立董事的意见。如果大股东通过征求意见得知，对这样的提案，独立董事不会同意，或有其他意见，那么，他们会在表决前对提案进行修改，有时甚至不再将其作为提案上会。还有一种情况，开董事会时，如果独立董事就提案提出相当多的看法，董事会往往会将此提案撤下来，不再进行表决，等到条件成熟后再上会。以独立董事投反对票或弃权票来衡量他们在公司治理中是否起到作用，有些以偏概全。

当然，作为独立董事，投反对票或弃权票是需要勇气的。如果经常不顾常识、不管好坏，盲目地投反对票、弃权票，以表明自己的独立性，一两年后，事实证明，当时投反对票或弃权票是错误的决策，这可以算作乱作为了吧。董事们对投反对票、弃权票，是很慎重的。在中南建设投的这次反对票，是我的董事生涯中为数不多的几次中的一次（我大概只投了两三次）。

2017 年 1 月 9 日，我收到中南建设董事会办公室发来的邮件，说要召开临时董事会，讨论与北大荒股份合作发展大数据与区块链的项目。众所周知，区块链在当时是很热门的网络高科技技术。中南建设如此之早地切入这一领域，确实很有战略眼光。

我打开邮件粗粗看了一下资料，第一感觉是问题不少，连基本的普通合伙人（GP）与有限合伙人（LP）的身份都搞反了，将中南建设的 LP 身份写成了 GP。我发邮件指出这样的低级错误后，董事会办公室的工作人员反应很快，回复马上改正。

由于这次是通过电话的方式参加会议，会前我很认真地看了提案。内容大意是，中南建设以 LP 的身份投出 2.97 亿元，与三个自然人成立有限合伙企业，三个自然人以 GP 身份投入 300 万元。然后，有限合伙企业投入

2.9999 亿元，北大荒股份投入 1 元，共同出资成立合资公司。合资公司整合原产地粮食生产的大数据，打造农产品电商平台，以区块链技术作为底层，建立封闭农产品供应及农产品区块链认证追溯体系。

　　这是一个看起来很美、听起来很爽的项目，很时髦，很应景。但是，在这个提案中，我没有看到任何尽职调查报告的附件，没有看到商业合作计划书（BP），甚至连可行性报告及 SWOT 分析都没有，只是在公司的章程草稿中写了一些人事安排。根据我多年参与投资管理的经验，这个项目非常不符合投资规则。

　　好在网络很发达，我自行上网搜索了以 GP 身份与中南建设合伙的三个自然人。不搜不知道，一搜真的吓了一跳。第一个自然人从某，原先是安徽一个小县城的药品销售人员，在做了近二十年的药品销售后，2012 年在一家私募基金公司工作了几个月，随后自己成立一家黑颈投资基金公司，号称董事长。我查了一下，该基金公司没有一个成功项目。另两个 GP 合伙人更奇怪，一个 1986 年出生，号称"中国电子商务专家"；另外一个 1985 年出生，号称"科技基金董事长"。提案中对这三个人的介绍只有一行字，没有任何简历，更不要说他们的背景调查资料。尽管我们现在常说英雄不论出处，不能迷信学历与职称，但是，在 2017 年的时候，让没有任何背景与学历，也没有任何资本市场供职经验的人，来做三个亿基金的 GP，应该说是一件很离奇的事。

　　再看看我们的合作方北大荒股份。确实，该公司在北方颇有名气，作为一家大国企，也掌握了不少资源。但是，一查该公司在资本市场的表现就会发现，其治理与内部控制问题较大，屡次被监管部门处罚与通报。特别是，这次合作的条件很奇怪，北大荒股份出 1 元，拥有公司 20% 的股权，而且还要求公司每年提供 300 万元的数据使用费。

　　那么，未来的盈利模式是什么呢？因为没有商业计划书，也没有可行性报告，只能从合同中的经营范围去探讨了。合同中的经营范围是"咨询、数据分析、软件开发、农产品仓储、贸易代理、互联网信息服务业务、农产品收购、农产品的批发与零售、社会经济咨询服务"。这些描述，与要取得盈利实际相差很远。这样的提案很奇怪吧！带着这些疑惑，我准备在参加董事会时一探究竟。

周一，16日，董事会电话会议如期召开。照例，董秘小智请几位独立董事先发言，其他几位独立董事对提案表示赞同。

轮到我发言时，我指出，我不同意这个提案。按照投资的基本原则，两条铁律是不能违反的，一是尽职调查，二是商业合作计划书，就是通常所说的对赌协议⊖。我详细阐述了自己在网上做的一些基本调查，认为合作方是一些不太靠谱的个人与单位。中南建设投资近三亿元，不管是从直觉上，还是从流程上，我的态度都是坚决反对！我在说明了自己的理由之后，表示对此提案投反对票。会场气氛一下变得很尴尬。在大部分董事会上，我觉得中南建设的提案是不错的，我对提案最多只是提一些建设性小意见，然后是原则性通过。这一次，我的态度是反对，而且是坚决反对。

对此，陈董事长并没有生气，而是很婉转地表示尊重我的个人意见。在所有人发表完意见之后，大家对提案进行表决，最后通过了提案。在这次表决中，我第一次投了反对票，另外有两位董事投了弃权票。表决结束后，我表态，一是尊重董事会决议，二是保留自己的意见。

一年之后，中南建设董事会发布了一个公告：⊖

2018年4月26日，公司与中南控股有限公司（以下简称"中南控股"）

⊖ 一般来说对赌协议是与大股东签订的，要求投资后几年之内业绩达到多少，或者什么时候能上市，如果达不到，大股东要么对财务投资者做出补偿，要么进行回购。最典型的例子就是小米的大股东雷军，他与很多财务投资者都签订了此类协议，以至于在香港上市申报时，按照国际会计准则，其财务报表出现了高达千亿的负债、百亿的亏损。

⊖ 详见中南建设董事会公告。

拟签署《股权转让协议》，向中南控股转让智链[一]51%的股权，标的股权的交易对价为1100万元。

对于此次股权转让，中南建设表示，系公司未来将战略重点放在以房地产开发为主的现有业务上，减少非主营业务的投入。未来，中南建设会逐步对区块链类公司进行剥离以减少公司在新产业的投资风险，保护上市公司投资者利益。

此公告一出，其实意味着，当年与北大荒股份投资合作的区块链项目很可能会无疾而终。这个结果不幸被我言中，这不是我所希望的。我只是觉得，作为一家上市公司的董事，最重要的职责是尽量避免给投资者造成不必要的损失。我没能说服董事会取消这一提案，也算是不太尽职的表现吧！

我一直说，企业分为三类——优秀企业、一般企业和愚蠢的企业，怎么来区分呢？优秀企业凭着董事长带头人的敏锐嗅觉、良好的治理以及完善的内部控制，在发展过程中，通过不断小小地试错，不犯重大的战略错误，以高于同行的发展速度，成为行业领头羊。一般企业在试错过程中，可能会因战略判断失误，犯一些重大的原则性错误，在付出高昂代价后，重新启程出发。但是，这类企业会通过总结经验教训，再造自己的组织架构或业务流程，避免重复犯错，曲折地保持行业地位，朝着正确的方向前行。而愚蠢的企业在试错过程中，犯了战略性、方向性的错误，尽管付出巨大的代价，但依赖过去的原始积累还能存活，市场再次给了企业生存的机会。然而，没过多久，这类企业好了伤疤忘了疼，重复犯自己犯过的错误。优秀企业极少，如华为之类。愚蠢企业却不少。那么，中南建设这家还算优秀的公司，在再次受到诱惑时，会怎么处理呢？没过多久，中南建

[一] 智链是中南建设最大的一个区块链投资项目。该项目的剥离，意味着中南建设将退出所有区块链的投资，包括前期与北大荒合作的区块链项目。

设与这样的诱惑不期而遇。

2017年7月的一天，某上市公司介绍说有一个很好的投资项目，问中南建设是否愿意投资。给我的邮件是这样介绍的：（出于保密协议，对文件略做了一些文字处理）

✳

李老师：

某上市公司子公司拟在欧洲某国并购汽车智能制造企业F公司。F公司处于全球汽车白车身生产线产业领先地位（全世界排名前五的公司），于2016年实现了9%的全球白车身市场占有率，而在欧洲更实现了超过20%的市场占有率。

该公司2016年收入为7亿欧元，息税折旧前利润为6300万欧元，安永财务预测其未来2年业绩稳定，预计该公司全部股权售价为45亿元人民币。

我们计划的参与方案如下：

因中南建设一直有发展智能制造的愿望，此次中南建设拟与该上市公司、某资产管理公司以及某某市政府通过设立有限合伙企业的方式，将该公司100%股权从海外买回，并由上市公司子公司通过发行股份的方式置入中南建设，最终，中南建设持有该上市公司的股票（预计完成后持有上市公司股份的8%～10%），并且该上市公司子公司同意用F公司与中南建设在南通设立智能制造合资公司发展汽车系统集成业务。

收购F公司共计需要资金45亿元，资金来源如下：

其中某某市政府产业基金作为LP出资6亿元（政府产业基金每年6%的固定收益）。

某资产管理公司作为GP/LP共计出资5亿元。

剩下的34亿元，按照1∶2的杠杆由银行等金融机构配资，某上市公

司子公司作为劣后级 LP 出资 7 亿元，中南建设作为劣后级 LP 出资不超过
5 亿元。

✳

　　对于上面这个描述得很美好的投资项目，这次董事会很冷静，很慎重。
在开会之前，按照公司董事会的投资规则，对投资项目做了四个方面的尽
职调查，分别为行业技术、法律、财务及税务上的尽职调查。只有在拿到
这些尽职调查报告后，我们才能上董事会进行讨论。

　　后来董事会办公室给我们提供了四份厚厚的尽职调查报告：136 页的
法律尽职调查报告、47 页的税务尽职调查报告、98 页的财务尽职调查及 42
页的行业技术尽职调查报告。在这些报告中，我们发现许多收购后可能无
法解决的税务、法律、行业技术方面的问题，包括该国养老金、技术管控、
关联交易、隐形税收等。

　　例如，税务尽职调查报告明确指出，有一个高风险的税务问题，涉税
金额达 38.7 万欧元：

▶ 在 2012 年收购房地产公司 R 公司全部股份，以及在 2016 年将 A 公
　司股份全部转让至 A2 的交易触发了房地产转让税，而部分税费尚未
　进行评估 / 记入应计额度。

▶ 根据该国最新的房地产转让税条款，房地产转让税的税基应接近产
　权市场公允价值。由于这些税务项目的评估报告至今尚未完成，现需
　要按照最新估值要求，房地产转让税可能会高于申报额度或超出相应
　的记账额度。

▶ 基于我们的估算，预计将产生额外房地产转让税（未支付且未记账）
　38.7 万欧元左右。

与此同时，还有一笔交易涉税金额更大，将近 70 万欧元：

> ▶A 公司借给 F 公司利率为 7% 的公司间贷款可能不符合公平交易原
> 则，且可能被定义为 F 公司向 A 公司支付的隐蔽利润分配。评估者
> 认为，若考虑第三方借款利率和 F 集团内部公司间贷款利率，5% 为
> 正常水平。在前述情况下，公司可能要补税 70 万欧元。

在仔细阅读该公司的法律尽职调查报告之后，我们发现更多的重大问题，下面列举两个。

（1）缺少股份所有权属文件。我们尚未收到完整的证明目标集团中若干实体的股份所有权属的文件。此外，已提供的股东登记册（或任何相应的文件）只具有宣示作用，并非权属的确凿证据。

（2）F 集团各成员公司与各子公司的合作。我们从文件以及法律专家会议了解到，目前只有两个投资联合体与 F 集团成员公司有关，这在《法律事实说明书》中业已提及。但我们尚未收到有关投资联合体的任何其他详细资料。我们从管理层陈述中获知，目标集团与成员公司之间没有重大业务往来，目标集团的"生产系统与解决方案"业务部门自 2011 年起已经完全从成员公司分离，但文件显示情况并非如此。

通过仔细阅读尽职调查报告并进行分析，我们发现，即使收购成功，也会存在两个问题：一是可能会要我们不断补充投资资金，二是将该公司迁入南通，与中南建设进行战略合作，技术上完全不可行。最后，董事会全体成员经过讨论，一致表示反对，该提案不再上董事会进行表决。

2018 年年底，我又到相关部门去查了一下该项目的进展情况，似乎无疾而终了。从这件事可以看出，中南建设董事会能够通过对过去失利项目的总结，不再重复犯同类错误。这样来看，中南建设算是一家聪明的企业！

由此，我想到 2018 年证券市场中闹得沸沸扬扬的暴风科技收购案。暴风科技的董事长冯鑫想在上市之后走多元化的道路，于是在 2016 年花 52 亿元人民币收购了欧洲版权代理公司 MP&Silva 65% 的股份。人们原以为这家公司是个日进斗金的聚宝盆，然而，三年不到，它不仅亏损累累，还被巨额债务缠身，在 2019 年不得不宣告破产，而冯鑫被追究了刑事责任。究其原因，我想，要么没有请专业机构做尽职调查，要么虽做了尽职调查，但没有很仔细地阅读与分析，而是完全凭着个人的直觉和喜好，匆匆忙忙地完成这个巨额的收购项目，导致付出了高昂的代价。在重大决策面前，社会公众公司要相信专业的力量，此时良好的治理结构可以起到很关键的作用。这又是后话了。

第五节 告别中南建设董事会

2018 年 11 月 1 日，中南建设又一次召开董事会电话会议。会议期间，已经当了三年董事的我，用手机发了一段微信给陈董事长，作为我的会议发言。微信内容如下：

我对董事会有三点建议：一，从骨子里尊重资本市场，尊重大中小股东，特别是他们的知情权！二，充分尊重董事会，发挥四大专业委员会的职能，对每次董事会的决议与意见，后续要跟踪汇报！三，更换现任会计师事务所，并对被选择的会计师事务所提出具体的审计方案！重新组合企业内部审计，提高内部审计地位，直接归董事会领导！改善内部审计人员的质量，提高其发现问题的能力！公司在战略方面很正确，在上市公司治理、内部控制方面还有薄弱环节。同意董事长的发言及尽职调查报告，以后有机会再交流。

　　对此, 陈董事长立即回复表示感谢。许多人见到陈董事长, 觉得他很强势, 很执着, 我个人觉得, 只要说得对, 说得有道理, 陈董事长还是比较认可的, 从不会因为对方说了些重话、狠话而斤斤计较, 耿耿于怀。我每次发言, 他都比较肯定, 这是我能在中南建设担任那么久的董事的原因。在我的独立董事生涯中, 如果觉得不合适, 我是绝不会勉强、凑合的。

　　终于, 中南建设的董事会到了要换届的时候。出于种种原因, 我给陈董事长发了一封很简短的信, 表达了在换届时, 将不再继续担任外部董事一职的意愿。我写的信如下。

陈总, 您好!

　　承蒙您给了我一个机会, 参与贵公司董事会的工作, 并见证了贵公司在您与全体员工的努力下, 取得了巨大成就, 并成为一个优秀的上市公司! 由于个性问题, 我常常在董事会上有不同看法并造成一些麻烦, 对此深表歉意! 明年二月我将办理退休手续, 故请求辞去中南建设董事一职! 恳请中南建设董事会批准! 在批准之前, 我还会忠实履行自己的职责! 祝中南建设在今后征途中再创辉煌!

　　此致!

复旦大学李若山老师上

2018年12月3日

很快, 陈董事长回了一封言辞诚恳的信。

李老师，您好！

感谢您这几年对中南公司的付出，中南的治理逐渐规范了起来，业绩也有了突飞猛进的发展，这离不开您的支持和帮助。董事会上不同意见的交流和碰撞，是基于不同的专业和认识，但都是为了公司更好地发展，年轻人年少气盛，说话比较直接，您作为前辈，还请包容和理解，实际上我还是比较喜欢您这种工作方法和处事态度的。目前，随着更多专业人士的加入，公司的运营也更加规范，但您的专业和经验对公司的发展也很重要，同时我也充分理解您对退休后的安排，但目前通信技术是很发达的，董事会完全可以远程召开，所以辞去董事一事还请您从长计议，谢谢！

陈锦石

说实话，看到陈董事长的回信，我内心还是蛮感动的。我这个人情商很低，说话没什么艺术性，这也是许多企业家，尤其是民营企业家不太喜欢的性格。如果遇到肚量小一点的企业家，你总是在董事会上发表不同意见，人家会认为你这是在给他们的企业找茬，恨不得找机会早早炒了你的鱿鱼。陈董事长却相反，尽管我给他们投了几次弃权票、反对票，但他还继续挽留我，足见他心胸宽广，是一心一意将企业做好的尽职董事长。只不过董事长需要从全局着眼，而我作为董事，经常从自己的专业角度看问题，我们往往会有意见冲突，最终要看董事长如何平衡这些关系。

鉴于陈董事长的诚恳态度，我答应了他的挽留，继续留任外部董事，并表示如有新的合适人选，我将退出此职。2019 年 4 月，中南建设董事会再次换届，陈董事长考虑到我前期的请求，同意我不再担任外部董事。尽管如此，在以后的日子里，逢年过节，我都会收到陈董事长个人发来的问候短信，他还是一如既往地保持着诚恳谦虚的态度。例如，在 2021 年的 5 月 1 日劳动节这一天，我收到陈董事长发来的微信，内容如下：

李老师，您好！

中南经过 33 年的发展，形成了中南置地、中南建筑、中南高科、中南实业投资和中南教育 "4+1" 产业格局，从区域型公司发展为全国化公司，已经位列中国企业 500 强第 78 位，中国民营企业 500 强第 11 位，江苏省民营企业第 3 名，并在公司发展同时投入 10 多亿元支持社会公益事业。

中南控股旗下上市公司中南建设 4 月 27 日发布 2020 年年报，实现营收与利润双增长，全年营收 786 亿元，同比增长 9.4%；归母净利润 70.8 亿元，同比增长 70%；并主动遵守国家政策要求，三道红线中已有两条实现改善。

今年是中国共产党百年华诞，也是国家 "十四五" 开局之年，我们中南将立足新起点，抢抓新机遇，构建新格局，推动新跨越，全面推进高质量发展，建立健全科学、高效、规范的管理体系！继续做强、做实、做优老产业，发展老产业的有前景产业化新格局，稳健培育发展新兴产业，努力打造多元化产业新格局，为国家与社会的发展做出贡献！

最后，感谢您一直以来对我本人及中南控股的支持和关心。值此 "五一" 佳节来临之际，祝您和家人 "五一" 节快乐！

中南陈锦石

老实讲，我每次看到作为千亿市值公司一把手的陈董事长亲自发来的微信，内心都有一种莫名的激动。我早已不是中南建设的董事了，而且，我在担任中南建设董事职务的过程中，常常发表一些不同意见，有些意见不见得完全正确，给他们制造了一些麻烦。但是，虚怀若谷的陈董事长不计前嫌，持续向我介绍中南建设的发展变化，令我感动不已！我相信，在陈董事长的带领下，中南建设一定有更美好的前程。

小结： 民营上市公司治理结构的特点重在效率。一个正确的决策加上效率，往往会让民营企业以几何级数的速度发展。但是，成也萧何，败也萧何。如果决策流程失误，效率会带来灾难性的损失。中南建设在发展过程中，向多元化方向发展本身是一个正确的决定，但是，在投资并购过程中缺少必要的尽职调查资料，会有一定风险。本着对企业负责任的态度，我在独立董事生涯中第一次投出对并购项目的反对票。中南建设董事会在此项投资中吸取了经验教训，在下一轮并购投资中特别重视流程的完整，没有再犯同样的错误。同时，尽管对公司重大投资投了反对票，虚怀若谷的陈董事长依然对我尊重有加，这证明一个好的公司治理，不会因为个人意见的表达，而影响董事之间的人际关系。

CHAPTER 5

第五章

浦东路桥

第一节　初入浦东路桥董事会

2003 年夏季的一天，我在上海联洋集团公司顾问委员会成立会议上，第一次邂逅了时任上海浦东路桥建设股份有限公司（以下也简称浦东路桥）董事长的葛培健先生。他作为联洋集团的顾问之一，也参加了会议。他中等个子，脸胖乎乎的，戴着眼镜，一副书生气，人非常随和，总是笑眯眯的，让人有种一见如故的亲和感。

葛培健曾在上海团市委任职，一直保持着年轻人的朝气。后来我发现，上海有许多企业高层领导，如太保董事长高国富等人，都是上海团市委培养出来的。上海团市委堪称是培养上海国企人才的摇篮。

我担任联洋集团顾问委员会委员后不久，有一次在会议上遇到葛培健先生，他说他所在的公司正准备上市，问我有没有兴趣到他们公司当独立董事。我问："你们是什么公司？"他说："我们是国企，公司名字是上海浦东路桥建设股份有限公司。"我说："可以，我不久前刚刚当上福耀玻璃及中化国际的独立董事，对董事会的流程已略知一二。"

　　浦东路桥是上海浦发集团下属的一家建筑类上市公司，主营道路、公路、桥梁及各类基础设施施工。公司内分市政、沥青、道路研究等三个事业部，分别从事路桥建设施工、沥青砼生产摊铺和道路最新技术研发的工作。公司系传统的国有企业改制的股份公司，其时正在上报证监会，拟通过申请 IPO 进入资本市场。

　　没过多久，浦东路桥 IPO 获得批准，于 2004 年 3 月 6 日在上海证券交易所正式挂牌上市，成为中国资本市场中的一员。上市后，浦东路桥开始按照监管要求，开展了上市公司董事会的各项工作。葛培健先生希望我出任董事会审计委员会主席，我于是开始了各项相关工作。

　　上市的最初几年，由于刚好迎来浦东建设的高峰期，依靠母公司浦东发展集团的优势资源，浦东路桥业务的发展处于井喷期，应接不暇的业务、不断上升的销售收入、漂亮的利润业绩，给了所有股东一份满意的答卷，同时，高额利润也几乎掩盖了公司存在的所有问题。业界流传着一句话——"金桥、银路、铜房子"，造桥的利润最高，其次是修路，造房子的利润最低。而浦东路桥本身是建桥修路，毛利率挺高，加上母公司算是浦东新区几大国有企业之一，资源很多，基本不愁业务来源。由于财务报表表现很好，开董事会时，我只是按照监管要求，冠冕堂皇地发表自己作为独立董事的意见，在形式上履行自己的义务。例如，下面是我在董事会上的一份发言稿。

在浦东路桥董事会上的发言

一、关于预算：

整个预算是在比较合理的基础上构建出来的，具有一定的科学性与合理性。但是，在 2005 年的预算中，由于实施新劳动法，可能会给施工成本带来一定影响，不知该预算是如何考虑这个问题的？另外，100 万元的研究开发费用，对年收入近十亿元的企业，可能还是少了点。在工程没有明显增加的基础上，存货周转率变慢，其影响因素是什么？能否解释一下？另外，2005 年浦东路桥财务公司的股权投资收益预算为 5657 万元，对此估计是否有些乐观？

二、对于 2005 年借款额度的方案，本人没有意见，但考虑到 2006 年国家会实施从紧的货币政策，建议尽快取得该借款的信用额度。

三、本人同意与浦发财务公司签订银企合作协议。运用专业平台为上市公司管理投融资业务，进行业务外包，是未来的趋势。但考虑到发生在 2008 年的法国兴业银行金融危机事件，为保证资金的安全完整，是否需要对浦发财务公司的内部控制，由相关中介机构进行审核并出具评估报告，以确保安全？有必要的话，甚至可以通过保险公司来减少外包所带来的风险。这只是下一步打算。以上是我的个人意见。

四、对于经营人员 2005 年考核的议案。本人原则上同意，但有些地方需要修改：

1. 第 17 页倒数第九行，不能写组织调动。上市公司的重要人事安排，由提名委员会实施，不希望出现大股东干预的问题。

2. 除了列出得分外，最后能否列出一张总表，将各高管人员的实际收入列出来（上交所规定，也需要披露的）？

3. 董事会主要考核由董事会任命的重要高管人员，其余非董事会任命的高管人员，其考核办法由总经理办公室在不影响股东总体利益的情况下决定。

五、对于前次募集资金使用情况说明的方案，本人表示同意，但是，在 31 页中（下数第七行）提到，还要将未使用完沥青再生项目的剩余资金，再变更到收益更高的投资项目中去。这说明到目前为止，公司还没有找到更好的投资项目，这是否会对我们再融资项目产生不利影响？

六、对于调整独立董事的年度津贴，本人不能发表意见，因为这属于不相容事宜，本人回避。请公司财务将独立董事 2005 年一共领取多少津贴及代扣代缴了多少个人所得税的资料，交给每个独立董事，有条件的话，将代扣的税务单也一并交给本人，以便于报税。

七、后面几项的独立董事年报工作制度及董事会审计与风险管理委员会的工作条例以及内部审计制度，由于是根据相关部门的政策规定制定的，所以，本人同意，但在内部审计工作条例中，能否再加上一条，因工作需要，可以聘请中介机构协助内部审计完成董事会交办的审计业务等。

八、对召开股东大会提案无异议。

独立董事 李若山

2006年3月3日

从上述发言可以看出，如果董事会成员浮于公司资料表面的话，一是只会关注提案中文字细节的问题，包括哪一行或哪一节有问题。这样的关注，似乎体现了自己勤勉尽职，实际上，往往可能是抓了芝麻、丢了西瓜。二是在董事会重大提案中，只是不痛不痒地说几句套话，很难抓到问题的本质与要害。因为，没有调查就没有发言权。不沉到企业内部、不下到企业基层，没有一手的调研资料，想要一针见血地指出企业的治理问题，是不可能的事。

在浦东路桥开董事会的过程中，每当讨论公司经营业绩时，我发现，讨论最多的，是如何消化过去的历史遗留问题。今年刚刚处理了一些过去的陈年烂账，第二年又出现了新的遗留问题。随着公司的发展，与公司有关的诉讼案在不断增多，且大多数是以公司败诉而告终。

我在那时查了一下, 浦东路桥每年诉讼赔偿金额几乎已占了公司利润的十分之一。这对于一个上市公司来说, 是个不小的负担。尽管每年我都以审计委员会主席的身份, 在上市公司内部控制审计报告上签字, 事实上我不知道公司的内部控制是否正如所有上市公司报告中所写的那样, 公司不存在重大或重要的内控风险, 最多只有几个普通的小风险。我和葛培健先生商量, 看能不能做一次大动干戈的内部控制调查; 不是表面走形式, 而是彻底地、翻箱倒柜地来一次全面的内控调研。而且, 我希望由公司董事会授权我来操作这件事。葛培健先生与管理层协商后同意了。

第二节   路桥内控调研初试锋芒

2006 年 7 月 3 日, 经过精心布置, 我带领研究生团队一行七八个学生, 开始对浦东路桥进行全面的内控调研。在历时两个月的现场调研中, 我们运用访谈、查阅文件、现场观察、问卷调查以及要求员工填写工作日志等方式, 获得大量的一手资料。参加访谈的员工人数高达 145 人, 包括所有高管及部分普通员工。我们翻阅了近 1200 份资料与文件, 足迹遍布公司总部及所有子公司, 整理出厚厚几大摞工作底稿, 按照企业的业务循环总结出相当多的管理问题。这些循环包括: 财务与资金管理环节、采购与付款环节、生产环节、研发环节、销售与收款环节、固定资产环节、子公司管理环节。本来, 固定资产管理不应该算专门的业务环节, 而应该包括在采购生产环节。我们在调研过程中, 发现浦东路桥在固定资产管理方面存在太多问题, 专门将其列为一个环节, 以便日后重点加以改善。

一、调研出来的问题

1. 企业的 "血脉" 是否畅通——公司财务资金管理问题

作为社会公众公司, 如何管理好企业资金, 尤其是通过资本市场募集来的中小投资者的血汗钱，是上市公司内部控制的首要任务。

　　例如，2020 年 1 月，证券市场突然传出，上市公司天津港下属子公司的一名财务人员，贪污公司近 1.5 亿元现金，而这家子公司每年的利润才几百万元。这么一个天大的漏洞，直到几年后才被发现，无疑说明该上市公司在财务资金管理方面极其混乱，内控形同虚设。而 2006 年时，我们就将内控检查的重点，放在公司财务资金管理方面。

　　首先，我们发现浦东路桥在银行账户管理方面比较混乱：一是银行账户太多，共有 30 多个企业账户和 1 个个人账户；有 4 个账户已销户但仍在财务账上反映。银行账户多是大多数公司的通病，一则是各大银行争相请求公司开户，以打通企业与银行的关系，人情户、关系户居多。二则是金融政策的规定，如基本户、贷款户、结算户等要求，会使银行账户越来越多。银行账户多，如果没有对应的控制措施，企业财务上的漏洞会越来越大，问题会越来越多。

　　例如，2005 年 9 月，上海市城建设计院的子公司上海市城建房地产开发公司及其下属的城建物业公司歇业，该公司财务人员薛建耀受院长委派全面负责这两家单位的善后工作。同年 12 月，薛建耀在城建物业公司税务登记已被注销的情况下，仍然私自保留了银行账户。此后，薛建耀便利用负责为城建设计院催讨、结算经营业务款的职务便利，先后将本市数家单位支付给城建设计院的设计费、参建费等款项计 244 万余元私自汇入该设计院已注销税务但未注销的银行账户里截留，并汇入薛建明公司的私立账户。关注公司银行开户情况，是解决公司财务内控是否安全的第一要素。

　　那么如何确保银行账户的安全问题呢？除了开户数以外，最最重要的是查看银行对账单及银行余额调节表。所谓银行对账单，是从公司开户银行取得的银行期末余额数。平时银行存取业务是公司负责资金的出纳处理的，如果有挪用或者出现差错，出纳往往通过修改、伪造虚假账户来掩盖这些事实。从银行得来的对账单数值相对真实。内行人知道，银行对账单上的期末数, 往往与企业银行账户余额不一致, 这主要是时间差造成的。有时, 企业已记账付款给供应商, 银行实际还没有那么快付出去, 钱仍在企业账户里; 有时, 银行已经收到客户给公司的销售款, 公司还没有收到凭证, 暂时还未入账。银行对账单与企业的银行账户余额不一致, 是很正常的情况。一般情况下, 由非出纳人员通过与银行对账, 查询内部凭证, 编制一张银行余额调节表, 将不一致的情况查清楚就可以了。注意, 银行余额调节表一定要非出纳人员来编制。因为平时是出纳在处理资金, 由非出纳人员来编制, 比较容易查清不一致的原因, 弄明白究竟是支付中时间差造成的, 还是出纳贪污造成的。

又例如, 2005 年 4 月, 上海轮胎橡胶股份有限公司的出纳赵瑜, 自从认识陈、倪这两家公司的供应商, 从收受对方贿赂 3000 元开始, 一步步走向犯罪的深渊。赵瑜利用手中的权力, 对两人大开绿灯: 在六年时间里, 从规定货到两个月后付款, 慢慢到一个月付款, 最后到货未到, 就付款, 如此这般, 货物和货款之间的差额如滚雪球般越来越大, 至案发前, 在对方没有任何供货的情况下, 赵瑜支付给对方的钱已高达 1800 万元。那么, 为什么公司很长时间没有发现这个问题呢? 奥秘在银行余额调节表中。赵瑜说, 一是公司银行存款金额大, 常常高达几个亿。二是银行余额调节表是赵瑜自己编制的。他将挪用给供应商的 1800 万元, 说成是银行未达账, 用自己虚构的银行余额调节表, 骗过公司财务主管, 时间长达六年之久。可见, 银行余额调节表由出纳进行编制的漏洞, 给了赵瑜可乘之机。这是许多企业的通病, 浦东路桥也不例外。对此, 我们进行重点关注。

我们查看了浦东路桥的银行余额调节表后发现, 有半年以上未达账的户头达 11 个, 金额合计约 15 万元, 最长未入账业务发生于 2003 年 9 月, 而通常, 银行对账单中的未达账, 时间不会超过一个月, 这说明企业在未达账管理方面, 有一定问题。且在 2006 年 6 月底, 所有公司账与银行账合计差异金额达约 1800 万元, 最大一笔差异金额达 500 万元。我们通过银行存款日记账发现，收入支出大多共用一个账户，由于账户太多，又无严格管理，可能出现账户资金核算不清、资金被挪用而难以被发现的情形。银行余额调节表是检查资金是否存在流失最重要的一道屏障，也几乎失守：公司的银行对账单及余额调节表，居然是由出纳来处理，出现长时间的未入账业务和较大差异数，资金如被挪用，难以被及时发现。

其次，我们调研了公司财务的付款环节，发现存在如下问题：一是没有事先编制付款计划，这可能会造成付款超出限额或不足、项目间付款分配不均，导致资金周转不灵的情况。我们在现场检查付款凭证时发现，X部2006年5月项目计划表中，有4笔无部门负责人签名，有5笔无分管领导签名；Y部2006年5个月份的付款计划表，财务经理皆未签名；X部2006年3～5月各月汇总付款计划表中，总会计师皆只填写审核付款栏位，未签名表示同意。我们抽查了16笔计划内付款，X部2006年4月有1笔、Y部2006年1月及4月各有1笔实际付款超出付款计划。领导审核形同虚设。我们抽查X部2006年4月记账凭证，发现有1笔付款申请单后面未附任何相关付款单据，无法证实这笔业务的真实性，且财务部每月底未填制对账单，转交各事业部与对方单位核对。公司内部往来从来没有搞清谁欠谁的。这是大部分公司的问题。有的领导对外付款还比较谨慎，内部往来却从来理不清，还美其名曰，肉烂在锅里。其实，这是可能造成公司资金被挪用的一个大漏洞。

例如，2021年4月，媒体报道了著名的味千拉面（上市公司）的支票舞弊案例。

自2013年起，味千中国前CFO刘家豪便常以"公司对员工的强积金供款"为由，额外提交一张支票，让执行董事潘嘉闻签署。由于金额不大，而且此类积金是强制性的，因此执行董事没有仔细核实便签署支票。直到2018年12月，刘家豪向执行董事潘嘉闻主动承认，7年间通过可擦式原子笔修改支票，从公司账户盗取了千万元的事实，并解释其患有精神类疾病。

随后, 公司核查账户后发现, 刘家豪通过 180 张未经批准的支票, 将约 2652 万港元存入其个人账户, 扣除当中约 65 万港元属于他个人的薪酬外, 刘家豪实际上挪用公款逾 2586 万港元。⊖

这一案例说明, 如果企业对付款流程中的审核签字只是视作形式要求, 这类案子还会发生。事前事后流程控制是一个很重要的环节。

最后, 我们检查了票据管理环节。

在支票方面, 公司支票并未连续开立, 有跳号的情形。所谓跳号, 是同时使用多本支票本, 这本开一张, 那本开一张, 被开立的支票编号不连续, 中间有否丢失支票等情况很难查找, 且支票开立记录记载不全, 其中 2 张支票在开票记录中并未登记。

在应收应付票据方面, 对于应收票据的收到、承兑以及应付票据的开立、到期并未及时、完整地入账。我们抽查 5 笔应付票据的签发日与入账日进行比较, 发现平均延迟约 12 天, 最长的 1 笔延迟 20 天才入账。我们抽查 5 笔应付票据的到期日与入账日进行比较, 发现平均延迟约 13 天, 最长的 1 笔延迟 26 天才入账。应付票据入账不及时, 会造成应付票据和应付账款明细账之间的记录错误, 不利于公司对应付票据的监督和管理, 导致公司无法及时掌控资金状况。

应收票据的收到、承兑以及应付票据的开立、到期, 并未及时、完整地记录到票据登记表中。我们抽查 10 笔公司账上的应付票据, 发现有 3 笔未在票据登记表中记录, 票据登记表上的票据编号和银行名称栏位, 有多处空缺未填写, 亦无人定期核查。公司汇票管理混乱, 未记录至票据登记表, 这可能会造成应收票据到期未及时收款, 或是应付票据到期银行存款不够支付的情形, 导致资金调度困难。

⊖ 味千拉面财务总监擅改180张公司支票, 挪用2600万公款狂买奢侈品, sohu.com/a/465499171-120865679。

例如，2005年4月，中国仪征化纤公司分管票据的财务人员钟某，利用票据登记时的漏洞，表面上将收到的票据在账本上记录，而实际上将其贴现后，套取现金炒股。而票据到期了怎么办呢？他又将新到的票据提前贴现，说是前期的票据到期后的还款，就是利用这个时间差，他居然前前后后挪用侵占了公司约9000万元的公款，直到他职务轮换，在办交接票据时才被发现。可见，公司票据管理是公司财务的重要环节之一。

而在贷款方面呢？我们发现，财务部办理借款的负责人每月底所编制的"借款合同明细表"，填写不完全正确，亦无人正式审核。通过查看"借款合同明细表"，并与记账凭证后附的银行回单相核对，发现2006年5月底的借款合同明细表有1笔银行借款的月利率填写错误，且合同编号栏位有7处空白未填写。而在"借款合同明细表"中，发现表上无人签字，如借款合同明细表记录错误或是遗漏，会造成公司不清楚实际所需的资金数量，无法正确预测现金流，导致资金调度无序。财务部只有在收到银行的贷款利息单时，才会记财务费用入账，月底或年末时，没有估算应付利息入账。我们查看公司2005和2006年的会计明细账，确认期末是否估算应付利息时，发现没有针对应付利息估算入账，而浦东路桥在2005年年底的公司借款金额约为1.5亿元，如此巨大的借款金额，若未估计应付利息，会导致公司当年的利润虚高。

作为上市公司，为什么要关注贷款呢？许多公司认为公司欠银行贷款，着急的应该是银行，而不是公司，这种想法很错误。从内部控制角度来看，作为负债的银行贷款，最怕记录不完整，即，是公司贷的款，但是没有入账。

2003年3月，上海浦东有一家房地产公司，其财务经理助理小陶，利用公司良好的信用，将老总同意向某银行贷款1500万元的文件，原本是一式四份，改做二式八份，变成 3000 万元的贷款，然后骗取老总签字。小陶说银行改革了贷款审批流程，因为公司贷款分两次到账，要求公司领导签两次，而且他是在老总最忙的时候请他审批。老总认为这是小陶分内之事，简单问了几句，就签了字。结果小陶贷到了 3000 万元贷款，他将 1500 万元贷款留给了公司，另外 1500 万元款项，转到了他自己成立的私人公司。利用这个漏洞，小陶多次操作，最后以公司名义给自己的公司多贷了 9200 万元的资金，并用这些款项炒股、交女朋友等。直到两年后，贷款到期了，银行向公司催讨贷款，公司才发现，居然有近一个亿的贷款没有入账。说穿了，公司在贷款管理方面，存在很大的漏洞。

浦东路桥存在类似流程缺陷。通过对财务资金管理方面的调研，我们最后的结论是，浦东路桥在银行账户管理方面，数量过多，职能混乱，又无定期核对，属于重大风险。付款、票据及贷款方面，缺少登记、核对及检查，属于重大风险。未将预计利息费用入账，属于普通风险。

有许多上市公司暴露了不少财务舞弊的缺陷，如天津港被下属子公司的财务人员贪污 1.5 亿元。康得新公司在年报披露时说，他们的资金因为会计记账错误，多计了 122 亿元等。这类事情的发生，主要是财务流程缺乏内部控制。董事会的独立董事们，尤其是审计委员会的主席，如果事后说毫不知情，是因为他们没有对公司财务资金管理做必要的内控调研，才会让经营层或财务中的内鬼有机可乘。这是董事们失责的原因之一。

2. 企业"饮食"是否健康——采购环节管理

作为一家生产制造企业，浦东路桥每年会产生大量的采购与付款。因为付款环节已经在财务中讨论过了，这里重点放在采购方面。在中国以买方市场为主的情况下，采购腐败是一个很普遍的现象。这方面如果控制不好，会潜规则盛行，成为一个财务黑洞。当我们团队对采购中的请购、实施、验收及供应商管理等几个方面进行调研时，发现浦东路桥在这个环节有不少问题。

首先是在重大采购过程中书面请购与审批程序环节中，许多控制基本缺失。我们调研时发现，有两张行政部门报销的采购发票，名为年货，金额高达十万元以上，发票的内容为食品，而发票开具单位却是一家汽车美容中心，后面没有任何采购明细清单，也无这些食品发放的记录凭证。而对于固定资产这类重大采购审批的文件中，通过抽查我们发现，有些合同的签订在日期上有问题，如一份合同中与供应商签订的日期是 5 月 11 日，而公司内部走流程审批的日期却是在 5 月 18 日之后，在公司领导审批之前，与供应商的固定资产采购合同却早就签好了。公司领导审批只不过是走走过场而已。

除此之外，对于采购，价格是一个很重要的因素，采购询价、比价是采购成本控制的一个环节。在我们能找到的有限的采购审批文件中，基本上没有发现询价的信息。将有些已采购业务的成本对比当时的市价，其成本远高于市场价。

深圳大疆无人机公司业务井喷式增长，高毛利率掩盖了采购中的黑洞。公司 2017 年的销售额达到 157 亿元，利润高达 43 亿元，事后通过反腐发现，仅仅在采购中的腐败黑洞，查明的损失就高达 10 亿元以上。例如，大疆公司的供应商林某陈述，其所在的威欣睿公司是通过大疆前采购经理伊丹，进入了大疆的供应商目录，随后不久，伊丹离职，并介绍了新一任采购经理吕龙继续交接相关事宜。伊丹与吕龙合谋共同贪污。吕龙接任后，要求供应商在采购时，额外支付采购额的 5% 作为好处费。供应商为了能获得销售订单，不得不答应了这个要求。从此以后，每月 10 日，大疆公司与林某公司结账时，林某按照回款的 5% 给伊丹转账。按供应商林某的说法是，这 5%"要给品质管理、研发人员"。吕龙先后多次向该供应商下单，采购额从每年 30 余万元升至每年 3000 余万元。截至报案时，采购额共计约 7500 余万元。

根据大疆公司出具的补充说明，2015 年 12 月至 2016 年 6 月，大疆公司给威欣睿公司的采购额维持在每月 21.5 万元人民币左右；2016 年 7 月至 2018 年 8 月（吕龙离职的月份）每月的平均采购额维持在 364.8 万元左右，飙升了 16.9 倍。林某同事林映美则透露，大概在吕龙离职之前，经官方查实，2016 年 7 月至 2018 年 8 月间，威欣睿公司加上林某本人，共向伊丹转账 362.6788 万元。其间，伊丹向吕龙转款 139.12 万元，同期吕龙妻子李某的个人账户亦有数百万现金存入。⊖

其次，采购过程中出问题，往往是与不良供应商有关。供应商管理是防止采购舞弊发生的又一道防线。我们在对浦东路桥供应商管理的调研中发现，尽管公司有一套供应商管理制度，但基本上形同虚设。明明是有供应商采购的规定名单，但是，在具体采购时，往往绕过供应商的名单，到规定名单以外的同类供应商去采购，而这样的采购照样可以通行无阻。而有的供应商尽管在名录中，却不具备应该有的资质。如，有一家工程分包商叫上海新畅园林市政建设公司，注册地在一个居民小区，施工资质不够，它却承接了浦东路桥的分包业务。在施工尚未完全结束时，这位分包商拿到 500 万元分包钱款后逃之夭夭了。而那些参加施工的民工们，由于没有拿到工资，只能到浦东路桥来讨薪。我们在调研过程中，正好遇到这批可怜的民工在现场向浦东路桥公司讨要工资，管理人员面对正在现场调研的我们，颇有些难堪。

至于采购后的验收，更是五花八门。有自己采购，自己验收的；有单

⊖　作者根据新闻资料汇编。

子上验收在前，采购在后的。对于一些大宗石材的采购，验收时，使用了很原始的方法，如通过对船吃水线的判断，来断定这一批货有多少。我问了有经验的专家，对于靠吃水线来判断一船的货物有多少，误差有多大。那个专家说大概30%！往上还是往下，凭验收者的良心了。

接下来，我们要求到仓库去看看。到了一个分公司的仓库门口，好不容易请来了保管员，问能不能将仓库门打开，让我们进去看看。保管员不好意思地说他没有仓库钥匙。我们问谁有。保管员说，送货的人和取货的人都有钥匙！

最后好不容易找人将仓库门打开，一看现场，仓库中的物品堆得横七竖八，毫无章法。仓库中还有一块醒目的黑板，上面有送货人留下的信息——某天送来了多少货物。旁边是领料人写的字——某某日领走了多少物资。看来，这完全是一个良心仓库。送什么，领什么，是员工自己操作。尽管存货都是粗笨的建筑材料，也不能这样管仓库啊！我们调研时，在现场用手机拍摄了照片，作为给管理当局汇报的材料之一。

最后，在对采购的十三个环节，即从书面请购开始、审批的内容、供应商评估、采购中的不相容职务分离、采购中的授权、合同签订的规范性、采购飞单、仓库管理、验收等一系列的流程审核中，我们统统打了低分，认为存在比较重要的内控风险。

3. 企业的"新陈代谢"是否失灵——生产环节管理

浦东路桥是老牌生产制造型企业，我们以为，在生产管理方面它应该不会有太多的问题了。但是，调研发现，现实情况还不容乐观。

生产环节中，我们从生产计划下达、材料领用、成本核算、质量控制以及完工产品入库几个流程进行调研。在生产计划阶段，发现不同部门的生产计划下达方式各式各样，有多人可以下达一个部门的生产计划，有用口头下达而不是书面方式通知生产部门。有的写了书面生产计划书，没有传达下去备案。可能浦东路桥已经发展了很多年了，大家相互配合默契，习惯这样的方式，没有觉得什么不好！但是，公司有没有考虑到，万一这些老员工离开了公司，如退休与离职等，后面接班的人如何开展工作？是否又要重新进行磨合呢？尤其是当个别人遇到临时的经济压力，他会不会去钻工作流程上的漏洞呢？这是内部控制中最忌讳的事。

在领用原材料环节中，我们抽查了一份领料单，领料时间是 7 月 16 日，但该批原材料在 7 月 14 日已经进入生产环节。也就是说，材料早就领用了。因为我们要检查，相关人员事后再去仓库补了一张领料单。更有甚者，买来一批某原材料约 1.3 吨，用了 1 吨，剩下 0.3 吨在仓库，只有购入时的验收单，没有生产台账记录及仓库领用记录。这种情况下，生产成本是如何核算出来的呢？

在施工现场，我们发现，沥青摊铺时，很少提前做细致的核算。有时快到下班时间了，还往工地运输刚刚烧炼好的沥青。结果，一到下班时间，民工立马准时下班，没用完的沥青放在工地上。我们调研当天，发现多达三四车烧炼好的沥青放在施工现场，无人管理。第二天会成为废品，造成施工损失。

特别是现场施工车辆加油时，几乎没有任何限制，只要用完了，工地领导签个字，立即可以去加，没有对工作量与油耗之间的关系进行考核。这对于流动性很大的施工企业来说，无疑是一个很大的漏洞。

我们接下来抽查成本核算，发现由于缺少原始资料，加上一些计量设备如燃油、沥青等器具的损坏，成本计算只能靠推算。而且，有些推算是根据预算要求，倒推算出成本，以保证当年预算的完成。

在产品质量检查方面，缺少书面检查的记录。相关人员将所有生产合格证提前放在还没有完工的产品边上，只要完工了，将合格证放上去。尽管浦东路桥的产品是一些粗笨的建筑制品，但这样的质量把控，存在诸多隐患。

在产品入库方面，也有不少问题。产品完工了，没有及时入库；即使入库了，没有及时做书面记录。

在工地项目部，我们特意抽查了项目部印章的管理。我们发现有的项目部印章不在自己部门，而是存放在外单位，用章没有审批、登记程序的规定，个别项目管理人员甚至认为项目部印章不具有法律效力。项目部印章管理意识甚为薄弱，怎么盖，要不要登记，没有明确的规定。浦东路桥在2005、2006两年之间，与多个分包商因合同问题打官司，前后被索赔420万元，并已被执行了270万元。败诉的原因，有不少与合同、印章管理不完善有关。

最后，我们在生产环节中，对成本核算及生产计划等问题进行总结，认为存在重要风险，需要加大力度改进。

4. 企业的"大脑"思考是否正常——研发环节管理

作为一家传统的施工企业，如何判断他们的未来？还是那句老话，"传统企业看创新，创新企业看成长"。浦东路桥的研发环节，也是我们调研的内容之一。在这个环节中，我们分别从科研立项、经费开支、课题攻关、资料保管以及专利申请等角度进行摸底调查，得到的结果不十分理想。

首先从立项来看，科研内容有随意性，并不都是市场与公司急需的一些攻关项目。公司毕竟不是科研机构，如何将有限的科研经费与市场对接，在立项中必须进行慎重考虑。而且，科研课题的立项与审批，是同一个人，不相容职务没有分离，只要课题有了，基本上都能通过。从实际情况看，立项的课题并没有给公司带来实质上的经济效益。

在科研经费开支方面，存在不按预算项目开支、经常超支问题。一旦超支，常常张冠李戴，将一些科研经费开支到其他项目上去。而且，在整个研发过程中，许多研发实验或数据没有书面记录，使得科研的许多资源沉淀在个人身上，而不是沉淀在公司中。公司成立多年，只申请了一项专利。对公司的科研人员，既没有在工作前签同业竞止的合同，也没有在入职后在工资中明确有一部分是专利知识保密费。这样，科研人员离职后，往往会利用他在公司做的科研项目，再次启动后续研发，而科研成果的归属会存在很大的法律风险。

✳

自 2015 年起，伟思医疗就与南京麦澜德公司陷入专利版权纠纷，而后者目前的核心人物曾是伟思医疗重要研发员工。双方的法律纠纷一路从南京市法院、江苏省高级人民法院，直接打到了北京知识产权法院。这起官司还被最高人民法院收录在《2017 年中国法院 50 件典型知识产权案例》中。

南京麦澜德董事长杨瑞嘉、董事史志怀等人曾任伟思医疗产品部和研发部的负责人，目前两人合计持有南京麦澜德超过 50% 的股权。根据相关裁判文书显示，史志怀自 2002 年 11 月 1 日起在伟思医疗工作，担任研发部负责人，直接负责技术研发的总体工作，包括确定产品需求，制定产品方案，组织新产品的研发及现有产品的改进等。而现为南京麦澜德董事长的杨瑞嘉则自 2007 年 10 月 25 日起在伟思医疗工作，担任市场部经理、产品部经理，从事管理工作，创意并主导了盆底肌电生物反馈仪的研发及上市。

根据裁判文书显示，从 2010 年开始，史志怀以伟思医疗技术骨干的身份，利用公司所提供的各类便利条件，推动发明多项具有明显技术和价格优势的专利。在相关专利技术取得突破性进展之时，史志怀却隐而不报，并通过多次权属转让，使得各项专利登记在亲属注册公司的名下。而在 2012 年 10 月 31 日，杨瑞嘉通过伟思医疗公司邮箱向史志怀发送了一份名为"南京天橙医疗器械科技有限公司商业计划书"的邮件，该邮件内容是拟成立一家与伟思医疗有市场竞争关系的公司。商业计划书形成两个月后，南京麦澜德于 2013 年 1 月 16 日登记成立，而史志怀、杨瑞嘉分别于 2013

年 2 月 6 日、2013 年 7 月 23 日以个人原因为由提出辞职。

2016 年，据江苏省南京市中级人民法院判定 [（2015）宁知民初字第 194 号]，相关涉案专利由原告伟思医疗所有，主要是伟思医疗为专利项目的形成投入了大量人力、资金和设备等。判决在 2016 年作出后，双方后续就审判监督程序及其他权利方面的纠纷又多次对簿公堂。据民事裁定书 [（2017）苏 01 民初 1780 号] 披露，2018 年 5 月 25 日，伟思医疗以需要重新组织证据为由向法院提出撤诉申请。⊖

尽管公司重视研发工作，投入了不少经费，但从内部控制角度来说，由于缺乏必要的控制流程，存在类似伟思医疗公司研发成果可能流失的风险。我们将多个研发环节确定为重要或重大风险。

5. 企业消化系统是否流畅——销售环节管理

作为上市公司，浦东路桥比较重视销售环节。但是，从内部控制的角度，我们还是认为该环节有许多值得改进的地方。

首先是销售定价。尽管公司有一本上海市市政工程要素价格信息以及年初预算表，但是，由于原材料市场价格变动很快，当原材料价格上升很大时，有些销售报价低于当时市场价，没有赚取到应有利润。

例如，2018 年时，由于当时市场原材料价格猛涨，一些企业事前没有采取措施，极大地影响了当年的业绩。媒体曾报道：

综合调研情况看，此轮原料价格上涨呈现几大特征。

⊖ 伟思医疗重销售轻研发，与前员工的专利纠纷被最高法列为典型案例，finance.sina.com.cn/stock/stockzmt/2020–05–24/doc–iircuyvi4791753.shtml。

一是原材料价格上涨伴随可选资源短缺。珠海某电气股份有限公司总经理反映, 这轮原材料价格上涨造成进料紧张、交货期延长, 严重影响公司正常生产, 进一步压缩利润空间, "原材料断货成为我们经常需要应急处理的问题之一"。佛山凌飞电器有限公司董事长谭薛珍说, 近期原材料价格一直在涨, 且部分原材料有时还断货。

二是此轮国内原材料价格上涨与国际不完全同步, 部分原料如石油、塑料等价格有时会高于国际平均水平, 一定程度上削弱了国内制造业的国际竞争力。这一点在家电行业尤为明显。多家企业反映, 2017 年以来, 国内家电企业成本普遍提升 15% 至 20%, 国际主要市场成本提升幅度约在 5% 至 6%, 国内外市场在商品定价方面的分歧不断加大。

三是高新技术元器件的价格上涨突出, 对我国高科技产业造成较大冲击。东莞一家电子科技有限公司的总经理向记者表示, 2017 年以来, 该公司所需的贴片电阻、贴片电容等部分电子元器件价格上涨了 50% 以上, 记忆体价格上涨 30%, 化工塑胶上涨 10%, 纸箱包材上涨近 30%。

易事特集团股份有限公司原董事长何思模表示, 今年以来, 美、欧、日、韩对我国出口的高科技产品元器件价格普遍进一步上调。"我们公司所需的电子芯片、电容等产品就是这样, 个别产品价格甚至上涨了 10 倍, 而且很多产品都缺货。这对于整个行业的转型升级都是不利的。"

原材料价格大幅度上涨, 给企业带来了"全方位压力"。广东一家企业负责人说, 原材料成本投入加大导致资金流动减缓, 企业财务费用上涨, 风险进一步增加。而且市场缺料情况增多, 还造成了索赔、空运、取消订单等后续大额损失。○

✳

○ 原材料价格"涨"声一片, 制造企业感受"多重压力", sh.people.com.cn/n2/2018/0705/c176738-31781343-2.html。

对原材料占成本比例高的制造业企业来说，关注原材料成本与销售收入的关系，并随时调整定价策略很重要。而在浦东路桥，似乎没有这方面的安排，可能是造路工程的高额毛利掩盖了这一问题的重要性。我们认为，没有关注原材料价格变动，会成为销售定价中的一大风险。

其次，在应收账款管理方面，存在大多数公司都存在的通病：一是事前对客户信用管理缺乏评估管理机制，能赊多少应收款，能让客户欠多久，决策随意度大。二是应收账款究竟应该谁去管理，谁去催讨，一直不明确。销售部门认为这是财务部门的事情，而财务部门认为这与他们无关，应该由销售部门负责，因为客户是他们开发的，他们更熟悉。结果，应收账款不仅数额巨大，且常常出现坏账。当年长虹彩电的38亿元的应收账款坏账，几乎成为压垮该公司的最后一根"稻草"；而济南轻骑的倒闭，则实实在在是二十多亿巨额应收账款的不良所致。能否在销售环节对应收账款进行科学管理，是衡量企业销售环节内部控制的重要标志。看来，浦东路桥在这方面存在较大风险。

最后，销售合同中的一些条款对浦东路桥不利，如一些工程合同约定，工程审计之后再付款。但是，工程什么时候审计，谁去请审计，在合同中并未明确。以至于有许多工程早结束了，客户就是不审计，造成公司无法收回已完工的销售收入。而这一情况，前几年就存在了，但后续合同中，公司仍未关注此项风险，没有采取措施防止此类事件再次发生。为此，我们将销售环节中的这些问题，列为重要风险。

6. 企业的"家底"是不是实——固定资产环节的管理

浦东路桥是一家建筑施工企业，是重资产企业，其中，固定资产高达好几亿元。然而，公司施工现场除了在上海浦东之外，还分散在江浙、华东地区。这些分散在全国各地的施工现场，其固定资产是如何管理的？管理得怎么样？我们觉得有必要到现场去看看。

我们现场调研时，注意到许多施工设备均没有贴固定资产标签。有时现场施工到了尾声，由于管理不到位，常常发现施工设备被盗、被损坏的现象。我们从固定资产的购买、保管、使用、盘点、维修、处置等环节一一检查，盘点浦东路桥公司的家底实不实，是否与账面一致。

检查发现，问题确实不少。除了上面我们看到的现象外，还发现，由于施工现场多，固定资产经常互相调拨，调拨时没有留下相关记录，一旦固定资产找不到了，不知道是在哪里丢失的。在现场看到，一台锈迹斑斑的大型吊车停留在某个工地上，一问，说有大半年多了，已经报废了，既没有审核，也没有处理。

通过固定资产盘点，我们发现，公司早期常常为了现场工作需要购买数码相机，一旦项目结束，因没有登记与贴标签，这些相机会报废或丢失。有些外地工地现场施工结束后，由于长期没有结项与管理，一些施工设备会有被盗可能。我们专门将固定资产管理作为一个环节来进行考察调研，并认为存在较大风险。

二、调研问题反馈

我们将调研的问题汇总之后，先提交给浦东路桥董事会及经营团队一份初稿。他们很认真地进行了讨论，并以董事会办公室的名义，给我们的调研小组回复了一份邮件，部分内容如下。

对制度体系的设计要有说法，例如本次内控是否覆盖整个内控指引所规定的各项内容；它和现行制度有哪些差异；对现行制度今后如何对接和处理。

1）关于这次内控制度设计的范围，在向公司中高层提交诊断报告时已经说明，主要集中在公司目前最为薄弱和紧迫的基础管理工作上，范围涉及财务与资金管理、采购管理、生产管理、销售管理、固定资产管理五大方面，这一范围得到了公司中高管理层的认同。

2）与现行制度的差异，我们会在培训过程中不断体现。例如，在采购及供应商选择方面，新制度将合格供应商名录管理与实际操作部分做了适当分离；在固定资产管理方面，将质量安全部的职能做了一定扩充，改为质量安全设备部，负责统筹管理整个公司的固定资产工作。

3）新制度按照最初设定的时间表，将在 2007 年 1 月 1 日执行。从目前公司现存制度看，一些制度并不明确是否依然适用或正在实际执行，在新制度定稿到实际执行这段时间内，公司应组织对现存制度进行一次整理，判断原制度是否继续适用，同时对制度形式加以统一。

本次制度我们感觉主要涉及经营活动各业务，但对公司真正重要的一些制度如"三会议事规则"、信息披露、内部报告制度、投资和风险评估等建设是否一起完善。

4）"三会议事规则"、信息披露等制度，这部分内容属于公司治理层次的问题，是在基础管理、内部控制之上，一个更高层次的问题。依循公司内部控制建设渐进式推进的思路，这些重要制度将在基础管理和内控制度建设的基础上加以不断完善。如果所有问题一并解决，很可能使问题的解决缺乏层次性，造成重点不突出。上述问题并没有列入本次项目诊断报告和制度设计的重点范围。

对一些具体制度和子公司管理、合同管理、融资管理等建议请相关制订人员和有关部门再做一些沟通。

5）这一过程目前正在进行，通过与各部门的不断沟通，力争使新制度最大限度地贴近公司实际情况，减少过渡成本。

浦东路桥董事会办公室

从上述答复中, 我们可以看到, 作为董事会, 更多的是关注上市公司高层的治理结构的建设, 如三会制度即股东会、董事会及监事会的流程。他们认为具体的经营管理制度应该是中下层关注的事, 是内部控制建设的事。尽管表达很婉转, 我们还是理解了董事会办公室的意思, 即我们不应关注太多细节, 而应该将主要精力放在如何完善上市公司的治理结构。而且, 信中要求我们厘清内部控制与治理结构的边界。

对此, 我们还是有不同看法。中国是一个快速发展与转型的社会, 我们的职业经理人并没经过系统的职业熏陶, 如果缺乏一个对经营过程有着良好控制功能的内控制度, 董事会的治理结构建设会失去根基。也许是我们第一份报告不够细致、详尽, 我们将上面调研的结果, 再一次进行整理, 并用PPT的方式进行表达。这份材料共约二百多张PPT, 除了描述内部控制的问题、部门责任人、可能的后果与风险外, 更多的是现场的图片、发票的复印件, 以及许多员工访谈的记录。

公司董事长葛培健先生在听取了这次内控现状调查报告后, 用"震惊"二字来形容自己的感受, 并表示不曾想到公司隐含着如此多的内控问题。而事实上, 绝大多数处于转型阶段的企业, 在其良好经营业绩和管理表现的背后, 或多或少隐藏着内部控制的漏洞, 有些风险甚至是巨大的。

第三节　浦东路桥进行第一次手术式内部控制调整

事实上, 多数企业诊断存在的问题比较容易, 要进行整改与完善却特别难。在完成内控诊断过程后, 受公司董事会授权, 紧接着是针对诊断中发现的内控问题进行改进并设计完善的内控管理制度。其方法好比房屋整修, 主要是以公司组织机构架设为经, 以业务流程再造为纬, 搭建起内部控制建设的"脚手架", 通过"脚手架", 将内部控制的因素和方法添置到企业这幢"房屋"中, 从而提高"房屋"的实用性 (管理效率) 和抗灾性 (抗风险能力）。实施内部控制，并不是推倒公司原来所有的制度与流程，重新再去建立一套独立的所谓内部控制流程，而是从一个新视角，对原有制度进行批判、修改与完善。

举个例子。财务制度规定，银行余额调节表过去是由出纳编制的，这能维持公司财务的运行。但是，众所周知，银行对账单是确保银行存款是否安全、完整的最后一个有效的信息。一旦出纳挪用了公款，而对账单及银行余额调节表均由出纳本人去收取与调节，他很可能利用编制银行余额调节表的机会，用虚假的银行余额调节表掩盖其挪用的事实，很难被其他人发现。但是，只要在财务流程中做一个小小的变动，规定银行对账单及银行余额调节表只能由不经手银行存款的会计人员去处理时，出纳如果挪用公款，一般在一个月之内会暴露，因为银行余额调节表很快能揭露这个问题。内部控制建设的主要功能，是重新梳理公司原有的业务流程，并加以补充与完善。

比如，浦东路桥为控制采购活动，提高效率，防止盲目浪费，通过组织机构调整，将固定资产采购权力由原先的事业部掌握，收回到公司总部，由公司设备管理部统一进行计划、审批和实施。又如，为了营造企业良好的控制环境，强调员工控制责任，提高控制意识，要求所有员工签订保密协议，使其明确在浦东路桥工作时，需要尽到哪些保密义务，违反保密协议需要承担哪些责任。对于特殊岗位的员工，如研发人员和采购人员，还需分别签订同行竞业条款和阳光协议，保证企业资源为企业所有，不掌握在个人手中。再如，通过建立全面的合格分包商考评体系，从风险评估和监督的角度，为分包商的选择、评价、确定、考核的整个过程提供了依据。

经过修订补充后的浦东路桥公司制度共有十五个部分，五十一个章节。这些流程大到公司组织架构的变动，小到子公司的印章管理，几乎覆盖了公司所有重要的经营环节。这些新的流程制度，经过与经营层反复讨论，几易其稿，最后，在权衡成本效益的基础上，在考虑了实施的便捷与控制的重要性之后，终于定稿。修订过程中遵循了三个原则，一是尽量保留原有的好制度，二是考虑到下一步向集团经营战略过渡时的需要，三是只改重要、重大环节，放弃面面俱到的想法。新的制度及流程修订后，董事会于 2007 年 2 月 2 日发布公告，要求公司全体员工实施新的、具有内部控制基础的业务制度。全文如下：

关于建立内部控制制度的议案

各位董事、监事：

　　浦东建设上市已近三周年，本届公司管理层积极转变经营理念，抓住机遇，攻坚破难，创新盈利模式与融资途径，努力增强企业获利能力，推动了公司快速、健康、持续发展，投资者的合法权益得到了有效保障。公司认识到要保持这种良好发展态势，必须夯实基础管理，加强内部控制，提高抗风险能力，才能增强公司可持续发展的能力。

　　2006 年上海证券交易所为推动和指导上市公司建立健全和有效实施内部控制制度，依据《公司法》《证券法》《国务院批转证监会〈关于提高上市公司质量意见〉的通知》，制定了《上海证券交易所上市公司内部控制指引》，并规定从 2006 年 7 月 1 日起施行。

　　为此，公司以《上市公司内部控制指引》规定为契机，结合自身治理的需求，于 2006 年 7 月份开始了内控制度的设计工作。该项工作共分为：管理诊断、初步设计、中期汇报、设计定稿和培训实施五个阶段。历经了六个月时间，在对公司各业务部门进行专题访谈、调研及反复讨论的基础上，设计出一套《浦东路桥建设内部控制制度》，基本涵盖了公司经营活动中所有业务环节，还包括贯穿于经营活动各环节之中的各项管理制度。对控股子公司制定了财务内控管理的规定。

该内控制度包括财务与资金管理、采购管理、生产管理、销售管理、固定资产管理、投资管理、人事管理、研发管理、子公司管理、合同管理、基本建设管理、法务事务管理办法、全面预算及绩效评价管理、内部控制检查监督及实施细则等。共十五部分五十一章。

对于公司日常经营管理中经常发生的环节（如财务与资金管理、采购管理、生产管理等），或管理中的薄弱环节（如采购管理、生产管理、合同管理等），在制度设计过程中，反复与基层业务部门沟通，交换意见，使其达到适用、高效，并被执行者接受之目的。

公司各职能部门一致认为《浦东路桥建设内部控制制度》具有完整性、合理性及实施的有效性，将会对提高公司经营效益与效率，增强公司信息披露的可靠性，确保公司行为合法合规，奠定较好的基础。

好的制度出台之后，更重要的是认真贯彻执行实施，并给予严格的检查监督。因此2007年度公司将全力推行《浦东路桥建设内部控制制度》的宣传普及，加强对内控制度实施的全员培训，提高经营管理人员的风险防范的内控意识，努力达到《上市公司内部控制指引》的标准。

以上议案请各位董、监事审议。

（附件：浦东建设内部控制制度目录）

上海浦东路桥建设股份有限公司

2007年2月2日

第四节 对浦东路桥实施新内控制度后的第二次调研

很快，浦东路桥的内部控制制度实施快大半年了。实施新的制度以后，效果如何，有否起到预先设想的功能，还需要实践的检验。

　　记得在咨询界流行过一个笑话。一家咨询公司给某企业做内部控制设计，组织了十几个人的精干队伍，花了大半年时间，调研、设计、写初稿、写征求意见、写定稿、培训、实施。前面的过程很顺利，最后设计出厚厚几大本制度。发征求意见时，管理层提出了不少中肯的建议，咨询公司进行了修改。修改后给公司全体员工进行了新制度培训，让大家熟悉新旧制度的差异。然后选了一个时间如某年7月1日开始，全面实施新制度，旧的制度全部作废。咨询公司认为，这些科学合理的制度，一定会比旧制度有更为理想的控制功能，但是，现实却并不是。

　　制度实施一年后的某一天，咨询公司合伙人又到那家企业进行回访，想了解他们设计的内部控制制度其控制功能是否更好些。接待他的企业办公室主任很热心地介绍说，你们的制度很好，我们董事长很重视，现在和过去比，问题少多了。上级部门来检查，很赞同我们的内部控制建设，我们还得了不少奖呢！这要感谢你们的帮助。合伙人听了很高兴，希望拿到一些具体的数据，而不是泛泛而谈。办公室主任很客气地说："可以，我们慢慢聊吧！"说着，他拉过一把椅子请客人坐。合伙人刚要坐下时发现椅子有点脏，问能否帮擦一下。办公室主任吩咐他的小助理："你拿块抹布擦一下吧！"小助理没有找到抹布，随手抽了几张纸，说："用这个擦吧！反正是废纸。"咨询合伙人一看，这不是我们去年给他们设计的内部控制流程文件吗，怎么擦桌子了？结果，双方都很尴尬。

　　这位合伙人回家想了半天，想弄清到底是什么原因。是设计不好，还是可操作性不够？想了半天，终于想明白了。很简单。一家企业成立后，随着业务的发展，逐渐建立起各种各样的制度，其主要特征是碎片化。通常是遇到一个问题，设计一个制度。如有人说，我联系业务，手机都打爆了，公司能给报销吗？于是，办公室开始制定员工通信费用的报销制度。又有人说，这次让我去海外出差，海外出差补贴是多少？办公室说，我们定个海外差旅费报销办法吧！这种急救式、碎片化的制度流程，多多少少有些漏洞与问题。由于发展初期公司规模小、经费有限，一般不会有多大问题。随着时间推移，公司规模越来越大，各种费用开支越来越多。表面上，各个部门按照公司规章制度在办事，实际上，这些制度与规章的背后，慢慢形成了一套看不见的利益格局。这使得某些制度看起来是为了公司的发展，却成了某些部门甚至个人谋取利益的机会。当这些流程中的漏洞被新的内部控制流程修补完了之后，最不情愿执行的，是那些旧制度的利益获得者，当开始实施新制度时，他们会很抵触。当然，他们不会直截了当地说自己的利益受到了损失，而是会借用其他力量千方百计地破坏新制度的实行。例如，他们会借用客户的口来说，新制度的实施，比过去多了些控制流程，影响了效率，客户不满意了，以后可能不会订我们的货了，今年我们完不成销售业绩了，等等。有时还会逼着老总为了完成销售预算，而不得不放弃一些新的控制措施。结果，新制度实施没多久，由于旧的利益格局抵触，慢慢回到原来的旧制度中去了。执行新制度，不能靠管理层主动自愿，而必须要有强有力的外部力量推动、监督与治理。浦东路桥是以董事会审计委员会的名义进行颁布推广，半年后，审计委员会再次来到公司现场，就新制度的实施情况，进行调研与监督。

2007年6月18日到6月27日，我们来到去年认为管理最乱的仓库部门。到了一看，今非昔比，仓库中整齐地排列着货架，而货架上按照仓库管理五五堆放原则，将货物有序安放。每堆货物前，都有明晰的标志牌。看来，有督促与无督促还是有区别的。对此，我们专门拍了照片，并与原来仓库管理的照片做了对比，进步明显。

接下来，我们专门检查了银行账户，发现财务部门已将所有银行开户信息核查登记完毕，而不是像过去那样，家底不清，有多少账户搞不清楚。而且，公司审计部门专门定期检查了这些账户开户、撤销等情况，比较规范。但还是查到了总部有一个新开账户没有及时登记，说明执行得还不是很彻底。最可喜的是，银行余额调节表终于由会计人员，而不是出纳来编制了，这个顽疾终于被克服了。遗憾的是，会计人员编制的银行余额调节表中，有两个数据是错误的，没有人检查出来，我们来后，才被发现，说明还是有漏洞。相关人员对应收账款进行了核对，供应商应付账款的核对还是没有很好地执行，只是供应商财务报表年度审计时，对方会计师事务所发来了函证，被动地执行了应付账款的对账。

一些重要票据均由出纳保管。按规定，应该由非出纳人员定期抽查盘点这些票据是否存在，是否有效。很可惜，我们没有发现盘点的记录。另外，员工在借备用金后，没有按时报销与回款时，无人及时催讨，说明内部控制的执行，还需要有一个培养过程。

在采购方面，过去很混乱。一些部门或岗位的权力有时过于集中，有时过于分散。例如各类大小合同，无论金额或类型，都需总经理审批；事业部经理对于生产车间一个电灯泡采购的请购审批和费用报销，都要亲力亲为。又如，公司某事业部包括主任室、生产车间、市场部、综合办公室在内的各部门都有权实施原材料或固定资产的采购。这种过度集权或过度分权可能带来的风险是降低效率，舍本求末，管理失控。

这次内部控制改革分两步走。一是，将公司所有的固定资产采购集中交由总公司负责，下面各分、子公司无权对固定资产自行采购，避免了重复采购、无效采购。二是，各分、子公司对原材料、辅助材料的采购，先将计划集中报批给公司总部，计划批准后，再交由各分、子公司执行。在报批过程中，公司总部对采购过程中的供应商、价格进行管控，并逐步收集相关信息，为今后公司总部集中采购打好信息基础。

对于一些办公用品、低值易耗品等零星采购，各分、子公司只要年前列出预算，批准后，由各分、子公司自行采购。这样的分级采购，既有利于公司总部聚焦重点，有利于各分、子公司维持一定的工作效率。此次检查，我们重点对分级采购方式的实施进行了复查，结果发现，各分、子公司对原辅材料的采购，均能年前预先向总部集中书面报批，待总部批准后，能有序采购。

新制度规定，所有采购均需进行询价程序。采购人员应从现有合格供应商名录中选择不少于 3 家供应商进行询价。检查发现，这些流程大部分得到执行。但也发现，某些投标资料中，缺少报价单。

还有，新的采购制度规定，对于重大固定资产及原材料采购，必须二次询价，检查发现，固定资产采购严格执行了规定，原材料采购在二次询价方面做得比较差，比例不到 50%。为此，要求各分、子公司查找原因，并予以补充相关流程。

尽管新的采购制度规定，所有采购，必须在合格的供应商名录中选择，没有列入合格供应商名录的一律不准采购。检查发现，在 45 家采购的供应商名单中，还是有几家并没在公司合格供应商名录中。经询问，说是合格供应商没有此类物资。为此，内控部门要求，采购部门对这类新的供应商必须进行评价，看是否符合公司合格供应商标准。

除此之外，我们还对公司的生产管理、固定资产管理、合同管理等方面进行检查。发现新的制度起到了一定的作用，如生产计划不再是电话或口头传达，开始使用书面文件；大部分固定资产贴上了标签，并逐一做好了固定资产登记卡片；合同签订有了规范的合同审核表。

这次检查的体会是，尽管公司的内部控制制度没有得到完全的执行，这半年来的变化，让管理者获益良多。葛培健先生跟我说，现在管理企业，心里要更有底气一些了。当然，我们知道，罗马不是一天建成的。靠一套文件，想要彻底扭转过去形成的利益格局及习惯，何其难也！我们决定，一年后再次进行检查，看看公司的内部控制情况会怎样。

第五节　对浦东路桥实施内部控制后的第三次调研

2010 年 4 月，董事会审计委员会组织了内控调研设计人员，会同公司内部审计员工, 对浦东路桥实施了一年多的内部控制流程进行再次调研, 调研结果超出了我们的预期。

这次变化最大的是固定资产管理。主要体现在六大方面: 一是从总部到各分、子公司, 建立了明确的固定资产管理条线, 大家职责分明, 对自己使用与掌管的固定资产比较清楚; 二是所有的固定资产均已粘贴了标签, 并设立了对应的固定资产管理卡片; 三是重新设计了固定资产验收单, 细化了验收的内容; 四是各部门对自己使用的固定资产状况能发表意见; 五是对于重要设备, 各部门组织技术小组进行鉴定, 为今后设备维护与报修提供了依据; 六是对融资租赁的设备, 视同自有设备进行全面管理, 如合同有特别条款约定的, 还能按特定条款进行管理。相比之下, 过去曾经丢失过重型设备如起重机之类的事情, 估计再也不会发生了。

在采购方面, 除了分级采购、供应商管理以外, 还要求所有供应商均签署阳光采购协议, 对供应商明确规定, 不得私下与公司采购部门发生合同约定之外的利益输送。如果发现有这类行为, 不仅要将供应商列入黑名单, 还要他们承担相应的法律责任。这一规定, 深受供应商, 特别是优质供应商欢迎。有时候, 并不是供应商想要通过佣金或回扣来取得供货资格, 而是采购部门强制索要, 才迫不得已运用潜规则来保住自己的资格。现在有了阳光采购协议, 供应商能名正言顺地拒绝某些采购部门的无理要求了。

新制度经过一年多的实施, 管理部门从过去的不习惯, 慢慢变成自觉的行动。从过去的不理解与抵触, 慢慢地变成日常惯例。内部控制的实施, 除了制度的设计之外, 更重要的, 是通过高层不断检查、不断督促、不断跟进, 并要求管理层理解要做, 不理解也要去做, 一旦形成了习惯, 不会出现我们前面所说的, 几个月半年之后, 又回到过去的老习惯中去。

当审计委员会完成了内部控制的设计与推广后, 下一步计划是, 在内部控制的基础上, 继续推进公司的风险管理制度, 并结合公司治理的改革,将浦东路桥打造成中国一流的上市公司。

可惜的是，2010年，由于我在浦东路桥独立董事的任期结束，后续的风险管理制度及治理结构的改革我没有机会再参与。尽管如此，由于审计委员会对浦东路桥内部控制进行了认真的改造与推动，得到了资本市场的认可。2011年，浦东路桥获得了证监会授予的"内部控制规范试点单位"称号。对此，葛培健先生做了六点总结，现在看看，仍颇有现实意义。[⊖]

如何有效进行内控体系建设，我们的体会有六个方面。

第一，注重治理结构建设。建立股东会、董事会、监事会和经理层权责明确、相互制衡、规范运作的治理结构，这既是内控的重要组成部分，也是内控建设的实施基础和核心保证。内控环境方面，既强调决策保障机制的顺畅，又注重决策权利的合理分配和有效制约。

第二，注重审议决策程序。规范的决策程序是内控的具体形式，是防止利益冲突的重要机制、破除干部权力观念的重锤。公司在"三重一大"风险管理时，分别由董事会战略决策、提名薪酬考核和审计与风险管理委员会审议，然后报董事会、股东会讨论决策。董事会授权经营层在其授权范围内，按照经理议事规则开展日常生产经营管理工作，以消除内部人控制现象。

第三，注重坚持经营敏感领域不相容职务分离。设立采购招标中心，中心是纪委监管下的独立机构，中心分管领导是纪委书记，目标是将大宗原材料、A类固定资产由采购招标中心集中、公开招标，把招标职权与使用部门相分离。公司还建立电子采购平台，对招标的过程、文档、评标结果实现数字化管理，增加招标透明度。出台资金分级审批制度，设立业务部

⊖　摘引自roll.sohu.com/20120328/n339076783.shtml。

门、主管部门、主要领导分级审批制度, 付款根据付款计划, 严控计划外付款, 并采取特殊支付计息结算手段。严控资金管理, 有效规避经营风险。设立职务消费制度。对高管的职务消费实行"预算定额、超额自付和定期公开"的阳光管理机制。实行干部交流和重要岗位轮换机制: 公司对关键岗位, 如采购、会计、经营、行办、招投标等岗位定期实行岗位轮换, 确保关键信息、技术不被一个人长期垄断。

第四, 注重坚持完善公司治理与内控制度建设并重, 努力构建高效运作、有效制衡的监督约束机制。落实内控管理机构。在董事会领导下设立风险控制管理部, 负责内控体系、制度的完善及内控运行情况的考核与检查。风控负责人由董事会直接任命, 董事会负责对风险管理部工作的考核。将内控管理纳入公司的绩效考核。董事会对总经理、财务负责人和风控负责人的考核引入应收账款、存货等重要财务质量指标。

第五, 注重引入"外脑", 强化实时监督。构建"业务部门、法律部门、审计部门、中介机构"四位一体的风险管理体系。风险管理部实行日常和中期检查, 向审计与风险管理委员会定期提交内控自我评价报告; 业务部门提交内控自我评价报告; 借助"第三只眼睛"的力量, 建立法律顾问制度、外部体检机制, 积极构建由企业决策层主导、内审部门监督和外部内控专业机构协同、会计师事务所专项审计、全体员工参与的风险责任体系, 对风险管理进行适时的质询和修正, 把基础管理作为内控的永恒主题。同时注重内控问题的整改。针对内控检查中暴露的突出问题, 纳入考核, 强化整改, 注重落实。

第六, 注重构建人人都是风险责任人的内控文化。把内控和风险意识与廉政教育相结合, 融入企业文化。坚持宣教优先, 营造人人都是风险责任人的氛围, 使制度执行不留盲区和死角; 建立"不敢违、不能违、不愿违"的自律机制, 对干部员工加强学习教育, 明确禁止性条款, 通过廉政承诺和制度约束形成自律机制; 要求领导干部带头执行制度, 一级做给一级看;

照章办事必须靠强有力的控制手段和惩戒机制。

"善待"内控创造价值

深化内控建设是企业"一把手"工程。火车跑得快，全靠车头带。一把手不重视会虎头蛇尾，雷声大雨点小，到后来"竹篮打水一场空"。一把手必须带头身体力行，发挥率先垂范作用。无论从评估企业风险级别的角度，还是从董事长作为上市公司第一责任人的高度，无论从规范制衡企业领导人权力运行的深度，还是从推进内控体系建设力度而言，需要一把手有深谋远虑的远见和虚怀若谷的胸襟。一把手的素养、品行决定着企业的战略高度，同时决定了内控体系的建设深度和执行效果。

深化内控体系建设是企业系统工程。内控体系建设需要系统化设计、项目化推进、执行力评价，必须从横向、纵向整体推进、全员参与，积小胜为大胜。公司从 2006 年起启动内控体系建设，每年围绕内控体系建设的年度目标包括战略定位、机构设置、系统培训、作业实施、检查评估五个环节，有序推进。

深化内控建设是企业价值创造工程。按照机会成本理论，规避风险其实是创造了价值，内控建设不能与风险管理完全割裂开来。要用辩证的观点"善待"内控建设，用投资的精神去培育内控体系，用发现的眼光去"欣赏"内控价值，用超越的心态去"驾驭"内控的方向，那么其价值创造功能便会跃然纸上。

第六节　告别浦东路桥董事会

2010 年 5 月，浦东路桥董事会进行了换届。我从 2004 年开始在该公司担任独立董事，到了 2010 年，已服务了两届共六年，按照证监会的要求, 不能再继续担任此职了。在六年的工作过程中, 与公司高层, 尤其是董事长葛培健结下了极其深厚的友谊。这六年工作经历, 再次让我认识到, 在国企的高层管理人员之中, 确实有一批无私奉献、睿智大气的优秀人才。由于体制所限, 他们的收入不能完全市场化, 但是, 他们在管理公司的过程中, 还是很投入地工作。我在董事会上, 有时会发表一些很尖锐的意见, 葛培健先生从来不计较我个人的态度, 认为只要是正确的意见, 他会全力推进。我们相处得很融洽。

2014 年 4 月, 葛培健先生离开了浦东路桥, 调任浦东国资系统的另一家上市公司张江高科当总经理。他到了张江高科后做的第一件事情, 是改组公司董事会, 并力邀我再次与他合作, 到张江高科担任独立董事, 并兼任审计委员会主席。对此, 我欣然接受。对于我来说, 这又是一次很好的合作机会, 也是一次很好的学习机会。

有的读者会问, 李老师, 你对于承担独立董事一职, 是来者不拒吗? 答案是否定的。下面一个章节, 我要来谈谈我最短命的独立董事经历。从第一次参加董事会开始, 到我坚决请辞独立董事, 前后半年不到。这不仅说明我对于独立董事的选择比较谨慎, 也从侧面告诉大家, 独立董事是一项难度很高的技术活!

小结: 国家五部委通过文件对上市公司的内部控制提出了原则性规定, 并要求公司董事会及审计委员会对内部控制进行关注与负责。但是, 让内部控制原则性的规定落地, 并有效实施, 不是一件轻而易举的事情。通过董事会的审计委员会牵头组织, 对浦东路桥公司长达数年的调研、流程再造、调整、磨合, 才形成相对稳定有效的内部控制的制度与规范, 防范重大风险的出现。这是我在浦东路桥六年独立董事生涯中的最大收获。

第六章

LJ银行

第一节　独立董事的选择

在我的独立董事生涯中，出于各种原因，我拒绝了不少公司的邀请。一方面是因为我已在五家公司担任独立董事，到了证监会规定的上限，不能再承接更多的独立董事职务；另一方面则是出于其他原因，我不愿意或无法担任独立董事一职。

印象最深的一次，是拒绝丽珠药业董事会对我的邀请。2004年的一天，我的一位在读博士生方荣岳来电，问我有没有兴趣到珠海一家企业当独立董事，我问公司叫什么名字，属于哪个行业，他说叫丽珠药业，属医药行业。我一听，感觉好熟悉！那时，各大媒体每天给它做大量的广告，它有一款叫"丽珠得乐"的胃药，还是一款网红药品。我说："可以考虑！"于是，丽珠药业董事会马上启动流程，让我先到珠海去参观他们的企业，顺便双方当面沟通一下，看看我能否担任他们公司的独立董事。

　　到了珠海，我参观了公司的展品室和生产线。高管很年轻，很有朝气。如果能与他们共事，我肯定可以学到不少药业方面的知识。我们双方相谈甚欢。临走时，丽珠药业的董事长说："李老师，我们很欢迎你来公司担任独立董事，我们最近股东结构有些变化，你最好见见我们新的大股东。"我问新的股东是谁，他说是深圳一家叫健康元的公司。我觉得这个名字似曾相识，但又有点陌生，于是问他们这家公司是什么行业的。丽珠药业的董事长大概看出了我想问什么，于是笑着说："是原来的太太药业！"噢，难怪我觉得有些熟悉。太太药业于 2003 年 10 月 9 日更名为健康元。难怪我又觉得不太熟悉。丽珠药业的董事长说："我们尽快安排你与健康元的董事长见一下面吧！"

　　不久，我接到通知，要求我去深圳会见健康元公司的董事长。到了深圳，我在酒店的一间会客室里，见到了健康元集团的董事长朱保国。朱总个子不高，皮肤有些黑，一看就是一位精明能干的企业家。

　　朱保国的创业历程颇有传奇色彩：1992 年春节，他在给亲戚拜年时，闲聊中偶然得知一副治疗女性黄褐斑的养颜方子。上门一聊，方知是祖传的宫廷秘方。他当即出价 9 万元，买下了这个秘方。之后，30 岁的朱保国与几个朋友攥着方子南下深圳，开始创业之路。朱保国筹集了 2000 万元，一半用于建厂，另一半用于购买设备及作为流动资金。他给这个保健品起名为"太太口服液"。通过这个保健品，朱保国很快还清了所有的银行贷款，自己还赚了上千万元。2001 年 6 月，朱保国带领太太药业公司，成功登陆 A 股并募集 17.36 亿元现金，太太药业公司成为中国第二家上市的民营企业。朱保国家族持有的"太太药业"股权比例高达 74.2%。2002 年，太太口服液单品销售额为 2.42 亿元；2003 年，太太口服液单品销售额为 2.51 亿元。朱保国在福布斯 2002 年中国大陆 100 强富豪榜排名第 36 位，大陆首富企业家排名第 29 位。当我见到这位朱总时，我发现，他为人谦虚，说话很客气，让人感觉挺舒服的。

寒暄之后，我们切入正题。朱总说："我们很欢迎你来担任丽珠药业的独立董事，但是目前我们与另一家公司就控制权问题有些争议，希望你加入丽珠药业董事会后，能妥善处理好这方面的关系。"我此前不知道健康元正在与东盛集团公司就控制权问题打得难分难解。他还说："你可以回去考虑一下，如果你愿意的话，我觉得你可以到我们太太药业来当独立董事，我也十分欢迎。"我说："谢谢朱总，我回去一定认真考虑。"

回到上海后，我上网了解了一下健康元与东盛集团的股权之争，其激烈程度及其复杂曲折的情节不亚于惊险小说。为争夺丽珠药业的控制权，双方几乎用上了并购中的所有策略，包括收购管理层股权作为并购中的白衣骑士来形成战略同盟，运用配股中的毒丸计划来耗尽对方手中的并购资金。了解完这些情况之后，我觉得，凭我个人的情商与能力，完全无法在这样的环境下去承担独立董事一职。我很委婉地给健康元的朱总回了一封信，说本人能力有限，才疏学浅，实在无法胜任此职，并表示感谢。对方很客气地表示理解。至此，我与丽珠药业公司董事会的工作无缘了。

决定担任一家公司的独立董事之前，我会了解企业所处的环境，衡量自己的专业与能力，这是一个很重要的环节。但是，有一次事与愿违，在特定的情况下，我一时疏忽导致了一生中最"短命"的独立董事经历，这家公司是北方的一家银行，我们暂且称其为LJ银行吧。

2009年11月，我突然接到老同事钱教授的电话。他当时被借调到上海一家大型国有企业——上海实业集团公司做副总兼财务总监。他说，上海实业投资了北方一家新组建的银行，对方想要上海实业推荐一位候选人，去当该银行的独立董事。他觉得我比较合适，问我感不感兴趣。我问这是一家什么样的银行。钱教授介绍说：这是在当地银监会和H市银监局的指导下，经由一家央企ZL集团、东北的一家上市公司BDH集团等企业参股，再加上上海国际集团、上海实业集团等多家公司注资, 将 QQ 市银行、MDJ 银行、DQ 银行和 QDS 城市信用社合并, 成立的一家新银行, 即 LJ 银行, 于 2009 年 12 月挂牌。通常, 如果是其他人邀请的话, 我一般不会马上答应, 可能会考虑一下。这次因为是老同事钱教授发来的邀请, 我毫不犹豫地答应了。钱教授不管是在为人、学术方面, 还是在行政工作方面, 其声誉有口皆碑。他介绍我去当独立董事, 应该是很靠谱的事。再说, 既然上海实业集团入股, 他们事前肯定会做些尽职调查, 银行号称"金领"行业, 应该是比较稳健的企业。尽管我从未在银行当过独立董事, 但我想我可以去试试。

自开始我的独立董事生涯以来, 我一直坚持一个原则, 即决定是否担任某家公司的独立董事之前, 必须要和公司的负责人, 最好是董事长, 见面沟通, 以判断自己是否与他合得来, 是否能承担这样的工作。此次匆忙答应钱教授的邀请, 违反了这个原则。

第二节　先斩后奏的董事会提案

不久, LJ 银行董事会办公室联系我, 要求我尽快提交独立董事资格申请表, 送交当地的银监局审批。按照要求, 我很快地完成了所有资料的准备。2010 年 1 月下旬, 我接到董事会办公室的通知, 希望我能以独立董事的身份, 参加 2010 年 2 月 4 日在 H 市召开的 LJ 银行第一届第四次董事会。

2 月 3 日下午, 我从上海赶到 H 市。LJ 银行的董事会办公室专门派人到机场来迎接。来到 H 市的香格里拉大饭店后, 我拿到了第二天的董事会提案, 内容看似很多, 足足有 15 个提案, 会议的时间安排很紧凑, 从上午 8 : 30 到 12 点。三个半小时, 这么多提案, 怎么讨论? 会议议题如表 6-1 所示。

表 6-1　LJ 银行第一届董事会第四次会议议题表

时间：2010 年 2 月 4 日 8：30 ～ 12：00

地点：香格里拉大饭店北海深圳厅

主持人	议　题	汇报人	备注
杨某某	一、关于 LJ 银行 2009 年工作总结及 2010 年工作规划的报告		
	二、关于 LJ 银行 2009 年财务预算执行情况和 2010 年财务预算安排（草案）的报告		
	三、关于 LJ 银行未来三年资本补充计划的议案		
	四、关于 LJ 银行 2010 年基层网点建设规划的议案		
	五、关于 LJ 银行信息系统科技建设规划的议案		
	六、关于徐某某、曾某某拟提名为 LJ 银行行长助理的议案		
	七、关于 LJ 银行薪酬考核管理办法的议案		
	八、关于 LJ 银行购买 LA 大厦作为办公楼的议案		
	九、关于 LA 大厦办公楼的设计及装修议案		
	十、关于 LJ 银行总行机关购置车辆的议案		
	十一、关于 LJ 银行总行机关车辆管理改革的议案		
	十二、关于 LJ 银行对 D 等三家村镇银行增资扩股的议案		
	十三、关于 LJ 银行拟在 KS 县发起设立村镇银行的议案		
	十四、关于 LJ 银行在 Q 市 LJ 支行购买办公楼的议案		
	十五、关于 LJ 银行聘请咨询公司的议案		

尽管提案很多, 每份提案所附的文件资料却很少, 尤其是后面几个购买办公楼、聘请咨询公司等提案, 很简洁, 有些文件仅寥寥几十个字, 几乎看不到实质性的内容。这对于习惯在开会之前仔细阅读提案的我来说, 顿觉心里没有底。当天晚上, 忐忑一夜, 着实没有睡好!

第二天上午, 我早早来到了会议室。尽管 LJ 银行规模不算大, 当天来参加董事会的人却不少。除了所有董事之外, 还有 LJ 银行的经营层。而从席卡上看, 还有金融监管机构及相关办事处的领导。会场给我的第一感觉, 不太像公司的董事会, 倒更像是政府机关的行政会议。

LJ 银行的董事会准时开始了。由于 LJ 银行是新组建的银行, 董事会开会之前, 先由金融监管机构的领导说了一些祝贺之类的话。我看了一下表, 已经用去不少时间。接下来, 由新上任的杨董事长开始主持会议。这是我第一次见到这位董事长, 精干、稳重, 一看就知道是个资深的银行高管。我在网上看了他的简历: 他从某金融学校毕业后, 一直在银行工作, 且一路高升。来 LJ 银行之前, 他已是中国工商银行 H 省分行的常务副行长。现在, 由他来做"掌门", 不论从业务能力, 还是行政经验, 应该是挺合适的吧。

他在发言中, 首先感谢各位新股东对 LJ 银行的支持, 正是由于股东们的支持, 才使得 LJ 银行从几家地方小银行合并组成现在规模的中等银行。然后话锋一转, 他强调了一下说: "在请各位董事讨论提案之前, 要说明一下, 提案八, 关于购买 LA 大楼这件事情, 我们实际上已经操作好了, 钱也付了。由于这件事情需要董事会及股东大会授权, 希望大家理解, 帮我们完成必要的手续!"

听到这里, 我马上将提案八翻出来仔细查看。提案八全文如下。

关于LJ银行购买LA大厦作为办公楼的议案

各位董事：

现将 LJ 银行购买办公楼的有关情况汇报如下，请予审议。

一、目前营业场所情况

LJ 银行目前营业场所位于 H 市 NG 区汉水路 ××× 号，面积 5000 平方米。目前营业场所只能满足 150 人的办公需要，按照总行总部 205 人的机构人员设置，难以适应各项工作对办公的要求。

二、LA 大厦基本情况

拟购置的 LA 大厦办公楼位于 DL 区友谊路，向北面对香格里拉大酒店，向东近邻交通银行大厦，西南与爱建滨江新区相连。大厦产权由省公安厅和省 TJ 投资有限公司共有，大厦总面积（不含公安厅部分）30 540 平方米。

三、购置成本

拟购置 LA 大厦作为 LJ 银行的办公楼，总投资 2.7 亿元，按照 30 540 平方米计算，约每平方米 8840 元。考虑到筹建期间省委、省政府在价格上给予一些优惠，当时时间紧，怕错过时机，未与各位股东沟通，已先期预付定金 4000 万元，还差 2.3 亿元未付。目前，拟购买的办公楼已达到每平方米 1.2 万元，且还有增值的趋势。

我的天啊！ 2.7 亿元的投资项目，先斩后奏！在董事会及股东们均不知情的情况下，将买楼的定金付了。还要讨论什么呢？想起我在太保集团当董事时, 也是讨论买楼的事情, 是先由董事会讨论决策, 怎么买, 买什么地段的, 买多大面积的; 在董事会讨论完方案后, 再通过流程规定, 谁去寻找标的物, 谁去询价, 谁去谈判, 谁去认证, 谁去监督; 最后一定再回到董事会投票决定。授权不等于放权。授权是有条件、有控制、有流程、有监督的授权。

由于严格的程序规定, 太保集团买楼经历了好多次董事会的反复讨论, 最后才决策执行购买。而这个刚刚开张不久的新银行, 高管人数不多, 董事长个人大笔一挥, 价值几个亿的楼买好了。楼在哪里, 楼的样子如何, 平面图的布局等是怎么样的, 在提案中只字不提, 要董事会通过此方案, 似乎有些太蹊跷了吧?

接下来, 杨董事长解释完毕之后, 请各位董事对这十五个提案发表意见。

在董事们的发言过程中, 有些人似乎并不觉得其中有严重问题。大多数人不痛不痒地对提案表示基本认同。我实在按捺不住, 举手表示想发言。董事会秘书小那对着我问: "李先生, 你想发言吗? 你对提案有看法吗?" 我立即接口说: "是的, 我有看法。首先, 这个楼在哪里我还不知道? 我们怎么讨论这个提案呢?" 这时杨董事长接口说: "这没有问题, 等上午开完会, 我们下午安排各位董事到这个我们刚买的楼去参观一下, 反正不太远。" 我接着问: "要求董事会同意买楼的提案, 是要我们授权。授权是有流程的授权、有规则的授权、有监督的授权。现在, 我们还不知道整个买楼的过程, 我们怎么授权呢?" 显然, 这些话, 似乎引起杨董事长的不满, 他有些不高兴地说: "我们这个楼, 是在当地政府帮助下, 以优惠价格买下来的, 别人想买也买不到。现在好不容易我们抢到了, 很不容易啊! 等你们参观完了, 你们才知道这个楼有多好!" 看来, 我无法再与其纠缠买楼的细节了, 但是, 我心里有准备: 如果投票, 不投反对票, 至少投个弃权票吧!

接下来我又提出, 关于提案十五——聘请咨询公司提案中的一些问题。

提案十五：关于LJ银行聘请咨询公司的议案

各位董事：

LJ 银行刚刚开业，工作机制和管理制度需要制定和完善，为推动 LJ 银行的管理创新，确定发展战略的核心因素，从而改进决策机制，制定企业长远发展战略，学习世界先进银行的成功管理经验，拟聘请世界一流咨询公司为我行提供企业发展战略、公司治理、全面风险控制、流程银行再造、组织文化变革、薪酬体系、人力资源、上市辅导、IT 规划咨询、实施新巴塞尔协议的组织落实等方面的咨询服务，尽快建立起 LJ 银行特有的现代组织架构。此议案经董事会审议通过后组织实施。

经全面测算，聘请咨询公司的预算约为 800 万元。以下是候选的咨询公司情况，请各位董事审议。（后附若干世界著名咨询公司的名单。）

我在董事会上继续问道：有关聘请咨询公司这 800 万元的预算是如何计算出来的？招聘咨询公司的团队是如何组建的？在招聘过程中，有哪些控制措施？我们最后要达到怎样的咨询目的？我问完后，杨董事长有些不满地说："关于如何请咨询公司，如何安排招聘流程，我们目前还没有想好。银行刚刚组建，我们方方面面需要改进，需要咨询。你们董事散布在全国各地，有北京的、有上海的、有 H 市的，来开一次董事会不容易。这些事情请你们事先授权，省得你们以后舟车劳顿一次一次来开会，你们应该相信我们很珍惜刚刚组建的银行，我们一定会努力工作，给股东们满意的回报。"讲到这里时，会场气氛变得不太融洽。看这个架势，我再问下去，场面会很尴尬。毕竟是第一次参加这个银行的董事会，而且，直到进会议室这个大门之前，与这位杨董事长还素未谋面，第一次开会太咄咄逼人，不太厚道。在这之后，我就闭口不言了。

在其他几位董事发完言后，杨董事长说："我们最后进入表决程序吧！"说完，瞟了我一眼，说："刚才董事会秘书小那告诉我，由于李若山先生的独立董事资格，我们 H 市的银监局还没有批下来，还不算董事会成员，他今天不需要投票。"听到这些，我一脸尴尬。贸然坐了几千公里的飞机，跑来参加董事会，哇啦哇啦讲了半天，居然还没有资格。早知道，我还来这个冰天雪地的 H 市干吗？尽管如此，我还是说："由于我还不是公司董事会成员，我刚才说的话不算数！"杨董事长立马说："我们还是很感谢你提的宝贵意见，今后我们在工作中一定会重视的。"最后，董事会通过了这十五个提案。

下午，董事会办公室确实组织我们这些人到刚刚买好的大楼去参观。这个楼在离会场不远的市区边上，新大楼很气派，而 LJ 银行只购买了其中部分楼层。我们上上下下参观了一遍，发现 LJ 银行买的那几层楼正在装修，装修工人进进出出忙得不亦乐乎。看到这里，我心里又咯噔一下：怎么开始装修了？看来，董事会提案中不仅买楼的提案是装装样子，记得似乎还有一个关于装修的提案，而这个提案并没有说已经开始了啊！我回到酒店后，立即找到刚刚开会通过的董事会提案，果然，董事会提案九是关于大楼装修的议案。

提案九：关于LA大厦办公楼的设计及装修议案

各位董事：

在董事会同意购买办公楼的前提下，现提出办公楼的设计及装修议案如下。

LA 大厦的设计采用招标方式进行，选择国内知名设计公司按照 LJ 银行的功能要求进行创新设计，努力体现时尚、经典、环保等国际最新潮流。在设计上，办公楼分客户区和办公区。

在整体装修格局上，主要体现 LJ 银行立足本省，放眼全国发展的气魄。客户区精装修，努力为广大客户提供高档、温馨、典雅的舒适环境；在办公区，主要体现大方、简约的风格。按照总面积 30 540 平方米，每平方米 2000 ～ 2500 元的标准，装修费用约为 6100 万～ 7630 万元。

又是个先斩后奏！装修已经在进行中，还要再来做个提案，让董事们事后认可。开董事会时，没有提起装修已经开始了。而且，这六七千万元的预算，就在上面这么简单几行字的提案中提一下就好了吗？在提案开头，还像模像样地说了一句，"在董事会同意购买办公楼的前提下，现提出办公楼的设计及装修议案如下"。如果董事会不同意买办公楼呢？似乎不可能啦！装修正在进行呢！看来，这个才刚刚组建的银行，在几家央企、地方国有企业大股东注资，将宝贵的资本金补充完毕后，这些经营层似乎根本不在乎股东们及董事会成员关于治理与内部控制程序的规定，开始毫无顾忌地使用这些资金。在这种经营环境下，独立董事的职务风险实在太高。

回到上海后，我立即打电话给董事会秘书小那。我说："既然银监局还没有批准我的独立董事资格，我能否不当这个独立董事？"小那很客气地说："快了快了，很快会批下来。董事会好不容易刚刚成立，现在辞职很麻烦的。希望你还是当一下吧！我们会重视你的意见的。你在会上提的问题，董事长很重视，我们在下一次会议上，会给你答复的。"

小那这样说，我不好再坚持，决定先看看下一次会议他们会怎么答复。毕竟当这家 LJ 银行的独立董事，还有钱教授的面子在那里，搞得太僵，以后同事关系不好处理。我说好吧，我暂时就不辞职了。

第三节 去意已决：不合逻辑的董事会分工

2010 年 6 月 22 日，LJ 银行召开第一届第五次董事会，这次是通信会议，一共有九个提案，如表 6-2 所示。

表 6-2 LJ 银行第一届董事会第五次会议议题表

会议时间：2010 年 6 月 22 日 8：30 ～ 17：00
召开方式：通信及书面表决

序号	议 题
1	一、关于 LJ 银行一季度工作情况暨二季度工作安排的议案
2	二、关于《LJ 银行 2009 年度审计报告》和《LJ 银行 2009 年度报告》的议案
3	三、关于 LJ 银行董事会战略规划（6S）委员会组成人员的议案
4	四、关于 LJ 银行董事会风险管理及关联交易控制委员会组成人员的议案
5	五、关于 LJ 银行董事会提名与薪酬委员会组成人员的议案
6	六、关于 LJ 银行总行本部内设机构调整的议案
7	七、关于 LJ 银行聘请北京融标公司开展管理咨询业务的议案
8	八、关于《LJ 银行股份有限公司财务管理基本制度》的议案
9	九、关于《LJ 银行股份有限公司信贷业务基本制度》的议案

此外，管理层信守诺言，对上次董事会提案中董事们提出的问题，一一进行回答。如下是当时发给我的书面回答内容。

关于聘请咨询公司的问题

问题： 聘请哪类公司，请咨询公司做哪些事，达到什么效果，这些需要明确。重新提交董事会。可以先做尝试。

落实意见： 综合考虑 LJ 银行刚刚成立的实际，加之国际咨询公司要价高，未必符合 LJ 银行行情，我们拟选择国内知名的咨询公司，采取分步走的策略，**一是**先期做 ISO9000 国际质量标准化体系认证，提高管理的规范化、程序化水平；**二是**请招商证券为我们首次公开发行股票并上市设计了专项建议书；**三是**聘请国际知名公司做上市优化。

关于 LA 大厦装修问题

问题：一是对每平方米 2500 元的装修费用应列出明细，进行论证；二是装修应实行统一招标，并及时向董事通报招标文件和详细过程，呈董事会审议；三是招标制度和办法应经过董事会审议。

落实意见：我们按每平方米 2500 元的造价预算，含设计、装修、材料所有费用，其中 24～28 层大部分已经进行装修，并预订了一些设备，按原购买协议，此部分费用由我行承担，我们将聘请具有资质的中介机构进行评估审计。另外，我们正在聘请国内知名设计公司设计总体装修方案，本着节俭原则，打造现代商业银行的标准进行规划设计，在设计方案审定的基础上，拟通过省政府采购中心进行招标，以求降低成本，保证质量。向社会公布招投标方案，由中标公司负责装修方案的提出，LJ 银行聘请监理公司进行工程的监督，并及时向董事通报有关情况，征求意见。

对于这样的回答，我很不满意。可以看到，首先，管理层承认在董事会还没有授权的情况下，已进行了大楼装修，所有的施工方、设计方早已找好了。而且，回答中提到大部分装修已经完成。其次，要求管理层详细列示的有关招标文件和详细过程，丝毫未提。而关于咨询公司的回答，更是离谱，说既然董事会有要求，考虑到刚刚成立，我们不聘请国际咨询公司了，太贵了。这种决策的随意性，可见一斑。

真正触动我坚决辞去该银行独立董事一职的，是此次董事会的工作安排。在会议的第一份提案中，着重介绍一季度的工作是安排董事会各成员

的分工，提案中说道：[⊖]

一季度重点工作推进情况

1. 进一步完善了公司治理。加快董事、董事会秘书的配备步伐。按照《股份制商业银行公司治理指引》的要求，除一名董事以外，其他董事资格已获监管部门批准；同时，对董事会、监事会下设专门委员会人选进行初步考查，为"三会一层"组织架构奠定了基础。

他们是在充分考虑各位董事专长的基础上，对工作进行分工的。那么，他们是如何安排我的工作的呢？在提案五中，是这样安排的：[⊖]

关于LJ银行董事会提名与薪酬委员会组成人员的议案

各位董事：

根据《LJ银行股份有限公司章程》和本行《董事会提名与薪酬委员会议事规则》等有关规定，经董事长杨某某提名，本行董事会提名与薪酬委员会拟由李若山、徐某某、张某三位董事组成；主任委员由独立董事李若山担任。

以上议案，请予审议。

看到这个文件，我很惊愕。事前，这位杨董事长从未与我沟通过这个安排，从未让董事会秘书给我打过任何电话，更没有经过董事会的讨论，突如其来地安排我当提名与薪酬委员会主任委员，这不是太奇怪了吗？我的专长明摆着是审计。对于提名与薪酬不能说是一窍不通吧，但这确实不是我最擅长的专业方向。在我担任多家公司董事会的所有职务中，几乎百分之百是审

⊖ 摘引自LJ银行第一届第五次会议一号提案。
⊖ 摘引自LJ银行第一届董事会第五次会议材料之五。

计委员会一职。不是我要争什么职务，而是公司之所以请我任职董事会，无非因为我有审计方面的专长，能发挥一点作用而已。现在，却让我担任提名与薪酬委员会主任委员，不知道这位杨董事长究竟出于什么目的。是不是我第一次参加董事会发言时有些尖锐？是不是觉得我担任审计委员会一职后，会给 LJ 银行的治理增加麻烦？让我这个丝毫不了解 LJ 银行内部结构的人，来担任提名与薪酬委员会主任委员的职务，究竟能起多大作用呢？

想起几个月前，LJ 银行刚刚成立不久，高管提名引起了部分董事的异议。有一位董事看到高管的安排后，曾给董事会秘书发了一封很尖锐的问询函，全文如下。

✳

某某，你好！

请转呈杨董事长，谢谢！

关于本次副行长聘用人选议案，我方提出一些初步看法，恳请指正。

（1）LJ 银行**创立初期**，除了董事长、常务副行长之外（今后可能还要增加一位行长），现在一下子聘任四位副行长（还有两位行长助理），设置这么多的高级管理层位置是否切实考虑了公司发展和股东利益？是否为今后的发展留下足够的空间？

（2）副行长候选人许某某，现任中国银行业监督委员会 J 市的监管分局局长、党委书记，根据《公务员法》102 条规定，是否存在"**回避期**"的障碍？

（3）副行长候选人于某某，加入 D 市商业银行不足一年（即在银行经营业务领域之内工作不足一年），他是否有足够的作为和能力（实际工作业绩）胜任总行副行长一职？如果真有的话，为什么在议案之中限定其只是"具体负责 D 市分行工作，不参与 LJ 银行股份有限公司总行工作分工"，这似乎有些**权责不对等**、前后矛盾之感。回应上述（1），若是他仅仅具体负责 D 市分行工作，并且也胜任分行工作，那么是否有必要安排这个位置呢？

　　不妥之处，敬请原谅！

张某

2009年12月21日

✳

　　但是，对于这样一封问询函，似乎杨董事长及董事会秘书均没有给出正面答复。在这种情况下，我不知道这个提名与薪酬委员会能发挥多大的作用！

　　既然是通信表决，我毫不犹豫地对提名我为提名与薪酬委员会主任委员这个提案，投了反对票。而且，对提案七关于聘请北京某家公司做咨询的提案，我觉得选聘咨询公司的流程不清晰，于是投了弃权票。原以为这次投票可能又是我孤军奋战，但投票结果公布后我发现，在董事会里，还是有不少董事的观点和我差不多的。除了提案五、六、七之外，其他提案均百分之百全票通过，但对于提案五（关于提名与薪酬委员会组成的提案）、提案六（内部机构调整的提案）以及提案七（聘请北京某家咨询公司的提案），都有不同意见。其中，提案五，赞成 11 票，反对 2 票；提案六，赞成 11 票，反对 2 票；提案七，赞成只有 8 票，弃权高达 5 票。尽管如此，董事会还是通过了所有提案。但是，对于一个刚刚成立的银行机构，这才开了几次董事会，不同意见竟如此之多，不得不说，这个企业情况很复杂。

　　由于我本人坚决不同意担任提名与薪酬委员会主任委员之职，杨董事长很快进行调整，并通知如下：

各位董事：

根据有关董事对银行第一届五次董事会议案的反馈意见，经各方沟通，董事长杨某某同意将本行董事会提名与薪酬委员会主任委员人选由李若山先生调整为戴某某先生，本委员会其他组成人员不变，即LJ银行董事会提名与薪酬委员会主任委员拟由戴某某先生担任，其成员为徐某某、张某二位董事。

现提请各位董事依据此通知精神，按调整后的《关于LJ银行董事会提名与薪酬委员会组成人员的议案》进行审议和表决。

附：调整后的《关于LJ银行董事会提名与薪酬委员会组成人员的议案》

LJ银行董事会办公室

2010年6月16日

从上面的通知中可以看出，尽管提名与薪酬委员会早已成立，但在所有董事会成员分工中，从未看到任何董事会专门委员会的影子。银行所有的工作安排，是这位杨董事长一人说了算，这样的治理结构对于银行来说很危险。我已有了坚决辞职的想法，在与董事会秘书的几次电话沟通中均表示，希望辞去独立董事一职。不知道什么原因，尽管我已强烈要求不再担任独立董事的职务，在2010年7月23日召开的董事会上，还是通过提案，把我选为LJ银行董事会审计委员会的主席。也许杨董事长认为，我是上海的大股东推荐的，如果刚刚当选为独立董事，马上辞职，可能会对LJ银行有一定影响，而让我当了审计委员会主席，也许我就没有辞职的理由。这当然是我个人的揣测。但是，不管什么职务，我去意已决。对于一个治理结构缺乏、内部控制混乱的银行, 作为独立董事, 我个人虽不能去变革或改善这样的环境, 但惹不起躲得起啊。当选审计委员会主席不久, 我很坚决地告诉董事会秘书, 无论如何, 我不能再担任 LJ 银行的独立董事了, 并写了一份很简洁的书面辞职报告。

独立董事辞职报告

　　鉴于李若山本人工作原因, 决定向 LJ 银行董事会申请辞去 LJ 银行股份有限公司第一届董事会的独立董事一职, 请董事会按照公司章程及流程, 予以批准。

申请人:

独立董事

李若山

2010年9月27日

　　董事会秘书小那向杨董事长报告后, 很快给我回复。小那说, 杨董事长同意我的辞职报告, 希望我在审批辞职流程结束之前, 继续履行独立董事的义务。对此, 我很爽快地答应了。两个月后, 董事会通知, 批准我的辞职, 我有一种如释重负的感觉。终于, 我可以不用再提心吊胆地坐在一个我可能承担不了责任的位置上了。

第四节　关于LJ银行的后续发展

　　我担任独立董事服务过的公司很多, 有二十多家算是我的老"东家",

工作期满后，由于时间与精力有限，我一般很少再去关注这些公司的发展情况。LJ银行是个例外。我在这家公司担任独立董事仅几个月，判断公司不太正常，坚决请辞。我的判断究竟对不对呢？如果后期这家公司发展很好，说明我小题大做，甚至有可能伤害了公司董事会的声誉。辞职以后，我一直持续关注LJ银行，定期了解其发展状况。

我离开LJ银行之后的几年，网上不断传出该银行迅猛发展的好消息。"一年打基础，两年快发展，三年上台阶"是杨董事长执掌LJ银行后提出的工作规划。仅用一年半时间，LJ银行提前完成三年发展目标。我离开一年后，截至2011年年底，该行总资产达到1530.2亿元，比2010年增长84.1%；存、贷款余额分别为933.7亿元、256.8亿元，同比分别增长40%、27.6%；净利润则达到11.2亿元，同比增长更是高达196.8%。而在LJ银行成立当年的2009年年末，该行总资产仅为405.26亿元，存、贷款分别为360.2亿元、156.49亿元，而净利润更是只有区区1742万元。看到这些信息后，我心里有些打鼓，觉得可能我对企业的判断有失误，多少有点愧疚！

至2013年年底，LJ银行对外营业机构从成立初期的102家，增长到220家。其资产规模、营业收入以及净利润有了较快发展：2013年年底，资产总额已达到2009年年底的4.24倍；2013年营业收入达56.2亿元，在四年中增长680倍；2013年实现净利润18.6亿元，在四年中增长近106倍。

而杨董事长本人，更是荣誉加身，成为金融界改革开放的杰出代表。媒体对他的报道铺天盖地，纷纷探寻他是如何创造金融奇迹的，秘诀到底是什么。下面是某媒体对杨董事长的采访。[⊖]

杨董事长指出，LJ银行的重组不同于大多数城商行，整合的金融机构

⊖　摘引自https://www.doc88.com/p-4743405282406.html。

包括三家城商行和一家城市信用社近百家经营网点，各家机构的经营体制、发展思路存在着较大的差异，并且此前各自的经营状况都不错，因而重组过程相对复杂。在地方政府的强力推动下，各家机构从大局出发，积极配合。相关各方通力合作，开辟绿色通道，全力支持组建工作。从2009年年初决定组建到年底正式挂牌，仅用不到一年时间便完成了定名、选举和聘请高级管理人员、银监会审批等工作，取得了筹备时间短、审批速度快、资产质量好的成绩。

优化股本结构

LJ银行以资本为纽带，努力优化股东结构，引入了本省DZ投资集团、ZL集团、LJBDH集团、上海SS集团、上海GJ集团等国内一流的战略投资者，壮大了资本实力。同时，建立长效资本补充机制，加强自身积累，稳健经营，完善内部资本金补充机制，启动资本化运作计划，加快推进上市融资进程。

搭建科学高效的组织架构

依照《公司法》和《商业银行公司治理指引》，LJ银行迅速搭建起"三会一层"的组织架构，"三会一层"相互制衡、分工协作、共促发展，形成了坚强有力的领导核心。在此基础上，改变传统的部门管理模式，对银行内部原有部门进行整合、创新，实行条线管理，建立了科学高效的业务管理组织体系。

明确清晰的发展思路

H省是国家重要的商品粮、战略粮生产储备基地，"三农"金融需求很旺盛。LJ银行依托地方经济特色和ZL集团产业链优势，确立了农业产业金融的发展方向，提出"打造国内一流的现代农业产业银行"的发展愿景，确立了"面向农业产业、面向中小企业、面向地方经济"的市场定位。通过开拓创新、深化服务，为不同地域和领域的客户提供专业化、综合化、个性化的一揽子解决方案和金融支持。同时，坚持自身研发、合作创新的产品定位，走差异化、精细化的发展道路，努力打造特色产品体系，满足不同层次的客户需求。

…………

文化引领：构建独具特色的企业文化

杨董事长指出，LJ银行作为一家重组的银行，需要整合并提升企业文化，打造有特色的品牌形象，提高企业的核心竞争力，增加凝聚力，提高整体协同绩效，推动战略目标的实现。LJ银行在融合、锤炼了原四行社的优秀文化和LJ行组建发展过程中的成功要素的基础上，通过反复研讨，最终凝练成LJ银行以"包容、担当、高效、专业"为核心价值观的企业文化。

包容是LJ银行的立业之本

LJ银行致力于与员工、与客户、与行业、与社会共同发展，实现和谐共享、互利共赢的增长，最终实现LJ银行的包容性发展。一是在客户的选择上，不以大小、强弱为标准，让弱势群体获得平等的机会，对中小企业，特别是对小微企业给予有力支持，开辟专属业务通道，开发特色信贷产品。二是不断提升产品和功能的全面性。拓展业务领域，为客户提供存、贷款等传统金融服务以外的理财、代收代付、投行业务等服务，此外，在社区银行的服务功能上，增加了品种多样的生活化增值服务。三是努力实现与同业的和谐竞争。不断加强与区域内同业机构的沟通，寻求合作共赢的平台，共同构建和谐的金融环境，在同业间赢得了尊重。四是引导员工转变观念，敞开胸怀积极接受他人，换位思考、主动理解他人，形成步调一致、整齐划一、健康成长的组织。

担当是"LJ精神"的体现

LJ银行在服务农业产业、中小企业和地方经济方面起到了不可替代的作用，全行的有效运转来自每个团队、每个岗位对自身职责的履行。一是勇于担当社会责任，积极开展下岗再就业贷款业务，为下岗人员创业提供资金支持，已累计投放下岗再就业小额担保贷款1.9万笔，金额15.1亿元，帮助 5.8 万下岗职工实现了再就业。邀请澳大利亚眼科医疗队为全省 130 余名白内障患者免费更换视网膜晶体，帮助他们重见光明。二是通过帮扶贫困村、泥草房改造、党员干部"1+1"认穷亲、青海玉树地震捐款、认领红松保护林等多种形式参与社会公益事业，帮扶受灾及贫困家庭，累计捐款300 余万元。

高效是 LJ 银行的发展之力

LJ 银行的创建、发展始终保持着行业领先的"LJ 速度"，通过优质的产品和高效的服务树立口碑，赢得了客户的信赖。一是建立了高效的决策体系，能够敏锐洞察市场，快速响应，迅速执行，以快制胜，根据一线反馈的信息，可以在几个工作日内开发一项新的业务。二是在保证风险可控的前提下，简化贷款流程，大多数产品 3～5 天即可完成放款，同时，随时可为客户开辟绿色通道。三是实行前台业务限时办结制，努力减少客户等候的时间，在客户中赢得了赞誉。

专业是 LJ 银行的经营之根

LJ 银行努力打造专业的产品和服务，树立专业的思维，专注于"面向农业产业、面向中小企业、面向地方经济"的市场定位，深耕细作，围绕市场定位建立业务体系和产品体系，力求成为农业供应链金融专家、中小企业金融行家、社区居民金融管家，摆脱同质化竞争，成为兼具系统理论、社会影响的专业特色银行。

看完这些报道后，我的愧疚感更强烈了。我开始怀疑自己是否有些偏激、小题大做，是否过高地夸大治理与内控的重要性。但是，我还是疑惑，一个缺乏治理结构与内部控制的企业到底能走多远。作为金融机构，前期要冲销售、增业绩并不是一件太难的事情，只要将钱撒出去就行了，金融业与实体企业不同，就像前面说到的那样，金融最后两个字是风险。而金融业的风险引爆，是有滞后性的。一笔贷款是否坏账，一个理财产品是否违约，往往需要好几年才会有结果，而我离开LJ银行才两年，现在做结论，似乎为时过早。

2014年，我辞任该银行独立董事四年之后，有关LJ银行的一些负面报道开始陆陆续续地出现。公开资料显示：LJ银行2013年报披露，其资产总额为1719.69亿元，较2012年下降7.57%；现金流量净额为−93.16亿元，较2012年下降140.06%；不良贷款达到5.33亿元，较2012年上升100.85%；不良贷款率为1.16%，上升50.65%。2013年，前期积累的风险开始逐渐暴露。自此，LJ银行的经营业绩每况愈下，一路走低。2014年年报显示，LJ银行在报告期末的资产总额为1424.9亿元，为近三年的最低水平；营业收入较2013年年末略有上涨，为57.16亿元；净利润为8.53亿元，较2013年年末下滑10.07亿元，同期减少54.14%。

而真正开始暴露该银行治理失控的恶果，是我辞任的七年之后。2017年年底，LJ银行在2017年的净利润表现更加惨淡，较2016年36.33%的增速大幅下滑。LJ银行当年利润表显示，2017年该行投资收益减少近100%，汇兑收益减少78.48%，截至2017年9月，不良率曾高达3.56%，较年初增加1.07个百分点。年报还显示，逾期90天以上贷款余额16.13亿元，不良贷款比率为103.39%。LJ银行经营业绩惨淡。

业绩大幅下滑的原因到底是什么呢？我个人认为是LJ银行的治理结构与内部控制出了大问题。2014年8月14日，一封针对杨董事长的举报信在网上广为流传。亲属实名举报罗列各项罪状。

✳

举报人自称展某某，系杨某某（即杨董事长）近亲属。在网帖中，展某

○一　摘引自https://www.163.com/news/article/A5S4SHAF00014AED.html。

○二　摘引自https://www.youth.cn/preview/news.youth.cn/gn/201409/t20140910_5728957.htm。

某罗列了杨某某的六大"罪状", 包括"裸官""为亲属经商提供便利""权钱交易""以权谋私""巨额财产"等。

展某某的举报内容很详细。如"为亲属经商提供便利", 指称杨某某为妻子、儿女、两个兄弟提供便利, 以其女儿为例, 在 H 市的一家小额贷款公司占有 500 万元股份, 还在 H 市的一个高档社区开洗衣店, 专门承揽 LJ 银行洗衣业务。

展某某还拉出了杨某某的房产"清单", 其名下和妻女名下有 6 套房产, 包括位于 H 市的一套价值 600 万元、内设酒窖的别墅, 以及 3 套公寓; 此外在伊春和北京各有一套房产。位于北京的房产此前已售出, 获得 335 万元。6 套房产总价约为 2300 余万元。

展某某在举报信中列举了杨某某的 11 条违法违纪事实, 还包括杨某某及其妻女持有小额贷款公司股份, 拥有双重国籍身份等, 并列举了一些公司为承揽 LJ 银行业务向杨某某行贿, 杨某某为其兄弟违规贷款及承揽各种工程等情况。

举报信中还称, 杨某某已知道展某某实名举报其犯罪事实, 现在已开始销毁证据, 并威胁展某某及其家人安全。

看到关于举报信的新闻之后, 我有些感慨, 其中举报信中关于杨某某利用权力为兄弟承揽工程, 进行钱权交易等, 正是出现在我当年担心内部控制出问题的环节上。2014 年 10 月 22 日, 网上传来消息, H 省人民检察院林区分院以 H 省 LJ 银行原董事长杨某某构成受贿罪, 向 H 省林区中级人民法院提起公诉。杨某某 2014 年 9 月 10 日因严重违纪接受组织调查。无独有偶, 同年 7 月 20 日, 中纪委网站发布通告称, LJ 银行副行长王某某(副厅级)因涉嫌严重违纪接受组织调查。另外, LJ 银行副行长杨某某 2011 年 9 月因受贿到检察机关投案自首。

更离奇的是，2020 年 9 月 25 日，在我着手写作本书时，H 省纪委监委发布消息称，LJ 银行原党委副书记、行长关某某涉嫌严重违纪违法，目前正接受纪律审查和监察调查，而调查的事由正是她在 LJ 银行担任行长时出现的经济问题！而这位关行长，正是在我刚刚担任独立董事时，就任行长！呜呼，董事长再加上一正四副五位行长，初创班子里的六个高管有四个被查处，占到全部高层人数的三分之二！这是在所有我担任独立董事的公司中，唯一一家董事长及高管被绳之以法的公司，而且，被查处的高管人士之多，非常罕见。这是我这一辈子中，担任独立董事时间最短的一家公司，只有区区半年不到。现在看来，我的判断与感觉还是对的。这里印证了一个道理，缺乏完善的治理结构与内部控制的环境，能将好人变成坏人，因为权力与金钱的诱惑实在难以抗拒。

此后不久，网上又传出 LJ 银行要转让控制权的消息。[⊖]

挂牌公告显示，本次转让对受让方资格提出了十项要求，其中有两点要求颇受瞩目：一是受让方须为有法人资格的非国有性质公司；二是要与 LJ 银行具有战略协同性。在近年以国有资本为主力接盘手的大环境下，三大股东却"逆流而上"强硬要求非国资公司接手。对此，一位银行业从业人士分析称，原股东此举或旨在为 LJ 银行将来业务发展注入多元动力。

看到这一消息，我感觉有些纳闷。对该银行股权转让的十个条件中，大多数可以理解。唯独要求受让方必须是非国有公司这一条，不要说我不理解，大多数人都不理解。许多媒体纷纷打电话向官方机构询问，均得不到正面回答。我只能猜测，也许是觉得 LJ 银行的问题，是由于在国有企业中，代理人理论引起的产权、经营权、控制权得不到协调一致而使得经营

⊖　摘引自https://baijiahao.baidu.com/s？id=1613010767697518012&wfr=spider&for=pc。

层失控造成的，想通过引进非国有股东来控制 LJ 银行，以便从根子上来杜绝此类问题的再次发生！当然，这只是我个人的揣测。如果真是这样，我觉得这样的结论并没有可靠的证据。下一章，我会介绍一家完全国有控股的银行，由于有着良好的治理结构、完善的内部控制、优秀的企业文化、精准的战略规划，在二十年的时间里，将银行净资产翻了四十倍，利润翻了一百倍，成为当前中国金融界的一张王牌。这家银行，就是从福建的地方银行，跃升为中国银行业第二梯队排头兵的兴业银行。本人很荣幸地在这家银行的董事会工作了六年，请看我在兴业银行董事会的幸福经历。

小结：一个好的制度，能让不好的人，无法犯错误；一个坏的制度，能让一个好人犯很大的错误。LJ银行是我独立董事生涯中，任职年限最短的一家公司，只有短短半年时间不到，总共才开了两三次董事会。但是它让我感受到，这是一家公司治理制度严重缺失的企业，在这样的公司担任独立董事一职，很容易因制度漏洞产生舞弊而背锅，本人果断辞职。随着董事长、行长及副行长的纷纷落马，LJ银行产生了严重的经营困难。这一案例再次证明公司治理在经营发展过程中的重要性与必要性。

CHAPTER 7

第七章

兴业银行

第一节　初入兴业银行董事会

2010 年年中，我接到一位黄姓大学同学的电话。她与我本科时是同届不同专业，但我们相互认识。她说她在兴业银行的董事会办公室工作，问我是否有兴趣到兴业银行当独立董事。我当时正处在为如何请辞 LJ 银行独立董事一事最焦虑的时候，这时有人又请我去另一家银行任职，我真有些犹豫。听黄同学介绍了兴业银行的情况后，我重新燃起了兴致，答应去试试。当然，黄同学说了，候选人不止我一人，我能不能当上这个独立董事，最后要由董事会及相关部门批准后才能确定。后来我发现，凡是按照流程对董事进行严格甄选的公司都比较靠谱，因为这说明公司比较尊重治理与内部控制流程的要求。

不久，我接到黄同学的电话，她说董事长及有关部门基本同意我去兴业银行任职独立董事，希望我先去一次福州，见见兴业银行的董事长高建平先生。我说可以，这也符合我决定担任独立董事的基本程序。

　　2010 年 10 月中旬，按照预先约定的时间，我来到福州。到了兴业银行总部所在地，在一个不大的办公室里，我第一次见到了兴业银行董事长高建平先生。他高高的个子，说普通话时带着一点儿福州腔，思维很敏捷。他作为创始人，在筹建期加入兴业银行，而且参加工作后，在兴业银行留下了一些颇有传奇性色彩的故事。以下略举一二。

　　1995 年夏天，高建平先生受总行委派，到上海筹建兴业银行第一家省外分行——上海分行。在这个过程中，他表现出了非凡的魄力。

　　上海自开埠以来就是亚洲的金融中心，一直有银行多过米铺的说法，竞争压力之大不言而喻。但是，一旦能在强手如林的上海立足，其示范和品牌效应将不可估量，这是兴业银行下定决心要在上海设立分行的原因之一。然而，在一没股东背景，二没行政资源的情况下，要跨出省，特别是走向上海，谈何容易！

　　"如果不成功，不仅个人面子受损，关键是影响兴业'二次创业'开局——受命之时，我备感压力。"高建平回应说。面对激烈而又陌生的市场竞争环境，在传统的"存贷汇"业务之外，高建平在上海发达的证券市场敏锐地嗅到商机，最早介入代理证券交易结算资金清算业务，后又陆续成为首批客户交易结算资金的主办存管银行、首批全国中小企业股份转让系统证券资金结算银行、首批股票期权资金结算银行。这不仅帮助兴业银行在上海成功立足，还为此后其同业业务的迅速发展打下基础。

　　之后，高建平又敏锐地发现中小银行发展面临缺乏异地网络支撑、业务单一等瓶颈，由此提出"联网合作、互为代理"的"银银平台"发展构想，于 2007 年 12 月正式发布银银合作品牌"银银平台"，并逐步将其升级扩展为涵盖支付结算、财富管理、资产交易、科技输出、研究咨询等的多维服务体系，成为银行同业合作模式的差异化标杆，使兴业银行获得"同业之王"的称号。在他为兴业银行服务的近十九年时间里，兴业银行总资产增长超 50 倍，净利润增长超 125 倍，创造了中国金融界的奇迹。

但是，和高建平初次见面时，我却丝毫感觉不到他作为一把手那种盛气凌人的态势，倒是有一点和蔼可亲的感觉。聊了没几句，他又匆匆到省里开会去了。

与高建平聊完之后，陪同我的兴业银行董事会秘书唐斌带我去见李仁杰行长。李仁杰是厦门大学财经系 1978 级的学生。尽管是校友，但我与他专业不同。我们在学校只有一面之交，他还是当年的学生模样，戴着一副眼镜，瘦瘦小小的身材，很斯文，不像行长，倒很像一个教书先生。他再三表示，欢迎我到兴业银行来担任独立董事。

回到上海不到一个星期，接到董事会秘书唐斌的电话，要我 10 月 27 日参加兴业银行换届后的董事会。我很为难，因为在这几天，家里遇到重大变故，本来很想请假，并写了一份书面发言稿，作为我第一次董事会的发言。唐斌说，如果能来，最好还是亲自来一下比较好，毕竟是换届后的第一次董事会，比较重要。我全力以赴，赶在开会之前将家事紧急处理完毕，然后自己急匆匆地赶到福州，参加兴业银行的第一次董事会。原先准备好的书面发言稿，成了我的口头发言底稿。下面和大家分享这份书面发言稿。

✦

尊敬的董事长及各位董事：

大家好！

因家里突遇变故，无法参加我可能即将上任的第一次董事会，十万分的抱歉。在此，请大家谅解。

仔细阅读了董事会的所有议案，包括商定程序、财务报表及董事与高管提名等方案后，我对前期的全体董事及经营层表示深深的敬意。尽管国内外经济遭受了金融危机重创且尚未完全恢复，但经过董事会及全体兴业银行员工的努力，兴业银行利润增长了近 44%，每股收益增长了近 28%，这是一个非常难能可贵的业绩。这说明, 我们不仅有极其智慧的战略决策, 还有非同寻常的执行力。在中国资本市场的金融板块中, 兴业银行成为优秀的楷模, 即将与你们共事, 是我引以为豪的事。

根据多年对董事会议事规则的理解, 作为一名专业董事, 我应该对董事会提案发表作为董事的个人见解。由于不能亲自参会, 不能聆听其他董事, 特别是董事长的高见, 只能不揣浅薄, 发表一下自己的愚见, 如有不妥, 还请包涵。

一、此次议案中, 从 1 至 5 均是与董事会成员及高管提名有关的提案。按照公司法、银监会及兴业银行公司章程要求, 董事会换届, 均通过了股东大会, 这些程序很好。但是, 按照兴业银行公司章程, 公司高管及董事候选人等均应由提名与薪酬委员会来考核建议, 由于是换届, 可先产生董事会, 后选任提名与薪酬委员会, 再由提名与薪酬委员会对高管提名初步审核后, 向董事会提出建议聘任高管, 而不是由董事长直接提名聘任行长, 不能由行长直接提名聘任副行长。而在整个提案中, 均未体现出提名与薪酬委员会的作用, 建议在提案中增加这些流程, 以表明公司治理结构是规范的, 符合资本市场的要求, 也符合公司自己制定的章程。

二、在仔细阅读了会计师事务所所做商定程序报告后, 了解到兴业银行对主营业务的控制质量是极高的, 其报表的业务数据是相当真实的。为贵公司所做的经营努力表示钦佩与感谢。由于我是外行, 现在说一些外行话, 请大家谅解。

我阅读了商定程序中的一些案例, 如贷款可疑类的浙江绍兴陶堰玻璃公司 2009 年的近 1 亿元的案例, 尽管说明是债务人经营不善导致的, 但实际情况是大额民间借贷等现象产生所导致的, 该案例说明今后贷前审查不仅从财务数据上, 更应该从公司的内部控制与治理结构上予以考虑。其他发生的一些案例也说明了这一点。目前, 在金融类案例中, 有三个方面需要加强关注:一是内外勾结发生的舞弊案, 二是 IT 方面的金融案, 三是创新业务方面的控制。如何防范此类问题的发生，应作为董事会审计委员会重点关注的问题（北京农商行 7 亿元贷款损失就是一个警示）。

三、对公司三季度财务报表没有任何意见。业绩说明了公司董事会与经营层做得非常出色与成功。

对所有提案均表示同意。

独立董事　李若山

2010年10月25日

✦

兴业银行公司章程部分内容

第一百五十二条　提名、薪酬与考核委员会行使下列职责：

（一）研究董事、高级管理层成员的选任程序和标准并提出建议；

（二）广泛搜寻合格的董事和高级管理层成员的人选；

（三）对董事候选人和高级管理层成员人选的任职资格及条件进行初步审核并向董事会提出建议；

（四）研究董事与高级管理层成员考核的标准，进行考核并提出建议；

（五）研究、拟定董事和高级管理人员的薪酬政策与方案并提出建议，并监督方案的实施。

✦

从上面的发言可以看到，尽管这是我在兴业银行董事会的第一次亮相，但是，我对董事会的每一个提案进行了非常认真的审阅，敢于非常坦率地表达自己的意见。现在看来，似乎有些唐突，因为不是每一个企业都有良好的治理结构，有一个能让独立董事畅所欲言的环境。在没有了解银行实际情况的条件下，我做了上述发言，真的有些"胆大妄为"了。

在这次新一届董事会中，我被选为董事会审计与关联交易控制委员会主席。与此同时，在董事会上，我还见到了金融界学者巴曙松教授，作为独立董事，他当选为风险管理委员会主席。厦门大学副校长吴世农教授也在兴业银行担任独立董事，他是提名委员会主席。不久之前，我曾与他一起在福耀玻璃公司当过独立董事，彼此很熟悉。不过，尽管大家彼此比较熟悉，我还是坚持按照上市公司治理结构的要求、按照资本市场的内部控制要求来参与董事会的工作，而不是依赖同学与朋友的情谊来处理董事会的事务。这叫情谊归情谊、治理归治理！

第二节　监管部门的约谈

回到上海后不久，我又一次接到兴业银行董事会办公室黄同学的电话。她说，按照福建省银监局的要求，尽管书面资料的审核已经通过，我还必须到监管部门去面谈一次，一是看看我是否有胜任能力，是否熟悉银行的业务特点；二是银监局还有一些具体要求，需要叮嘱独立董事一些必须执行的事项。

我心里有些犯嘀咕。我在那么多企业当过独立董事，还没有哪一家监管机构找我谈过话。不知道谈话内容是什么，没法提前做些准备工作，只得查找资料，将兴业银行的发展情况大概了解一下，然后我就匆匆赶去了福建省银监局。接待我的是一位女处长，年纪挺轻，表情很严肃，旁边还坐着一位记录员，弄得我有些紧张。寒暄几句后，问询切入正题。下面是我与福建省银监局那位处长的谈话记录。

金融机构高级管理人员任职资格考察谈话记录

谈话人： 非现场二处副处长吴某某（主持）

被谈话人现任职务: 复旦大学管理学院 MPACC 学术主任

拟任职务: 兴业银行独立董事

谈话时间: 2010 年 11 月 12 日下午

谈话地点: 福建银监局十四楼办公室

参加人员: 吴某某、于某

记录人: 于某

谈话内容

吴某某: 根据银监会《中资商业银行行政许可事项实施办法》等相关文件的规定,我局对您拟任兴业银行独立董事的任职资格进行考察谈话。请结合自身的工作实际,谈谈以下三个方面的问题:一、目前您在其他公司担任独立董事的经历;二、您对兴业银行在经营策略、风险管控等方面的认识,有哪些需要改进之处;三、请谈谈作为一名独立董事应履行的职责。目前您承担了很多教学任务和课题研究,还有很多兼职工作,日常工作十分繁忙,您将如何安排时间和精力履行兴业银行独立董事职责?

李若山: 本人担任独立董事历时已有十年,任职最早并与福建相关的企业为福耀玻璃,然后是中化国际,通过在担任独立董事期间不断地摸索,积累了较多的经验。我认为身为一名独立董事,主要的职责一是维护公司和股东的权益;二是遵守国家相关的法律法规,保证公司在法律框架下稳健运作。独立董事应当对自身职责有清醒的认识,我在绝大部分上市公司担任的都是审计委员会主席,在中化国际还曾担任过薪酬委员会主席。

审计委员会主要职责是保证信息披露的公开、透明。过去很多审计权限都掌握在管理层手中,他们掌握较多的资源,并由他们来聘请中介,使得很多信息在审计过程中不太透明,审计结果更多偏向管理层的要求,投资者得不到完整有效的信息。在这种情况下,我在任职的上市公司中一直保持与外部审计的沟通了解,同时希望内部审计能够直接和公司高层沟通。

我的工作得到了各家上市公司的肯定。2010 年 12 月，太平洋保险向上交所推荐我为全国范围内的最佳独立董事。另外，独立董事应当保持独立的判断，任职这么多年，我取得了一些经验，也否决过一些提案，一些上市公司的提案不是很客观，我也未拿到全面的调查资料，于是投了反对票。当多数人投赞成票，自己一人投反对票时还是需要面对一定压力的。

我觉得身为独立董事，需要凭借自身的专业能力，本着为股东负责的原则，坚持正确的观点。投反对票，其他人难免会对我有看法，也可能会影响自己下一届独立董事的任期，我宁可不当这个独立董事，但是我要维护独立董事应尽的职责。整个十年的任职经历中，无论是证监会，还是上交所、深交所，对我目前的评价都还是正面的，这也是我感到欣慰的地方。我看了银监会关于内幕交易方面的监管做法，觉得非常好。四五年前，我在一家上市公司担任独立董事，当时除我以外，其他所有的董事都买了该公司的股票，证监会一查一个准。我觉得内幕交易这个高压线是不能碰的。前前后后这么多年，我担任了福耀玻璃、中化国际、浦东路桥的独立董事，都是当满六年才离开。目前包括兴业银行在内，我担任四家上市公司的独立董事。

我对兴业银行情有独钟。我在厦大度过了 19 年，1997 年在上海外滩第一次看见兴业银行的广告，印象非常深刻。后来陆续有很多朋友也在兴业银行发展，我对兴业银行的了解也逐渐增多，感觉兴业银行这些年发展非常快。我在上交所也兼职，定期参加一些社会责任报告的会议，对兴业银行倡导的赤道原则非常感兴趣，其他银行都没有涉及这些话题，于是我觉得兴业银行在这方面非常突出，也更加关注兴业银行的发展。

银行作为特殊的企业，既强调资本充足率和资产错配的问题，也需要关注流动性风险。兴业银行近年来跟上了国家宏观政策的走向，取得了较好的发展。如果让我来担任审计委员会主席的话，我觉得还是要关注资产质量问题。兴业银行目前的不良贷款大概有 40 亿元，有些是在近期发生的，我准备近期对这些贷款进行调研，了解成因，避免银行再犯同样的错误。

银行作为高风险高杠杆率的金融企业，需要加强贷后管理。贷后管理依靠的是五级分类的准确性，而五级分类靠的是财务指标体系。目前会计准则变化较大，如何透过财务报表看明白企业的经营情况需要花大力气，如何加强贷款的风险管理体系、内控及制度结构体系的评估，是金融企业需要关注的问题。

我可能将会到杭州、宁波了解当地分行的业务流程，并对暴露出的问题做进一步的调研，以起到对其他分行的警示作用。此外，我会强调与外部审计的沟通，很多审计机构也在衡量我们是否专业。比如某某国际会计师事务所经常派出一些工作不久的大学生，问的问题技术含量不高，我们反而变成了培训机构；而且抽样的样本往往只在经济发达地区，忽略了欠发达地区；管理建议书出具得也不到位。在我们对其提出意见之后，对方才加强了审计力量。我们本意是想借助外部审计力量来更深刻认识了解自身的问题，而不是单单要对方出具一份标准文本格式的审计报告。

此外很多内部审计在基层，受基层的影响很大，对基层不利的财务信息难以向上提供，如何让内部审计信息不经过滤直达董事会，并通过加强内外部审计工作，来完善兴业银行风险管控体系，是我今后需要进一步开展的工作。关于银行方面的工作，因为之前没有涉及，会有很多新知识需要学习，也肯定会遇到很多新问题，通过之前参加的一次董事会，我也发现很多董事非常专业，有很多方面值得我去学习。让兴业银行运作规范，成为一个对股东、债权人负责的金融机构，是我今后需要努力完成的任务。

关于如何处理好工作和独立董事履职的关系问题，我认为自己能够正确处理好这个问题。此前证券报把我评为最勤奋的独立董事，因为我从不缺席。在今年六月份之前，我还是复旦大学会计系系主任，现在已卸任，我这个学期的课时比较灵活，总共有十二三天的授课任务，如果和个别董事会的安排有冲突, 我会提前做好安排。我觉得个人兼职能够拓宽自己的信息量, 对担任独立董事也是有帮助的。总体来讲, 我会把握好工作与兼职之间的度, 在银监局指导和董事会领导下, 做一名合格的独立董事。

吴某某: 从您的谈话中, 我能够感受到您是一位勤勉尽职的人, 专业水平也较高, 相信能胜任兴业银行独立董事。今天借此机会, 向您传达银监会关于独立董事任职的一些要求: 一是要对商业银行、全体股东负有诚信勤勉的义务。在履职过程中, 如有发现董事会、高管人员存在违规行为, 要及时指出, 并向监管部门报告, 进行沟通。二是独立董事每年为银行工作的时间不得少于十五个工作日。至少保证三分之二的会议出席率。遵守监管部门的相关规定, 确保足够的时间和精力履职, 做出独立判断, 不受公司主要股东、实际控制人和其他利害关系人或单位的影响。三是保持和监管部门的信息沟通, 积极配合监管部门工作。

此外, 近两年来监管部门对兴业银行比较关注以下几个方面的问题: 一是关注兴业银行的战略转型和资本补充长效机制建设情况; 二是关注政府融资平台和房地产贷款的风险状况; 三是关注兴业银行流动性管理水平。希望您今后能够充分发挥您专家型学者的聪明才智, 从独立董事的角度关注这些问题, 认真履行独立董事应尽的职责, 为兴业银行的发展出谋划策。

经过此次谈话, 我看到了 LJ 银行与兴业银行监管机构之间的差异。前者是在素未谋面的情况下, 让我当上独立董事。事前事后也没有任何金融系统的监管机构与我谈过话。而兴业银行呢? 不仅董事长、行长、董事会与我进行多层次的谈话考核, 连监管部门也要面试。即使我已上岗, 也要到监管部门聆听教诲, 接受敲打, 看来, 这个独立董事是要认真再认真地来做了。

第三节 更换会计师事务所

2010 年年底，我收到兴业银行董事会的一个文件：《关于进一步加强董事会建设的意见》。文件中要求：董事会办公室进一步完善董事会决议传导机制，视会议讨论情况编发董事会传导函，准确传达董事会会议精神，同时要求相关部门"一对一"地提出反馈意见，切实保证董事有效发挥监督和指导职责。董事会充分授权，要求董事们按照各自的职责开展工作，充分发挥董事会各委员会的作用。这是我到兴业银行董事会任职后收到的第一个文件。可以看到，兴业银行的治理非常到位，属于董事会各专业委员会负责的事情，一定会授权让各委员会处理。

2010 年 12 月 13 日，在担任独立董事一个月之后，我召开第一次审计委员会会议，就当年的年报审计与当时提供服务的一家国内会计师事务所进行沟通。事务所是一家本地所，已经服务兴业银行很长时间了。我们看了事务所出具的审计报告及管理建议书，觉得他们只是完成一些法定业务，并没有从治理与内部控制角度来帮助兴业银行提升管理水平。但是，相关工作是上届董事会的安排，此时，我们只能先听取汇报，再针对未来的工作提出新的要求。在这次会议上，我们提出：

（1）会计师事务所在审计人员配备上要保证有足够有经验的员工；年审会计师要特别关注表外业务事项、IT 业务事项、函证和盘点事项以及营业持续计划（BCP）；在非现场审计中发现较大问题的分行应适时调整为现场审计；涉及会计政策、会计估计变更以及会计差错更正事项，应在财务报表附注中注明；年审完成后要提交管理建议书。

（2）向委员会提供本行与会计师事务所签订的业务约定书。

（3）建立会计师事务所审计工作后评价制度。

提出要求后，后续的跟进检查很重要。事后，审计委员会检查后发现：

（1）在 2010 年度审计过程中，会计师事务所认真落实委员会提出的工作要求，很好地完成年审任务，委员会在第三次会议上给予充分肯定，事务所的管理建议书及兴业银行整改反馈工作已如期完成。

（2）兴业银行董事会办公室已将 HQ 会计师事务所、HYW 会计师事务所与该行签订的业务约定书发送委员会审阅。

（3）因更换会计师事务所，将于次年开始实施审计工作后评价。

一个月后，2011 年 1 月 28 日，我们又召开第二次审计委员会会议，重点讨论如何整合 2011 年兴业银行的审计工作。在此之前，由于缺乏对会计师事务所的后续评价制度，事务所没有动力去改善其审计服务。此外，兴业银行的外资股东恒生银行，出于并表要求，希望兴业银行的会计师事务所最好是国际会计师事务所，以便于协调审计工作。审计委员会在征得董事会的同意下，将对执行 2011 年财务报表审计的会计师事务所进行重新选聘，并希望通过这次选聘，签约一家优质的会计师事务所，既能满足全行的审计需要，也能满足大股东恒生银行的要求。最重要的是，除了常规的法定审计之外，新选聘的会计师事务所必须能对兴业银行的治理结构与内部控制起到较大的推动作用。

在这次会议上，审计委员会拟定重新选聘会计师事务所的流程。为了避免浪费不必要的评标资源，本次采用邀标的方式，只邀请国内排名前四的会计师事务所参加投标，而不是向全国所有会计师事务所公开招标。

对于评标的标准，事先做了详细规定：第一，不以审计服务的价格作为主要评判指标，而是重点考察事务所对兴业银行的了解程度、能提供的增值服务以及事务所拟投入的资源等，旨在充分利用审计资源提供更多有价值的服务。第二，选定 9 人为评标委员会委员，包括独立董事、财务总监、内部审计总监、合规部及风险部负责人等。相对来说，评标人越多，个人对评标结果的影响越小，从而保证评标的客观性。第三，专门邀请监察部及纪委进行现场监督。并规定，在进入现场评标会时，所有参加评标的委员上交手机，评标过程中不得使用手机。此外，还规定了评标打分标准及每家会计师事务所讲标的时间。第四，会计师事务所讲标结束后，所有委员自行独立打分，不进行任何讨论，以避免有影响力的负责人或第一个发言的人，提出导向性意见，影响其他委员的独立判断。独立打分之后，当场统计分数，并确定推荐名单。

由于兴业银行是一家很有实力的商业银行，四家会计师事务所积极应邀前来，并使出浑身解数来参加这次投标工作。令我感动的是，尽管我刚到兴业银行担任独立董事，而且这次购买审计服务是一个不小的采购项目，但是自始至终，不管是评标前还是评标后，没有一位银行领导来找我打招呼，或通过某种方式来暗示我们做选择，而是完全尊重审计委员会的决定，这体现了一家上市公司良好的治理环境。

在讲标过程中，各会计师事务所都做了充分的准备，不管是对兴业银行过去的业绩，还是对现在的需求，都一一列出数据，有的事务所甚至使用了兴业银行的一些工作照片，足见大家都准备充分，势在必得。

但是，令大家印象最深刻的是德勤华永会计师事务所（以下有时也简称德勤或德勤会计师事务所）。他们不仅从多渠道充分调研了兴业银行的历史，而且，针对刚刚开始不久的一项银银平台业务，对其现状、问题及趋势分析得头头是道。董事会秘书唐斌很惊讶，因为银银平台项目是兴业银行在业内率先试水的移动互联网产品。那时 BAT 几个移动互联网的大咖们还没有意识到互联网金融是一个很大的商机，而兴业银行则已经开始向其他中小银行推广互联互通的金融业务，应该说，起了个大早。但是，不知道是技术原因，还是没有找到移动互联网金融的诀窍，此项业务的后续发展不是很顺利，这成为兴业银行管理中的一个很大的痛点。而德勤会计师事务所似乎做足了功课，对相关业务问题的分析深入透彻，打动不少评委。董事会秘书唐斌就这个问题，不断对德勤会计师事务所进行追问，请他们讲讲对这个业务的认识与对策建议。讲标结束后，我们立即对委员们的打分进行统计，并当场公布开标结果。德勤会计师事务所中标，拿到了 2011

年兴业银行的审计业务。在讲标过程中,德勤承诺,对兴业银行全国省级分行三年现场审计全覆盖,现场工龄不满一年的工作人员不超过百分之十,而高级审计经理级别以上的员工,五年不调换,以保证对兴业银行业务的熟悉程度。此外,它还承诺,如果事后兴业银行在对德勤会计师事务所进行供应商评估的过程中,认为它未达到审计委员会的要求,可以予以解聘。这些苛刻的要求,都是在审计服务合同中约定好的,是我们通常说的"先小人,后君子"!

选定德勤会计师事务所作为新的审计业务机构之后,在董事会的授权下,审计与关联交易控制委员会立即紧锣密鼓地开展后续工作,先后于2011年3月23日、4月22日及7月7日,召开三次委员会会议,着重讨论兴业银行存在的几类主要问题,例如,授权兴业银行审计部,今后就信用责任追究制度执行情况向董事会做专题报告;推动信用责任追究工作规范化,在落实信用追究责任时,要求定期报告,并对一些重要财务数据分别以合并报表和母公司口径列示,同时向审计委员会提供同业比较数据;在加强对财务会计基础工作规范化的同时,从全局角度思考如何进一步完善兴业银行的内部控制;要求计划财务部按委员会意见不断改进定期报告编制工作。与此同时,成立以李仁杰行长为组长的自查工作小组,将该小组工作与兴业银行的内部控制建设相结合,以建立规范财务会计基础工作的长效机制。

此外,审计委员会还要求财务部门切实指导子公司会计基础建设,尤其是信托公司的会计基础工作;因信托业务模式的特殊性更易积聚经营风险,要求总行应特别加强对其检查和培训;针对形势要求,定期对中国银监会发出的监管通报中的一些重点问题(如房地产行业和地方政府融资平台贷款占比过高等)进行自查,并向董事们报告有关数据的纵向比较分析情况。

经过近半年的磨合,我们这一届董事慢慢适应了兴业银行的治理环境。我们发现,不论是大股东,还是经营层,都很尊重董事会专业委员会的工作。每一次专业委员会的决议，都能得到及时回复并严格执行，这令委员们很受鼓舞。在接下来的两个月内，审计与关联交易控制委员会又连续召开两次会议，重点是与刚刚聘用的德勤会计师事务所就首次半年报审阅意见进行沟通，实质上是检验新聘的会计师是否符合兴业银行的预期，在常规的财务报表审核之外，是否对公司治理结构与内部控制水平的提高有所帮助。以下是部分会议纪要。

会 议 记 录

会议名称： 第七届董事会审计与关联交易控制委员会第七次会议

会议时间： 2011 年 8 月 21 日 15：00 ～ 18：00

李若山： 各位委员，第七届董事会审计与关联交易控制委员会第七次会议今天以电话会议形式召开。本次会议应到五位委员，实到五位委员，符合本行章程的有关规定。

德勤华永会计师事务所（以下有时也简称德勤）六位同事出席本次会议。

出席本次会议的行内同事还有计划财务部总经理、副总经理，审计部总经理，董事会办公室总经理，法律与合规部高级经理，以及计划财务部、风险管理部、董事会办公室的其他工作人员。

现在我宣布会议开始。

本次会议有 4 项议题，分别是听取《德勤华永会计师事务所关于兴业银行 2011 年度半年报审阅总结报告》、审议《2011 年度半年报》、审议《2011 年上半年内部审计工作情况报告》、审议《2011 年上半年关联交易情况报告》。下面首先进行第一项议题，请德勤会计师事务所报告第一项议题。

○ 摘引自兴业银行第五届董事会第七次审计与关联交易控制委员会文件。

德勤合伙人刘女士: 各位委员, 大家好! 今天, 我们兴业银行项目的主要合伙人和经理都来到了现场, 很高兴能和审计与关联交易控制委员会进行沟通。

我们的中期报表审阅工作从 6 月 15 日进场, 7 月 25 日已经同审计与关联交易控制委员会进行了第一次沟通。目前, 经过两个月的努力, 在计划财务部等行内相关部门的大力支持下, 我们已按照时间表完成了半年报审阅任务。同时, 我们在半年报审阅期间展开了内控审计的一些工作。下面请三位项目合伙人分别向各位委员报告审阅情况。

财务报表审阅的汇报分为两部分, 顾女士汇报审阅进展情况和信贷业务, 陶先生汇报资金业务和其他业务。内控审计部分由方晔汇报。

(德勤会计师事务所分别汇报各板块内容。具体内容这里省略。)

李若山: 谢谢德勤会计师事务所。请各位委员发表意见。

许斌: 我说两点意见。第一, 可以看得出, 德勤的这次审阅工作是很认真的, 测试范围比较广泛, 对存在问题以及整改建议的说明也很具体, 我对德勤的工作表示满意。第二, 德勤刚刚介入我行的审计工作, 此次半年报审阅的样本测试范围主要在东部沿海地区, 以后在年报审计或半年报审阅时要根据区域平衡的原则选取东、中、西部各个地区的样本, 以体现更广泛的代表性。

林炳坤: 我非常同意许委员的意见。德勤的汇报非常详细, 内容很丰富, 提供了许多我们想了解的信息。并且, 7 月 25 日会议中各位委员提出的一些事项, 德勤都有针对性地做了审阅工作, 并做了更加详尽的汇报, 对我们审议半年报提供了非常重要的依据。我没有其他的意见了。谢谢!

徐赤云: 首先感谢德勤的辛勤工作, 这次汇报材料重点突出, 分析问题也比较具体, 可以看得出, 德勤的工作非常努力。我没有其他意见了, 谢谢!

唐斌: 谈几点意见。第一, 对德勤的工作我表示满意, 从德勤的工作表现来看，财政部的 169 号文确实是很有必要，会计师事务所应该定期轮换，新的审计师会有新的感受、新的理解，能给我们带来一些新的启发。第二，德勤材料内容翔实，指出了很多问题，当然也还有一些问题是需要行内有关部门去进一步论证的。德勤的材料中，有两点让我感到需要特别注意：一点是我们一直把非信贷资产业务，譬如资金业务和财富管理业务等作为重要业务，这半年来这些业务的收益率不高，德勤的汇报材料在一定程度上揭示了其中的原因，应当引起重视并做进一步的分析；另一点是在业务创新中需要注意的业务的合法合规性问题，比如银银平台，到目前为止，银银平台被看作是我行做得比较成功、比较有特色的业务，可它存在的一个潜在问题是，我们的系统提供给了成百家的金融同业使用，这样，就可能形成一种系统性风险，要尤为重视。

我这里提一点建议，今天的材料是德勤审计师和审计与关联交易控制委员会之间的一个沟通材料，我希望，德勤能够就其发现的问题和主要观点整理成一份简短的类似管理建议书的材料，提交给银行的管理层。谢谢！

李若山： 谢谢四位委员的发言，长期让一家事务所服务，就有可能产生麻痹心理，定期更换一下还是有必要的。对于德勤的工作，我很赞同刚才四位委员的评价。这也证明了年初以来我们选聘会计师事务所各项流程的正确性。

德勤的报告材料提供了丰富的信息，特别分析了监管部门关注的问题，还增加了一些同业数据比较，对兴业银行经营中存在的一些问题进行了提示，很有价值。当然了，这只是半年报的审阅，年底要进行的年报审计要求要更高一些，就像刚才许委员所说，样本采集要考虑区域平衡，要更有代表性，数据分析也要更加具体。以同业对比数据为例，不仅要有资本充足率、不良贷款率等基本指标，还要有一些更具体的数据。

对于内控审计报告，我想，以后能否在材料中对各种缺陷用一个表格进行分类提示，哪些是一般缺陷，哪些是重要缺陷，有没有重大缺陷，都要明确分类。

另外, 我也很赞同唐董的意见, 不管是年报审计还是半年报审阅, 都要提供一份管理建议书, 把所发现的问题归纳一下, 提交给管理层。

我就说这些, 其他人还有意见吗?

(其他人表示没有意见。)

德勤合伙人刘女士: 感谢李主任委员, 感谢其他各位委员, 我们一定会在今后的工作中精益求精, 做得更好。管理建议书我们是一定会提交的。至于各上市银行半年报的对比分析, 我们每年都会做, 等所有上市公司公布半年报后, 我们会将分析报告及时提供给各位委员。

…………

李若山: 好的, 请各位委员发表意见。

许斌: 我说一点。内审部门对上半年内审工作做了很多工作, 也提出了很好的报告, 对报告我没有太多的意见, 但是我有一点建议。现在我们有外部审计师, 有内部审计部门, 还有监事会, 三股力量, 他们的目标是一致的, 他们的对象也是相同的。我建议这三股力量能够有效地协调起来, 在某一个时期, 某一个方面的力量重点是在某一方面, 其他两个方面的力量就可以把重点放在另外的方面。这样, 我们不同的时期就有三种力量, 分别以不同的方面作为重点进行审计, 就不会出现重复和无效劳动, 从而把审计工作做得更深入更扎实。也就是"三位一体, 有效协调"。谢谢!

林炳坤: 我赞成刚才许董事的发言, 我也提议下半年审计部除了执行一般的审计工作之外, 还要继续跟踪银监会所关注的重要的经营方面、合规方面的事项, 给我们每三个月或者在年底之前做简要的报告。谢谢!

徐赤云: 我赞成前面两位董事的发言, 我也建议充分用好德勤的审阅报告, 特别是对一些没有提及的事项, 角度不一样, 进行一些有效的补充。谢谢!

唐斌: 第一, 对于刚才德勤在半年报中提及的问题, 这些问题是不是很准确，是不是都属于重大或者重要的，除了各业务部门可以进一步讨论之外，我也希望内审部门对此做出独立的判断，同样，也向董事会、向总行管理层提交自己对这些问题的看法，以便集思广益，推进本行的内控工作。

第二，内控不能眼睛只向下，还要向上，向我们同级的管理部门。以这次本行遭到 200 万元罚款为例，内审部门有没有发现我们究竟在哪个环节出问题了，并且这是一个很低级的错误。

第三，我希望，我们的内审部门向董事会审计与关联交易控制委员会及董事会提供更多的材料，让董事们更多地了解，更多地以此参与决策。谢谢！

李若山：谢谢四位委员。首先我们要感谢兴业银行的内部审计部门，半年辛勤的劳动和工作，给了我们审计的结果。也因为你们的存在，我们控制了一些风险，发现了一些问题，但是我非常赞成刚才四位委员的一些发言。对于这次内控报告，我说四个问题。

第一，我们的内审部门，我觉得，可能还是比较多地做一些传统的内部审计的工作，在目前的形势下，怎么提高内部审计的效率和方法，我们可能还需要不断学习。比如，我们怎么利用一些风险地图，怎么开发一些风险矩阵，在这里我没有看到，还是比较多地局限在传统的查账式审计方法。我觉得可能内审部门还需要通过一定的学习培训去提高，因为现在审计的方法、审计的效率和程序与过去相比有比较大的变化。

第二，上半年这个审计报告更多的是总结，可能更多的是在定性，在定量方面有所欠缺，尽管说抽查了 4%，抽查了 10%，但这些问题到底是一个偶然的问题，还是操作的问题，或是程序的问题，抑或是制度的问题？而且这个频率有多高？可能的结果有多大影响？在定量方面，相对来讲，我们做得比较薄弱。我希望下次在内部审计工作报告里面强化一部分定量，只有通过定量，我们才能判断这个问题的严重性，就像是偶然感冒还是得了癌症，内部审计需要在定量上做一些工作。

第三，内部审计应利用其对行内比较熟悉这个便利条件，看看在德勤审阅报告的基础上，怎么延伸下去，就像刚才有董事提到的，怎么利用外部的审阅报告、内部控制的审计报告，进行深入的延伸，揭示问题的根源，我个人觉得还有许多事情值得内部审计进一步努力完善。因为，很多事情是外部偶然发现的，你在里面那么久，怎么把这两个因素结合起来（需要进一步思考）。

第四，我向内部审计提出一个挑战，我个人发现兴业银行所有的内部文件报告基本上还是 Word 文档，我们内部审计能不能学一下德勤，直观的 PPT 更能简要生动地描述内部审计工作情况报告，我相信有这样的人才。内部审计带个头，给其他部门做个榜样。我所在的其他的大公司，现在一般很少用 Word 文档来做报告了，以后建议用 PPT 文档。

对于报告内容，我个人表示同意和赞成，但是我希望年度的内部审计工作情况报告要有升华，有升级，有变化，好吗？

下面，请各位委员对所有议案进行表决。

（各委员表示同意所有议案。）

这次会议上，所有董事一致认为，在德勤会计师事务所汇报的近九十页的 PPT 中，体现了非常专业的精神与服务，对比前一家会计师事务所仅仅从财务报表角度开展审计的结果，有天壤之别。看来，由审计与关联交易控制委员会主持的会计师事务所更换工作，初步结果还比较理想。当然，这毕竟只是半年报的审阅，审计要求不高，年度财务报表审计阶段，才是考察事务所真功夫的时候。

2012 年 2 月，审计与关联交易控制委员会召开第十次会议（真够拼的，上任才一年多一点，已经召开十次重磅专业会议）。这次会议上，委员会不仅与德勤会计师事务所针对首次年报审计进行重要沟通，而且，再次对董事会治理、内部控制方面的重要问题进行讨论。我在会上对有些问题严肃表态，比如在讨论高管薪酬提案时，坚持要求当事人必须回避。可能在别人眼里，我有点过于迂腐，大股东与经营层一直对我的"较真"非常理解并给予支持。若干年后，有一次李行长与我聊天时，半开玩笑地说，你的优点啊，是太认真。以下呈现该次会议的实录。

会 议 记 录

会议名称：第七届董事会审计与关联交易控制委员会第十次会议暨2012年独立董事年报工作会议

会议时间：2012年2月7日14：00 ～ 17：00

李若山：各位董事，根据本行《董事会审计与关联交易控制委员会年报工作规程》和《独立董事年报工作制度》的规定以及监管部门的有关要求，在年审注册会计师形成初步审计意见后，董事会审计与关联交易控制委员会以及所有独立董事应与年审注册会计师举行见面会，对审计过程中发现的问题进行沟通，同时各位独立董事还要听取管理层关于2010年度经营情况和董事会重大决议事项办理进展情况的报告。今天我们在这里召开第七届董事会审计与关联交易控制委员会第十次会议暨2012年独立董事年报工作会议，针对上述事项沟通讨论。我受董事会委托，主持和协调今天的会议。

这本来是按照不同的监管要求召开的两个会议，由于参会人员和会议议题多有重合，我们把这两个会合并在一起召开了。

审计与关联交易控制委员会应出席委员五名，实际出席委员五名。除审计与关联交易控制委员会成员之外，巴曙松独立董事、吴世农独立董事也出席了今天的会议，符合本行章程及相关规章的规定。

今天的会议分三段进行，第一段与德勤华永会计师事务所沟通，第二段听取本行2011年度经营情况报告和本行董事会重大决议事项办理进展情况报告。在前两段会议结束后，借鉴公司治理的先进做法，遵循监管机构的倡导精神，我们五个独立董事召开一个闭门会议，开放式地讨论本行经营情况以及董事会建设等问题。

第一段会议结束后各位年审注册会计师离席，第二段会议结束后除独立董事和会议记录人员之外的其他人员离席。

现在我宣布会议开始。

首先请德勤华永会计师事务所报告。

刘女士：谢谢李主席，谢谢各位董事。自我们承担兴业银行审计工作以来，我们与治理层进行了多次沟通。关于这次年审工作，我们在审前已经和审计与关联交易控制委员会进行了沟通，同时也通过兴业银行董事会办公室将书面材料呈送给了非审计与关联交易控制委员会成员的其他独立董事审阅。根据各位董事的建议，我们也对我们的审计计划进行了一些调整，尤其是根据吴世农董事的建议，我们增加了250户样本，提高了样本覆盖率。现在各项审计工作还在如期进行中，各位董事要求前任审计师所重点关注的问题，我们也给予了重点关注，管理建议书的相关工作也贯穿于其中。下面我们分别报告财务报表审计和内部控制审计过程中所发现的问题与需要沟通的事项。财务报表审计部分由顾女士和陶先生报告，分别介绍信贷业务和非信贷业务部分，内部控制审计由朱磊合伙人报告。

（德勤华永会计师事务所分别汇报各板块内容。具体内容这里省略。）

李若山：谢谢各位会计师！请各位董事发表意见。

吴世农：从你们的报告来看，你们的审计工作做得是很好的，我表示满意。这里我提两点建议：第一，当前银行业已经不再局限于传统存贷款业务，非信贷业务在业务总量中占了很大比重，你们在报告中也用了很大的篇幅介绍这类业务，如以各类票据为标的物创设的很多衍生金融工具、第三方买入返售业务、与融资业务结合的新业务等。既然这都是些新业务，我想，能不能根据交易结构的不同更为系统地总结一下各类非信贷业务模式，同时揭示各类业务模式的风险点，这样，既有利于董事更好地了解银行此类业务全貌，也可以更好地对此类业务风险进行把控。第二，各类贷款的五级分类是银行风险管理中的一个核心。你们在审计中提高了样本覆盖率，对公司贷款的具体分类与管理层进行了讨论，并且对个别案例进行了调整，这很好。但据我了解，不少银行的五级分类是不尽合理的，这直接影响对资产质量的判断。我想，能否在以后的审计中，对银行五级分类的基本原则和分类方法也给予一些关注，评估一下五级分类方法合理不合理，真实不真实，有没有真实地揭示信贷风险。此外，在抽样中，也可以少抽一些正常类，多抽一些其他类。次级类处于两类之间，值得更加关注。总之低风险的少抽，高风险的多抽。

　　巴曙松：我觉得你们的审计非常专业，对于董事们关注的重大问题进行了专门审计，很大程度上打消了各位董事的疑虑，应该给予充分的肯定。我是风险管理委员会的主任委员，对你们的报告也是非常关注的，尤其是对贷款迁移的情况、房地产贷款情况、平台贷款情况以及涉及民间融资的情况等问题，这些也是我们在风险管理委员会会议上要求风险管理部专题报告的。这里，我还想表达几点看法。第一，审计师应该讲出自己的专业判断，但同时也需要考虑兴业银行的业务部门为什么要这样做，要知其然，也知其所以然，知道他们这样做的理由和行业通常的做法。譬如发行这么多的理财产品，背后的重要原因是信贷规模的控制、同业竞争、利率管制，实际上这是行业性的特征。你们也同时担任其他银行的审计师，你们也可以把兴业的情况与同行业进行对比分析，此类业务是高还是低，合规的程度怎样, 都予以揭示出来。其实, 我认为, 总体来看, 兴业银行在这方面还算是比较保守的。第二, 关于平台贷款, 平台贷款我们也基于风险的考虑进行过专项的清理, 对于重点项目, 以及分区域的、分行业的, 清理过很多次, 你们以新的角度重新提出来, 譬如石家庄政府投资管理办公室, 你们指出兴业银行贷款份额仅占 3.5%, 且当地财政充裕, 欠息逾期可能性较小。第三, 关于对受民间借贷危机影响的关注, 你们分析的也很好, 能否在以后的报告中, 对于兴业银行在这方面与同业做一个比较, 这样, 我们不仅知道兴业银行的数字, 也可以了解兴业银行与同业相比是否严重。今年监管机构提出要清理小贷公司, 小贷公司如果不清理还能够自我运转下去, 但是一清理, 就必然出现流动性问题, 这个问题也请你们关注一下, 并且结合对温州民间金融影响的分析在以后的报告中给我们介绍一下。第四, 今年上半年, 房地产贷款到期偿还的压力会比较大, 很多房地产项目开工在 2008 年、2009 年, 大量期限在 3 年左右的贷款今年将到期。同时, 去年信托行业发放了大约 6800 亿元信托贷款, 加上存量有一两万亿元之多, 今年上半年也是偿还高峰。如果房地产行业的管理政策不变, 按照目前的销售进度推算, 今年上半年会是很多房地产行业的生死门槛, 估计会有不少杠杆率较高的小开发商被洗出去。在此期间, 建议审计师和相关部门对这个问题给予关注。

此外, 你们还提到了一些问题, 其实这都是银行业面临的共同问题, 譬如你们提到的集团客户授信问题, 这在香港银行业监管中也是个棘手的问题, 不同地域、不同分行、不同子公司、不同控股比例, 形成一个合理的统一的口径很难。在中国内地现在还不具备条件, 要兴业银行自己做起来是很难的。当然你们在这里提出来很好, 这主要还是靠监管部门去积极推动。

许斌: 前面已经说过的我就不再重复了, 我这里补充两点建议。第一, 关于抽样样本, 我觉得, 损失类的贷款可以少抽一些, 这些贷款银行自己已经认定为损失类了，就应该基本确认为损失类了，倒是正常类的贷款可以多关注一些，自己给自己评价，是有可能掩盖缺点的。要从优良产品中找缺点，不要从废品中找优良。第二，外部审计机构立场独立，观点更加客观，提出的意见经常对银行经营管理有重要的意义。但是平常的交流都是审计师与各位董事及计划财务部、审计部、风险管理部等中后台管理部门进行，审计师没有机会直接与业务部门交流，业务部门的直接感受不强。以后能不能创造机会，让审计师直接与业务部门交流，使业务部门有更强的感性认识，也借此逐渐推行我们"管理财务"的理念，使财务真正服务于管理。

唐斌：首先对德勤的工作表示感谢。这里需要说明一点，由于今年再融资工作的需要，我们确实多次调整过审计时间表，给各位审计师工作带来不便。再融资工作是兴业银行近期的重大事项，本身存在多种不确定性，在这个过程中，德勤积极配合银行工作，我向你们特别表示感谢。我说的第二点是，银行业面临着脱媒、金融市场化、监管日趋严格的经营环境，银行有不断创新的压力和动力。在这种情况下，具体经营部门采取了一些变通方法，创设了一些新的产品，规避信贷规模控制。不管是以前的买断、回购，还是后来的所谓同业代付，都是类似的情况。当然，这里确实存在一个风险点，就是是否合规，希望你们在审计过程中也能够帮他们进行规范。通过与管理层对话，既帮助他们把握住风险，又能够鼓励创新，这实际上对你们提出了更高的要求。总之，我对过去与你们一年多来的合作感到满意，也相信以后你们会做得更好。

徐赤云：感谢德勤团队的辛勤工作。自去年你们接手审计工作以来，审计与关联交易控制委员会已经开了好几场会与你们沟通。12月初还就年审的审计计划进行过专门沟通。这次你们的报告很全面，也给出了很有价值的风险提示，而且增加了与其他银行重要经营指标的对比分析，做得很好。对于平台贷款，我了解到目前没有出现不良贷款，今后进行平台贷款的分析测试时是否需要重点关注一下地方政府土地收入的变化情况，因为土地收入占很多地方政府收入的将近一半。其他我没有意见了，希望你们按照时间节点做好后面的审计工作。

林炳坤： 德勤的报告内容很丰富，做得很好。我这里只有一个问题，在财务报表审计进展报告的第25～27页分析到的同业代付业务，我想请教一下除了会计核算的方法之外，代付业务是否影响到资本充足率？

陶先生： 代付业务类似于以前信用证项下的国内业务的变形，一般给予20%的风险权重。

李若山： 谢谢各位董事！不管是吴董事提出的增加样本覆盖率的要求，还是配合再融资事项在时间上的调整，德勤都给予了积极配合，应该给予充分肯定。这里我也谈一点自己的看法。第一，根据审计，我们也发现了一些需要沟通的问题。但有些问题呢，正如刚才巴董事、唐董事所说，是行业性、客观性的问题，这些问题对单个银行就不必苛求了，另外，还需要妥善平衡合规与创新的问题。兴业银行过去之所以发展得比较好，就在于在关键的节点做出了恰当的预判并适时创新。

保护适度创新是必要的。有些问题，你们提出了很好的见解和合理化建议，但也有一些问题，你们似乎是犹抱琵琶半遮面，没有明确说明应该怎么做。如票据问题、集团客户授信问题、五级分类问题等，你们既提出了自己的看法，也列示了管理层的看法，而且看起来你们和管理层的看法都很有道理，那么究竟如何去做？这让董事们决策的话会很为难。希望你们在下次报告的时候或者在以后的管理建议书中给出明确的建议，比如是应该叫停还是继续做下去。当然，以后我还会向董事会秘书建议，在与审计师进行审中沟通的时候，由独立董事与审计师单独会面，管理层包括执行董事回避，这样，你们可以少一些顾虑，更直截了当地告诉我们结论。

关于内控审计进展报告，还存在一些小的问题。你们在报告中提到出具内部控制鉴证报告，这已经是以前的提法了，在存在独立的内部控制审计报告的情况下，内部控制鉴证报告这种说法就不要再用了。报告的第9页的内控发现整改情况表，对于你们的表达我也感到很困惑。表格中列出了缺陷数，也说明了整改数，最后给出了一个整改完成度。这里的完成度（百分数）是样本缺陷的整改完成数还是总体缺陷的整改完成数，是结果的整改还是流程的整改，没有说清楚，我希望你们以后在表达上要考虑得更科学一些。

离3月15日还有一段时间，希望你们在3月15日的总结报告中能够把大家的希望和要求体现进去。关于德勤的报告我就说这些，大家还有什么补充吗？

（众人表示没有意见。）

李若山：好的，对德勤的这个报告我表示满意。从德勤的报告可以看出，没有涉及2011年三季报的较大调整事项。大家对德勤的报告还有什么意见呢？

（各位董事均表示赞同德勤的报告。）

李若山：好的，谢谢德勤同事！德勤同事可以离场了。

刘女士：谢谢各位董事！我们会按照今天的沟通继续做好后续审计工作。此外，刚才各位董事提到我们跟管理层的直接沟通，这一点我们在其他银行的审计中是这样做的。它们的行长会率各部门总经理跟我们进行一场专门的对话，了解我们在审计中发现的问题以及听取我们的管理建议，有些问题现场就可以得到解决。我觉得这种沟通机制很好。

（德勤审计师离场。）

…………

巴曙松：李总的报告中关于2012年的工作重点，提到要发展多种业务领域，利用多种技术平台，形成新的市场突破和特色优势，如投资银行、财富管理和资产管理等，这是很好的。今年的债券融资估计会创历史新高，监管部门专门成立了债券工作办公室, 会大力推动这方面业务, 兴业银行在这方面有优势, 但同时也要注意综合经营中出现的风险。

许斌: 正像李总刚才说的, 兴业银行去年的经营业绩还是令人满意的。去年的外部发展环境比较严峻, 在这种情况下, 我们的发展还是比较平稳的。我谈几点看法, 第一, 去年的审计与关联交易控制委员会会议和董事会会议上, 我们提出在利润增长速度超过资产增长速度的背景下, 可以适当加提拨备。很高兴, 在年底确定报表的过程中, 经营班子听取了我们的意见, 大幅度加提了拨备。对经营班子和有关部门的工作应该给予充分肯定。近年来, 银行业相对于一般加工制造业利润很高, 引起了社会上很多质疑。2012 年 2 月, 民生银行行长在公开场合也表态, 说银行利润高得都不太好意思对外披露。在这种情况下, 适当增提拨备减少利润没有坏处, 即便对业内排名有点影响也不要紧。真正的投资者不会在意短期的排名, 更重视长期的发展能力, 会看重质量、拨备等指标。第二, 今年是本届政府履职的最后一年, 最后一年里政策一般比较平稳, 不会大起大落。在这样一个大环境下, 地方政府融资平台贷款要加大催收力度。这个时候, 加大地方政府融资平台贷款的管理, 采取相关措施都不会遇到更大阻力。我注意到, 兴业银行的地方政府融资平台贷款占 20.84%, 在几大类贷款中是占比最高的。虽然去年压缩了 5 个百分点, 但是今年我建议借这个外部环境大势再继续压缩, 为保证未来资产质量做些铺垫。第三, 刚才德勤也提到了, 兴业银行总部在福州, 在上海和北京都有一些管理部门和营运中心。虽然总部领导也经常会到北京、上海的部门, 但这与长期和那里的员工在一个楼里办公还是不一样的。京沪的营运中心都是核心业务, 如果出现问题, 对全行影响会很大。我建议经营团队特别要加大对异地营运中心的管理力度, 分管领导要经常坐在那里, 防止异地营运中心在管理上出现纰漏。

吴世农: 我说一点, 我们曾经做过浦发银行跟兴业银行的比较研究。

相比而言，兴业银行的规模较小，盈利能力更强。在拨备水平上浦发银行比兴业银行还高，今年兴业银行如何布局，是增加拨备，还是考虑满足资本充足率要求，这个还要跟管理层继续沟通。与浦发银行相比，兴业银行的同业资金来源较多，一般性存款较少，如何兼顾流动性要求，也值得去研究。盈利很重要，安全性更重要。刚才我也跟德勤说过了，请他们帮忙再梳理一下资金市场上的几种业务模式。这一块也是今后风险管理的重点领域，请风险管理委员会和审计与关联交易控制委员会多加关注。

唐斌：我也说几点看法。首先，对 2011 年的利润和拨贷比的安排，作为一个董事，我是赞成的。近几年，董事们一直建议不要一味做业绩，年底前管理层讨论报表的时候，我们也吸取了董事们的意见，增提了拨备。否则，我们是可以达到 40% 以上的利润增长率的。当然，考虑到资本充足率要求，还是没有增提得太多。其次，就 2012 年工作来说，以前只有零售条线，现在企金条线也基本搭建起来了，财富管理条线本来就相对独立，这样，条线式管理的架构已具备雏形。在这种情况下，我建议加强集团化管理，形成合力。集团的风险管理、内部控制、资本管理都需要加强集团化管理。

去年 7 月份董事会制定了全面资本管理办法文件，提出了全面资本管理的原则、内容和组织架构设想。这个问题，今后需要进一步落实，还有很多工作要做。比如，零售、企金、同业三个条线的风险权重各不相同，如何从集团的角度配置资源，缺乏系统的运筹。再比如对外投资，董事会已经进行了一些积极决策，如否决九江银行的增资提议，但似乎还是缺乏系统安排，有就事论事的感觉。譬如，去年对租赁、信托的增资都是被动做出的安排，缺乏根据集团资本状况进行系统论证。

总之，我的意见：一是要加强三个条线的统一战略规划，二是要加强资本管理。

徐赤云：2011 年业绩不错。我这里想了解一下，现在监管机构倡导向小微企业贷款, 对小微企业贷款对兴业银行业绩的贡献有没有测算? 另外, 我也想了解一下兴业银行提出的重点服务中型企业的战略以及 2012 年发债的计划情况。

林炳坤: 今年的报告可读性比较高, 提供了较多的同业对比。我们的亮点还是不少的, 在成本收入比上也较低。此外, 我也很想以后能看到各个条线的资本配置表格, 说明各条线资本回报比较, 这对于董事们做决策很有帮助。

李若山: 我说两点。一是在去年宏观经济金融形势很不确定的情况下, 经营层还是做出了让董事会很满意的业绩。二是在去年的会议上说了改进报告形式, 今天李总的报告就用了 PPT 的形式, 很好, 我表示感谢。

关于 2012 年的工作安排, 我这里提一点建议。兴业银行的成本收入比很低, 成本最低, 收入最高, 这未必是好事情。薪酬是不是越低越好? 我个人认为不尽然, 应该推进薪酬市场化。

李健: 我们的成本收入比低, 既有成本控制的原因, 也有客观性。兴业银行与同类银行比, 一般性负债占比相对较小, 同业负债多, 而一般性负债的营销费用比较高, 我们的成本收入比也会因为这个因素而相对低一些。

李若山: 我想, 能否请你们以后再报告的时候, 把类似客观原因告诉我们, 薪酬同业对比情况也告诉我们, 这样, 便于我们全面了解情况。类似地, 在其他报告中, 也要考虑董事做决策需要了解什么, 从而给董事们提供必要的信息。

会议第二阶段结束, 下面进行第三阶段, 独立董事自由交流。请高管董事、股权董事和其他人员离场。

(除独立董事之外的其他参会人员退场。)

李若山: 下面是我们自由交流的时间, 请各位发言。

林炳坤: 我感觉兴业银行近几年的信息披露越来越好了, 尤其是聘请德勤以来。兴业银行跟德勤合作得很好。德勤为我们充分了解银行信息提供了很好的条件。我没有其他要说的了。

许斌：我做了一届半独立董事，感觉兴业银行对独立董事很尊重，没有当成摆设。尤其是发挥董事会在战略决策、提名、薪酬和审计方面的职责上，独立董事起到了积极作用。独立董事因其独立性，能够发挥高管董事、股权董事所难以具备的作用。为了使独立董事更好发挥作用，兴业银行从上到下也很重视，创造了很多条件，比如，这些材料都是比较详细的，而且时间上比较充裕，事先会沟通，这样就避免了在会上吵来吵去，这很好。董事会秘书唐斌屡被评为最佳董事会秘书，这不是偶然的，说明兴业银行这方面的工作确实做得不错。

吴世农：我上届做监事，这届做董事，总的来说也算一届半。无论是在监事会还是董事会，我感觉兴业银行这方面的工作很规范。不是不让我们说话，而是鼓励我们说话。董事会中管理董事、股权董事、独立董事，监事会中职工监事、股权监事、外部监事，各自扮演着重要的角色。相比其他银行，我认为兴业银行的公司治理是做得比较好的。信息披露工作也做得很好，不像有些公司，让人很难搞清楚具体经营情况。兴业银行的董事会专门委员会也做得不错，就像审计与关联交易控制委员会，在若山董事的带领下，做得很成功，发挥了重要作用。总的来说，兴业银行的公司治理是做得比较好的，在同行业排在前面。兴业银行的优势不仅在于资本规模、利润、资本充足率等财务指标，公司治理也是很重要的一项。这里也给董事会办公室布置个任务，要深入分析一下兴业银行的公司治理，总结一下自己的特点。此外，董事会办公室的服务工作也很好，做了很多基础性工作，而且在服务董事履职的过程中不是在背后"推"，而是开放式的。

李若山：我在兴业银行当董事的时间最短，只有一年多。兴业银行的公司治理比较好，除了董事会办公室因素、管理层因素之外，大股东也是个重要因素。兴业银行在公司治理上的两件事给我印象很深，一是选聘会计师事务所，二是监事会组织的董事履职评价。审计与关联交易控制委员会组织了对会计师事务所的选聘工作，没有受到任何来自外界的压力，这是我很欣慰的一点。当然，公司治理的完善没有止境，我这里提几点想法。第一，董事会讨论经营层薪酬的时候，希望管理层回避，这更符合公司治理基本原则。我曾经跟董事会办公室交流过，董事会办公室工作人员说公司章程没有规定。其实，类似具体做法不必拘泥于监管条文，按照公司治理基本原则去做就好了。去年开董事会的时候没有这样做，希望今年董事会审议高管薪酬的时候管理层回避。我在另一家公司担任独立董事，讨论高管薪酬时，高管们都是回避的，而且每次讨论的结果跟最初方案都不一样。第二，我感觉我们董事会专门委员会向下延伸的触角还不够多，按照一般公司治理规则，内审部门要直接归审计与关联交易控制委员会领导，人员、经费、项目、考核评价都由审计与关联交易控制委员会决定，兴业银行目前的体制还不是这样，这样很难保证内审部门的独立性，审计信息也有可能被管理层过滤掉。我想，在这方面的体制应该理顺。当然，可以慢慢过渡，目前至少要做到审计与关联交易控制委员会和管理层同时收到内审部门的审计报告及审计建议。类似地，其他委员会履行一些职责时也要走在前面，譬如提名委员会，如何充分发挥其作用值得研究。大股东提名会优先考虑体制内人选，而提名委员会则可以更多考虑体制外人选，应该使体制内与体制外有公平的竞争，使兴业银行成为真正的市场化的公众银行，而不是一家国有企业色彩浓厚的银行。

　　我就说这些，大家还有什么意见吗？

　　（其他董事表示没有意见。）

　　李若山：好的，散会。

　　从上述会议纪要来看，首先，大家都对新选聘的德勤会计师事务所很满意。事实上，国际四大会计师事务所质量都差不多。毕竟，它们有近百年的发展历史，沉淀了很多经验教训，并形成了一套行之有效的制度，使得其审计质量有一定的保证。但是，即使在一个事务所内，由于人力资源的局限性，也不可能将最优秀的人力资源集中在一个工作组内，对队伍在人力资源的搭配上总要有一定的取舍。如果有一个专业的上市公司审计与关联交易控制委员会，在审计业务委托之前，有许多具体要求，如集团公司审计的覆盖率、审计队伍的稳定性、实习生的搭配比例等，那么事务所资源的配置会好一些，审计的质量会高一点。比如，在德勤和我们审计与关联交易控制委员会就年度报表审计的沟通中，他们不仅仅在法定财务报表是否公允表达这一点上下功夫，而且根据审计与关联交易控制委员会的要求，从报表深入到银行信贷、地方政府融资平台、两高一剩贷款、资金、财务核算、职工薪酬、资本充足率等一系列银行核心业务的审核，并及时对其中许多风险提出有操作性的忠告。这让审计与关联交易控制委员会在和董事会的交流过程中，有了许多可靠的信息与数据，起到一个专业委员会在董事会治理中的作用，遵循银监局约谈我时，对独立董事的要求，即要关注兴业银行的三件大事：一是关注兴业银行的战略转型和资本补充长效机制建设情况；二是关注地方政府融资平台和房地产贷款的风险状况；三是关注兴业银行流动性管理水平。

其次，在会议纪要中，尤其是最后发言的部分，所有董事都肯定了大股东及经营层对公司治理的尊重。一是充分让各专业委员会，尤其是独立董事发挥他们的专业作用，充分授权，决不干预。二是对专业委员会提出的意见及时反馈，并采取相应的措施。如前文会议纪要中所示，以往开董事会讨论经营层薪酬及激励提案时，经营层并未回避。原因是这些薪酬与激励计划事前是经由国资委及大股东批准过的，原则上已经确定，基本无法改变，在董事会提案只是一种形式。对此，我有不同的看法。作为上市公司，大股东可以发表意见，但是，必须要遵循治理结构与内部控制的要求。既然要在董事会上讨论薪酬激励的提案，根据不相容职务的内部控制基本原则，与此提案有关的当事人必须回避。而且，即使是大股东同意或批准的薪酬激励计划，也不是不可以改变的。如果这些与激励计划有关的高管都在会议室中，那么，董事们很难畅所欲言，提出自己的看法。虽然没有人对此提出异议，但我觉得，既然当了兴业银行的独立董事，就应该坚持治理与内控的标准。在专业委员会会议上，我坚持自己的看法，并要求董事会秘书将我的意见传达给高建平董事长。高董事长收到会议纪要后，很快采取行动。2012 年以后，在董事会上，凡是讨论到与兴业银行高管薪酬有关的提案，与之有关的高管人员全部离场回避，有时甚至还包括高建平董事长本人。

为了强化公司治理结构，证券监管部门曾要求由独立董事组成的专业委员会专门召开会议，讨论与公司治理有关的如薪酬、关联交易、高管任命等重大提案，企业的执行董事及经营层要回避，以便与利益无关的独立董事能畅所欲言。而我在兴业银行第一年的审计委员会会议中，开始履行这一程序，保证公司治理结构的正常发挥。

从上述会议纪要可知，所有的独立董事，在发言中再三提到，兴业银行在治理结构方面，是做得很到位的。

第四节　强化金融企业的内部审计

对于社会公众公司，内部控制五要素中第一个要素是监督，它也是最重要的一个环节。通常，监督有四道防线：公司的制度与流程、经营层在运营业务时的监管、内部审计以及外部审计。而内部审计是最有效、最可靠的监督之一。一是因为内部审计师本身长期处在公司内部，对业务的熟悉、对问题的敏感，要高于外部审计师。二是内部审计没有时空及区域的局限。其最大的问题是，内部审计的独立性如何？那要看董事会审计委员会是否能与他们保持密切联系并给予支持。许多独立董事因上市公司违规而受到监管部门处罚时，往往很委屈，认为这是管理层瞒着董事会，自行其是进行的违规，出事后却来处罚独立董事，似乎不公平。这样的说法看似有些道理，细究起来，经不起推敲。董事会四大职能，战略、薪酬、提名、审计，除了战略之外，其他三项职能的委员会，主席是由独立董事来承担的。既然有职、有权，为什么不利用这些权力来防止管理层违规呢？只要我承担上市公司独立董事一职，尤其是担任审计委员会主席之职后，我一定会要求两个审计都要抓在手中：一是外部审计，二是内部审计。如果这两个权力受到影响，或有障碍又无法消除时，一定是公司治理结构出问题，一定是内部控制出问题。如果独立董事个人无法排除这些障碍，我个人建议，可以选择离开这个公司，这应该不是一个太为难的决策吧！

我曾私下与其他公司的独立董事交流过，有些人抱怨上市公司管理层不太重视他们的意见，甚至干预他们应有的权力。对此他们牢骚满腹，还问我怎么办。我反问一句：你为什么还留恋这个职务呢？为什么不辞职呢？当这样的独立董事有意思吗？他们往往一脸惊愕，觉得这怎么可能。辞职对他们来说，好像很难。

事实上，如果治理结构不好，内部控制很差，一个独立董事还硬撑在那里，去挂一个有名无实的职务，后果可能不堪设想。到了兴业银行任独立董事后，我一直强调内部审计最好由审计委员会直接领导，即使出于客观原因一时无法改变架构，也要将内部审计的知情权、指挥权牢牢地握在审计委员会的手中。在担任独立董事的第一年中，我要求兴业银行的内部审计部门，向我详细汇报内部审计的工作情况。下面，是 2012 年年初，兴业银行内部审计部门专门报送给审计与关联交易控制委员会的工作报告的节选。○

○ 摘引自兴业银行内部审计的工作报告，已隐去兴业银行的商业机密。

✳

关于2011年内部审计工作情况的报告

报告人: 某某

2012 年 2 月

各位董事:

下面我代表兴业银行审计部, 报告我行 2011 年内部审计工作开展情况, 请审议并指导。

2011 年, 审计部认真贯彻全行工作会议精神, 在现有监督体系框架的基础上, 以"保障质量、改进方法、提高效率"为核心, 重点提升各项监督举措的实施质量及实施效果, 取得了较为显著的成效。

…………

五、主要审计发现

通过审计项目的开展, 发现部分分行在内控执行方面存在的主要问题, 以及全行在体制机制、系统流程等方面的管理缺陷。

(一) 内控机制建设方面

一是制度建设有待完善。部分与业务开展和风险控制密切相关的管理制度未及时出台, 经营机构在实际操作中缺乏明确的执行标准, 主要体现在安全保卫、自助渠道、理财业务的管理方面; 部分分行未能结合内外部政策的变化对相关制度进行修订完善, 一些制度条款与现实情况脱节, 不具可操作性, 2011 年审计共发现 5 家分行存在此类问题。**二是专业委员会运作不够规范**。部分分行资产负债管理委员会、业务管理委员会、信用审批委员会、大宗物品采购委员会等专业委员会会议未严格履行痕迹管理的要求, 会议记录不全或记录较为简单, 对相关委员的履职监督缺乏可执行的基础，2011 年审计共发现 5 家分行存在此类问题。**三是关键岗位力量比较薄弱**。部分分行中后台管理人员配备不足，难以满足内控管理的要求；部分分行安排编制外员工从事放款审核、管库员等重要岗位工作，存在一定的风险隐患；部分分行关键岗位人员不具备相应任职资格或业务素质不强，履职效果难以保证；部分分行未严格执行岗位制衡的要求，存在个别不合理兼岗现象；2011 年审计发现 9 家分行存在上述问题。**四是统筹协调有待加强**。全行对于科技资源应用、员工薪酬管理、异地机构发展模式、理财业务授权及运作、安全保卫组织架构建设等方面工作的统筹规划不足，相关部门职责边界不够明晰、协调配合不够顺畅，影响到全行资源配置的效率。**五是系统支持力度不足**。例如，现有系统设计与异地机构多层级架构下的业务处理模式不相适应，理财产品存续期管理、基础资产管理、风险指标监测等工作缺乏有效的系统支持，柜面业务系统缺乏有效的整合，部分业务需要跨系统操作才能完成，直接影响到业务处理的效率等。**六是检查监督机制不够健全**。全行对安全保卫、柜面业务的检查监督力度不足，检查频率和覆盖面均有待提升；部分分行未严格执行总行信用责任追究制度，存在责任追究时间较为滞后，对责任人处罚力度不足，对一些明显涉嫌违规的信用项目未提起责任追究等现象，2011 年审计发现 2 家分行存在此类问题。

（二）具体业务运作方面

一是**授信"三查"存在不足**。在调查审查环节，存在对借款主体经营状况及偿债能力的了解不够全面，对保证主体代偿能力评估不够审慎，对相关业务背景及贷款用途真实性的审查不够深入的问题；在放款审查环节，存在合同文本使用及填写不规范，抵质押物手续未及时办理，审批要求未严格落实的问题；在贷后管理环节，存在贷后检查频率不足，检查报告简单雷同，对客户信贷资金流向监控不够严格的问题；2011 年审计发现 9 家分行存在上述问题。**二是信贷基础工作不够扎实**。部分贷款项目的风险状况发生变化，经营机构未能主动及时进行分类调整，2011 年审计发现 9 家分行存在此类问题；部分分行信贷档案内容不完整、装订不规范、借阅移交手续缺乏痕迹管理，2011 年审计发现 5 家分行存在此类问题；部分分行对信贷系统信息录入及维护不够规范，关联集合信息不完整，影响到关联企业统一授信管理的有效性，2011 年审计发现 9 家分行存在此类问题。**三是合规意识有待强化**。部分分行违反内外部相关政策规定办理业务，形成一定的风险隐患，如个人住房贷款利率或首付款比例不符合政策规定、票据业务贸易背景不真实、私自放宽信贷客户准入标准等，2011 年审计共发现 9 家分行存在此类问题。同时，个别分行越权审批或擅自变更总行审批条件办理授信业务，2011 年审计发现 2 家分行存在此类问题。**四是会计流程控制不够有效**。存在会计事后监督时效滞后、事后监督差错整改不及时，未经审批办理大额积数调整、错账冲正、大额现金支取交易，重要区域进出未履行登记手续等问题，2011 年审计发现 7 家分行存在此类问题。**五是财务制度执行不够严格**。部分分行费用列支水平不合理，列支手续不规范，2011 年审计发现 5 家分行存在此类问题；部分分行未严格执行总行的财务授权，超授权办理广告费列支、资产购置、网点租赁等事项，2011 年审计发现 5 家分行存在此类问题；部分分行未针对大宗物品采购开展专项检查或后续评价，部分事项未纳入大宗物品采购范围进行管理，2011 年审计发现 4 家分行存在此类问题。**六是安保工作有待加强**。部分营业场所及库房的物防设施不够完善，如未配备火灾探测、灭火、防暴、防盗装置等，2011 年审计发现 5 家分行存在此类问题；部分分行技防水平有待提升，如监控管理系统不够完善、视频监控存在盲区、监控录像保存期限不足等，2011 年审计发现 10 家分行存在此类问题；部分分行安防制度执行不够严格，如安全预案演练频率不足、金库布防不及时等，2011 年审计发现 4 家分行存在此类问题。**七是理财业务风险需引起关注**。在外部经济环境和监管环境变化的背景下，部分融资类基础资产的信用风险显现，部分理财产品采取滚动发售、集合运作、期限错配的方式创设，在市场利率大幅上升的情况下，市场风险控制存在压力。**八是 IT 风险控制手段仍不够完善**。科技输出风险隔离不够充分，运维安全及 IT 连续性管理有待加强，对外包业务的监督力度不足，自助渠道客户交易安全保护策略不够完善。

对于上述审计发现的问题，审计部均要求被审计机构限期进行有效整改，并对相关责任人进行问责，同时将审计情况及时通报总行相关管理部门，提请管理层督促改进和完善。

针对内部审计的工作报告，董事会审计与关联交易控制委员会一是掌握兴业银行在业绩快速发展过程中，存在的一些具体问题，有了在董事会发言及表达意见的依据；二是有了专业委员会下一步布置内部审计具体工作的基础。通过内部审计了解企业的真实情况，一直是我担任独立董事的一项重要原则。

在兴业银行担任独立董事的第一年里，从业务的生疏、环境的陌生，到有一定的话语权，很感恩兴业银行提供了良好的治理环境，并为我搭建了勤勉履责的平台。对于这一年的工作，我在独立董事述职报告中，进行如实总结。

李若山独立董事述职报告

2011 年，我勤勉履行独立董事职责，积极参加董事会会议、相关委员会会议及董事会组织的其他各项活动，切实维护本行和全体股东利益。现将一年来工作情况报告如下。

一、认真出席董事会会议并客观发表意见

2011年，我出席了本行召开的全部共七次董事会会议。本着对公司和全体股东诚信和负责的态度，日常认真审阅本行发送的定期报表、报告，会前认真审阅相关文件资料，并保证相关决策程序合法合规。

（1）关于制定五年规划，我提出要充分分析同业竞争对手，加大创新研究，处理好企地风险（企业与地方政府间的风险）问题，高度重视调结构过程中面临的新风险，以及在综合化经营中要着力解决的业务协同问题，同时对于确定利润增长规划提出了更加审慎的态度。

（2）关于高管薪酬，我建议多研究同业情况，薪酬管理机制要逐步市场化，尽可能减少骨干员工被"挖"，以保持本行的竞争优势，递延发放的风险基金要适当考虑通货膨胀和资金成本因素。

（3）关于内部控制，基于中国银行业的经营特点，我提出今后要进一步加强防范内部人员勾结风险，加强IT系统审计检查，加强创新业务的规范管理，健全相关操作制度，在发展中切实防范风险。关于资本补充，我介绍了中国太保对投资银行业的基本思路，提出了研究可分离债的建议。

（4）关于公司治理和内部控制体制建设，我提出今后在风险管理和内部审计等管理体制方面要适当调整优化，并介绍了中国太保公司在这方面的经验和做法。

二、主持审计与关联交易控制委员会工作，辅助董事会科学决策

作为审计与关联交易控制委员会的主任委员，一年来，我根据董事会统一部署，合理筹划委员会各项工作，精心组织了8次委员会会议，审议听取了29项议题，圆满完成了董事会赋予的各项职责。在会议召开方式上，除现场会议外，部分场次采取了现场会议与电话会议相结合的方式，既保证了会议质量，又兼顾到了时效性、经济性要求。在会议召开过程中，作为主任委员，我引导大家充分参与，形成了良好的议事氛围，保证了委

员会决策的效率和质量。

（一）审核定期报告和财务预决算方案

本年度审计与关联交易控制委员会审核了 2010 年度年报，2011 年度一季报、半年报和三季报，3 月份审核了财务预决算方案和调整定期报告审议程序的议案。关于议案报告形式，我提出，针对定期报告和财务预决算方案等内容比较复杂的议案要改进报告方式，建议试行简便易懂的 PPT 报告方式，同时要对财务指标进行必要的分析。关于定期报告审议程序，我提出，在存在中期报表审阅程序的情况下，没有必要再对季报执行商定程序。

（二）选聘会计师事务所

财政部 2010 年年底印发了《金融企业选聘会计师事务所招标管理办法（试行)》，对金融企业选聘会计师事务所提出了若干新要求。在 1 月底举行的委员会会议暨独立董事年报工作会议上，我提出，鉴于目前本行聘请的两家会计师事务所分别在服务年限和规模上已经不再满足文件要求，应立即启动改聘会计师事务所的工作，并且针对专家委员会组成、邀标对象、评分方式等程序性问题提出了自己的建议，得到各位委员的赞同。

2 月 26 日，我作为外部专家参加并主持了招投标现场会议，决定提名德勤华永会计师事务所为本行 2011 年度外部审计机构。此后，我指导本行相关部门在德勤评标方案报价基础上与之就审计服务内容和报价进一步谈判，最终获得董事会和股东大会批准。整个选聘过程公开、公正、透明，赢得了各方赞许。

（三）协调督促会计师事务所完成年报审计和半年报审阅任务

针对 2010 年度财务报告审计、2011 年度半年报审阅以及 2011 年度财务报告审计计划和内部控制审计计划，审计与关联交易控制委员会和会计师事务所进行了多次沟通。

（1）关于 2010 年度财务报告审计。在形成初步审计意见后的沟通中，我要求会计师事务所在报告中尽量避免使用语义含糊的措辞, 对所发现问题要翔实报告, 并要在管理建议书中具体分析。在审计完成后的沟通中, 我要求他们做好与新聘的德勤会计师事务所的衔接工作。

（2）关于 2011 年度半年报审阅。在与德勤审计师的两次沟通中, 我对他们的工作给予了很高的评价, 对他们进一步做好工作提出了一些要求。在第一次沟通中, 我提请他们关注 IT 事项审计, 对本行信贷业务和资金业务提出更详尽的有针对性的改进建议等。在第二次沟通时, 我要求他们提供半年度报告审阅的管理建议书, 并要求他们在今后的年报审计中根据区域平衡的原则选择样本, 同业对比数据分析尽量全面详细, 内控审计报告要提供一个明确归纳各类内控缺陷的表格。

（3）关于 2011 年度财务报告审计计划和内部控制审计计划。我肯定了德勤审计师的审计计划, 尤其是对他们严抓审计质量的态度表示了赞许, 同时要求他们不能因为已对半年报进行审阅而忽视年报审计中上半年的相关事项。

（四）指导监督内部审计工作

本年度, 审计与关联交易控制委员会审议通过了 2010 年度内部审计工作情况报告、2011 年内部审计项目计划和 2011 年上半年内部审计工作情况报告。在充分肯定了内部审计工作的同时, 我对进一步做好内部审计工作提出了一些建议, 指出关于内审流程和规则的建设还要继续研究, 争取做得更好。审计部要进一步加强学习培训, 开发新的审计方法。要加强内外审之间的协作, 对外部审计机构发现的问题深入研究。审计工作报告中的一些内容要尽量采用定量分析, 并尝试使用 PPT 格式撰写报告。

（五）审查和评价内部控制

本年度, 委员会审核了《2010 年度内部控制自我评价报告》《内部控制基本制度》草案, 审议了规范财务会计基础工作专项自查活动的工作方案和工作报告, 听取了《关于中国银监会监管通报的整改报告》。

（1）关于内部控制自我评价报告，我提出了一些修改建议，主要是，第一，在法规依据上要简洁明确，即明确根据《企业内部控制基本规范》的五要素框架来撰写；第二，本行的内部控制缺陷也要清楚列示，避免投资者误读。

（2）关于制定《内部控制基本制度》，我提出要明确内部控制委员会的职责和人员构成，清晰界定内部控制委员会和总行风险管理委员会、董事会风险管理委员会、董事会审计与关联交易控制委员会的职责分工以及报告关系。会后，我还具体指导相关部门根据董事会的决议完善了对该制度的修订。

（3）关于规范财务会计基础工作专项活动，我提出应该将开展规范财务会计基础工作专项活动与银行内部控制建设结合起来，以利于建立规范财务会计基础工作的长效机制。并要求今后要对类似报告中的一些定性观点尽量提供数据支持，并要进一步改进文字表述。

（六）管理关联交易事项

本年度，审计与关联交易控制委员会于每个季度末确认了本行的关联法人名单，审议了 2010 年度关联交易情况报告、2011 年上半年关联交易情况报告，审核了一项重大关联交易，即《关于授予恒生银行（含恒生银行（中国）有限公司）内部基本授信额度的议案》。其间，我严格遵循有关规章、规定，忠实履行了各项职责。

三、参加董事会薪酬与考核委员会工作

作为董事会薪酬与考核委员会委员，我认真做好相关工作。

（1）关于高管考核工作，在 2011 年年初与其他委员一起审阅八位高管的述职报告，在此基础上分别与部分高管和总行部分中层干部进行访谈考核，并将现场访谈有关情况报告主任委员，汇总拟订 2010 年度高管考核级别和绩效薪酬分配方案。

（2）参加董事会薪酬与考核委员会召开的两次会议，讨论了委员会工

作规则修订方案，审议了董事 2010 年度履职评价报告、高管 2010 年度绩效薪酬分配方案、2007 年度风险基金发放方案等议案。

四、依照有关法律法规和监管政策，客观公正地发表独立意见

根据有关监管规章和本行章程等有关规定，我作为独立董事，就若干重大事项客观公正地发表独立意见。一是对 2010 年度利润分配预案发表独立意见，认为本行 2010 年度利润分配预案合法合规，股利发放政策较好地维护了股东权益，又兼顾了本行长远发展。二是对本行对外担保做出专项说明并发表独立意见，认为本行对外担保业务属于本行的常规业务，运作正常，总体风险可控。三是对本行授予恒生银行（含恒生银行（中国）有限公司）基本授信额度等重大关联交易事项发表独立意见，认为该关联交易事项按照等价有偿、公允定价的原则定价，没有违反公开、公平、公正的原则，不存在损害本行和中小股东利益的行为；上述重大关联交易事项审批程序合法合规。四是对高级管理人员 2010 年度绩效薪酬分配方案和 2007 年度风险基金发放方案发表独立意见，认为业绩考核和绩效薪酬的计提与分配符合有关制度规定，并履行了高级管理人员述职、董事会薪酬与考核委员会考核和召开会议研究、董事会审议批准等程序。五是持续关注本行内部控制体系建设和社会责任履行情况，认真填写《公司履行社会责任的报告》审议工作底稿和《内部控制自我评估报告》审议工作底稿。

五、诚实守信地履行职责，切实维护本行整体利益

2011 年，我切实履行董事忠实义务，不存在在履职过程中接受不正当利益、利用在本行地位和职权谋取私利、擅自泄漏本行商业秘密、利用其关联关系损害本行利益等情形。本职和兼职工作与本行独立董事职务均不存在利益冲突，并如实告知本行有关情况。

在履行董事法定职责之外，本年度我还义务为本行有关部门做过一场讲座，讲述银行财务报表相关知识。

专此报告。

李若山

2012年1月12日

✦

第五节　是公司治理，更是企业战略

在兴业银行担任独立董事的几年中，让我收获较大的是董事会的开会方式。应该说，兴业银行董事会的开会方式是比较符合公司治理要求的。

首先，除了很重视发挥董事会各专业委员会的作用之外，董事会在开会方式上特别注意尊重各董事，尤其是独立董事的意见。由于兴业银行规模不小，每次上董事会的提案很多，少则七八个，多则四五十个。董事们到现场开会难得聚在一起，如何有效利用各位董事的时间，将董事会的会务安排得合理科学，颇有讲究。

一般情况下，董事会办公室会先安排一整天的时间，让各专业委员会讨论各自职责范围内的事情。第二天，由专业委员会的主席到董事会进行简要汇报。汇报结束后，开始讨论各项提案。

许多上市公司开会时，董事会秘书会用去大量时间来介绍提案的内容，一般董事会有四五十个提案，如逐一介绍，即使再简单扼要，也会用去会议的大部分时间。冗长的介绍过程很容易让大家昏昏欲睡，开会效果不好。而在兴业银行开董事会时，高董事长会强调，由于所有提案均提前一两周发给所有董事，因此不需要在董事会上再逐一去介绍每个提案的内容。往往只花几分钟时间，就将提案内容说明完毕，其他大部分时间，由董事们来讨论提案中的问题。一是要求所有董事们提前熟悉提案的内容，二是要求董事们必须能对提案发表自己的见解。这样，每个提案均能得到充分的讨论，在实施时更加合理与可行。

其次，每次董事会上，都会有董事对某些提案有些看法，或者对当前形势下兴业银行某个方面予以关注。对此，董事会秘书会认真记录下来，董事长及行长随即会将董事们的意见贯彻下去。在下一次董事会上，会逐一汇报上次董事会上董事们曾经关注过的问题，逐一解释这些问题解决了没有，解决得怎么样，还有哪些需要时间来逐步解决。

例如，董事会审计与关联交易控制委员会某次在开会时提出几大问题，要求相关部门落实并执行。这些问题如下：

（1）切实指导子公司加强会计基础建设，尤其是信托公司，因其业务模式的特殊性更易积聚经营风险，总行应特别加强对其检查和培训。

（2）要定期对中国银监会监管通报指出的一些重点问题（如房地产行业和地方政府融资平台贷款占比过高等）进行自查，并向董事报告有关数据的纵向比较分析情况。

（3）对篇幅较长的议案和报告要撰写简要说明或内容概要，同时加强报告的逻辑性和文字水平，对一些重要观点尽量提供数据支持，通过报告体现本行良好的管理水平。

随后，计划财务部在下次会议上做出回复。部分范例如下。

（1）关于兴业信托公司会计基础建设问题：

本行收购联华信托后，在加强对其财务会计工作管控方面已经有一些较为有效的举措。

人员方面，已委派总行计划财务部副总经理为其财务总监（全职）。

制度方面，总行计划财务部出台了《兴业银行控股子公司财务管理办法》，对子公司财务管理工作进行规范；总行审计部也出台了控股子公司内部控制管理的相关制度。

检查方面，本行今年组织了"小金库"专项检查活动，也要求各子公司根据银监会会议精神，对本机构的财务会计工作进行认真自查，制定有针对性和可操作性的措施，完善制度，强化源头治理，进一步推动完善和建立健全防治"小金库"长效机制。本次规范财务会计基础工作的工作范围也包括子公司。

同时计划财务部还表示，本行将根据委员提出的意见，进一步加强对子公司，尤其是兴业信托财务会计工作的检查和培训。

（2）对于监管通报中所提及的房地产行业和地方政府融资平台贷款等重点问题的分析，风险管理部在向董事会风险管理委员会例行报告的议案中已经有所体现。风险管理部表示，今后将更加关注此类问题，形成的有关报告，董事会办公室会定期发送给审计与关联交易控制委员会各位委员参阅。

（3）关于两项报告的撰写，相关部门均表示，对类似长篇报告今后会提供简要说明，会尽量提供数据支持，同时整改报告今后也会在与监管部门充分沟通的基础上，尽量参照企业内部控制基本规范五要素框架来编排。

另外，针对董事会上有的董事提出的 IT 审计事项，审计部也进行了专门说明。

审计部一贯高度重视 IT 审计工作，2008 年成立专司 IT 审计的业务四处。近几年每年均立项并实施多个涉及 IT 系统的审计检查，陆续开展了网上银行业务全面审计、银银平台业务审计调查、分行 IT 管理审计调查、IT 访问控制审计、IT 资源配置与服务能力审计调查、零售信贷系统审计调查、IT 大宗物品采购专项审计等。通过 IT 系统审计项目的实施，发现本行 IT 管理存在的主要问题和薄弱环节并提出有针对性的审计建议，帮助相关部门提高信息科技风险管理水平。2011 年，审计部已立项自助交易渠道应用状况审计调查、IT 系统运维安全及连续性保障专项审计、银银平台后续审计调查等三个涉及 IT 系统的审计项目。截至目前，银银平台后续审计调查已完成发文，自助渠道应用状况审计调查报告正在征求意见，IT 系统运维安全及连续性保障情况专项审计正在现场实施。

又比如，在董事会审计与关联交易控制委员会第十次会议（2 月 7 日在上海举行）和第十一次会议这两次会议上，董事们要求业务部门：

（1）"分析各业务条线资本占用、收益情况以及细化成本收入比指标"，并给予解答。

（2）对"关于加强新员工培训及整理内控典型案例"进行解释。

在随后的董事会会议上，计划财务部与风险合规部将与此有关的两份报告提交给了董事们。

✳

报告一　对各业务条线资本占用、收益情况以及
全行成本收入比指标的分析

一、详细分析业务条线的资本占用和收益情况，风险资产分配方式由以块为主向条块结合转变，按投入产出比最大原则，强化全行资本管理

2012 年风险资产分配将由原先以块为主的分配方式向条块结合的分配方式转变，强化条线部门参与风险资产分配与监测职能，进一步提高风险资产配置效率。2012 年风险资产分配的基本原则是：**以目标风险资产收益率为导向，全行统筹安排各经营部门、各条线风险资产规模，考虑内部资产结构与外部市场原因造成的条线收益率差异，给予一定过渡安排，分配全行风险资产，促进资本优化配置，努力实现风险资产收益率最大化。**

　　考虑到条线部门内部资产结构无法及时调整到位，为保证条线及分行风险资产运用与总行分配政策合理衔接，确保各经营单位业务开展能平稳过渡，2012年条线风险资产分配一方面强调以风险资产收益率为导向，另一方面也平衡2011年年末各条线风险资产实际使用情况，在此基础上对2012年风险资产增量部分按条线风险资产收益率进行分配。具体分配上，2012年条线风险资产分配存量部分结构比例仍以2011年年末为基准，增量部分结合2011年年末条线风险资产模拟收益率进行调整，匡算2012年企金、零售、同业三个条线增量风险资产结构比例，最后结合存量和增量部分，得出2012年企金、零售、同业三个条线的风险资产额度。对各条线季度末实际利润超年初利润预算部分，按10倍追加风险资产额度。

二、细化分析成本收入比指标影响因素，提高财务精细化管理水平

（一）成本收入比指标与同业比较

　　总体来看，伴随着营业收入大幅增长，2011年各家银行成本收入比均有所下降，平均值为32.36%，下降3.33个百分点（见表7-1）。

表7-1　同类型银行2011年成本收入比比较

2011年	兴业银行	招商银行	中信银行	民生银行	浦发银行
成本收入比	31.37%	36.19%	29.86%	35.61%	28.79%
同比增减	−0.86%	−3.71%	−3.96%	−3.87%	−4.27%
高低排序	3	1	4	2	5

　　从表7-1可以看出，招商银行和民生银行成本收入比明显高于其他三家。本行成本收入比居中，高于中信银行和浦发银行。本行2011年成本收入比与上年相比基本保持稳定，降幅不足1个百分点，而其他银行则下降4个百分点左右，差异明显。根据2012年预算，本行成本收入比为30.6%，在同业中应处于较好水平。

（二）费用增长与同业比较

在同类型银行中，2011 年业务及管理费平均增长了 26%，营业收入平均增长了 39.42%，如表 7-2 所示：

（1）民生银行费用增幅最大，为 35.64%。但其营业收入同比增幅也明显高于其他同业，为 50.39%。

（2）招商银行、中信银行和浦发银行费用增幅均在 20% 左右，均低于营业收入增幅 15 个百分点左右。

（3）本行费用增幅仅略低于民生银行，营业收入增幅在同业中不占优势，费用增幅较营业收入增幅仅低 3.67 个百分点。

表 7-2　同类型银行 2011 年费用增长比较

2011 年	兴业银行	招商银行	中信银行	民生银行	浦发银行
费用（亿元）	187.84	347.98	229.73	293.33	195.54
同比增长	34.10%	22.18%	21.80%	35.64%	18.65%
增长排序	2	3	4	1	5
营业收入（亿元）	598.70	961.57	769.48	838.68	679.18
同比增长	37.77%	34.72%	37.99%	50.39%	36.23%
增长排序	3	5	2	1	4

（三）人员费用增长与同业比较

如表 7-3 所示，2011 年同类型银行人员费用平均增长 36.11%，本行与民生银行增长特别明显，其他银行无显著差异。

表 7-3　同类型银行 2011 年人员费用增长比较

项目	兴业银行	招商银行	中信银行	民生银行	浦发银行
人员费用（亿元）	105.52	203.16	122.94	156.03	121.78
同比增长	67.12%	26.96%	22.29%	43.91%	20.29%

（续）

项目	兴业银行	招商银行	中信银行	民生银行	浦发银行
占比	56.18%	58.38%	53.51%	53.19%	62.28%
占比增长	11.10%	2.20%	0.21%	3.05%	0.85%

　　对比人员费用占业务及管理费的比例，2011 年人员费用占业务及管理费的平均值为 56.71%，本行 56.18% 基本上处于平均水平，而 2010 年本行占比最低。五家银行平均占比同比提高了 3.48 个百分点，本行占比增长尤为显著，占比增长 11.10%。

计划财务部

2012年4月28日

报告二　关于加强新员工培训及整理内控典型案例的相关情况报告

　　典型内控案例整理与下发是加强内控管理的有效手段。管理层充分认识到内控案例整理与学习的重要性，本行内控相关管理部门定期或不定期地发布各类内控案例及风险提示，在全行范围内及时提示合规及操作风险，起到了较好的效果。

　　例如，总行法律与合规部定期对全行诉讼案件情况和典型案件进行分析，形成全行诉讼案件及典型案例分析报告下发全行，总结经验并揭示风险，防范相同或相似的风险重复发生。例如，2011 年 5 月对 2010 年（部分案件处理时间跨年度到 2011 年）形成了《2010 年度全行诉讼案件暨典型案例分析报告》。此外，法律与合规部结合新问题、新案例的出现，及时发布合规风险提示，例如，2012 年 3 月份以来，发布了《合规风险提示（2012

年第 3 号)——银行卡欺诈的案例分析》《合规风险提示 (2012 年第 4 号)——违规报送反洗钱交易数据案例分析》两份风险提示。

再如, 总行风险管理部于 2008 年起建立了全面风险管理报告制度, 采用垂直报告与集中报告相结合的矩阵式报告方式, 按季汇总整理各分行及总行各部门提交的风险管理状况报告及典型案例, 对典型案例进行分析点评, 下发各经营单位学习。同时, 风险管理部不定期发布各类风险提示, 也起到了较好的管理效果, 例如《零售贷款典型案例及风险提示》《客户资料安全管理风险提示》《信用风险提示 (2011 年第 1 号) ——关注企业资金链风险》等。

总行其他管理部门针对各业务条线中的操作风险通过案例通报等形式不定期进行发布, 例如, 支付结算部不定期发布《兴业银行单证业务——境外同业往来案例通报》, 对单证业务中的操作风险、市场风险等进行提示; 总行办公室通过《经营管理参考》发布分行及总行部门发现的各类型的典型案例, 例如, 2009 年第 4 期《经营管理参考》登载《武汉分行成功堵截公积金套现案例分析》等。

2012 年管理层将认真落实《兴业银行董事会意见传导函》中的上述要求, 加强各条线内控案例收集与分析、培训工作, 还计划结合 2012 年度内部控制体系建设工作, 重点开展以下工作: 一是以 2012 年度内控自评全行推广工作为契机, 对总行各部门、各分行开展包括内控理念、方法论、工具在内的集中培训宣传贯彻, 加强 "人人合规、诚信举报" 的风险文化培育; 二是加强对员工特别是新进员工的内控培训与管理; 三是努力建立内控典型案例收集、分析、共享等常态化工作机制; 四是加强检查发现问题的录入及监测分析, 及时通报检查监督情况。

法律与合规部

2012 年 4 月 28 日

✳

　　管理层如此认真对待董事们的每一个意见，充分体现了兴业银行的良好治理机制。在这样的企业担任独立董事，一是能发挥自己的专业特长；二是比较安全与可靠，不会承担不必要的风险与责任。

　　这与某些企业的董事会、管理层两张皮的做法大相径庭。比如，我在前面章节中提到的 LJ 银行，管理层早已事先讨论好所有的提案，并在提案还没有上董事会之前开始实施。他们认为开董事会只是一种形式，董事们的意见无关痛痒，更不用说事后还要对董事会提出的问题进行追踪反馈。可见，不同的治理机制，在董事会的开会方式上，会体现出不同的结果。

　　兴业银行的成功，不仅仅在于其拥有良好的治理与内控。我觉得，其最重要的原因是，经营层与董事会通过形势判断，对自身进行科学的研究和精准的定位，并不断调整与改进经营战略，始终把握市场机会，于是逐步成为中国金融业中颇具特色的银行之一。每次董事会上，经营战略的讨论都是重头戏。

　　在我国改革开放初期，金融业是一个门槛很高、限制很多的行业。金融业关系到国家的金融安全，严格审批、审慎监管一直是其一大特色。但是，一旦拿到金融牌照，一旦有了从业资格，再加上高杠杆率，金融机构似乎有了一本万利的机会。

　　事实上，经过多年的发展，现在银行的网点，多过米铺粮店。在有限的存款市场中，完全依赖存贷差的收入来过日子，这条路只会越走越窄。兴业银行在看清这一趋势之后，开展了其战略定位研究。

　　在董事会上，战略定位研究一般以五年为周期，然后每年不断讨论并滚动修订，使其更加符合当前形势。由于战略定位精准，不管宏观形势如何变化，不管经济形势是顺境还是逆境，兴业银行都能精准地踩在市场前半步。

　　下面是媒体某一年对高建平董事长的相关采访报道。⊖

　　⊖　摘引自https://www.cib.com.cn/cn/aboutCIB/about/news/2018/20181031.html。

✳

　　与同期成立的几家股份行相比，兴业银行最大的特点是善于预判和抓住周期。2008 年以来，兴业银行几乎将每一次经济下行周期带来的冲击都转化为了自身发展的机会。这样的能力，不仅仅考验其业务层面长期浸润的资产发现和定价能力，更考验整个管理层对经济周期、政策周期以及经济体制的理解与判断。

　　"我们一直坚持走差异化多元化发展道路，既不好高骛远，也不妄自菲薄，并适时根据经济金融形势调整业务布局，保持战略定力的同时强化灵活应变的能力。"高建平说。

　　高建平对今年市场环境的看法可以说相当富有智慧。"我个人感受，当前经济面临的挑战的确很严峻，但并不至于悲观，千万不要小看中国经济的体制特点、动员能力和战略回旋余地。现在很多人觉得银行的'好日子'基本到头了，从银行的角度，像以前那么好的日子也许没了，但是不是会过上坏日子？我看也不至于。"高建平说，兴业银行未来重点解决的问题有两个：如何做到以客户为中心？如何发挥集团多牌照的优势？

　　"如今兴业的发展依然处在不大、不小、不强、不弱的'四不'状态，又到了一个不进则退的历史节点。未来的空间还很巨大，远不是可松口气、歇歇脚的时候。"高建平说。

　　…………

　　"兴业改革创新的基因，首先来自出生时的生存压力。我们并非含着'金钥匙'出生，要在激烈的市场竞争中脱颖而出，必须有'不走寻常路'的勇气，选择适合自身特点与能力的经营模式，形成特色与品牌，在细分市场上将客户做深做透，才能形成比较竞争优势。

　　"改革创新离不开前瞻的趋势把握。我们在 2003 年就率先提出推进业务发展模式和盈利模式战略转变，探索差异化发展道路；顺应绿色发展趋势，又率先推出能效融资，在国内银行中首家采纳'赤道原则'，开辟了绿色金融蓝海；还较早把握到中国金融市场化、综合化的大趋势、大方向，积极介入资本市场、货币市场、债券市场、银行间市场、外汇及衍生产品交易等各个市场，形成跨市场、跨币种、跨产品、跨境内外的综合金融服务先发优势。这些都不是盲目的激进，而是来源于对大趋势的理性把握。

"改革创新还要有定力和坚持。一项创新起步之初，往往易被质疑，而且可能投入较长一段时间看不出明显成效。比如，我们的银银平台，起步之初为中小金融机构服务常常是'赔钱赚吆喝'；我们承诺采纳'赤道原则'时被认为是给自己上套；还有我们差异化的业务模式和资产负债模式，多年来'看空'的声音不少。但我们坚持战略自信、道路自信，经过几代兴业人的不懈努力，终于在市场上树立了鲜明的差异化标杆。"

记者问："30年稳健发展与公司治理一定有很大关系，兴业在这方面有哪些经验？"

高建平："良好的公司治理是银行发展的基础和保障。兴业始终坚持一级法人和股份制不动摇，按照现代企业制度建立健全公司治理，积极探索多元化的股权结构，在持续发挥国有资本作用的同时，注重调动各类社会资本的积极性。

"在治理架构方面，我们较早建立了'三会一层'的治理架构，构建了职责界限清晰、制衡协作有序、决策民主科学、运行规范高效的公司治理机制。

"我们始终坚持党的领导，将党的领导融入公司治理全过程，形成'党委领导核心、董事会战略决策、监事会依法监督、高级管理层授权经营'的公司治理机制，为全行经营发展提供良好的制度和组织保障。"

✦

从上述采访可以看到兴业银行的两个重要特色：一是董事会、经营层极其注重对银行战略的研究，据此寻找不同经济周期中的机会，并准确定位兴业银行的战略；二是兴业银行充分发挥三会一层的治理机制，尊重各专业委员会提出的每一个问题，并实施解决。

第六节　对董事会成员的履职评价

兴业银行的董事会在公司治理结构中发挥着很重要的作用，而所有董事，包括独立董事，认为自己应在职责范围内尽心尽力地履职，每年写董事工作总结时，也会如数家珍般地罗列自己的"丰功伟绩"。

董事们真正的工作效果如何？是否达到了治理机制的要求？似乎从来没有一个客观的评价机制，能从第三方的角度来考核董事们的工作。没有客观的反馈，董事们会主观地认为自己工作得很到位，很称职，从而缺乏进一步改进自己工作的目标与方向。目前大部分上市公司董事会都有这个缺陷。

兴业银行在这方面做得比较完善，充分发挥三会一层的治理功能，即股东大会、董事会、监事会、经营层各司其职，通过相互制衡及协作来履行各自的职责。特别是有效利用监事会的职能，对全体董事的工作进行监督评价。

事实上，对于如何发挥监事会的作用，许多上市公司并不十分清楚。在美国，上市公司通过设立独立董事制度，来防止经营董事、执行董事的内部人控制问题，并未采用监事制度。而在欧洲，上市公司通过设立外部监事制度，来防止内部人控制问题，并未采用独立董事制度。唯独在中国上市公司的治理机制中，既有独立董事，又有监事，那么，该如何来协调这二者之间的关系呢？我曾经做过问卷调查，发现中国上市公司对监事的定位大相径庭，有的将监事等同于独立董事，除了让他们全程参加所有的董事会会议，还让他们在董事会上发表自己的意见，只不过不参加董事会表决；有的根本不将监事会列入治理机制中去，除了让监事坐在董事会旁边列席会议外，没有其他作用了。

兴业银行的做法则与众不同，除了监事会本身要开会、调研、讨论之外，监事还需要列席董事会，且每次会议均需对所有董事的履职情况进行书面评价。每位监事的座位上，有一份表格，表格中列出所有董事的名单，需要监事对每一位董事是否亲自参会，发言是否专业，对董事会提案是否熟悉，参加会议是否认真等参会细节进行评价打分，而这些评价最终将成为评价董事年度履职表现的依据之一。

到了年底，监事长还会与所有监事单独面谈，逐一了解他们对兴业银行董事及经营层的看法，并通过向监事进行问卷调查，来详细了解董事及经营层的工作状况，并将了解到的结果及时传达给所有董事及经营层。下面是 2010 年兴业银行监事会对董事们的评价。[⊖]

关于2010年董事、高级管理人员履职问卷调查情况的通报

根据监事会开展董事会、高级管理层及其成员履职评价工作的需要，结合中国银监会《商业银行董事履职评价办法（试行）》的相关要求，监事会办公室于今年 2～3 月向全体董事开展问卷调查。现将调查结果通报如下。

一、基本情况

本次问卷调查采用不记名方式进行，被调查的各位董事积极配合。问卷共发出 15 份，收回有效回复 14 份，回收率达 93.33%。

问卷调查内容包括各位董事对过去一年中董事会履职、董事履职以

⊖ 摘引自《兴业银行监事会：关于2010年董事、高级管理人员履职问卷调查情况的通报》。

及高级管理层履职等三方面的评价。根据中国银监会《商业银行董事履职评价办法（试行）》的相关要求，结合本行近年来对董事、高管履职的监督实践，本次问卷调查在评价内容和评价方式方面做了进一步调整和完善。一是根据股权董事、高管董事和独立董事不同的履职要求分别设定了不同的评价要素；二是在去年开展对独立董事个人评价的基础上，今年对所有董事开展个人评价；三是在评价方式上采用了自评和互评相结合的方式。

从调查结果来看，各位董事对董事会、董事和高级管理层履职情况的总体评价较好，多项得分均比上年有不同程度的提高。其中董事们对董事会履职评价的综合平均分从上年的 4.52 分提高到 4.74 分；对董事会下设各委员会履职评价的综合平均分从上年的 4.57 分提高到 4.74 分；对独立董事评价的综合平均分从上年的 4.52 分大幅提高到 4.90 分，其中对独立董事履职的专业性评价改进尤为明显，由 4.58 分上升到满分 5 分；对高级管理层履职评价的综合平均分从 4.54 分提高到 4.71 分。董事履职自评和互评结果均为称职。

董事们对本行公司治理机制运作的规范性给予充分认可，认为本行董事会能够忠实执行股东大会决议，高级管理层能够严格执行董事会决议，独立董事能够充分发挥专业优势，发表客观公正的独立意见。在对"董事会是否忠实执行股东大会的决议？""独立董事能否充分发挥专业优势，对董事会讨论事项发表客观、公正的独立意见？""高级管理层是否完整、真实、及时地向董事会报告本行经营情况及相关信息？是否严格执行董事会决议，并将执行情况及时报告董事会？"等问题上，董事们给出的评价分均高达 4.93 分以上。

二、具体评价与分析

（一）董事履职情况

董事履职情况的评价包括忠实义务和勤勉义务两方面。

（1）忠实义务方面。各位董事均表示能够自觉遵守法律、法规和本行章程的规定，未利用其在本行的职务便利或关联关系为自己谋取私利，未有其他损害本行及股东利益的行为。上述情况与本行董事会办公室提供的相关信息一致。

（2）勤勉义务方面。各位董事对勤勉义务的自我评价综合平均分为 4.83 分。各位董事均表示能够投入足够的时间和精力履行董事职责，积极出席董事会和各委员会会议，认真了解本行经营管理情况及相关信息，谨慎、认真、勤勉地行使各项权利，科学履行决策职能（见图 7-1）。

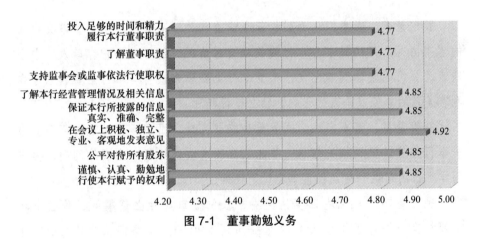

图 7-1　董事勤勉义务

（3）各类董事履职情况。各位董事对股权董事、高管董事和独立董事的履职表现给予充分肯定，其中对高管董事履职评价的综合平均分高达 4.93 分，对股权董事履职评价的综合平均分为 4.81 分，对独立董事的综合平均分为 4.83 分（见图 7-2）。

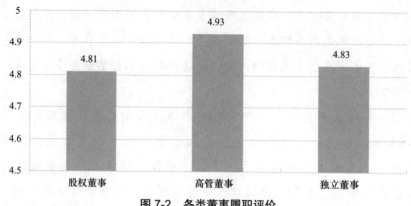

图 7-2　各类董事履职评价

股权董事。董事们认为股权董事能重点关注高级管理层对董事会决议的落实情况，关注股东与本行的关联交易情况，能够从维护存款人、中小股东及公司的整体利益出发，不受本行主要股东或者与本行主要股东存在利害关系的单位或个人的影响，独立履行职责。

高管董事。董事们认为高管董事能够完整、真实、及时地向董事会报告本行经营情况及相关信息，并能认真研究决议执行中出现的问题，提出科学可行的意见和建议供董事会讨论决策。

独立董事。从问卷回复情况看，各位董事对独立董事的评价较上年大幅提高，综合平均分从 4.52 分提高到 4.90 分。董事们认为独立董事能够独立履行职责，能够发挥专业优势，主动、客观、公正地发表独立意见，促进董事会科学决策，在规范本行关联交易方面发挥积极作用；在本行董事、高管人员的提名及相关薪酬与考核方面起到监督咨询作用；在本行年报专项工作方面起到指导监督作用。其中独立董事能否"充分发挥专业优势，对董事会讨论事项发表客观、公正的独立意见，对提高本行董事会决策的科学性发挥重要作用"的选项，评价分为满分，说明本行独立董事的专业性、独立性及参与银行事务的主动性得到董事会成员的一致认可（见图 7-3）。

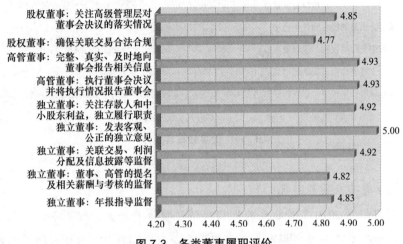

图 7-3　各类董事履职评价

（二）董事会运作情况

（1）董事会日常运作情况。董事们对本行董事会日常运作的规范性给予肯定，综合平均分从上年的 4.56 分提高到 4.80 分。董事们认为本行董事会会议的召集程序、表决程序比较规范，会议提供的信息较为及时、充分，决议符合法规和章程的规定。其中"董事会会议时间是否充分？会议议程、议事规则是否合理？"的选项得分由上年的 4.50 分大幅提高到 4.86 分，说明本行董事会会议日常运作日益规范。选项"组织董事参加培训、调研活动是否充分？是否有效帮助董事提高监督、指导和检查力度？"的得分由上年的 4.36 分提高到 4.64 分，说明董事会的培训调研工作有所加强，相对本板块其他选项，董事们对组织董事参加培训、调研活动的频率以及效果的评分仍略低，此外"董事会成员的提名和任免程序"选项的得分略低于本板块其他各项得分（见图 7-4）。

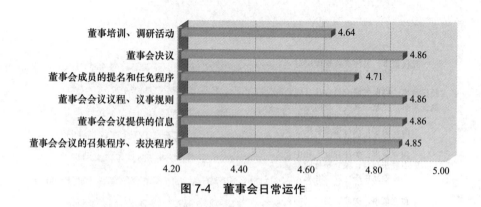

图 7-4   董事会日常运作

（2）董事会履职情况。

董事们对 2010 年董事会履职情况的总体评价较好，综合平均分为 4.74 分，较上年 4.52 分有所提高。董事们认为董事会在履职过程中能够公平对待所有股东，忠实执行股东大会决议；能够科学判断经济形势，合理制定公司发展战略并有效监督执行；信息披露方面较为充分和规范。有董事在问卷中提及"我行各方面的董事都很优秀，董事长具有很强的领导才艺，董事会是个优秀的集体"。

在去年的问卷调查中，董事们在评价董事会对董事和高管的履职评价机制的合理性和有效性时，给出的评价分相对较低，部分董事仅给予 3 分的评价。从今年的问卷调查情况看，董事们对此板块的评价情况大为改善。董事们对董事会对董事履职评价的合理有效性的评价大幅提高，从上年的 4.36 分提高到 4.69 分。2011 年，董事会根据中国银监会《商业银行董事履职评价办法（试行）》有关规定及本行《董事履职评价办法》，组织开展 2010 年度董事履职情况评价，在董事评价的评价内容、评价方法和评价程序方面有长足进步。董事们对董事会对高级管理层的授权、监督和制约等工作的评价明显改进，其中选项"董事会对高级管理层的授权管理是否清晰有效"得分由上年的 4.36 分提高到 4.79 分，

"董事会是否对高级管理层实施了有效的监督和制约"得分由 4.50 分提高到 4.71 分，"董事会对高级管理层的激励机制及相应的绩效考核是否合理、有效"得分由 4.29 分提高到 4.50 分，表明 2010 年董事会对高管的评价管理有所改进，得到董事们的认可。董事会对高级管理层的激励机制及相应的绩效考核的评价得分在全部问题选项中仍属最低得分，说明董事们认为董事会对高级管理层实施监督和制约的有效性在逐步提高，仍有改进的空间（见图 7-5）。

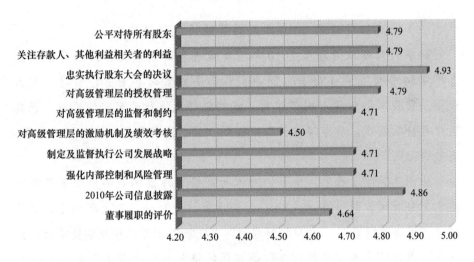

图 7-5　董事会履职评价

（3）对董事会下设各委员会的评价。董事们对董事会下设各委员会履职的评价较上年均有不同程度提高，综合平均分为 4.74 分（上年 4.57 分），表明董事们认为总体上各委员会能够较好发挥辅助董事会决策的作用。其中风险管理委员会得分最高，为 4.86 分。具体见图 7-6。

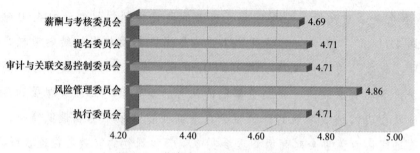

图 7-6   董事会下设委员会履职评价

(三) 对高级管理层 2010 年经营管理情况的评价

董事们对高级管理层 2010 年的履职表现评价较好, 综合平均分从上年 4.54 分提高到 4.71 分。董事们认为高级管理层业务经营管理能力较强, 重视风险管理与内部控制, 能够较好地执行董事会的决策, 保持银行可持续发展。有董事在问卷中提到 "我行高管层是一个尽职、和谐、高效的团队"。

从图 7-7 可以看出, 董事们对本行高级管理层的业务经营管理能力给予充分肯定, 评分高达 4.86 分, 为本板块最高分。与上年相比, 管理层在 "遵循监管政策, 合规稳健经营" "短期经营目标和长期战略目标的协调" 以及 "企业文化的倡导" 等方面的得分有所提高, 分别从 4.57 分上升至 4.86 分、4.36 分提高到 4.71 分、4.36 分提高到 4.79 分。表明本行 2010 年更为重视可持续发展, 保持合规经营, 积极倡导企业文化, 得到董事们的认可。相较其他选项, 业务创新能力、综合竞争实力两个选项得分略低。

综合上述统计结果, 董事们对本行公司治理机制运作的规范性、有效性较为满意, 对董事会、董事的履职情况总体评价良好, 并对高级管理层的履职表现予以肯定。

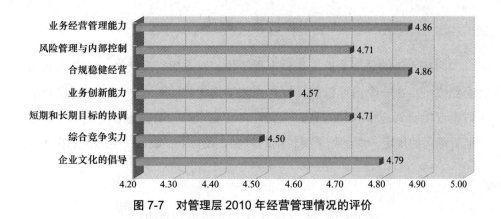

图 7-7　对管理层 2010 年经营管理情况的评价

　　从上述履职问卷调查情况来看，尽管对董事及经营层予以肯定，但是，细细读来，还是有许多需要改进的地方。例如，在图 7-7 中，总结了兴业银行在业务创新及综合竞争能力方面比较弱，确实反映兴业银行过去注重同业业务的开发，而在数字金融、互联网平台业务方面起个大早，赶个晚集，即在银银平台开发后，后续没有投入更多的资源进行创新与迭代，渐渐失去先发优势。又如，在图 7-6 中，几个专业委员会里，风险管理委员会比较出色，发挥较强的作用，而提名委员会、薪酬与考核委员会、审计与关联交易控制委员会做得略有不足，如怎样评价管理层的经营业绩，并与激励机制挂钩，未予明确；审计与关联交易控制委员会除报表及内控审计外，并未对管理建议书中的不少问题予以落实等。上述调查还显示，在董事们下基层进行实地调研方面，有很大的改进空间。总之，由于是第三方独立评价的结果，且有量化指标，因此所有董事看后都心服口服，并为明年如何改善自己的履职能力，找到了明确的方向。

第七节 尾声

回顾六年的独立董事工作, 不得不说, 兴业银行是我学习收获最多的企业之一。在一个治理机制良好、人才结构优秀的企业中工作, 每次开会时不仅能听到许多真知灼见, 学到许多专业知识, 而且还心情舒畅。根据监管部门的规定, 终于到了要告别的时候, 我写下了最后一年的述职报告。

兴业银行独立董事2016年度述职报告

李若山

本人自 2010 年 10 月开始担任兴业银行独立董事, 任期到 2016 年董事会换届完成之日结束。2016 年, 我勤勉尽责, 积极参加董事会会议、相关委员会会议及董事会组织的其他各项活动, 切实维护本行和全体股东利益。我是中国注册会计师, 拥有审计学专业博士学位, 现任复旦大学管理学院MPACC 学术主任、教授、博士生导师, 兼任上市公司复旦复华董事及东方航空、陕鼓动力、张江高科独立董事。曾任厦门大学经济学院会计系副主任、经济学院副院长, 复旦大学管理学院会计系主任、金融系主任、管理学院副院长。现将 2016 年担任独立董事期间的工作情况报告如下。

一、出席董事会会议并发表意见

2016 年, 本着对上市公司和全体股东诚信、负责的态度, 本人认真审阅本行定期报表、报告, 出席董事会会议 6 次, 会前认真审阅相关文件资料, 全面了解议案背景, 保证决策质量, 会上对若干重大事项发表客观意见或建议: 一是建议认真评估股权质押业务风险, 加强股权质押业务前期摸底排查和后期跟踪监控。二是建议深入挖掘不良资产的潜在价值, 进一步拓宽不良资产处置渠道，多措并举处置和盘活不良资产。三是鉴于本行已成为多元化金融控股集团，建议加大集团数据和信息共享，不断提升集团信息科技协同能力和业务引领水平。四是顺应客户群体对互联网依赖性不断增强的趋势，建议及早布局集团互联网营销模式。五是建议充分运用审计成果和"大数据"等先进技术，加强风险协同管控能力。六是建议关注国内金融业人才流动加快、金融知识不断更新的状况，做好骨干人才的培养和储备，强化人才培训体系建设。七是建议准确理解和把握新常态下内外部环境发生的变化，加强税务、财务等潜在合规风险的防范和管控。

二、主持董事会审计与关联交易控制委员会工作

作为第八届董事会审计与关联交易控制委员会主任委员，我根据董事会统一部署，合理筹划安排委员会各项工作，精心组织了 5 次委员会会议，审议听取了 28 项议题，圆满完成了董事会赋予的各项职责。

（一）顺利完成年度外部审计机构聘任工作

根据财政部《金融企业选聘会计师事务所管理办法》（财金〔2016〕12 号）规定，金融企业连续聘用同一会计师事务所原则上不超过 5 年，对于中国注册会计师协会综合评价排名前 15 位且审计质量优良的会计师事务所可适当延长续聘年限至不超过 8 年。截至 2015 年年末，德勤华永会计师事务所（以下简称"德勤"）服务年限已满 5 年。我认为德勤在过去几年的服务期内能够较高质量地完成各项审计、审阅工作，并提供诸多有价值的增值服务，与董事会、管理层沟通顺畅，符合财政部续聘要求。经审议，委员会向董事会提议继续聘请德勤为本行实施 2016 年度年报审计、半年报审阅和内部控制审计服务。

（二）协调督促会计师事务所完成审计审阅工作

本年度，第八届董事会审计与关联交易控制委员会和德勤就年报审计、半年报审阅和内部控制审计进行了 3 次沟通。本人肯定了德勤的财务与内控审计

工作, 同时对进一步做好外部审计提出了以下要求: 一是要求外部审计师对本行资产进行重点抽盘和函证, 对表内外负债风险进行深入排查, 帮助本行消除潜在风险隐患。二是要求外部审计师围绕信贷、同业、IT等业务层面, 充分借鉴和参考同业机构所采用的有效措施和方法, 提出更多、更具体的改进建议。三是指出后续监管机构有可能要求逐步采用全新的审计报告模式, 要求审计师在符合监管要求的前提下, 尽量采用简洁明晰的方式进行阐述。

(三) 审核定期报告和财务预决算方案

本年度, 委员会审核了2015年度报告, 2016年度一季报、半年报和三季报以及本行财务预决算方案。本人高度肯定了本行2015年度和2016年度各阶段取得的经营业绩以及经营管理层为此付出的努力, 同时指出外部形势仍然不容乐观, 在经济结构调整时期, 应更加重视风险管理, 并充分利用外部审计成果, 针对审计总结的风险因素进行改进和完善; 要顺应当前局势, 坚定向轻资本、集约化、低成本的经营模式转型。

(四) 指导监督内部审计, 落实完善内部控制

本年度, 委员会审议了内部审计工作情况、内部审计项目计划、内部控制评价报告, 听取了年度监管通报的整改报告和内控审计缺陷整改落实情况的报告。我对本行内部审计和内部控制工作给予了肯定, 同时建议将发现的问题进行梳理归类, 从制度和流程上查找根源, 防止类似问题的重复发生; 建议关注新型金融诈骗等风险, 采取合理措施强化贷前尽职调查和贷后资金监控。

(五) 规范关联交易管理

本年度, 委员会审议通过了2015年度关联交易情况报告及修订《关联交易管理办法》的议案, 审核了给予中国烟草总公司和中国人民保险集团股份有限公司关联交易额度等两项重大关联交易以及本行非公开发行普通股所涉及的关联交易事项, 审定了本行的关联方清单。在审议过程中, 我强调关联交易应按照规则和额度执行, 遵循公开、公平、透明的原则, 在关联交易额度管理和使用方面要进一步优化流程, 采取集中账户、统一管理等措施，确保依法合规。

三、履行董事会薪酬与考核委员会委员职责

作为董事会薪酬与考核委员会委员，本人认真做好相关工作：一是高管考核工作，在2016年年初与其他委员一起审阅高管述职报告，全面了解高管团队一年来的工作情况。二是出席董事会薪酬与考核委员会会议，审议了董事2015年度履职情况评价报告、高管2015年度绩效薪酬分配方案、2012年度风险基金发放方案等议案。我认为本行高管团队勤勉尽职，带领本行在银行业面临较大压力的客观环境下保持了经营业绩的良好与稳健，工作值得称赞。

四、积极参加董事调研考察，深入了解本行发展现状

为了更加深入地了解本行发展情况和特色业务，2016年度本人亲自参加了本行组织的三次专题调研：一是2月份与外部审计师沟通审计过程中的发现，对全面完成年度审计提出一些指导性意见。二是6月29日参加本行养老金融业务发展情况专题调研，指出养老金融是金融领域的"蓝海"，也是"深海"，本行应选择尝试其中更加成熟、具备政策优势的业务。三是6月29日参加本行集团并表管理及兴业信托发展情况专题调研，提出要做好信息系统等集团并表管理基础工作，关注集团内的风险联动，发挥风险管理相关部门的协同作用。

五、依照有关法律法规和监管政策，客观公正地发表独立意见

作为独立董事，本人严格依据监管规章和本行章程等有关规定，就若干重大事项客观公正地发表独立意见。一是对提名新一届董事会董事、续聘高级管理层和董事会秘书等事项发表独立意见，认为本行董事会换届工作遵循了依法例行和务实高效的原则，相关人员的任职资格、提名与聘任流程均符合法律规定和监管要求。二是认真审阅2015年度报告，2016年度一季报、半年报和三季报并签署书面意见，认为上述报告客观反映了本行

的财务状况和经营成果。三是对 2015 年度利润分配方案及中期股东回报规划（2016～2018 年）发表独立意见，认为相关方案和规划符合法律法规和本行章程的规定，兼顾股东合理回报和公司资金需求。四是对外部审计师的聘任发表独立意见，认为本行 2016 年度会计师事务所的聘任符合财政部最新文件和本行章程的规定。五是对关联交易日常管理及非公开发行股票涉及关联交易事项发表独立意见，认为本行关联交易遵循一般商业原则和公平、公正、公开的原则，不存在损害本行和中小股东利益的行为。六是对高级管理人员薪酬分配发表独立意见，认为业绩考核和绩效薪酬的计提、分配等相关程序符合有关制度规定。

六、诚实守信履行职责，切实维护本行整体利益

2016 年，我为本行工作的时间超过 25 个工作日，同时切实履行董事忠实义务，不存在履职过程中接受不正当利益、利用在本行地位和职权谋取私利、擅自泄漏本行商业秘密、利用其关联关系损害本行利益等情形，本职和兼职工作与本行独立董事职务均不存在利益冲突，并如实告知本行有关情况。

特此报告。

2017年7月3日

因为任职期限的限制，我离开了兴业银行董事会，我后续又很荣幸地担任外部监事职务，继续为兴业银行服务。2021 年，在兴业银行当监事的五年之后，兴业银行再次进行董监事会的换届，由于我年龄已到 72 岁，远远高于国资委有关金融机构董监高不得超过 70 岁这条红线，因此我于 2021 年 4 月，告别兴业银行监事会，不再在兴业银行担任任何职务。11 年的兴业银行的履职经历，让我学到了许多金融行业知识，结识了许多优秀的金

融人才。在任职兴业银行外部监事时，我又收获了另一种不同的治理经验，或许，如果有时间，我能再写一本有关监事生涯的书。

小结：同样是金融企业，大股东同样是省国有企业，兴业银行与LJ银行相比，其最大的差异是治理结构的不同。从独立董事应聘、监管部门的谈话，到董事会专业委员会的分工，兴业银行严格按照治理要求的结构一步步来。与此同时，在独立董事履职过程中，银行董事会重视独立董事提出的每项具体要求，并在下一次董事会及时反馈意见结果，而不是议而不决，议而不理，从而使得独立董事的建议得到落实。在兴业银行担任独立董事的另一个体会是，独立董事的职责不是法外之地，需要由客观的第三方每年进行专业的评价，以保证其能持续稳定地提供高质量的服务。

第八章

复旦复华

第一节　复旦复华董事之邀

2014 年 9 月的一天，我接到复旦大学管理学院某领导的电话，问我能否担任复旦复华股份有限公司的董事。我觉得有些惊讶，复旦复华不是我们复旦大学为大股东的上市公司吗？而我又是复旦大学的老师，怎么能当这个公司的董事呢？也许，我习惯了其他公司总是请我担任独立董事，而独立董事应该与上市公司没有利益上的关联关系。让我当复旦复华公司的董事，会不会有利益上的冲突呢？某领导马上说，不是让你当独立董事，而是去当股东董事。因为复旦复华董事会换届，学院领导商量之后，准备让我接替管理学院任职到期的一位老师，担任代表复旦股东的董事一职。

学院领导说，你在外面担任那么多的独立董事职务，经验丰富，你去担任复旦复华公司的董事比较合适。我当时答复说，我考虑一下。接着我做了一些功课，发现复旦老师去担任复旦复华的董事职务，纯属义务，既没有工作量的考核，也没有董事津贴，几乎没有任何经济报酬。

了解情况后，我确实有些犹豫。作为一项工作，哪有权力与责任不对等的事情？尽管我们常常讲，作为一个员工，在工作中要无私奉献，这话没错。我个人认为，在许多事情上，无私奉献与按劳分配这两个概念要分清。正常情况下，在日常工作中，我们需要的是按劳分配的原则，这是马克思主义在探讨社会主义阶段时的分配原则，即每个人按照自己付出的多少，取得应得的工资报酬，以此来促进社会经济的建设。但是，当遇到社会公益、灾难、战争等特殊事件时，我们要强调无私奉献，强调情怀。这是两个不同境界的事情。现在要我担任复旦复华的股东董事，这是一份日常工作，我需要付出许多时间与精力，而且还要承担许多责任与风险，不给我任何报酬与津贴，似乎很没有道理。且不说报酬多少，按照中国证券市场的法律规定，如果董事在执行职务时未尽职，或者在执行工作过程中有渎职或过失行为，轻则行政处罚，重则罚款判刑，而平时董事取得的津贴与报酬，某种程度上来说，是一种未来可能被罚款的风险准备金之一。尤其是 2020 年 3 月开始施行的新证券法，更加强调董事们的经济责任，比如，2021 年 4 月，上市公司广东榕泰的董事及高管们，由于没有尽责，被国家监管部门罚款总计 1200 万元，其中，独立董事尽管每年津贴只有 5 万元，但因没有尽到勤勉尽责的义务，被罚了 50 万元[一]。更不要说，康美药业的董事们，由于没有尽到勤勉尽职义务，被判赔偿数亿元。我到复旦复华当股东董事，分文不取，还要承担很重的董事工作，这样的现象是怎么出现的？我百思不得其解。

考虑到这是学院领导分派给我的工作，没有说强制我去，也没有说我可以选择不去，权衡之后，我还是勉强答应去担任此职。毕竟，我是学院的员工，也是复旦大学的老师，如果本人坚决不去，在学校这样的体制中，估计是可以的，但我怕驳了领导的面子，以后不好相处，于是决定尽自己所能，去尽些义

㊀ 详见广东证监局《行政处罚及市场禁入事先告知书》广东证监处罚字〔2021〕5号。

务。再说，此前，我曾与复旦复华打过一些交道，对这个公司有一定的了解。

早在 1997 年，我刚到复旦大学工作不久，担任复旦大学校务委员会委员，并兼复旦大学预算委员会主任一职时，经常参与学校一些重大事务的讨论与咨询。记得在 2006 年的 3 月 15 日，我曾接到学校发的一份邮件，就复旦复华准备递交给教育部审批的股权分置方案，征求我的意见。

在第一版股权分置方案中，复旦复华提出一个区间对价方案。

一、对价安排水平区间说明

为了充分保护投资者利益，确保股权分置改革参与各方利益不受损失，此次股权分置改革对价水平区间为：以方案实施股权登记日总股本为基数，用资本公积金向全体股东按每 10 股转增股本 2.5 ～ 3.1 股。参加本次股权分置改革的全体非流通股股东将可获得的全部转增股份作为对价，折算后相当于流通股股东每持有 10 股流通股将获得非流通股股东送出的1.258 ～ 1.4889 股对价股份。

二、具体方案

1. 对价安排的形式、数量

公司非流通股股东经充分协商签署了《一致同意参加股权分置改革非流通股股东之协议书》，一致同意通过向公司全体股东资本公积金转增股本，非流通股股东单方面放弃转增股份，将其享有的转增股份转让给全体流通股股东，从而获取其所持非流通股股份的流通权。

具体的对价安排为：公司以方案实施股权登记日总股本为基数，用资本公积金向全体股东按每 10 股转增股本 2.5 ～ 3.1 股。参加本次股权

⊖ 摘引自拟报送教育部股权分置文件。

分置改革的全体非流通股股东将可获得的全部转增股份作为对价，按方案实施股权登记日在册的各流通股股东当日所持流通股股份数占流通股股份总数的比例支付给流通股股东，以换取其持有的非流通股的上市流通权。

对于这样的方案，我们讨论后觉得有些不妥。将对价方案放在 2.5 ～ 3.1，未尝不可，但是，教育部作为行政机构，让他们去决策如何平衡比例关系，在 2.5 ～ 3.1 中间去选择一个合理的数字，这不是为难审批机构吗？最后，我们重新进行讨论，在列示了详细的计算公式后，修改了方案，将股权分置的对价明确固定在一个最低标准，是 10 送 2.5。计算公式及依据如下。[一]

由于非流通股不能上市流通，非流通股相对于流通股有一个流动性折价，流通股相对于非流通股有流动性溢价，在股权分置改革前，非流通股的价格一般应低于流通股的价格。在股权分置改革后，所有的股份将有相同的价格，原流通股的流动性溢价消失了，原非流通股的折价消失了。要改革股权分置，需要由非流通股股东给流通股股东支付对价，支付对价的金额应当使股权分置改革后非流通股股东和流通股股东均不发生损失。复旦复华非流通股股东以股份的方式向流通股股东支付对价，设：

$B=$ 为改革股权分置，非流通股股东向流通股股东支付对价的股份数量；

$F=$ 非流通股股份数；

$L=$ 流通股股份数；

W= 股权分置时非流通股价格；

P= 股权分置时流通股的价格（取一定时期内的平均成交价，亦即流通股股东的平均持股成本）；

P_x= 股权分置改革后的股票价格；

P'= 流通股股东获得非流通股股东支付的流通权对价后的平均持股成本。

（1）股权分置改革后，非流通股股东持有股份的总价值不变的对价股份数量的计算：

股权分置改革前非流通股股东持有股份的总价值 $=F \times W$

非流通股股东向流通股股东支付对价股份（数量为 B）且股权分置改革后，

非流通股股东持有的股权的价值 $= (F-B) \times P_x$

当 $(F-B) \times P_x = F \times W$ 时，股权分置改革后，非流通股股东持有股份的价值不变。

（2）股权分置改革后，流通股股东持有股份的总价值不变的对价股份数量的计算：

股权分置改革前流通股股东持有股份的价值 $=L \times P$

非流通股股东向流通股股东支付对价股份（数量为 B）且股权分置改革后，

流通股股东持有的股权的价值 $= (L+B) \times P_x$

当 $(L+B) \times P_x = L \times P$ 时，股权分置改革后，流通股股东持有股份的价值不变。

（3）要使得股权分置改革后，流通股股东和非流通股股东持有股份的价值不发生损失，则 B 必须满足以下等式：

$$B = \frac{F \times L \times (P-W)}{F \times W + L \times P}$$

即：当非流通股股东向流通股股东支付的对价股份数量为 B 时，在改革股权分置过程中，流通股股东和非流通股股东均没有从对方获得利益，流通股股东和非流通股股东公平地解决了股权分置问题。

根据复旦复华的相关数据和本方案的基本原理得出的非流通股股东向流通股股东支付对价股份数量的公式 $B = \dfrac{F \times L \times (P - W)}{F \times W + L \times P}$ 可以计算出，复旦复华的非流通股股东应支付给流通股股东的股份数量为 17 568 442 股，即非流通股股东所持非流通股股份要获得流通权，需要向全体流通股股东每 10 股支付 1.089 股，在充分考虑流通股股东利益的基础上，本方案最终确定为用资本公积金向全体股东按每 10 股转增股本 2.5 股。

看来，在知识分子聚集的地方，即使一个股权分置提案，也必须以理性的数据说话，以科学的公式说话，以哲学的逻辑思维说话。除了用文字描述一大堆理由外，复杂的计算公式与推理占了很大比例，这大概是高校上市公司与民企或央企上市公司的最大区别。在股权分置过程中，民企在决策时，更看重控制权，央企更强调遵循国家政策，而高校的上市公司可能更偏重学术依据，用数据、公式推理说话。这大概是高校上市公司的特点之一吧。

结果，这个修订后的方案上报教育部后，很快被审批通过，被同意按此方案实施。实施过程中没有遇到任何问题与障碍。

现在，既然要我担任复旦复华的股东董事，那我不得不对该公司进行全面的了解。复旦复华 1993 年上市，是全国第一家高校上市公司；复旦大学控股，持股比例 26% 左右，是第一大股东。公司主营软件开发、生物医药、园区房产三大业务板块，拥有中国对日软件出口平台，药品研发、生产、营销基地，以及高新技术园区等业务。从业务类型来看，除园区房地产外，软件及生物医药确实是国内比较前沿的一些行业，体现了复旦大学作为全国一流院校的特色。

但是，研究了公司董事会及管理层的组成之后，我发现这是一个极具高校行政色彩的企业。从董事会来看，上几届董事会成员几乎是清一色的高校行政人员与教师，只有极个别是国资委派来的干部，甚至连聘请的独立董事，也全来自高校。再看看经营层的高管——是从复旦大学的行政人员中挑选出来的。对于这支人员全部来自高校的管理队伍，有人曾用一句老话评价：秀才造反，十年不成！当然，我并不完全赞成这样的说法，现代知识分子早已不再是过去孔子时代说的四体不勤、五谷不分的样子。特别是在应用科学领域，由于现代科学的发展，实验室、教学基地、厂校挂钩、咨询服务等多样化的方式，使得高校教师有了更多介入实践的机会，使得他们从事的专业更加符合中国现实的要求。高校教师组成的队伍并不一定就做不好企业。问题的关键是，作为高校的上市公司，尽管从事的业务很前沿，其管理机制是否符合市场要求？是否能按市场规则办事？恰恰在这方面，高校的上市公司遇到一些问题。复旦大学是直属于教育部的重点大学，对其教师全部是按照教学与科研来进行考核与管理的。即使是派驻到上市公司的教师，其考核也是按照学校的规则来进行的。

例如，高校上市公司中的许多投融资行为，不仅经营层要操作，还需要报董事会与股东大会同意，有许多事情最后还需要报教育部批准。高校管理机制是党委领导下的校长负责制，复旦大学有许多分支机构，不管是教育部门，还是后勤总务，要从一盘棋的角度考虑财务资金管理问题、激励机制问题等，不管是校办企业，还是学院行政部门，要求在制度上保持一致，这难倒了作为上市公司的高校企业。去复旦复华当股东董事之前，我查阅了一下公司前期的经营情况，发现有不少问题。如 2011 年 11 月网上登出这样一则与复旦复华股份公司有关的消息：[⊖]

《上海复旦复华科技股份有限公司整改报告》如下。

中国证券监督管理委员会上海监管局（以下简称"上海证监局"）于

⊖ 摘引自app.finance.china.com.cn/stock/data/view_notice.php?symbol=600624&id=13941993。

2011年6月28日至7月8日对公司进行了现场检查，并于2011年11月3日做出了《关于对上海复旦复华科技股份有限公司采取责令改正措施的决定》(以下简称《决定书》)。

我公司于2011年11月8日收到《决定书》后，立即进行了披露。收到上海证监局《决定书》后，公司对此次检查发现的问题高度重视，公司董事、监事及高级管理人员认真学习《证券法》《公司法》及相关规定，并组织多次专题讨论。本着严格自律、认真整改、规范运作的精神，针对指出的问题，逐项对照检查，结合公司实际情况制订整改方案，具体如下。

一、存在问题及整改措施

1. 对相关公司提供财务资助未履行审议程序并披露

你公司通过资金拆借、代垫工资费用等方式向上海复华保护神电源有限公司 (简称"保护神电源")、上海复华保护神信息技术有限公司等7家公司提供财务资助，2008年度、2009年度、2010年度累计发生额分别为4.89亿元、5.11亿元和4.88亿元，均已超过最近一期经审计净资产的50%，未经你公司董事会、股东大会审议并及时公告。

上述行为违反了《证券法》第67条及《上海证券交易所股票上市规则》(2008年修订) 9.1条、9.3条的规定。

整改措施：

公司已组织相关人员对《证券法》《上海证券交易所股票上市规则》进行了认真学习。现公司已在今年7月停止这几类资金往来，今后不再发生与上述7家单位这几类的资金往来行为。公司今后将严格执行《证券法》《上海证券交易所股票上市规则》等法律法规，严格履行审批程序，杜绝再次出现此类问题。

2. 会计政策变更未及时披露

你公司全资子公司上海复华软件产业发展有限公司(简称"软件产业公司")持有上海高新房地产有限公司(简称"高新房产")40.98%的股权。2009年起你公司对高新房产长期股权投资核算方法由权益法改为成本法,但未披露上述会计政策变更的原因及影响。上述行为违反了《证券法》第67条及《上市公司信息披露管理办法》第30条的规定。

整改措施:

公司已组织相关人员对《证券法》《上市公司信息披露管理办法》进行了认真学习,今后公司按照会计政策变更的相关要求执行。

二、内部控制方面还存在的问题及整改措施

1. 参股公司的股利分配比例低于出资比例

2008年9月,高新房产对2005至2007年的利润5347.21万元进行分配。按持股比例(40.98%)公司全资子公司软件产业公司应分利润为2191.29万元,但实际仅分得403.32万元,占所分配利润的7.54%。与高新房产《公司章程》相关规定不一致。

整改措施:

公司已组织相关人员对《公司法》进行了认真学习。在分配方式上未能及时修改公司章程,因此与公司章程存在差异,实际没影响公司总收益。以后按公司章程规定的方式进行利润分配。

2. 资产委托管理未履行审议程序

2010年11月,你公司控股子公司上海复华高科技产业开发公司分别与上海沪嘉经济城、上海希望城经济发展有限公司签订《资产委托管理协议书》,委托管理货币资产金额分别为1920万元、1400万元。上述事项仅由总经理及财务总监审批,未经董事会审议,不符合你公司《总经理议事规则》中"总经理对外投资审批权限为1000万元人民币"的规定。

整改措施：

现已在今年 6 月全部收回委托管理货币资金。在以后的经营活动中，严格执行《总经理议事规则》。

3. 对下属公司的财务管控有待加强

2009 年 6 月，你公司控股子公司上海中和软件有限公司（以下简称"中和软件"）的分支机构东京支社在未通知中和软件及得到复旦复华总部审批的情况下将 1.36 亿日元（折合人民币 1105.14 万元）支付给自然人芝麟之助作为聘用费。上述事项不符合你公司《资金支付审批制度》中"各单位的工资、奖金及相关津贴的发放均须报财务总监审核并报复华股份公司总经理批准"的规定。

整改措施：

2009 年 6 月事情发生后，公司马上采取措施，2009 年 8 月专门制定了东京支社有关管理规定，加强和落实了以资金支出审批为核心的管理制度，从根本上杜绝此类事件的发生，并举一反三进一步加强对下属公司的财务管理。

4. 资金支付的管理有待加强

2008 年 10 月、2009 年 6 月及 7 月，你公司在尚未签署 2009 年、2010 年采购合同的情况下，分别向保护神电源预付了 2009 年采购款 1356 万元、2010 年采购款 700 万元。此外，公司 2009 年修订的《资金支付审批制度》，未将全部控股子公司纳入制度管理范围内。

整改措施：

公司已进行整改，不再支付给电源公司预付货款。今后，严格按采购合同规定的条款执行。另外在 2011 年 11 月已将全部控股子公司纳入制度管理范围。

通过本次检查，公司将认真总结和反思，对问题的直接责任人将予以严肃的处罚。今后加强相关人员的专业培训和学习，强化内部控制和

财务管理, 尤其是资金往来方面管控, 规范经营和运作, 促进公司健康
稳定发展。

上海复旦复华科技股份有限公司董事会

2011年11月25日

从上述整改通知可以看出, 复旦复华的运营采用的基本上还是行政管
理的方式。作为重要治理机制的董事会似乎没有发挥什么作用; 许多决策
执行全部依赖经营层; 各分支机构之间的往来, 是以行政划拨的方式进行
的; 经验式的管理居多。在这样的环境中担任董事一职, 是我过去近十年
的独立董事生涯中从未有过的经历。现在, 只能硬着头皮上了。

第二节　初入复旦复华董事会

2014年10月16日, 我来到复旦大学美国研究中心116教室, 以董事
候选人的身份参加了2014年的临时股东大会。股东大会由时任复旦复华董
事长的王校长主持。由于是在教室开会, 且地方不大, 总觉得不像是在开
股东大会, 倒有点在教室上课的感觉。

参加股东大会的人并不多, 会议还是开得蛮正式的。王校长在股东大
会上发言, 他表示:"公司的基础是资本, 而资本来自股东, 首先要感谢股
东们长期以来对公司的支持, 同时要向第七届董事会成员表示感谢, 大家
团结一致, 为公司发展打下了好的基础。当然, 复华作为一个复旦大学控
股的上市公司、国内高校的第一家上市公司, 还需要加倍努力。股东们提
出的希望和建议, 对于新一届董事会和监事会将会是很大的激励, 相信在
大家的共同努力下, 复华未来会有更大的发展。"在股东大会上, 我当选为

复旦复华董事，不带"独立"二字，可以不再兼任专业委员会主席一职，只担任审计专业委员会的委员。

股东大会结束后，王校长不再兼任复旦复华的董事长，对此我很理解。在复旦大学工作的这些年中，尽管我只是复旦大学的一个普通教师，曾因工作关系与王校长打过几次交道，但是为人谦和、儒雅的王校长之后不管在什么场合见到我，都能叫出我的名字，并亲切地打招呼，丝毫没有架子，这让我很感动。作为一校之长，尤其是国家重点大学的校长，王校长承担了复杂繁重的行政工作，如果再要他去兼任上市公司董事长，全盘考虑复旦复华上市公司大到战略、小到经营的所有决策，实在是难以两头兼顾。他卸任复旦复华董事长一职，专心领导复旦大学开展工作，应该是很明智的决策。

股东大会结束后，公司第八届董事会第一次会议在复旦大学美国研究中心会议室召开，全体董事出席会议，会议由继续留任董事的张陆洋先生主持。在此会议上，董事们一致同意，选举张陆洋教授为复旦复华新一任董事长。张陆洋教授是复旦大学经济学院金融系的教授、博士生导师，他当时有很多头衔，如兼任复旦大学中国风险投资研究中心主任、上海证券交易所公司治理委员会专家委员、国家博士后基金特别资助项目评审专家、科技部科技与金融结合试点评审工作专家组组长、成都市人民政府特聘顾问、上海市科技创业特聘导师、全国创业投资行业协会专家委员等。他出版过许多专著。记得他在董事会上说，既然担任董事长一职，一定要好好利用这个上市公司平台，为复旦复华今后的经营，尤其是并购重组发挥自己的专业特长，给复旦大学一个满意的回报。

在这次会议上，蒋国兴老师作为上一届复旦复华公司总裁，继续留任。由于工作关系，我以前曾与蒋老师打过几次交道。蒋老师长着胖乎乎的脸，说话柔声柔气，一看就是一位好脾气的老师。与蒋老师多次沟通后，我发现他是一位事业心很强的领导，他在学校的工作是管理复旦大学的所有校办资产, 他对资产管理有着丰富的经验。但是, 由于长期在复旦校内工作, 他的许多思路还是以学校行政管理方式为主, 这为复旦复华的治理, 留下了一些问题。

我在董事会上发了言, 一如既往地强调治理、强调内控, 并再三要求, 利用好会计师事务所的外部监督力量, 来防范企业风险。同时, 我再三提醒, 作为校办产业、国有企业, 规范运作上市公司很重要, 有时即使多付出一些成本及费用, 也是应该的。在国有企业中担任高管职务的干部, 最不值得做的事情, 就是为了企业的一些蝇头小利, 个人去承担巨大的公司法人责任。如果民企这么做, 那还能理解, 因为公司股东利益与经营层基本一致, 企业利用潜规则省下来的钱, 是股东与经营层的利润与奖金。而国有企业呢? 企业不规范省下的钱, 并不是经营者个人的, 而是公司股东的, 最多只是 KPI 指标考核后, 拿一点蝇头小利的奖金而已。

这怎么理解呢? 在有些国有上市公司, 明明是国家规定应该缴的税费, 还千方百计地用各种不合格的单据、发票来充账, 虽省了一些税费, 却留下隐患。一旦查出来, 作为企业法人代表的经营者, 很有可能要遭受牢狱之灾。当然, 这些话对于某些已经习惯如此的国有企业的领导来说, 大概听不进去。也许, 只有等到他们遇到管理危机了, 痛定思痛之后, 才能品味出其中的含义。

参加几次董事会后, 我发现, 每次开会, 都要讨论并处理不少历史遗留问题, 包括诉讼、工程建设纠纷等复杂的问题。老的问题刚解决, 新的问题又产生了。到底有多少问题, 似乎谁都说不清。在担任复旦复华董事的第一年里, 我总是有些提心吊胆。我常对董事会秘书任老师抱怨, 公司到底有多少没有解决的问题? 到底还隐藏着哪些问题? 对此, 任老师只能对我报以苦笑。看来, 她似乎有不少难言之隐。

第三节　税收隐患东窗事发

2016 年 9 月 16 日，我突然接到复旦复华董事会办公室沈老师的一封邮件，只有寥寥几个字。

各位董事：

你们好！

根据上海证券交易所的要求，公司将披露《税务行政处罚事项告知书》的详细内容，公告详见附件，请查阅。如有意见，请回复。

复旦复华

沈某

我急忙打开邮件附件一看，看完顿觉五雷轰顶，着实吓了一大跳。

邮件附件内容如下。

上海市国税局第一稽查局《税务行政处罚事项告知书》：

复华药业于 2012 年 7 月至 2014 年 11 月期间，收受国生公司虚开的增值税专用发票 1408 份，货物品名为日本产谷胱甘肽原料，数量 45 500 公斤，金额约 8.14 亿元，税额约 1.38 亿元左右。公司于 2012～2015 年期间，收受上海奇泓企业管理咨询事务所等 7 家公司虚开的增值税发票共计 468 份，金额 3700 万元左右，税额 222 万元左右。

根据相关法律，拟处复华药业应补缴的增值税、城市维护建设税税款一倍的罚款共计 1.48 亿元左右，其中增值税罚款 1.4 亿元，城市维护建设

税罚款约 703 万元。[⊖]

上海市地税局《税务行政处罚事项告知书》:

复华药业除上述税务违法情形外, 公司还于 2009 ~ 2012 年期间, 收受上海奇泓企业管理咨询事务所等 10 家公司虚开的普通发票共计 505 份, 金额约 6800 万元。根据相关法律, 拟对公司应补缴的企业所得税处一倍的罚款, 共计 1.18 亿元左右。上述两项罚款合计 2.66 亿元。[⊜]

我粗粗算了一下, 这两项税务补税加罚款, 合计金额约 5.3 亿元, 而复旦复华公司全部净资产大概有 10 亿元, 药业子公司的净资产有 2 亿多元, 而账上现金只有 2 亿元左右。这点钱与资产, 怎么够缴税款与罚金啊? 这明摆着公司马上要破产清算了呀! 税务局处罚通知还说, 如有不同意见, 限复旦复华三天之内, 有权利提出申辩、陈述, 进行听证。如果三天之内放弃的话, 必须按照处罚通知缴款。看完邮件后, 我在第一时间回信, 内容如下。

董事长及各位董事:

收到公告后, 为公司存在如此严重的税收处罚行为而感到震惊, 希望董事长近期召开临时董事会, 就上述事项请有关当事人予以说明, 并就后续如何处理该事项进行讨论与审议!

李若山

⊖ 更详尽的内容, 见沪国税一稽罚告〔2016〕10005号。
⊜ 更详尽的内容, 见沪地税一稽罚告〔2016〕10021号。

　　临时董事会随即召开，在会上，我们几位董事要求当事人详细解释为什么会发生如此重大的税务案件。当事人解释说：这次处罚，主要有两个方面，一个是原材料代购问题，另一个是销售佣金问题。

　　由于复旦复华的药业公司有较强的产品研发与生产能力，但市场营销能力较差，因此药业公司生产出来的产品，基本上由一家叫国生公司的药品经销商包销。由于药品销售的对象主要是医院，而当时的药品市场潜规则盛行。为了应付方方面面潜规则的支出，药品销售的毛利率奇高，这引起老百姓的不满。因病致困、因病致穷的现象越来越严重。国家为了整治这种不健康的现象，对药品经销商进行强制性的规定，不准出现高毛利率现象，如果出现，必须重罚。在这样的情况下，药品经销商不得不另出奇招。

　　原来复旦复华的药品原材料是自行到日本采购的，加工完药品后，卖给药品经销商，至于药品经销商加价多少再卖给医院，就不是复旦复华的事了。现在，药品经销商的毛利受到限制，它们要求，原先复旦复华到日本购买的原材料，现在由药品经销商去购买。等国生公司将原材料从日本采购来后，再加价卖给复旦复华，这样，他们在原材料采购过程中先赚了第一波利润。接下来，复旦复华买了国生加价后的原材料，再进行药品生产。生产之后，再加上一定的利润卖给国生公司。国生公司购买复旦复华的药品的价格会高很多，在此基础上略加一些毛利，再卖给医院时，经销商的毛利率与原先比，一下子低了很多。实际上，他们在代购原材料时，已经赚了一大笔，然后再采购复旦复华的成品药卖给医院，此时毛利率低一点也无所谓，其实是换汤不换药而已。

　　由于市场掌握在药品经销商手上，当国生公司要求复旦复华按照这样的新模式重新经营时，复旦复华不得不接受，不然，复旦复华的药品销售不出去。复旦复华与国生公司商定采取的是相对稳定的单位利润额的定价模式，复旦复华不参与国生公司对原材料的定价，仅在国生公司提供原材料价格的基础上按照单位固定利润额加成后将产成品销售给国生公司。在与国生公司的交易中，只获取合理的利润额。复旦复华药业公司一直坚守两条底线：①采取市场化方式锁定毛利额，确保公司盈利稳定；②货、票、款一致，依法纳税，药品价格必须保持在国家最高限价以下。尽管有这两条底线，结果还是出了问题。

对此，我反复询问，在这样的新模式中，公司员工有没有索取利益。几位当事人信誓旦旦地说，绝没有任何个人在其中牟取私利，只是为了公司能正常经营下去，迫不得已采取的措施。复旦复华收到的或开出去的每一张发票，都是真实的、经税务机关验证过的，绝无假票。

至于第二项处罚，请咨询公司开发票充账问题，是一个普遍现象。由于在业务买卖过程中，中介机构经常索要佣金，而佣金的支出凭证是需要发票的，一般会请咨询公司以咨询费用的名义，开发票充账。而佣金支付单位只要验证发票是真实的，是缴过税的，都会接受。

了解完情况之后，董事会进行了很激烈的讨论：如何在最短的时间内，用最有效的方法来解决这个重大税务处罚问题？有董事问是否可以聘请税务咨询专业机构来协调解决。

讨论再三，我们觉得不妥。首先，时间不允许，三天之内，找一家合适的税务咨询机构不是件容易的事情。其次，作为上市公司，复旦复华已经接到上海证券交易所的通知，要求在最短时间内，必须立即向证券市场的全体股东公告税务处罚通知，如果再去找税务咨询公司处理，咨询公司似乎不容易成功。最后，作为国有企业、高校的上市公司，尽管在税务处理上，我们承认有瑕疵，但是，我们主观上不存在偷税漏税的意愿，因此只能尽量争取通过行政复议的方式，要求少罚或不罚。

董事会决议形成之后，我们立即向复旦大学领导汇报情况，争取得到大股东的理解与支持，同时，我们在规定时间内，向税务稽查机关提出书面申诉。

✳

尊敬的上海市税务局领导：

上海复旦复华药业有限公司（下称"我司"）系上海复旦复华科技股份有限公司控股90%的子公司，而上海复旦复华科技股份有限公司是复旦大学创立并控股的上市公司，也是国有控股上市公司。我司于2016年9月9日收到上海市国家税务局第一稽查局（下称"国税稽查局"）、上海市地方税务局第一稽查局（下称"地税稽查局"）分别出具的沪国税一稽罚告〔2016〕10005号和沪地税一稽罚告〔2016〕10021号《税务行政处罚事项告知书》（下称《处罚告知书》）。

根据上述《处罚告知书》，国税和地税稽查局要求我司累计补缴266 490 848.52元税款，并拟处以应补缴税款一倍的罚款合计266 490 848.52元，补税和罚款共计532 981 697.04元。

我司认为上述《处罚告知书》认定的事实有待商榷，我司行为均不构成收受虚开增值税发票，不应按偷税受到税务行政处罚，理由如下。

1. 我司与国生公司所有的交易行为均系真实发生。我司收受的所有发票均通过税务认证系统的验证，不属于假发票。所有交易合同约定的销售方或服务提供方、货物的实际交付方或服务的实际提供方、资金的收款方均为发票的开票方，且金额、数量均与交易实际情况相符。我司所有发票为合法取得，并经税务系统认证后进行合法抵扣，不存在任何问题。

2. 我司与国生公司商定采取的是相对稳定的单位利润额的定价模式，我司不参与国生公司对原材料的定价，仅在国生公司提供原材料价格的基础上按照单位固定利润额加成后将产成品销售给国生公司。原材料不属于《价格法》第十八条规定的政府指导价或政府定价的范围，《价格法》第十一条赋予经营者对原材料享有自主定价的权利。双方同意按照协商的价格进行交易完全属于买卖双方的意思自治的范畴。我司在供应链中只负责产品生产，不承担原材料价格波动的市场风险，在与国生公司的交易中，我司获取了合理的利润额，我司无须判断原材料价格是否公允，即便我司采购原材料的不含税价格超出稽查局认定的市场公允价格，我司只要实际按照超出正常的价格进行结算，不能等同于"开票金额不实"的虚开。根据双方商定的商业模式，无论国生公司制定何种原材料价格，我司在生产加工环节的增值额不会发生变动，该定价方式不会减少我司应缴纳的增值税。

3. 根据《中华人民共和国增值税暂行条例》第七条之规定"纳税人销售货物或者应税劳务的价格明显偏低并无正当理由的，由主管税务机关核定其销售额"，增值税相关法律法规调整不合理的低价，却不禁止不合理的高价。

本案中，我司采购价格过高并不违反《中华人民共和国增值税暂行条例》的禁止性规定。

4. 由于医药行业原材料及产成品销售等行业现状，我司采取的现有的原材料采购和产成品销售，并收取相对稳定的单位利润额的商业模式，是一种常见的商业模式。

复旦复华科技股份有限公司是复旦大学产学研的重要平台，是上海高新科技研发和产业的重要基地，在复旦大学的直属领导下，公司上市以来在中国上市公司中建立了良好的口碑和复旦品牌效应，在二十多年的经营中，我司以国有公司的管理体系对公司进行管理，遵纪守法，承担社会应有的责任，完成上海市重大项目的科技创新任务，严格履行纳税义务，本次由上海国生公司引发的事件中，我司是被误解的，让我司承担如此重大责任是不公平的。

恳请上海市税务局领导及相关专家对我司的税务问题进行更深入的调查，并准确、公正地对我司的经营行为进行定性，否则，复旦复华作为有

69 000 多位投资人的公众上市公司很有可能因这一处罚事件引发股价连续跌停，甚至退市以及破产的恶劣后果，引发一系列投资人追索赔偿的群体法律诉讼，造成社会公众投资的巨大损失，同时在公司正常工作的 2000 多名在职员工也将因这个行政处罚失去工作岗位。

综上所述，我司行为不构成收受虚开增值税发票，也未造成我司少缴税款。望领导明鉴，并予以采纳！

上海复旦复华药业有限公司

2016年9月12日

✳

最后，通过多方面的努力，经过数次的听证会后，税务机关部分接受我们的申诉意见，在承诺不再犯同样错误的情况下，复旦复华补缴了能够承受的税务罚款，这一波税务危机总算解决了。

这一案例让我们认识到，随着国家税收环境的日益完善，过去靠打擦边球、走灰色地带的所谓税收筹划，会越来越走不通。只有规范运作，加上良好的治理与内控，才是企业发展的正确途径。

第四节　复旦复华如何转型

税务危机刚刚处理完毕，马上迎来了 2017 年的新年。复旦复华是按照过去的模式继续经营，还是进行新模式的转型，或是全面摸清复旦复华现状后，进行治理与内部控制的改革？这是摆在董事会面前的大事。

作为复旦复华董事长，张陆洋在 2017 年新年之际，给所有的董事，写了一封言辞恳切的信，对复旦复华如何转型，提出了充满感情的看法，分享如下。

✳

写给全体董事的信

全体董事, 大家新年好!

在此很感谢在过去一年里, 大家的共同努力!

2016 年这一年, 可以说是在惊心动魄之中度过的。为此, 特别感谢全体董事献计献策, 以及为复旦复华公司抗击巨大风险表现出来的担当和责任!

展望 2017 年, 从国际经济形势看, 特朗普上台, 还有欧洲局势的变动, 可能引发由于贸易保护、减税、美元再升值带来的全球经济的 "黑天鹅" 风险; 从国家经济形势看, 国家将从 2016 年的 "稳增长" 基调转向 "防风险" 的基调。

在这样的大背景下, 复旦复华公司的发展基调是什么? 税务稽查的最后处罚意见是什么? 是否还会出现类似 2016 年的风险事件? 复旦复华公司将来战略方向究竟该往哪里去?

在此敬请各位董事献计献策!

是否可以借助税务稽查这个极不利的事件, 尽快推动复旦复华公司的重组? 在保证复旦大学第一大股东权益不变的前提下, 实施重组。敬请各位发动你们的资源, 为复旦复华公司摆脱困境提供可行的方案!

本人作为董事长, 按照对于董事职责的理解, 注重复旦复华公司发展战略的工作, 本着高科技化、国际化、资本化的思路和原则, 寻找了十多个项目, 从中选出了两个: 一个是加州大学洛杉矶分校的遗传基因项目, 一个是加州大学尔湾分校的人工晶体项目。关于这两个项目, 本人做了预研工作, 认为很有价值, 已经呈报给各位了。

上述两个项目, 是否可以作为复旦复华公司战略投资项目? 敬请各位董事能否在一个月内给出肯定与否的意见。因为这两个项目, 我仅仅做了预研而已,搞清楚了技术链、产业链、市场链的关系,认为值得复旦复华公司进行战略投资。若真的要投资,还必须进行尽职调查,而每一个项目的尽职调查,至少要花费50万元,本人没有这么多的钱来支付。如果一个月内大家没有回复意见,我就认为是否定了这两个项目,或者大家明确否定,我也不再继续跟踪这两个项目了(因为这既耗费我的时间,又耗费我自己的科研经费)。

要说明的是,为了这两个项目的预研,我先后去美国洛杉矶调研四次,请教国内相关专家和考察国内相关机构,除了第一次在洛杉矶寻找项目时有两天在洛杉矶的住宿费用是在公司报销的,以及请第一人民医院富明水博士咨询人工晶体项目价值何在,花费的3000元专家费用是公司出资之外,其他费用都是我自己通过各种渠道来解决的。如果再要做尽职调查,这50万~100万元的资金,我个人肯定是承担不了的。

为什么这样?由于本人接任董事长,完全是党中央反腐败的要求,校领导是不能够任职的,因此学校找我来做。学校仅仅发了一纸通知而已,对于我做董事长,有什么职责,没有任何说明,也没有任何相关领导的指示。同时告知,我是没有薪酬的,我是否可以在公司有在职消费,也没有任何指示和意见。所以,我不敢去花费复旦复华公司的资金。

借此新年之际,一是给各位董事祝贺新年,感谢大家一年来的辛苦和付出!二是期待各位董事为复旦复华公司摆脱困境实现进一步发展,献计献策,给出可行的资本运作方案!三是就本人预研的两个项目,给出肯定与否的意见。

谢谢!

张陆洋　敬字

从信中,可以看出作为复旦复华董事长的张教授的复杂心情,一方面, 作为复旦复华这个上市公司的董事长, 他非常希望通过自己的职位与能力, 将复旦复华打造成中国一流的上市公司, 将最优质的项目嫁接到复旦复华公司中去, 甚至不惜代价动用自己所有的科研资源, 将其注入公司中, 这种急切的心情, 跃然纸上。从张教授介绍的两个项目来看, 确实有非常科学的前瞻性。另一方面, 他这个董事长仅仅是学校发了一纸通知让他来当的, 有什么职责, 能动用什么资源, 似乎没有任何领导给他指示。而且, 这个董事长既没有任何报酬, 也没有任何在职消费, 甚至连工作量考核都不算。作为董事长想动用一些股东资源来推动战略转型, 似乎勉为其难。甚至为了公司投资项目, 想申请几十万元的尽调费用, 也让他无可奈何。这种奇怪的董事长地位, 大概只有在当时的教育体制下的上市公司才会有吧!

很可惜, 张教授发完信后, 除了我们个别几个董事觉得这是一件很值得关注的事情, 不管是作为大股东的校方, 还是经营层的具体高管, 均没有任何回复。此信如石沉大海, 杳无音信。

对此, 我曾经私下与公司总裁蒋国兴老师聊过。我问他, 作为一个上市公司, 要进行战略转型, 要增资扩股、兼并收购, 能否按照中国证券市场的规则处理呢? 蒋老师回答说, 复旦复华刚刚上市时, 是完全可以按照证券市场的要求, 开展各种资本运作及经营活动的。后来, 教育部对重点高校的校办产业, 尤其是上市公司的管控要求越来越多, 越来越严, 增资扩股、产业投入等基本上不批。尤其是资金上, 学校的行政开支与上市公司资金严格分开, 学校的任何资金是绝对不可以注入上市公司中的, 而教育部不可能再拨付任何新的资金给上市公司进行资本运作。这种以严格的行政手段来管控作为资本市场参与者的上市公司, 让其有活力来参与市场竞争, 几乎是不可能的事情。而这样被捆住手脚的上市公司, 早晚会受到市场规则的惩罚。

随着企业的发展, 随着利润分配中的资本公积转增, 复旦大学作为控股股东，其持股比例越来越低，到了 2017 年，复旦大学尽管还是复旦复华第一大股东，但持股比例已下降到 18.74%。复旦复华每年利润只有几千万元，复旦大学对其持股比例又低，教育部禁令又多，对于一年有几十亿元行政开支的大学来说，一个小小的复旦复华公司，如同鸡肋，食之无味，弃之可惜。在这种情况下，复旦复华作为一家上市公司，其开展工作的动力机制是什么，治理结构何来，内部控制怎么建设，都会成为问题。作为董事长的张教授见大家对他的建议没什么回复，就此凉了心，估计此事为他下半年的辞职，埋下伏笔。

　　作为股东董事的我，与董事长张教授有同感。确实，我担任复旦复华股东董事，没有学校的相关部门以大股东的身份来找过我，告诉我应该如何尽董事义务，出了问题应该向谁汇报。但是，作为董事会审计专业委员会的成员，我还是担心，这次出了税务问题后，还会不会有其他问题，会不会再出什么影响公司发展的事件？

　　由于这次税务事件涉及的交易主要发生在 2012 ～ 2014 年，是在我来担任董事之前（我于 2015 年开始担任股东董事），法无溯及力原则，我可以不为这次事件的问题承担责任，但是，如果公司在我任期内再出问题，我难辞其咎。抱着小心无大差的心理，我再三联系为复旦复华执行审计任务的某某会计师事务所，要求他们除了出具财务报表及内部控制审计报告外，一定再出一份管理建议书给我，越详细越具体越好。我请他们一定将管理建议书直接发到我的邮箱，以便我了解复旦复华在经营管理方面到底有多少问题？

　　不久，某某会计师事务所将管理建议书发到我的邮箱。部分内容节选如下。⊖

⊖ 摘引自某某会计师事务所2016年给复旦复华股份有限公司的管理建议书。

✳

对复旦复华2016年的管理建议书

··········

(一) 信用风险控制方面

公司对 HY 集团有限公司的担保 7 925 万元 (其中浦东发展银行西藏北路支行 5 000 万元、中国工商银行上海市分行营业部 2 925 万元) 已经逾期。公司本年对上述两项逾期担保事项继续追加计提预计负债。其中, (1) 工商银行上海市分行的担保款项工行于 2014 年 9 月 26 日签订债权转让协议, 将相关权利转至中国 XD 资产管理股份有限公司。中国 XD 资产管理公司 2016 年 1 月起诉本公司 (公司公告临 2016-003), 公司将该笔欠款的本金全额计提预计负债, 金额为 2 925 万元。2016 年 10 月复旦复华收到上海市静安区人民法院签发的 (2015) 静民四 (商) 初字第 5410 号《民事判决书》等相关法律文书 (公司公告临 2016-041), 原告中国 XD 资产管理股份有限公司上海市分公司的诉讼请求不予支持。2016 年 11 月, 复旦复华收到上海市第二中级人民法院通知, 在该院参加了中国 XD 资产管理股份有限公司上海市分公司与复旦复华保证合同纠纷二审案件的听证 (公司公告临 2016-050), 上诉人中国 XD 资产管理股份有限公司上海市分公司请求: ①撤销上海市静安区人民法院 (2015) 静民四 (商) 初字第 5410 号判决, 依法改判或发回重审; ②本案上诉费由被上诉人承担。该事项截至本期期末还未见进一步的后续情况。(2) 浦发银行的担保金额本期继续按原有计划增加计提 5%, 累计计提比例已达 95%, 截至 2016 年 10 月 31 日的余额为 4 750.00 万元。据进一步了解, 公司至 2016 年年末将再增加 5% 的计提比例, 达到全额计提。

中国 XD 资产管理公司起诉本公司事宜对正常的经营活动产生了一定

影响。

　　审计人员对该事项持续关注，并取得现阶段的进度资料（包括期后公告），公司最好可以提供律师的法律意见（还未定稿具体出具的形式）。同时对该担保的可能影响金额，进行重新估算，可能存在需要进一步解释合理性的情况。另外根据 2016 年度公告的内容，诉讼涉及的金额包括逾期利息金额 2 246.95 万元，并且已冻结了工行杨浦五角场分行账户（余额 27.46 万元）。

　　针对上述情况，我们建议：

　　（1）对外提供担保时要求对方单位提供对等资产价值的反担保措施。

　　（2）事前、事中应加强对对方单位的资信调查和评估，事后应加强跟踪调查，以化解对外担保风险。

　　（3）对于上述逾期担保事项进一步跟进，尽可能减少上述遗留问题对公司经营造成进一步的影响。

（二）财务管理方面

1. 债权管理方面

　　公司目前对于账龄较长的应收款项催讨力度较为薄弱，经账龄分析，2016 年期初 3 年以上应收账款账面价值 373.04 万元（3 年以上应收账款余额 1 825.64 万元，其中全额计提坏账的余额 1 452.60 万元）；3 年以上其他应收款账面价值 445.49 万元（3 年以上其他应收款余额 1 035.10 万元，其中全额计提坏账的余额 511.00 万元）。2016 年 1 ～ 10 月均未见期初 3 年以上款项有大额的清理回款的情况。

　　同时，我们注意到，公司对应收款项坏账准备的确认标准和计提方法为以非重大、非关联方应收款项作为组合，以账龄分析法对该组合进行会计估计，其中对 3 年以上应收款项计提 15%，不再追加计提，采用个别认定方法计提坏账准备。

公司按现有会计估计方式计提，3年以上应收款项实际坏账的计提比例较高，2015年度为71.39%、2014年度为67.50%（本期还未测算）。我们仍提醒公司关注，上述3年以上应收款项的会计估计政策是否充分、公允。

截至2016年9月30日公司编制的合并报表显示期末应收款项坏账准备为16 476 439.04元（本期增加150万元），期末其他应收款坏账准备为10 977 409.56元（本期增加93.06万元），我们将持续关注公司坏账准备计提是否充分。

针对上述情况，我们建议公司应继续加强对3年以上应收款项的管理力度，同时在债权管理方面我们提出如下建议。

（1）事前控制：建立客户信用等级管理制度，例如，①客户信用信息收集，包括信用状况、资产状况、财务状况、经营能力等，要全面了解客户的基本情况，调查客户的经营情况，分析客户会计报表，了解其偿债能力。②客户资信档案的建立与管理，最重要的是要加强销售合同的审查。销售合同的签订必须遵守国家法律和政策，利用规范的合同可以防止应收账款坏账产生。③客户信用分析管理，即对客户信用进行客观公正分析，并据此确定赊销金额和期限，选择合适的交易结算方式。在企业与客户签约时，应注意选择可靠的、合理的、较为保险的结算方式。

（2）事中管理：进一步完善应收账款内部控制制度，例如，①建立赊销审批制度，强化管理，保证赊销符合企业的销售政策，并经授权批准，建立赊销审批制度，严格各级领导审批权限；同时应落实责任制，各经办人员的业务应自己负责，并与其经济利益挂钩。②定期编报账龄分析表，对到期应收的账款及时催收。③适当的职责分离，可以形成内部牵制，达到控制的目的。

（3）事后控制：企业要建立应收账款的监控和回收管理制度，建立预警机制。制定合理有效的收款政策及途径，例如，①设立专门负责催讨欠款的责任中心；②定期向欠款客户寄发应收账款对账单，做到随时发现问题随时解决；③定期实地催债和对账，及时发现客户在生产经营中存在的问题；④必要时及时采取法律行动，付诸仲裁和诉讼，维护企业利益。

2. 存货管理方面

公司部分子公司应加强对存货的及时清理和出售，例如，子公司克虏伯公司、坤耀公司和复华电脑公司账面存货 2016 年度期初原值 2 738.45 万元，账龄 3 年以上的商品、历史遗留问题的存货基本已按库龄等方式提足跌价准备，但是本期未见进行清理。截至 10 月 31 日公司的存货还未测算减值并计提相应的跌价准备金，据了解期末将进行测算及账务处理。

针对上述情况，我们建议：

（1）及时清理退货，积极处理积压产品。贵公司目前产成品占了流动资产相当大的比例。为了加强流动资产的周转，减少仓储成本，我们建议，贵公司加强市场预测，适当控制投产规模，减少不必要的成本开支，同时应及时进行库存产品的推销和处理。

（2）完善存货管理的内控制度，定期对存货进行盘点，年末对存货进行全面盘点，由公司负责人、财务人员、保管人员组成存货盘点小组，事前制订详细的盘点计划，事后及时查找存货盘点差异原因；盘点范围应为包括账外实物资产在内的所有实物资产，盘点内容除实物数量外还应包括资产可使用状况、资产存放地点或使用人等，并形成书面盘点记录；明确盘点记录作为会计原始凭证归档，明确相关人员对实物资产的责任。

3. 开发成本

子公司复华房产账面存货——开发成本 36 121 145.86 元，据了解该处房产实际已销售转让给合并关联方高新园区，单体报表未做销售处理，高新园区挂应付款账款 36 121 145.86 元，合并进行抵销处理。

针对上述情况，我们建议：

尽早完成 2 家独立法人企业的账面清理工作，使各自的报表真实、公允地反映财务数据，同时应及时关注可能存在的税务风险。

4.长期投资管理方面

贵公司长期投资管理存在对已无持有价值的投资项目清理不及时的情况，例如：

（1）公司对联营企业上海复华KZ有限公司投资，投资成本 3 187 655.12 元，持股比例40%，截至 2016 年 10 月 31 日账面长期投资净额为 0 元，联营企业上海复华KZ有限公司 2016 年 10 月 31 日所有者权益为 –51 930 199.07 元，2016 年 1～10 月实现的净利润为 –578 613.98 元；合并范围内贵公司其他应收款尚有其欠款期初 4 101 536.20 元，已全额计提坏账准备，截至 2016 年 10 月 31 日发生均已收回，未见新增欠款。

（2）公司对联营企业上海SE营养食品有限公司投资，投资成本 1 466 681.20 元，持股比例25%，截至 2016 年 10 月 31 日账面长期投资净额为 0 元，联营企业上海SE营养食品有限公司 2016 年 10 月 31 日所有者权益为 –7 889 458.17 元，2016 年 1～10 月实现的净利润为 –2 993.64 元；合并范围内贵公司其他应付款还欠期初 21 387.19 元，截至 10 月 31 日未见归还。

（3）公司对联营企业上海ZS数据服务有限责任公司投资，投资成本 2 500 000.00 元，持股比例25%，截至 2016 年 10 月 31 日，账面长期投资净额为 0 元（计提全额减值准备），根据联营企业上海ZS数据服务有限责任公司近几年企业财务报表反映，该公司已不再实体经营。

（4）公司对联营企业上海复华CS建设有限公司、上海GX房地产发展有限公司等公司的投资，根据该些联营企业近期的财务报表反映，均属于亏损状态，虽金额不大，但经营状况未见好转。

针对上述情况，我们建议：

（1）设置专门的投资管理部门或岗位对投资的过程和结果进行监控；

对参股企业，要定期按时行使股东权利，如对定期会计报表特别是年度会计报表的收集，对股东会的有效参与、及时传达，对经营战略的重大影响等。

（2）加强对外投资处置的控制，对持续亏损、无持续经营能力或长期停业的对外投资应及时进行清理、处置，收回投资，确保投资资产的优质高效，提高资金的使用效率，降低资金成本。

5. 理财产品风险管理方面

2015年9月26日贵公司在上交所披露关于认购CS证券股份有限公司"CS睿赢一号集合资产管理计划"的公告（临2015-027）。复旦复华第八届董事会第八次会议审议通过认购议案。约定使用人民币1亿元自有闲置资金认购集合资产管理计划A类份额。其中重要事项披露摘录如下。①产品规模：产品规模下限为1.2亿元，上限为2.5亿元，其中A类份额1亿元由复旦复华出资，B类份额2000万元由上海ZX实业有限公司出资。②预期收益率：A类份额预期收益率为年化8%，若计划终止时，计划财产不足以支付A类份额本金及预期收益，B类份额委托人进行差额补足。③本次投资预期年化收益率仅供参考，CS证券并不承诺或保证取得预期收益，在集合计划资产出现极端损失情况下，公司可能面临无法取得预期收益率的风险。

2015年9月30日复旦复华与CS证券股份有限公司签订《CS睿赢一号集合资产管理计划资产管理合同》，复旦复华于2015年10月9日在上交所披露了重大资产合同签订公告（临2015-029），并同时披露相关资产管理合同全文。

贵公司2015年10月将公司账面1亿元资金划入CS证券股份有限公司。截至本次预审2016年10月31日，该理财产品还未清算。

截至2016年10月31日，贵公司该理财产品已于2015年12月、2016年4月分2次，由B类份额持有人上海ZX实业有限公司分别汇入200万元（合计 400 万元），作为该项集合计划资产的收益入账，公司账面反映为"投资收益——证券投资收益"。

"CS 睿赢一号集合资产管理计划"已于 2016 年 11 月 10 日到期清算，经清算后，复旦复华可获得总收益人民币 8 647 699.98 元，收益也已于近期由 CS 证券股份有限公司全额划入复旦复华。据了解，总收益中包括之前已由 B 类份额持有人分 2 次划入复旦复华的 400 万元，公司也已经作为投资收益入账。根据资产管理计划，合同中其实并未签订 A 类份额出资人资产收益由 B 类份额出资人支付的条款。

针对上述情况，我们建议：

贵公司应时刻关注集团内所有公司对外理财产品的风险情况，严把风控关，对于各类产品的投资收益，严格按照合同进行处理。

6. 固定资产管理方面

贵公司部分下属单位固定资产管理存在产权证办理不及时、产权关系不明晰、对固定资产的管理不完善等情况，例如：

（1）子公司复华房产公司账面记录的房屋及建筑物——南翔厂房、复华药业公司账面厂房、仓库等建筑物未见房屋产权证明。

（2）子公司 KLB 公司账面部分生产用设备系为蓄电池生产配备的机器设备，结合公司目前运营战略，蓄电池生产设备已处于闲置状态，截至 2016 年 10 月 31 日该部分资产账面净值 2 047 877.17 元（2015 年年末账面净值为 3 022 638.60 元，根据当时上海琳方资产评估有限公司出具的评估报告，评估值为 3 224 163.18 元），该类资产处于闲置状态。

（3）对于子公司 TNJ 公司账面房屋建筑物及土地的情况，截至 2016 年 10 月 31 日固定资产——房产账面净值 12 034 716.72 元、无形资产账面净值 13 692 840.64 元，2015 年年末根据评估报告（上海琳方资产评估有限公司）对位于内蒙古包头市 110 国道 708 公里北建筑面积为 21 345.89 平方米的房屋建筑物进行了重新认定，评估值为 18 381 508.00 元。

针对上述情况，我们建议：

（1）财务部门应根据购进发票及报废转移单等原始单据登记固定资产卡片、标签及明细账簿，以便及时准确地反映固定资产的名称、数量、购进原值、日期及折旧和报废处理等具体情况。

（2）成立专门的固定资产管理部门或安排专人管理固定资产，年末由财务部门牵头，组织固定资产主管部门及固定资产使用部门对固定资产进行盘点核对，保证账账相符、账实相符。

（3）强化相关部门的协调，对资产界定产权，严格履行相应产权变更程序；加强房屋产权清理工作，尽快使房屋产权清晰；按制度严格执行。

（4）对已不在经营战略范畴内的生产设备等固定资产应及时并积极地进行处理，加强资产的使用周转率，减少仓储、维护等成本支出。

7. 工程建设方面

贵公司部分下属单位在工程管理立项、预算、决算等管理方面存在缺陷，例如：

（1）对于子公司江苏复旦复华YY有限公司负责开发的HM药业生产基地，我们在审核过程中发现，工程管理部门同样未能建立包含工程实际进度及付款进度的合同管理台账，现阶段该项目还在进行竣工决算，目前公司对总包商付款金额已大于合同金额。

根据本次预审情况，公司还处于试生产阶段（2015年9月开始），房屋、设备已完工并投入使用，但大部分固定资产及土地仍计入在建工程，建议应结转固定资产并提取折旧。递延收益——基础设施补贴430万元同时也未予以结转。

（2）对于子公司HM复华房地产发展有限公司负责开发的HM复华园区配套住宅项目，我们在审核过程中发现，根据截至2016年8月末总包单位产值表，工程进度已达2.44亿元，但计入开发成本的仅1.23亿元（另预付总包单位4400万元），财务记账仅根据收到的发票，账面金额无法体现工程进度情况。公司应按工程进度对总包暂估入账处理。

本次预审公司财务未提供开发成本中别墅与小高层的分摊明细台账，账套中为统一核算，项目开发成本分摊的准确性暂无法发表意见。

针对上述情况，我们建议：

（1）公司应制订全面的工程进度计划。

关于工程进度计划我们提出如下注意点，第一，工程进度计划的制订需结合公司的整体项目发展计划及工程实际进度；进度计划需施工单位提前上报，经监理、建设单位审核通过后方可作为工程进度控制的依据。第二，日常工作中需结合施工进度计划制订出每月、每周的施工进度控制计划。第三，每月、每周的施工进度计划需综合考虑报建、设计、分判、供材等相关进度的跟进。

（2）根据计划，制定有效的项目管理计划跟进制度。

对于制订的每一个计划都应该及时跟进，根据跟进情况不断地对计划进行更新，只有这样，制订的计划才能起到有序推进项目的杠杆作用，计划的跟进必须要有确定的责任人。公司工程管理部门应设立好相应的台账，做好与监理月报和财务付款相吻合的管理台账，以便及时掌握工程进度以及合同完成情况。

同时，我们建议，对于付款金额大于合同金额应有严格的审批程序和合理的理由，对于金额较大的追加付款必须根据内部控制的要求重新签订合同。

8. 债务管理方面

子公司上海复旦复华YY有限公司账面预收账款结余5年以上717 017.95元、应付账款结余3年以上800 972.48元，公司财务部门应会同供应科、医药营销部及公司高层，查明原因做进一步的清理工作。

9. 营业收入确认

子公司上海复旦复华YY有限公司实务操作中财务确认营业收入有两

种情况：

（1）上海客户公司发货后通过运输单位送至客户指定仓库由客户签收，公司在收到收货确认单后，开具发票确认收入。

（2）对于外地客户，发票与货物同时交给客户的，公司在发货前开具发票，并将发票及相关单据随同仓库发货单一并交给第三方物流公司，第三方物流签字验收后确认收入。

年度预审时，我们发现验货确认时点同公司开票确认收入时点会存在一定的时间差（时间顺序倒置），公司主要还是以开票作为收入确认的依据，年度内金额差异较小。

针对上述情况，我们建议：

公司相关单据均应及时流转至财务部门，财务人员应核对所有单据后，严格按照《企业会计准则》及公司会计政策的相关表述执行收入的确认，防止可能存在的人为提前或滞后确认收入的情况。

上述问题只是我们在预审过程中注意到的公司内部管理中存在的若干缺陷，并不是内部控制可能存在的全部缺陷。本管理建议书不应被视为对内部控制整体发表的鉴证性意见，也不能解除公司建立、健全内控制度及保证其有效执行的责任，并且不影响我们对财务报表应当发表的审计意见。

我们出具的管理建议书只向集团管理层提供。集团因使用不当造成的后果，与执行本业务的注册会计师及会计师事务所无关。

某某会计师事务所（特殊普通合伙）

2016年12月28日

审阅完这份管理建议书后，我的心情很沉重。根据我多年的独立董事经验, 复旦复华公司在管理上存在太多问题。尽管公司在业务、研发、项目开发上投入了不少精力与成本, 取得了一定收益, 但公司的经营有许多不确定因素。公司在资金资产管理、收入成本、债务债权、投资融资、信用法务、税收费用等方面, 存在太多隐患, 其中的任何一个问题爆发, 都会像上述税务问题那样, 让公司遭受灭顶之灾。面对这样的复杂困境, 我作为一个股东董事, 确实无力去扭转这样的局面。在董事会上我再次重申, 作为经营者个人, 不要再为公司的一些税收、费用、政策限制等去煞费苦心地想办法逃避, 该缴的税就缴, 不让做的不做。如果因此去违规、坐牢, 太不值得。过去历史上发生的事情, 我们没有办法改变, 但我们不希望今后再发生类似的违规事件。每次我在会上发言, 语气都十分严肃凝重, 这肯定让许多参会的经营管理人员不太舒服, 但我管不了那么多, 只能祈祷在我的任期内, 不要再发生此类灾难事件。

第五节　复旦复华的诉讼案件与董事长的辞职

不久之后, 2017 年 2 月 17 日, 我又接到复旦复华董事会办公室的通知, 通知中说, 公司收到法院的传票, 在一个我们一审判决胜诉的案子中, 败诉的中国 XD 资产管理公司不服原判决, 提出上诉, 目前该案子进入二审阶段。复旦复华要对此案进行公告。此案涉及的金额大约有 3000 万元, 这相当于公司大半年的利润。看来, 又是一件麻烦事。几天之后, 2017 年 3 月 9 日, 董事会发邮件通知我, 董事长张陆洋教授宣布辞职, 董事会要对此进行公告。公告措辞很简单: ⊖

公司董事会于近日收到公司董事长张陆洋先生提交的书面辞职报告。

⊖　详见复旦复华公告。证券代码: 600624。证券简称: 复旦复华。公告编号: 临2017-
004。

张陆洋先生因个人考虑到学校的教学和科研工作原因，申请辞去公司董事长、董事及公司董事会战略委员会主任委员的职务，辞职后张陆洋先生将不再担任公司任何职务。

我想，大概是这份诉讼邮件成为压死骆驼的最后一根稻草。诉讼的对象尽管是复旦复华公司，董事长可以委托律师出面，但是在法院的所有公告上，作为法人代表，他的名字一定会出现在案件中。身为董事长，想要战略转型、兼并收购却无能为力，而一旦遇到公司法律责任问题，不管是不是在任期内发生，都必须到法庭上去面对。

在此关头，张教授愤然辞职，情有可原。不管怎样，他是很突然而又干脆地辞掉这个董事长职务的。对我而言，考虑到虽然复旦复华面临这么多问题，但我剩下的任期已没多久，如果我此时再提出辞职，会让复旦复华雪上加霜，这对复旦大学解决诉讼事件不利，于是我只能硬着头皮继续干。为此，我们要求董事会随时关注诉讼进程，并随时报告法院审理的动态。下面是公司经营层随后发来的情况汇报。

关于公司涉及保证合同纠纷案的情况汇报

公司董事会：

关于中国 XD 资产管理股份有限公司上海市分公司（以下简称"XD 资产"）诉公司保证合同纠纷一案，在毫无信息的情况下公司于 2017 年 4 月 18 日突然收到案件代理律师事务所上海市恒泰律师事务所（以下简称"案件代理律所"）转寄的上海市第二中级人民法院二审判决书原件，现将该案件情况汇报如下。

一、公司于案件二审期间的主要意见与争议焦点

公司与案件代理律所通过对 XD 资产提出的诉讼请求及事实理由进行充分分析，结合公司相关实际情况，对案件二审期间的主要意见与争议焦点进行了总结，归纳如下：

（一）主要意见

1. 保证期间内 XD 资产未向公司主张权利，未要求公司履行保证义务，保证期间为除斥期间，XD 资产实体权利已灭失。

2. 本案已过诉讼时效。

3. 债权转让未在保证期限内。

4. XD 资产在主债务人破产清算程序中作为债权人已申报债权并参与债权分配，不能重复主张权利。

（二）争议焦点

1. 保证期间内工行发送的保证责任通知是否送达股份公司？

关于邮寄：工行于 2007 年 5 月 22 日、8 月 10 日分别向中环广场以双挂号信的形式邮寄了要求承担保证责任的函，其中 8 月 10 日的进行了邮寄公证。

关于邮寄地址：中环广场不是股份公司的住所地，既不是注册地址，也不是实际经营地，亦不是双方合同约定地址，向该地址送达没有任何法律意义。

关于送达：工行邮寄地址为淮海中路 381 号中环广场 38 楼，股份公司于 2006 年 6 月 30 日租赁合同到期终止后搬离中环广场，XD 资产未提交股份公司签收的证据。

XD 资产提交的邮局签收的记录为中环广场信报收发章，没有收件人和签收时间，二审期间 XD 资产补充提交"情况说明"，证明根据工作流程推定该挂号信已送达股份公司。该"情况说明"源自邮局在中环广场设立的

综合服务点，我方认为该投递仅为邮局系统内部的流转，邮局没有证据证明其已按工作流程将该邮件向公司交付。并且"情况说明"的签章与邮件回执上的章不一致。

2. 是否已过诉讼时效？

XD 资产于 2008 年 7 月 10 日、2010 年 5 月 20 日、2012 年 5 月 11 日、2014 年 4 月 16 日分别以双挂号信的形式向瑞安广场邮寄了要求承担保证责任的通知。

从邮寄时间上看 XD 资产诉讼时效期间主张权利并没有中断。

关于邮寄地址：瑞安广场同样也不是公司的住所地，既不是注册地址，也不是实际经营地，亦不是双方合同约定地址，向该地址送达没有任何法律意义。

关于送达签收：上述信函依然只公证了邮寄，没有公证送达，也没有公司的签收。邮局提供的签收记录为瑞安广场信报收发章。

二、案件二审开庭情况

上海市第二中级人民法院在受理 XD 资产上诉案件后，于 2016 年 11 月 29 日召开了上诉案件的听证，并于 2017 年 3 月 1 日进行了公开开庭。股份公司和 XD 资产均按照法院的通知参与了听证和开庭。

在听证和开庭过程中，案件代理律所针对 XD 资产提出的上诉请求和意见观点，围绕多个案件争议焦点，阐述了公司对本案件一贯的观点和理由，反驳了 XD 资产的观点和理由，并进行了针对性较强的辩论过程。

听证和开庭过程中法院均未对案件当庭进行裁判。

三、案件代理律所在询证函回函中对案件的分析

2017 年 3 月 13 日，案件代理律所对某某会计师事务所询证函的回函中答复了某某会计师事务所提出的关于案件的相关问题。其中案件代理律所

提出的意见如下:

案件的争议焦点在于委托人即股份公司是否应对案外人集团的债务承担保证责任。律所认为, 案外人工行于 2007 年 5 月、8 月寄出的向股份公司主张履行保证责任的函件送达地址并非被告注册地或实际经营地, XD 资产不能举证证明股份公司已收到, 股份公司亦否认收到, 故上述函件未有效送达。因此, 案外人工行未在保证期间向股份公司主张承担保证责任, 保证期届满后债权人的实体权利消灭, 案外人工行及 XD 资产无权要求股份公司承担保证责任。

律所的上述代理意见已被一审法院采纳并做出对 XD 资产诉请不予支持的判决, 二审法院尚在审理过程中, 上诉人 XD 资产已补充的新证据亦未能证明委托人已收到上述主张履行保证责任的函。因此, 本案二审维持原判的可能性较大。

上海复旦复华科技股份有限公司

2017 年 4 月 18 日

✳

从上述诉讼案件可以看到, 复旦复华公司之所以在一审中成为中国 XD 资产管理公司的被告, 是因为在前期管理上存在内部控制的问题, 这是违规担保引起的法律诉讼。尽管一审中, 复旦复华公司找到了 XD 公司某些程序上的漏洞, 赢得了官司, 但是, 这并不代表最后一定能胜诉。

果不其然, 一天之后, 2017 年 4 月 19 日, 中国 XD 资产管理公司上诉后的二审判决中, 复旦复华公司败诉, 须赔偿中国 XD 资产管理公司因担保承担的连带责任计 2900 万元左右。好在复旦复华公司在前几年已经预提了这笔可能发生的损失, 除了公告之外, 对当年利润影响不大。

麻烦的不是败诉的问题, 2017 年 6 月, 我们又接到董事会通知, 由于中国 XD 资产管理公司要求强制执行，法院对复旦复华公司进行财产诉讼保全，将复旦复华公司的三个银行账户予以冻结。尽管这些不是公司的主要银行账户，但对公司的声誉带来了很不利的影响。我们除公告之外，继续通过律师，向上海市高级人民法院申请民事案件的再审，希望尽量将财产损失减小到最低程度。经过一而再再而三的努力，此官司一直打了五六年，耗费了经营层不少精力与财力，一直到 2019 年年底，还没有最终结果。

随着公司董事会换届时间的到来，我向董事会提出，此次换届后，我坚决不再担任复旦复华的股东董事，董事会答应了我的要求。

2017 年 11 月 14 日，在上海市国权路 525 号 10 楼会议室中，以现场结合通信表决方式召开了公司第八届董事会第二十六次会议。在此次会议中，董事会进行换届，我不再担任复旦复华的股东董事。董事会换届后，我如释重负——终于可以不再提心吊胆地为复旦复华公司担忧了。

令我有些遗憾的是：像我来担任复旦复华的股东董事之前那样，不再任职之后，没有任何人或部门来与我沟通一下，比如作为上市公司大股东，你认为复旦复华公司过去的发展中存在什么问题，今后应该注意什么，或者对公司今后发展，有什么感想或建议等这些重要问题。尽管担任了三年复旦复华公司的股东董事，但似乎像什么事情都没有发生过一样。这大概是高校上市公司治理结构中最致命的缺陷吧！这当然不能怪高校的领导。在高校中，似乎没有任何一个具体部门来对口上市公司的管理。而教育部呢，除了对高校上市公司有严格的政策规定之外，也没有具体指导上市公司如何进行经营的规定与政策。在以行政管理为主的系统中，在一个非营利组织的大环境中，要生出一个市场化的、有持续经营能力的产物，生出一个能对社会公众股东承担回报责任的企业，似乎是不可能的事情。带着这么一点遗憾，我离开了复旦复华公司董事会。

第六节　后续：复旦复华控制权无偿转让

尽管不再担任复旦复华公司的股东董事，但我还会时不时地从媒体上去关注一下复旦复华的发展。2020 年 1 月 3 日，网上突然出现一则有关复旦复华公司的消息，复旦大学将复旦复华股份公司的全部股份，无偿转让给上海奉贤国资委。网上消息如下。[○]

1 月 3 日，复旦复华公布，本次权益变动前，公司控股股东复旦大学直接持有上市公司普通股股份 1.28 亿股，占上市公司总股本的 18.74%，实际控制人为中华人民共和国教育部。经友好协商，复旦大学将其持有的复旦复华 18.74% 的股权无偿划转给奉贤投资公司。

若本次无偿划转实施完成，公司的控股股东将由复旦大学变更为奉贤投资公司，实际控制人将由中华人民共和国教育部变更为上海市奉贤区国有资产监督管理委员会。

复旦复华表示，本次权益变动，是为了贯彻落实党中央、国务院关于高等学校所属企业体制改革的重大决策部署，按照教育部、财政部关于高等学校所属企业体制改革文件的要求，复旦大学拟将所持有的复旦复华 18.74% 的股权无偿划转给奉贤投资公司，实现校属企业的体制改革。

资料显示，奉贤投资公司的实际控制人为上海市奉贤区国资委，其于 2016 年 12 月由上海奉贤建设投资有限公司、上海奉贤水务建设投资有限公司、上海奉贤农业投资开发有限公司等国有企业转型重组成立，是一家区属功能类管理型国有企业。

奉贤投资公司的核心业务为投资管理和园区开发运营，具体从事区属国有资本的投资运营、区级产业园区开发运营和区级产业引导基金托

○　摘引自 http://www.whb.cn/zhuzhan/xue/20200105/312374.html。

管运营。

截至 2019 年第三季度末，奉贤投资公司的资产总额 16.45 亿元，资产净额 5.31 亿元，营业收入 1119.95 万元。奉贤投资公司表示，本次无偿划转，旨在按照财政部、教育部体制改革政策，完成校企改革，优化国有资产配置，促进奉贤区属国有企业与高校之间的资源整合、深入合作，促进复旦复华持续健康发展。

除了复旦复华外，不少高校上市公司也在加速校企改革。清华大学、山东大学、华中科技大学、上海交通大学旗下上市公司均已实行校企改革。其中，山大华特（000915.SZ）与复旦复华改革路径一致，华中数控（300161.SZ）则通过易主混改的形式实现改革。

我看到这则消息后，震惊之余感到很欣慰。终于，上帝的归上帝，恺撒的归恺撒。行政教育事业单位和非营利组织，有其特有的规则与流程，将一个市场化的上市公司划归行政事业单位管理，将其经营行为严格按照行政系统的办法来处置，一定是无法正常发展的。现在，将复旦复华划归国资经营系统来管理，起码来说，能按照企业的方式来经营，无论如何，其经营要比在大学行政管理体系中更为顺畅。从消息中还看到，不仅仅是复旦大学，中国其他高校的上市公司都在按照这样的方式处理。下面是媒体发布的报道。[⊖]

早在 2015 年，中央深化科技体制机制改革文件就提出，要逐步实现高校与下属企业剥离。校企改革箭在弦上，持续加速是必然趋势。根据《证

　　㊀ 摘引自 https://baijiahao.baidu.com/s?id=1654760336173874340&wfr=spider&for=pc。

券时报·e公司》记者梳理，除了上述提及的复旦大学、山东大学、中山大学之外，还有清华大学、北京大学、华中科技大学、上海交通大学等多所高校有所行动，旗下上市公司对相关进展或具体方案进行了公告。

…………

将旗下上市公司控制权无偿划转至地方国资委，复旦大学的方案在校企改革中并不是第一例。在此之前，山东大学、中山大学采取了类似的方式。

山大华特 2019 年 12 月 30 日晚间公告，公司实际控制人山东大学将其所持有的山东山大产业集团有限公司（含所属企业，下称"山大产业集团"）100% 股权无偿划转给山东省国有资产投资控股有限公司（下称"山东国投"）。山大产业集团是山大华特控股股东，持股比例 20.72%。此次股权划转协议如最终获得批准，山大华特实际控制人将由山东大学变更为山东省国资委。

山东国投表示，此次无偿划转，旨在按照财政部、教育部体制改革政策，完成校企改革，优化国有资产配置，促进山东省属国有企业与高校之间的资源整合、深入合作，促进山大华特持续健康发展。山东国投不排除在无偿划转完成之日起 12 个月内继续增加在山大华特中拥有权益的股份，暂无处置已拥有权益股份的具体计划（同一控制人控制下的不同主体之间进行的转让除外）。

中山大学使用这一方案更早。在 2019 年 10 月，中山大学实际控制的达安基因就公告，收到控股股东中大控股的告知函，中山大学已与广州市属国有企业就中大控股股权变更达成初步意向，该事项可能导致公司实际控制人发生变更。2020 年 1 月 1 日晚间，达安基因公告了进展，中山大学筹划将中大控股 100% 的股权无偿划转给广州金融控股集团有限公司（下称"广州金控集团"，广州市人民政府全资控股），划转具体事宜尚需中山大学和广州金控集团协商确定，且需履行国有资产管理的相关程序。

达安基因在公告中表示，此次无偿划转是在中央全面深化高等学校所属企业体制改革的大背景下，为坚持国有资产管理改革方向，尊重教育和市场经济规律，将中山大学所属经营性资产纳入国有资产监管体系而实施的，有利于整合双方资源，提高经营效率，有利于促进公司紧抓高校企业国资体制改革的发展机遇，加快战略布局，引进更多战略资源，促进公司整体发展。

…………

清华大学校属企业较为庞大，以清华控股为平台，旗下可细分为紫光系、启迪系和清控本系，控制 8 家 A 股上市公司。针对内部不同派系的改革，清华大学采取了不同的方式。对于清控本系，清华控股以公开挂牌或公开征集受让方、协议转让的形式，减持大部分股份，以使自身失去控股权；对于紫光系，清华控股曾试图为紫光集团引入其他投资者，以实现共同控股，最终失败，当前无进展；对于启迪系，清华控股拟为启迪控股引入雄安新区管委会，使上市公司成为无主状态。

…………

紫光系改革方案已经搁浅。2019 年 8 月，紫光系三家上市公司紫光国微、紫光学大、紫光股份公告，鉴于近期内外部市场环境变化，经各方友好协商，清华控股决定终止向深投控转让其所持紫光集团 36% 股权。启迪系的改革在启迪控股，后者的控股子公司启迪科服为启迪古汉、启迪环境的控股股东。2019 年 11 月 9 日，清华控股与中国雄安集团基金管理有限公司（下称"雄安基金"）签署协议，清华控股向雄安基金或其控制的基金转让所持启迪控股 14% 的股份。同时，雄安管委会认缴启迪控股新增注册资本 1.23 亿元，占增资后总股本的 14.47%。雄安管委会及雄安基金均受河北省人民政府实际控制，上述交易完成后，清华控股与雄安方持有启迪控股的股份均为 26.45%，启迪控股变更为无实际控制人状态。由此带来的影响是，启迪古汉、启迪环境变更为无实际控制人状态，控股股东未发生变化。

2019年年初，上海交通大学旗下昂立教育变身"无主"状态。公司前三大股东向上交所出具说明，称目前任一股东均无法对股东大会的决议产生重要影响，公司各主要股东及其一致行动人之间持股比例差异不大，相互间均保持独立自主决策权，均无一致行动关系，均不能决定董事会半数以上成员选任。因此董事会认为，公司目前无控股股东和无实控人。

从媒体报道可以看到，几乎所有高校控制的上市公司都有一个共同的特点，就是无控股股东或无实控人。这是因为，高校投资的公司上市后，既不能按市场要求增资扩股，也不能随意进行资本运作，久而久之，股权被稀释，高校逐渐失去实控人的地位，这是必然的结果。这样的企业，哪里像一个社会公众公司！教育部最后通过这一文件出台，将所有高校控制的上市公司无偿送拨给地方国资委，应该是一个明智之举。我期待，随着股权的转让之后，复旦复华的明天会更美好。

> **小结：** 专业的事情由专业的人来做，这是市场规则。在一个非营利组织出身的大股东控制下的企业，要培育出市场化环境下的优质上市公司，似乎是缘木求鱼。没有清晰的管理层激励机制，没有明确的企业战略目标，没有有权限的管理层队伍。让分文不取的董事会成员努力地为上市公司服务，他们可能会有短时的激情，但不可能有持续的动力。我在复旦复华担任股东董事的无"薪"经历，让我成为一个"消防队员"，除了灭火，没有其他任何事务。好在最后上帝的归上帝，恺撒的归恺撒。复旦大学将股权无偿划拨给地方国资委，相信能解决复旦复华在公司治理上存在的顽疾。

第九章

东方航空

第一节　与东方航空结缘

2013 年年初，正是春寒料峭的季节。我刚刚为 EMBA 的同学们上完四天的课，就接到学院领导的电话，问我是否还有独立董事的名额资格，能否担任上市公司的独立董事一职。我说，还有名额，因为任职期满，我刚辞去浦东路桥的独立董事，没有再让自己的独立董事任职满负荷运行。一是科研任务较重，二是我还有繁重的教学工作，因此如果不是自己特别中意的企业，我不准备再接新的独立董事职务。所谓特别中意，是指自己过去没有经历过的行业，通过承担独立董事，我能够学到新的专业知识，或是治理结构比较完善、企业经营风险比较小的企业，这样我不需要承担太多不必要的责任。

结果学院领导告诉我，现在东方航空公司董事会要换届，正在到处物色新的独立董事人选。在电话中我马上答应这个邀请，说可以去试试。学院领导说，东方航空是央企，候选人不止你一个，还有许多甄选过程，你先填个表吧。

不久，我接到东方航空公司董事会秘书的电话，要求我去公司见见董事长刘绍勇先生，他要与我沟通一下。尽管之前我在中化国际等央企任过独立董事，但它们都是央企二级单位，而东方航空是直属的央企，刘绍勇董事长是副部级干部。我还没有在工作上与这个级别的干部打过交道，心里有些不踏实。

在东方航空公司位于虹桥航站楼附近的办公大楼，我见到了这位有些传奇色彩的董事长。根据网上介绍，刘绍勇董事长来东方航空工作之前，曾经在南方航空担任过董事长及总裁，在民航总局任过副局长。长期在高级别的管理岗位上工作，会不会像有些官员那样，带上一些官场习气呢？

但是，我见到刘董事长后，他给我的第一印象是，像一个典型的军人，匀称的身材，矫健的步伐，笔直的站姿，瘦削的脸庞，极有气质。寒暄几句后，我们就切入正题。我很关心地问到东方航空与中国国际航空之间的关系。在国际航班方面，东方航空与中国国际航空公司相比，是否有一定差距呢？刘董事长立马起身，走到一块白板面前，一边讲解，一边用笔画，向我介绍东方航空为什么与国际航空有一些差异。作为飞行员出身的他，极其熟练地画了几张飞机航行图，描述东方航空飞往欧洲的线路是怎样的，而总部在北京的国际航空飞往欧洲的路线是怎样的，以及为什么东方航空的成本会比国际航空要高。通过交谈，我发现刘董事长不仅是一位副部级的央企高管，更是一位飞行技术高超的行家里手。

还有一件事令我难忘。尽管我提前赶到东方航空办公大楼去见董事长，但我发现似乎还是迟到了五分钟。我很讨厌不守时的人，一个人不守时，不是习惯问题，而是素养问题。在担任大学教师近三十年的生涯中，我上课基本上没有迟到过，我会早到十几分钟，甚至半小时以上。而这次到东方航空，怎么会迟到五分钟呢？我有些纳闷。后来董事会秘书汪健告诉我，东方航空的时钟不是标准时间，在东方航空所有的办公地点，时钟会往前拨十分钟。也就是说，东方航空要求员工提前十分钟将所有事情安排好。尽管这只是一个小细节，但足见东方航空在半军事化管理的过程中，对员工的严格要求。我还没开始在东方航空工作，便对东方航空公司有了敬畏之心。

第二节　东方航空董事会首秀

第一次参加东方航空股份公司的董事会是在 2013 年 8 月 13 日。参会之前，董事会办公室在通知中着重强调，参加董事会时，每个出席会议的董事必须着正装，而且，还要求是深蓝色的正装。每个人一定要穿西装打领带。从这一点可以看出，东方航空的管理很规范，董事会的工作很细致。因为穿着得体是一种文化和修养，而且可以避免开会时的尴尬。过去，曾经参加过一些重要会议，由于事先没有得到通知，我穿着正装去参会，结果，大部分与会代表穿着商务休闲装，甚至有些年轻人还穿着 T 恤衫、牛仔裤，显得我很另类。而有时我穿着商务休闲装去参会，结果其他人西装笔挺，又显得我很不严肃。可见，会议之前，对所有参会代表告知服装要求，是细节管理能力的体现。

这次会议提案不多，只有三个，主要是通过即将公布的半年财务状况，这让我再次见识到了刘绍勇董事长主持会议的能力。通常，董事会提案较多，如果照本宣科地念，很没有效率，如果简单地一带而过，又不能体现上市公司治理结构的要求。在董事会秘书介绍提案时，刘董事长能比较好地掌握会议节奏。细节过多，他会适时提醒，介绍一下重点。而对于一些重要提案，他也会提示，再介绍一下提案背景。

每次开会时，我都特别注意外部董事对提案的看法。这次会议中，有一位我国台湾地区来的独立董事，叫刘克涯，他是一位极其资深的航空公司高级管理人员。针对东方航空的半年业绩，他有备而来，在董事会上，他做了很专业、细致、认真的发言，提出不少建设性意见，有的问题提得比较尖锐。刘董事长每次都很认真地听取他的发言，并做了回应。

后来我才知道，刘克涯董事每次开董事会前，不仅很仔细地阅读每一个董事会提案，而且还很认真仔细地用文字对提案做详细地评价与记录，作为他每次董事会发言的依据。几年董事会开下来，他居然积累了厚厚一本董事会提案的评价记录。在他任期结束换届时，他将这本厚厚的多年记录本提交给董事会秘书，让他们存档，以备未来董事会开会有需要时，可以查找记录。这是我到目前为止，认识的最敬业、最专业的董事，没有之一。如果我们上市公司每一位董事都能像刘克涯先生这样勤勉尽职，中国上市公司何愁做不好治理结构！

这次会议时间不长，但给我的印象很深刻：一是开会前，一定要认真仔细地审阅董事会提案，二是要发表自己独立的专业意见，否则，无法很好地履行独立董事的职责。在这次会议上，确定我作为董事会审计和风险控制委员会的成员，负责董事会的审计与风险管理工作。但是，该从哪里快速打开工作局面呢？我计划从两方面入手，一是东方航空海外分支公司的管控，二是东方航空金融期货的管理。这是我在网上做完"功课"后，对担任东方航空独立董事做的决定。

第三节　东方航空海外分子公司管控的调研与控制

到东方航空当独立董事之前，照例要到网上搜索与东方航空有关的新闻，尤其是与独立董事职务有关的新闻。现在互联网很发达，重要新闻一般都能查到。网上有关东方航空的新闻不少，正能量的居多，这当然是好事。但下面这则 2013 年的消息引起我的注意。⊖

⊖　摘引自 finance.people.com.cn/n/2013/0219/c1004-20527706.html。

中国某航空公司高管在韩国因挪用公款被重判

韩国首尔高等法院刑事一部 2 月 18 日做出判决，认定中国某航空公司韩国分公司前总经理黄某（57 岁）挪用公款罪名成立，判处其 6 年有期徒刑和 68 亿韩元（约合人民币 3917 万元）罚金。

韩联社 18 日报道称，韩国法官在宣判时认为，中国某航空公司韩国分公司前总经理 A 某（即黄某）因违反韩国有关特定经济犯罪加重处罚等法律被拘留起诉，一审做出 6 年有期徒刑和巨额罚金的判决。

根据检方的起诉，A 某在担任总经理期间，一直强调"本土化"并扩大该公司在韩国地方的航线，他在此过程中伪造文件、虚报员工宿舍租赁合同金额等，共贪污公款 200 亿韩元。在此过程中，A 某还利用职权，收取韩国货运代理店、旅行社提供的贿赂近 68 亿韩元。事情在韩国败露后，A 某还教唆司机等知情人员逃跑。

韩国《每日经济》18 日称，法官在判决时认为，A 某贪污数额巨大，伪造文件等作案手段周密，且造成所在航空公司无法挽回的经济损失，受贿金额也巨大，因此被判重刑不可避免。A 某在法庭上辩称，公司总部默认其自由使用公司资金，因此挪用公款罪名不应成立，法官没有认可上述说法。报道称，A 某自 2000 年 12 月开始担任该航空公司韩国分公司总经理，在 2002 年 10 月还因"积极推动韩中关系"被授予首尔市荣誉市民。

据最早报道该事件的韩国《明日新闻》2011 年 4 月 12 日的报道，此案的主犯是中国东方航空公司韩国分公司经理黄某。该案件最初由仁川地方检察厅特殊犯罪搜查部负责侦办，并于 4 月 12 日当天对黄某发出逮捕令。

这则消息所报道的事件，是在我开始担任东方航空公司独立董事之前刚发生的。尽管对于一个有近千亿元销售额的世界五百强公司来说,这些罚款金额微不足道,但从另一个角度看,对于一个总部在中国,而分子公司遍布世界各地的跨国公司巨头来说,如何管控好世界各地的分子公司,尤其是对资金进行管控,是内控中的超级难题。与国内许多大型公司不一样,东方航空在内控管理方面有其特殊性:一是世界各国分子公司业务收入与支出货币种类不一,金融环境不一,如何协调管理?二是世界各地在营业时间上存在时差,如何管理?三是既要做好内部控制,又要保证公司业务的正常运转保持较高的工作效率,又该如何处理?

我与东方航空董事会办公室沟通后,提出希望能对国内外各分子公司财务方面的内部控制问题进行专项调研,以确保在掌握第一手资料的情况下,对东方航空公司财务内控提出一些建设性意见。

东方航空董事会办公室很快安排落实调研计划,其中特别安排了海外最大的分子公司——位于北美地区的东方航空子公司的调研。这样安排有两个目的,一是看看东方航空在全世界最发达的航空市场中,如何既能保持应有的财务控制,又能有效地与国际航空巨头进行竞争;二是可以去看看航空产业头部企业波音公司飞机制造的情况。东方航空董事会上常常需要做购买飞机的决策,那么是购买波音的还是空客的?过去只能凭感觉投票,如果有了现场的直观体验,未来的决策判断可以更加客观有效。

北美地区是很重要的国际市场,东方航空公司一直高度重视关注北美航线的经营和发展,并专门制订了"太平洋计划",实现北美航线扭亏为盈。公司于2014年成立了北美营销中心,下辖洛杉矶、旧金山、纽约、夏威夷、温哥华、多伦多6个营业部和即将设立的芝加哥营业部,统筹管理公司在北美地区的客货运业务。

这次东方航空公司审计和风险控制委员会一共三位独立董事在集团公司财务总监、股份公司的董事吴先生陪同下,于9月28日,首先来到加拿大温哥华东方航空营业部进行调研。

在东方航空驻温哥华站长柳先生、财务李经理的指引和陪同下，我们参观了东方航空员工在异国他乡的办公环境，实地检查和了解票据凭证、资金的存放管理情况，并对营业部的职责职能、机构设置、人员配置等基本情况做了调研。到了现场我们才发现，尽管东方航空的对外营业场所布置得温馨大气，但员工们的办公场地比较局促，人员的配备也很精练，往往一人身兼多职，与国内相比其工作强度要大很多，工作环境也艰苦得多。在异国他乡工作的员工，还要克服家庭分居之苦。随着国内经济的增长，他们在海外的收入，与国内的差距越来越小，在有些国家的收入还存在与国内收入倒挂的现象。在这种情况下，长期在海外工作的东方航空员工，真的要有一定的奉献精神。

温哥华营业部财务李经理就财务管理、合同管理和风险内控等方面的工作向我们进行了专题汇报，重点包括五个方面：

（1）严格按照公司财务管理制度执行财务收支两条线。

（2）为提高资金使用效率，积极推进总部倡导的资金池计划。

（3）严格按公司规章和总部要求，加强固定资产管理和合同管理，加强各项成本费用的控制。

（4）高度重视风险内控工作，近年来未发生重大或较大内控风险事件。

（5）鉴于多伦多刚开航，多伦多营业部在当地暂未派遣专职财务人员，总部指定财务方面的事务暂由温哥华营业部代管，温哥华营业部克服人手紧张、任务繁重等压力，一年多来运行良好。

听完汇报后，真的很感动。东方航空财务汲取了韩国财务失控的经验教训，严格实行财务收支两条线。尽管会有些工作程序上的不便，特别是时差原因带来较大的麻烦，他们还是严格遵循程序上的控制。

我和另一位邵董事高度肯定温哥华营业部管理人员针对北美地区信用卡盗刷严重现象所采取的风险防范措施。为防范信用卡盗刷、公司票款无法收回的风险，营业部的财务及销售管理人员在代理人开票资格的审批、信用卡收款等多个环节采取特别的风险防范措施，反映了东方航空海外营业部管理人员敏锐的风险管控意识及积极作为的精神状态。

作为独立董事，季先生更关注法律问题，他是上海交通大学的法学教授。他详细地询问营业部近年来是否发生过较大金额的合同纠纷和法律诉讼，在得知温哥华营业部"以防患于未然"的态度高度重视防范法律风险，严格履行合同审核程序，近5年来未发生重大合同纠纷和法律诉讼后，季董事充分肯定营业部管理人员的法律风险意识，鼓励他们要一如既往地学法守法用法，高度重视境外经营的法律风险防范工作，避免合同纠纷和重大诉讼给公司带来不必要的损失。

9月29日上午，独立董事检查调研了营业部的市场开拓、销售管理等情况。营业部销售主管林先生向三位独立董事详细介绍公司航班在当地的市场及销售情况：

（1）2015年1～8月，温哥华航线盈利三千多万元人民币，近几年来，航线盈利水平总体上升。

（2）公司经上海中转至福州、武汉、西安、昆明、温州以及济南线上优势明显，温哥华营业部将继续保持优势，探索开发更多的国内潜力中转城市，适时推出中转产品。公司营业部销售团队下一步将把握机会，寻求经温哥华中转美加旅客的增长。

（3）两舱旅客一直是各航空公司的重要收益来源。营业部高度重视两舱旅客的产品设计，近期开发公务舱套票产品，吸引高端旅客。套票推出后，10天内即销售出四五百张票，锁定一大批商务舱旅客。

（4）面对日趋激烈的市场竞争格局，温哥华销售团队采取一系列技术手段提高航班销售和收益管理水平。例如，自制航班订座监控表，用数据说话，提前预判航班销售情况；制作旺季竞争态势分析表，加强市场对比及监控，掌握变化趋势，持续优化舱位组合；细分渠道，关注潜在渠道，落实客户经理制，加强渠道管控等。

听完汇报后，我发表了自己的感想：公司连续多年实现大幅盈利，这与东方航空广大管理人员和员工的努力是分不开的，尤其是与我们海外营业部员工背井离乡、勤勉尽责地工作和付出是分不开的。目前公司在温哥华市场面临着较为激烈的竞争，温哥华营业部应把握 A33H/A33E 等经典机型引入的优势、与达美航空战略合作的品牌效应，积极打造东方航空的服务品牌。

邵董事指出，对于加拿大本土客户的开发，当地雇员具有天然的优势，加拿大本地市场潜力巨大，营业部应高度重视本地销售人员的引进、培养和使用。另外，根据国家规定，国内政府因公外出，需通过政府采购搭乘国内航空公司承运的航班，温哥华营业部应与营销委协同，积极争取这部分公务旅客。

下午，独立董事检查调研了温哥华营业部的航班运行和保障情况，柳站长代表营业部做了汇报。温哥华航站共有站长、机务经理、货运经理等 3 名内派人员；当地雇员客运 6 人、货运 2 人，淡、旺季分别需保障 10 个和 14 个航班。目前地面代理为 Swissport，其雇员华裔居多，会说中英双语，方便与旅客沟通，这是中国航空公司在当地的普遍选择。进港行李破损赔偿方面，温哥华机场站积极使用网络工具查核旅客行李箱、配件市场价格行情，尽力与旅客协商沟通，或者采用其他软性服务措施（宽敞座位、一人多座位等）给予解决。在非航收入方面，温哥华场站积极开拓附加服务收入（行李逾重逾件、机票改期、舱差、升舱等），取得了很好的经济效益。

我们几个独立董事在调研过程中，充分肯定了温哥华航站在运力快速增长背景下在保障航班平稳有序运行、积极开拓非航收入、降低赔偿费用支出等方面所做的努力，对东方航空海外分子公司的财务管理及业务运营情况有了初步了解，特别是关注到韩国财务失控的一些内控漏洞基本上已得到防范，重复发生这类事件的概率已大大降低，达到了调研的基本目的。

9 月 29 日，在结束温哥华东方航空工作站调研之后，我们马不停蹄地赶往美国的西雅图。9月30日下午, 我们一行数人在波音公司销售董事叶女士的陪同下, 与波音公司宽体机 Everett 工厂 (北部工厂) 的交付总监、工程技术总监等人进行了会晤, 就波音的生产能力、热门机型的交付情况、B787 和 B777X 飞机的生产及研发情况展开了交流。

M 先生向独立董事一行介绍了最新型 B777X 系列飞机的研发情况。B777X 系列飞机燃油经济性相较于现有的 B777 系列机型提高约 20%, 机翼采用与 B787 系列飞机机身同样的复合材料, 硬度高。B777X 系列飞机机翼加长以提升燃油经济性, 采用可折叠翼梢, 使其可以与当前 B777 客机共用机场大门和滑行道。B777X 客机的研发团队极其关注可靠性。M 先生表示, 可靠性可以通过设计实现, 波音正与航空公司一道, 对实际飞行环境和运营过程中的可靠性进行验证测试。通过及早了解可靠性问题, 可以对子系统和零部件设计进行完善, 确保新飞机未来不会遇到可靠性问题。此外, 波音的工程师每两周开一次例会, 分析收集到的反馈信息并提出解决方案。应该说飞机安全的可靠性是所有功能中最重要的一个, 波音公司能在飞机制造业中傲视群雄, 与他们的研发、生产能力有关。

可惜的是, 数年后, 波音公司生产的 737MAX 机型, 因其飞机安全性问题, 连续发生数次空难, 受到许多航空公司的质疑, 包括后期东方航空与波音产生不少纠纷。但我们参观时, 还是被波音的现场生产环境所震撼。

飞机制造是极度精密的行业, 波音公司民用客机业务拥有 8 万名员工, 如何协同 8 万名员工高质量完成飞机生产业务是一个很重要很现实的问题。10月1日上午, 我们一行参观波音北部工厂。北部工厂的负责人向独立董事一行介绍生产情况。北部工厂是波音民用宽体机的主要生产基地和交付中心, 月均生产 B777 系列飞机 8.3 架, B787 系列飞机 7 架。波音公司在西雅图还拥有一个南部工厂, 月均生产 B787 系列飞机 3 架、B747 系列飞机 1 架、B737 系列飞机 46 架。2020 年, 将在北部工厂交付 B777X 系列飞机。我们一行还专门参观了正在装配的东方航空第九架 B777–300ER 飞机。

参观完波音公司后，我们理解了中国为什么一定要发展自己的大飞机。这不仅有着经济上的意义，还涉及国家安全问题。现在的飞机，早已不是简单的机械构造，更多的是新材料、新电子、新科技的组合。我在现场询问组装的工程师，波音飞机的外壳是否还用轻质的铝合金材料？他摇了摇手说，现在早已不用这些材料，现在用的是一种碳纤维合成材料，极轻，更坚固。过去飞机在陆地上慢慢移动时，遇到一些擦碰，机身就会出现凹陷，现在不会了，飞机外壳很坚固，遇到轻微擦碰，不会受任何影响。更有意义的是，现在飞机在飞行过程中，由于机身各部位装有传感器，一旦出现任何隐患，就会向飞行员及零部件供应商发出信号。一个航空公司的高管曾告诉我，他们的飞机正在执行某一个航程时，突然接到波音公司的电话，说飞机的发动机可能有故障，要及时返航。等飞机落地后进行检查，发现果然有故障。听完这个故事，细思极恐，如果中国民航的所有飞机制造商、零部件供应商能在第一时间知道飞机航运情况，或者进行某些控制，那么国家飞行安全是一个大问题。当中国提出要发展自己的国产飞机，并成立上海商飞公司，作为东方航空的独立董事我举双手表示赞同。在我的任期内，东方航空最早与上海商飞公司提出，订购尚在试制阶段的国产C919大型客机，而且一出手就订购5架。因为，只有通过对波音公司的调研，我们才能深切地感受到，发展国产大飞机的重要性。

经过调研，拿到第一手资料，为日后东方航空是订购国产大飞机还是海外公司的飞机，提供了决策依据。有了这些背景信息，董事会考虑提案时，对战略意义的考量，可能要远高于对短期经济利益的考量。

10月2日上午，我们前往位于市区的北美营销中心暨洛杉矶营业部办公地，参观营销中心员工的办公环境，检查了解营销中心的票据凭证、资金存放管理情况。北美营销中心常务副总陆总代表汇报了营销中心的基本情况和建设情况：

（1）北美营销中心是公司为了加强在北美地区客货运业务的统一协调

管理、积极落实"太平洋计划"而设立的。目前营销中心下辖洛杉矶、旧金山、纽约、夏威夷、温哥华、多伦多等 6 个营业部，共有员工近百人，部分是东方航空内部派遣的员工，更多的是当地雇员。公司即将开通上海－芝加哥航线，新设立的芝加哥营业部亦属北美营销中心管辖范围。

（2）为确保北美地区六个营业部快速整合、统一高效地开展工作，北美营销中心梳理制定了 34 项工作手册规章，指导营销中心；确立了月视频会议、周销售会议、不定期研讨会的例会制度；建立了汇报机制、工作简报制度。

（3）实现了业务统一，包括合同文本、销售政策、市场推广和品牌形象的四统一。

（4）营销中心利用现代化网络工具，建立了内部交流制度，在各营业部之间加强经验交流和分享，既提升了各营业部员工的工作效率和能力，又节省了大量的差旅费用。

（5）营业部从规范经营的角度考虑，聘请当地律师根据联邦、州法律，结合公司员工手册，编制当地营业部适用的《用工手册》并定期更新，极大降低了劳务纠纷风险。

经过调研，我们充分肯定了营销中心在加强中心建设、提升日常管理、统筹协调开展北美地区业务等方面所做的努力。当然，调研不仅仅是了解情况，我们其实更希望了解基层有什么具体困难，看看能否在董事会层面上，给基层赋能，解决他们的实际问题。

北美营销中心的常务副总陆总反映，北美营销中心由于员工人数增加导致人均办公面积不符合当地法规要求，需要对办公场所进行装修改造，预算一直没有批下来。陪我们考察的吴副总给予了积极回应，要求营销中心如实反映情况、提出解决方案，专项报告呈报总部职能部门审批。

此外，营销中心反映，由于中美距离遥远，员工培训需求难以得到满足。我提出建议，如果线下得不到保证的话，可以尽量通过线上的方式进行，总部可派 1 ～ 2 名具有培训资质的教员到营销中心为北美地区员工集中授课，以减少人员往来的开销。

下午，我们重点检查调研了北美营销中心及洛杉矶营业部的财务管理、风险内控等方面的工作情况。营销中心陆总、财务总监陈女士做了专题汇报：营销中心严格执行总部各项财务管理制度，严格执行总经理和财务总监"双签字"制度，严格执行财务收支两条线制度，严格执行预算滚动执行制度；高度重视风险内控工作，定期检查各项内控制度的实施情况。独立董事建议营销中心加强北美地区财务管理的统一管控，重视防范境外内控风险。

10 月 3 日上午，独立董事一行在陆总、销售经理李总的陪同下调研检查了北美营销中心的经营情况以及市场营销、品牌推广等工作：

（1）2015 年 1 ～ 8 月，公司北美航线盈利数亿元，产投比基本持平，主要经营指标量跌价升，客座率同比下降了一些，由于收益管理水平不断提高，平均票价上升几个点。

（2）B777 机型投入北美部分航点使用后，两舱旅客人数及收入占比明显上升，同比增加百分之十几。

（3）目前北美地区全市场的运力增幅大于客流量增幅，竞争日趋激烈。

（4）面对瞬息万变的市场环境，北美营销中心确定了下一阶段销售转型、提升两舱销售、拓展销售渠道、扩大对外合作、丰富销售产品、提升品牌形象等 6 项重点工作。

（5）北美营销中心还将协助公司客户服务中心在洛杉矶建立北美客服中心，服务北美地区旅客，解决北美地区旅客拨打公司客服电话难的问题，提升高端旅客的服务品质；设立芝加哥营业部，为芝加哥开航、公司在芝加哥地区的布局保驾护航。

听完汇报后，我们肯定了北美营销中心今年以来所取得的业绩表现，并希望全体营销人员再接再厉。季董事建议营销中心关注在中国境内及海外组织的国际性大型商贸、学术会议或论坛等所带来的商机和客源。中美学术、商务交流日益增加，此类参加会议、论坛的旅客数量庞大，同时这部分旅客大多属于高端旅客，出行偏好两舱，应努力争取。季董事建议营销中心密切关注各类会议的信息，积极与相关主办、协办单位联系，成为对方的合作伙伴，向与会人员推荐公司航班，进而以优质的服务留住这些旅客。而我的建议是，北美营销中心要重视营销数据的积累，积极利用大数据技术，力争实现精准营销。

10月4日早晨，我们一行又前往机场，在陆副总经理、段站长的陪同下，实地调研公司在洛杉矶机场的航班运营和保障情况。公司在值机区域设立旅客休息区，配备旅客座椅，这在开航洛杉矶的中国航空公司中尚属首例。我们对这一细节很认可，表示该项举措体现公司"以客为尊、倾心服务"的理念。调研结束后，我们立即搭乘东方航空公司航班返回国内。

作为公司董事，必须对公司的业务有相当程度的了解。这次调研给我们这些门外汉多了一个了解航空公司主要业务流程的机会，特别是学习海外业务流程的机会，而且让我们对所关注的财务控制是否安全健康，关键控制点是否得到保障等问题有了更加可靠的认识，为未来我们在董事会上表决相关提案提供了决策依据。

在这次调研的基础上，我们要求董事会每年列出计划，安排董事们对公司重要环节进行多方面的实地考察与调研，为大家更合格地履责创造良好的条件。

第四节　对东方航空财务金融工具控制的调研

在我入职东方航空独立董事前不久，媒体曾经报道过，东方航空在试水航油套期保值的业务过程中，出现过巨额亏损。报道如下。

东方航空发布公告称，预计 2008 年公司业绩将出现大幅亏损。公告显示，东方航空 2008 年 12 月当期的航油套保合约发生实际现金交割损失约为 1415 万美元。据东方航空的初步估算，截至去年底，东方航空 2008 年航油套保公允价值损失高达 62 亿元。[⊖]

"燃油套期保值就像买保险，在你出事后，人人都觉得买保险是件明智的事，但如果没有出事而白白支付了保险费，人人就会觉得你很愚蠢。"

东方航空财务总监罗伟德的这句话，形象地点出了目前在油价大跌的情况下，航空公司从事燃油套期保值面临的尴尬。随着中国国际航空、东方航空和上海航空相继公布因为燃油套保而录得账面巨额亏损，燃油套保成了业界关注的焦点。[⊖]

可以看到，东方航空在这次航油套期保值的金融活动中，损失极其惨重。东方航空有几万名员工、上百架飞机，2007 年辛辛苦苦地干了一年，利润才 5.8 亿元左右，而一次金融交易损失将近 62 亿元，几乎等于东方航空十年的净利润。这个亏损不谓不巨大。当然，这是我到东方航空当独立董事之前发生的，此后再也没有发生过类似的事件，我还是觉得，既然当了东方航空的董事，以后一定要重点关注他们在金融活动方面的风险控制，了解他们是否能规避这类交易中的重大风险。

其实，所谓的套期保值，既是一个避险的工具，也可能是一个赚钱的手段，就看你怎么做了！按照设计者最早的想法，套期保值是企业为规避外汇风险、利率风险、商品价格风险、股票价格风险、信用风险等使用的一种金融工具，使套期工具的公允价值或现金流量变动预期抵消被套期项目全部或部分公允价值或现金流量变动。套期保值的基本做法

⊖　摘引自 finance.sina.com.cn/chanjing/b/20090117/02425772291.shtml。

⊖　摘引自 finance.huanqiu.com/article/9CaKrnJlfH9。

是买进或卖出与现货市场交易数量相当但交易地位相反的商品期货合约，以期在未来某一时间通过卖出或买进相同的期货合约，对冲平仓，结清期货交易带来的盈利或亏损，以此来补偿或抵消现货市场价格变动所带来的实际价格风险或利益，使交易者的经济收益稳定在一定的水平。套期保值实质上是在近期和远期之间建立的一种对冲机制，以使价格风险降低到最低限度。然而期货市场毕竟是不同于现货市场的独立市场，它还会受一些其他因素的影响，期货价格的波动时间与波动幅度不一定与现货价格完全一致；加之期货市场上有规定的交易单位，两个市场操作的数量往往不尽相等，这意味着套期保值者在冲销盈亏时有可能获得额外的利润或亏损。

作为审计和风险管理委员会主席的我，不仅关注东方航空关于套期保值的基本策略，还很关注他们每年的执行情况。

东方航空是一家国际化的航空公司，每年收支中有大量的外汇业务。东方航空财务总监曾经半开玩笑、半认真地说，在公司最鼎盛的时期，有时人民币兑美元汇率升降一分钱，可能会影响到上市公司五六千万元的净利润。而航油价格更是航空业的命脉，有时油的成本要占到所有飞行成本的三分之一。如果不通过一定手段对这两大成本进行控制，完全听天由命，任凭市场摆布，很难给投资者一个稳定的财务回报。东方航空既要使用恰当的金融工具加以控制风险，又要防范因工具运用不当而再次出险的金融风险。

我们决定，每次审计和风险管理委员会开会时，要重点关注套期保值，这是必须报告的重要内容。下面例示了审计和风险管理委员会对东方航空套期保值的审议与决定。○

○ 摘引自东方航空第八届董事会审计和风险管理委员会第11次会议提案。

✳

一、套期保值工作进展

1. 召开套期保值会议及 2017 年全国金融工作会议研讨会

公司套期保值业务管理委员会和作为第三方独立咨询机构的建设银行在今年 2 月 14 日召开了第一次会议。会议主要讨论了人民币汇率、利率、原油走势分析和下一步公司的操作计划，委员会一致同意工作小组对 2017 年度公司预计支付的 ×× 亿美元中不超过 50% 的部分进行远期汇率锁定以减少人民币汇率波动带来的不确定性敞口风险，择机增加部分固定利率美元债务比例，谨慎选择原油保值产品，以关注市场为主。

套期保值业务管理委员会于 5 月 3 日召开了第二次会议。会议针对金融市场的变化展开全面分析和研讨。针对市场变化，委员会在对国内外金融市场进行充分分析判断后一致认为：在金融市场资金面紧张及公司整体资金兑付压力下，公司在融资模式上应继续拓展更多渠道，计划在合适时机发行境外日元和新加坡元债券。

2017 年 8 月 10 日，委员会就 2017 年全国金融工作会议对公司的影响、资产负债率的变化趋势，以及如何降低杠杆，发行长期债券是否合适，未来融资采用人民币还是美元、日元、新加坡元及欧元未来走势，原油未来走势及套保策略进行了充分的探讨。经研究讨论后做出以下判断和决定：公司自身条件的优势可以带来部分融资条件的溢价。但是资金面的整体偏紧对公司的融资及利率还是会带来不利的影响；通过股权融资降低资产负债率；目前长期债券利率到达相对峰值，发行长期债券并不合适；对于 2018 年飞机融资，可在邀标时不限定美元或人民币融资，待收到融资方案后结合市场情况最终选定融资币种。同时可以继续探讨售后回租方式；未来融资中，中、长期融资以利率水平为主要衡量标准，短期融资利率与短期汇率走势综合考虑；待原油市场出现新的变化时，公司再探讨调整套期保值策略。

2. 外汇交易

套期保值业务工作小组根据委员会制定的操作策略, 对远期美元汇率进行锁定, 累计开展××笔外汇交易, 锁定××亿美元远期汇率; 通过货币互换方式对美元借款成本进行锁定, 累计开展×笔货币互换交易, 累计锁定××亿美元借款, 相当于人民币融资成本的 3.6% ~ 4.16%。在今年人民币贷款规模紧张的情况下, 为减轻公司融资压力, 降低融资成本发挥了重要作用。

二、持仓、交割情况和分析

2017 年至今公司没有新增日元外汇交易, 没有新增利率掉期交易, 没有新增原油交易。截至 9 月末, 持有的日元远期交易头寸约×亿日元; 通过衍生品锁定的利率互换交易约××亿美元 (另有通过飞机合同锁定利率的×亿美元债务), 公司长期美元债务中固定利率债务比例约为××%; 未持有航油交易。2017 年前三季度中, 外汇衍生业务实际交割收入约×××万元人民币, 利率衍生业务实际交割支出约××××万元人民币, 未发生航油交易交割。外汇交割净收入主要是通过以前年度在日元价格较高时锁定远期日元汇率, 现在日元出现贬值而获得的交割收入。

利率交易的初衷是, 公司为了防止美国经济企稳后美元加息导致浮动利率美元债务面临更多的财务费用而将部分浮息债务转为固定利率债务。美国正处于新一轮的加息周期, 加息力度和频率受到国际金融市场动荡的影响而较预期不足。这使得公司持有的固定利率产品产生了交割的净支出, 与前年度交割净支出相比已大幅缩减约××%。这些支出是公司为了减少远期风险敞口、规避不确定性而进行的锁定成本工作的合理代价。

三、金融市场回顾和展望

今年以来, 美联储分别在 3 月和 6 月会议上各加息××个基点, 将基准利率区间上调至 1.00%～1.25%，并宣布将从今年开始缩减所持公债和其他证券规模，表明了对美国经济持续增长和就业市场继续增强的信心。另外，温和减税和缩表将为美元提供一些支撑。今年是否再次加息，将取决于未来数月经济数据是否支持通胀率达到 2% 的目标。因通胀疲软阻碍美联储加息，美元指数第三季度下跌 2.70%，不过美联储 9 月会议决议表明年内仍可能再度加息，这帮助美元挽回了部分跌势，未来大幅下行的风险已经大为降低。欧洲主要政治风险仍然是德国选举和法国立法进程，另一个令人担忧的问题是通胀水平，通胀率仍低迷，目前为 1.4%，较欧洲央行设定的接近 2% 的通胀目标还有不小差距。而欧元汇率走强的驱动力源自因结构性低估的欧洲资产的再平衡过程。欧元区经济的增长正吸引大规模的投资者资金涌入，推动欧元升值。欧元兑美元第三季度实现 3.40% 的升幅，连续三个季度上涨，这主要得益于欧洲央行将缩减购债的预期。欧元迅速上涨的状况引起了决策者的关注，而欧洲央行原将在 9 月宣布缩减购债的计划被迫推迟。随着市场对欧元区经济信心的增加，欧元将持续走高。

全球周期性动能大幅反弹，推动全球收益率和股市上升的再通胀预期自 2017 年年初以来继续下降将支撑日元。美元兑日元仍将受到全球因素的驱动。虽然日本关闭产出缺口，但日元拥有巨大的经常账盈余，且日本投资者对外国投资变得更加谨慎，日元将持续被低估。另外，日本央行维稳的决心限制了日元走强，美元兑日元汇率现处于 112.50 附近。日本央行近期公布的调查报告显示，第三季度日本大型制造业者信心创 10 年来最高，这表明得益于强劲的全球需求，日本的经济复苏或许正在积聚动能。韩国方面，今年第三季度与第二季度的经济增长率维持在 0.6% 的水平，仍无法突破 1%。10 月，韩国金融货币委员会将召开会议决定是否上调基准利率，随后央行将发布今年经济增长率展望值。韩国央行已于 7 月将经济增长预期定为 2.8%，在家庭负债不断增加、半岛局势紧张及美国上调基准利率等多重因素影响下，预计今年韩国的经济增长目标将面临考验。

美元今年以来持续走弱, 人民币在第二季度并未出现之前我们判断的大幅走弱, 相反出现了一波比预期持续时间更长的回调, 且贬值的动能有持续减弱的迹象。虽然美元回升对人民币兑美元汇率产生了一定压力, 投资者对美国通胀前景仍缺乏信心将制约美元进一步上行。而在第三季度, 美元兑人民币下跌达 1.86%。这或是受国内企业抛售美元的影响, 之前需求美元的企业因美元超预期走弱, 纷纷加快结汇, 远期售汇持续减少, 结售汇逆差和外汇占款降幅均大幅收窄。近日美元下跌的势头已经得到遏制, 未来大幅下行的风险已经大为降低, 同时美国总统特朗普和共和党领袖披露了税改框架, 这可能成为美元反弹的最为重要的筹码。从短期看, 预计人民币兑美元汇率走势仍将受美元波动影响, 整体维持双向波动、区间运行的格局。年初以来, 原油的基本面和走势非常符合我们上一季度报告中的预期, 就是 OPEC 的产量协议并不会被严格地执行, 以及短期价格上升后页岩油产量回升导致供应盈余。所以原油在前三季度中始终无法突破 60 美元 / 桶。我们预计原油在短期内将维持 50 ～ 60 美元 / 桶的水平。以上议案, 请各位董事审议。

从上述审议的董事会提案来看, 针对过去在套期保值中吸取的经验教训, 东方航空总结了针对这个金融工具董事会所采用的各种方法与措施。这些措施既要保证规避风险, 又要能最大程度上合理取得应有利润。这些风控措施包括:

(1) 东方航空专门成立一个由多方面专业人才组成的套期保值工作小组, 秉承专业的事情由专业人才来决定的原则, 对每期的金融工具中的套期保值的数量、金额、品种、时间等进行很仔细的研究, 并制订出合理的方案。

(2) 除了本公司的金融期货的工作小组之外, 还专门聘请外部专业机构如建设银行，对方案进行第三方评估，避免本公司人员因追求利益而出现非理性判断的现象，使得方案更具科学性。

（3）既考虑套期中汇率或油价上升所带来的利益，也考虑套期中因价格下降所带来的损失。特别考虑套期对冲中止损的底线。认清以前套期中上升空间有限而下降风险无限的弊端，对最大收获与最大损失进行某种程度的制约。因为市场的变化是难以捉摸的，本着经验不可传授这句古训，金融市场也往往利用人们的习惯思维来钻空子，造成凭经验判断后产生无穷损失的后果。

比如，2020年中国银行在理财产品"原油宝"上就犯了类似的错误，造成投资人的巨大损失。在套期保值工具的选择中，应运用多品种货币如美元、日元以及欧元等，而且，不仅要考虑远期汇率的锁定，还要增加部分近期的固定美元汇率。通过多种组合，将风险设计在可控范围之内。

（4）套期保值中最重要的是金额的限定。不管是中航油在期权金融工具中的投资，还是里森在巴林银行进行的日经指数上的交易，都是从一笔小小的错误投资开始的，为了弥补亏损，不断追加投资，最后，中航油亏损5.5亿美元，而里森造成巴林银行8.6亿英镑的损失。将套期保值的金额基本锁定在外汇业务收支总额的50%左右，这是底线，决不允许超过日常外汇收支的金额，真正实现金融工具是用来避险的，而不是用来盈利的。

在我担任东方航空独立董事的这六年中，不管是董事会，还是财务部门，对套期保值这个工具用得很谨慎，一直予以严格监管，取得了良好的效果，达到了预期的目的，令我很欣慰。

第五节　告别东方航空董事会

在东方航空董事会工作的过程中，我领略了我国央企的治理水平。如果问，中国什么类型的企业是最优秀、最有希望的，我一定会说，那一定包括央企，因为这类企业聚集了中国最优秀、最有智慧的人才。他们不仅专业能力强，政治觉悟高，而且有较高的情商，在处理情与法、公与私之间的关系时，能很好地把握分寸。不管我们在董事会上对提案发表什么意见，专业或不专业的，董事长及执行董事都会认真回复。例如，那位来自我国台湾地区的刘克涯独立董事，他每次提的问题都很尖锐，小到客舱服务细节，大到航线设计，董事长会要求各部门认真回复并加以改进。我作为非航空专业的独立董事，对行业问题不熟悉，提出过一些外行问题，如关于东方航空的机票价格，我有些看不懂，这是不是内控不到位造成的？同一航班，在同一时间内不同售票处询价，为什么价格差异很大？针对这样的问题，刘董事长立即布置，让我们几个独立董事到东方航空营销委进行调研，派专人为我们详细讲解机票的销售机制，直到我们弄明白为止。在这样优秀的公司当独立董事，不仅能学到许多专业知识，还不必担心去承担不必要的责任。当然，我认为央企，尤其是竞争性行业中的央企，高管薪酬水平是个痛点，尤其是对部分高管限薪。这作为一项暂时举措，可以理解，但如果是一个长期机制，就值得商榷。如果高管薪酬水平不按照市场规则来核定，那么优秀的人才是否还能持续？这是一个值得深思的问题。尽管我们在董事会上曾经提出过这样的问题，但由于政策限制，始终没有得到明确的答复。

可喜的是，在我离开东方航空董事会之后，东方航空集团领导在国资委的支持下，对东方航空的货运公司，在企业所有权的混改机制方面迈出一大步。通过混改，来推动解决企业高级管理人薪酬激励问题。媒体相关报道如下。○

　　○　摘引自https://baijiahao.baidu.com/s?id=1617175416258216000&wfr=spider&for=pc。

✦

东航物流有限公司（东航物流）的混改"三步走"总体方案已经落地。

11月14日，经济观察网记者从国务院国资委"混合所有制改革媒体通气会"上获悉，东航物流混合所有制改革"三步走"的总体方案包括股权转让，将物流公司剥离到东航集团旗下，为混合所有制改革打好基础，以及增资扩股，放弃东航集团绝对控股地位，通过引入45%非国有资本完成股权多元化改革等。

为了引入战略投资者，抢占物流行业先机。东航物流引入在快递快运、仓储物流、第三方物流、财务资本等领域能够为东航物流赋能并支撑公司战略落地的联想控股（25%）、普洛斯（10%）、德邦物流（5%）、绿地集团（5%）等战略和财务投资者。

同时，东航物流在混改过程中按照现代企业制度，建立了股东会、董事会、监事会议事规则和总经理工作制度，对于各个层级的权力边界与议事方式进行明确界定。一是在股东会层面既保持了东航集团作为第一大股东对于企业重大事项决策的一票否决权，同时保留了股权比例合计1/3以上非国有股东的否决权，从而实现有效制衡；二是东航物流董事会共由9人组成，东航占5席，其他投资主体占4席，既保留了东航集团的主要建议权，也保留了董事比例合计1/3非国有股东的否决权。

身为混改的另一项重点之———"三项制度"，东航亦在推进。

东航物流相关人士介绍道，混改后，东航物流按照市场化原则，全员"脱马甲"，重新签订完全市场化劳动合同。在中高层管理人员中推行职业经理人制度，按照"一人一薪、易岗易薪"的目标，对选聘的职业经理人和全体员工实行完全市场化薪酬分配与考核机制，真正打破大锅饭，实现能者上、平者让、庸者下，以价值创造为纲，为能力付薪，为业绩付薪，并在薪酬幅宽、薪酬结构、绩效考核、福利政策等方面做了相应的配套改革。

据悉，东航物流2017年总营收及利润同比分别增长31.7%、72.8%，2018年前三季度，营收及利润同比分别增长42.91%和11.86%。

这次混改，由于激励机制符合市场规律，因此在相当短的时间内，爆发出很大的能量。原来一直处于亏损的东航货运，在改制后不仅扭亏为盈，而且还通过IPO股票发行，于2021年5月上市，得到了资本市场的认可。可见，中国的国有企业，如果解决了企业高管的薪酬激励问题，其生产力会得到极大的释放。我期待更多的国企改革成功。

转眼在东方航空董事会已担任六年的独立董事，任期马上要结束，按照老规矩，我怀着无比感慨的心情，给东方航空董事会写了一封发自肺腑的告别信。

给董事会的一封告别信

尊敬的刘绍勇董事长、李养民总裁、各位董事及监事：

你们好！由于我个人时间安排得不妥，无法参加最后一次董事会，无法亲自向大家表示感谢与道别，深表歉意。在此，我用书面方式，向大家表达一下个人在东方航空担任六年独立董事的感受，并作为我的告别语。

第一，在东方航空担任六年的独立董事之职时期，深深感谢由刘董事长、李总裁带领的董事会及经营层团队，不忘初心、牢记使命，在以安全为航空事业生命线的宗旨下，精细管理、谨慎敬业，不仅扼制了不少飞行安全事故的苗头，而且，在出现空管失误的前提下，基于日常严格的基本功训练，沉着应对，化险为夷，排除了可能出现的重大事故，保全了旅客生命与国家财产，得到了方方面面的赞许与肯定。尤其是当美国波音航空公司的737MAX机型出现问题时，我们东方航空的刘董事长、李总裁及经营团队，在第一时间代表东方航空妥善地、不卑不亢地处理好了与美国波音公司事故机型有关的事情，维护了东方航空的安全与利益。在这六年中，东方航空没有出现过任何重大安全事故，东方航空的团队始终坚实稳定，董事会没有承担这方面的责任，这要感谢刘董事长、李总裁及团队们的认真与付出。

第二，东方航空作为一家社会公众公司，由于前期财务上的历史包袱，多年没有给社会股东们分红。经过刘董事长、李总裁及团队们的努力，最近六年，东方航空在经营业绩上取得稳步提升，不仅弥补了历史上的亏损，而且也开始给股东们分红。尤其是在财务方面，以吴永良为领导的团队，秉着稳健、合规的原则，利用财务专业能力，极好地处理了汇率、期货及航材采购方面的财务运作，避免了财务上的风险，提升了财务上的效益。这要感谢你们强大的专业能力与细致的工作精神，也体现了作为一家社会公众公司的责任与义务。作为独立董事，我要感谢你们。

第三，在东方航空的六年中，随着国际、国内航空事业的发展，竞争日趋激烈，刘董事长、李总裁及经营团队在战略上未雨绸缪，在国际上，不仅引进了美国达美航空参股东航，同时，也先后参股了法航、荷航等国际著名的航空公司。在国内，与均瑶集团相互参股，完成了航空资源的互补，形成了东方航空在战略资源上的布局，为下一步东方航空事业的健康发展，奠定了坚实的基础，这要感谢你们在前期战略上的高瞻远瞩，既解决了财务上的近忧，又化解了战略发展上的远虑。作为独立董事，我要感谢你们。

第四，在东方航空的六年工作中，我先后考察调研了公司营销委、审计部、云南分公司以及海外各运营网点、波音及空客公司，并多次参与了公司年度研讨会。通过这些调研与参与，我深切了解到作为一家全球性的企业，在合理使用公司资源及控制风险方面，是多么的复杂与艰辛，需要多少难忘的付出与复杂的应对。正是靠着刘董事长、李总裁及团队们的智慧、沉着及坚韧，东方航空一步一个脚印，稳稳地走到今天这个健康的局面。作为独立董事，我要谢谢你们。

第五，在东方航空的这六年中，刘董事长、李总裁及经营团队，在公司治理与内部控制上狠下功夫，励精图治、爱岗敬业，修改公司章程，强化党的领导，改革营销结构，推动货运事业部的混改，消化历史遗留问题。每一次改革与创新，都是一次自我革命、自我历练。与此同时，董事会充分尊重各专业委员会的职能，在我担任审计和风险管理委员会主席的过程中，极其支持审计和风险管理委员会的各项工作与建议，使得我能圆满完成董事会赋予我的任务。

六年时间很快过去了，有着千言万语想说，但最想表达的是：非常感谢刘董事长、李总裁及经营层对我的支持。感谢以汪健为领导的东方航空董事会办公室对我工作的帮助，感谢董事会办公室的小杨、小唐、小孔、小朱及所有成员对我的支持。在你们身上，我看到了东航人积极向上的精神、坚忍不拔的勇气、自我完善的能力。谢谢你们，在这六年中，我以自己也是东航人而感到自豪。未来，我为你们东航人感到骄傲。尽管我不再是东方航空的一员，但我始终会是东方航空忠实的乘客，同时，也是东方航空那碗面的忠实"吃客"。

祝东方航空明天更美好！

一个即将卸任的独立董事　李若山

2019年12月21日

小结：东方航空既是一家伟大的央企，也是一家治理规范的国际型的上市公司。尽管如此，在成长与试错过程中，它也在金融期货、国外分子公司的管理方面，付出过不小的代价。在我担任东方航空公司的独立董事一职之后，为了防止再犯同类错误，提出需要对公司方方面面进行仔细、谨慎的实地调研。通过调研获得的第一手资料，成为我在董事会上发言的依据，以及提案表决的基础。

航空公司的业务系统非常复杂，面临的市场竞争非常激烈。良好的治理，坚实的内控以及优良的公司文化，使得东方航空在承担国家航空安全职责的同时，给了投资者们一个稳定的回报。在东方航空公司履职独立董事的过程中，我结识了不少既具有情怀又有专业能力的央企高管，在他们身上，我学到了什么叫奉献，什么叫敬业！

APPENDIX A

附录 A

如何做好国有企业外部董事[⊖]

在现代公司治理中，公司董事会的组成和运行对公司治理具有决定性作用。国资委在国有企业引入外部董事，主要作用有五方面：一是避免董事与经理人员高度重合，真正实现决策权与执行权的分权制衡，保证董事会能够做出独立于管理层的判断与选择；二是确保由董事会挑选、考核、奖惩在董事会兼职的经理人员，避免非外部董事尤其是其中的执行董事自己挑选、考核、奖惩自己；三是外部董事不负责企业的执行性事务，这个角色有利于外部董事更好地代表出资人的利益；四是在企业的风险管理、内部审计、税后利润分配等方面，有利于发挥外部董事所具有的独立性作用；五是通过选聘具有高水准的专业人士担任外部董事，能够为董事会带来更加丰富的专业知识和来自企业外部的专业经验。这五个方面的作用，归纳起来主要是两点：一是外部董事相对具有独立性，能起到监督和制衡作用；二是利用外部董事的专业知识或经验，可以提高董事会决策的科学合理性，提高企业的经营绩效。为此，公司在选聘外部董事时，会非常注重外部董

⊖ 作者在上海国资委外部董事会议上的发言，经作者本人整理。

事的职业操守和专业履职能力。

如何完善外部董事制度，履行好外部董事职责？结合我担任上市公司独立董事和国有企业外部董事的经验，在此谈一些感受和体会。

一、加强外部董事专业能力尤为重要

对外部董事来说，最大的困难和挑战是专业性，不专业的外部董事很难胜任其工作，这是我当外部董事最切身的感受。为什么？比如经营层提出一个要求：公司现在有重大投资，需谈判多次，每次谈完都要董事会开会审议的话太麻烦了，希望董事会能授权经营层去签约。此时，董事会到底该不该授权？如何授权？授权的话，怕失控；不授权的话，决策程序太烦琐，效率太低，董事会很为难，怎么办？这些是很专业的问题，需要董事掌握治理结构方面的专业知识。实际上我认为，可以授权，但这个权你怎么用？你用权的时候相互制约的机制是什么，流程是什么样的？信息披露、信息记录又怎么做？我们的授权是有条件的授权、有程序的授权。

再如，公司要聘用或委任一位高管，经过推荐或公开招聘后，接下来需要董事会审议，董事会是同意还是不同意？这种情况下，我发现很多非专业董事很为难，而作为一个专业的外部董事，我很清楚，你有没有对该人选所有工作过的单位进行尽职调查，这些尽职调查是不是在独立的条件下完成的。你只有是个专业的董事才可以发表独立的意见。很可惜，我们很多董事没有这方面的专业知识，每次开董事会，都两眼茫然地看着董事长，要么全盘同意，要么全然反对。为什么？这些董事抱着满腔的热情想要对出资人负责，但是缺乏专业知识，他们可能是工程师，也可能是食品专家，但是不是董事会治理结构方面的专家。

担任外部董事的前提是，你是治理结构方面的专家。比如，对于审计机构的聘请，你要知道怎么考察审计机构，怎么跟审计机构讨论审计计划。

对于它的团队安排、时间、安排以及流程，你都要具备相关知识并予以关注，否则你怎么考核它。

二、关于外部董事定位

外部董事是出资人聘请的，与内部董事要保持一定独立性，并非保持对立。我认为在某种利益一致的情况下，董事基本上都是一样的，没有什么你是内部董事我是外部董事之分。当然，由于号称内部董事（应该称之为执行董事）掌控了企业资源，因此容易出现内部人控制现象；而外部董事与企业之间没有直接利益关系，相对客观，在防止内部人控制现象方面，外部董事可以起到一定的作用。如果在所有提案上，外部董事把内部董事作为一个对立面，那这些董事就不应叫外部董事，应叫对立董事。我觉得对外部董事的定位要非常清楚，当我们发现公司在提案过程中有瑕疵，比如一个提案中涉及关联方利益，应该要求执行董事回避，这是外部董事的独特作用。

再如，执行董事提出一项并购投资，外部董事是否一定反对或同意呢？不一定，外部董事要看并购的投资流程是否科学，是否聘请了专业机构做尽职调查，这些尽职调查是否包括技术上、法律上、财务上、人力资源上的尽职调查等，通过尽职调查提高议案透明度。在这种情况下，我觉得外部董事的专业知识和经验相当重要。相关法规是科学的，而当好独立董事是要靠智慧和艺术的。我感觉对于外部董事的职能定位，不要把自己放在董事会的对立面，否则你无法履行这个职责。

三、外部董事如何更好发挥专业作用

首先，建议企业根据外部董事的各自特长和专长，进行对口安排，让他们分别督导企业某一方面的工作。比如，安排精通会计的外部董事，负责指导公司审计和风险体系的建设与运行工作；安排擅长战略的外部董事，督导集团及企业的发展战略和规划执行工作。这样，董事会不仅负责制定战略，而且还通过外部董事的分工参与来监督和指导战略实施，也使得董事会在战略制定和风险防范上拥有治理制度上的保障。

其次，应加强外部董事之间的沟通和协调。外部董事往往具有不同专长，通过相互沟通，可更好、更全面地了解董事会议案，从而能更有效地进行审议和表决。

最后，借助中介专业机构或专家力量，帮助外部董事更好地进行审议和决策。对外部董事来说，由于时间、精力有限，加上外部董事不可能在每个方面都是专家，对一些重大经营事项，企业可考虑聘请专业机构或行业专家进行调研，提出建议。外部董事在结合专业机构或专家意见基础上，对董事会议案进行表决，无疑将会提高决策的科学合理性。

以上为本人关于担任外部董事的一些体会和感受，权作抛砖引玉，不当之处还请批评指正，谢谢！

李若山教授荣获
"十佳优秀独立董事"奖[○]

　　12 月 18 日，2010 年度上市公司优秀独立董事奖名单在"第九届中国公司治理论坛"上揭晓，我院会计学系李若山教授被评为"十佳优秀独立董事"，并作为全国十佳独立董事代表，在大会上做了题为"我国上市公司独立董事制度完善实践"的发言。韩正市长为其颁发了奖杯。

　　在李若山教授的颁奖词中，评委会对他担任独立董事的成绩给予高度肯定："李若山教授具有丰富的财务审计、公司治理方面的理论功底及从业经验，具有客观独立履行职责的审慎观念以及勤勉尽责、恪尽职守的职业操守，对任职公司董事会的各项重大决策发挥了重要的指导、咨询和决策作用。由李若山教授担任独立董事的中国太保董事会致力于治理结构和机制的不断完善，参照国际最佳实践，在集团和子公司层面构建了较为完善的治理体系，保证公司战略目标的实施，提高了风险控制

　　○　摘引自复旦大学管理学院网站，fdsm.fudan.edu.cn/Aboutus/fdsm 1393501605865。

的有效性。"

　　其他同时获得 2010 年度上市公司优秀独立董事奖的还有：担任民生银行、用友软件和保利地产独立董事的秦荣生先生，担任民生银行独立董事的王联章先生，担任葛洲坝、晋西车轴、二重重装独立董事的宋忠先生，担任郑州煤电独立董事的张铁港先生，担任海正药业、浙江广厦药业独立董事的孙笑侠先生，担任中国中铁、中国神华、南方航空独立董事的贡华章先生，担任交通银行、五矿发展独立董事的陈清泰先生，担任中国工商银行独立董事的钱颖一先生，担任中国远洋独立董事的韩武敦先生。

　　我国上市公司独立董事制度已实行 9 年，该制度的推行对改善上市公司治理结构、提高上市公司治理水平发挥了积极作用。在上海证券交易所成立 20 周年之际，评选出 "十佳优秀独立董事"，希望通过该评选活动提高独立董事的责任感、荣誉感，更好地推动独立董事制度的规范发展。

复旦大学管理学院管理教育与推广发展中心

2010年12月20日

后 记

经过数月奋笔疾书，终于完成洋洋洒洒、带点回忆录性质的拙作。其间，发给几位书中当事人看了一下，他们很快给我回复。肯定的有之，赞誉的有之，批评的有之。当然，他们是抱着善意的愿望、诚恳的态度的，并希望尽量少写一些与个人有关的事情，多写一些与公司治理有关的内容。为此，我接受他们的建议，做了部分修改。我在厦门大学任教时，曾经当过一个本科生班的班主任，在这个班就读的本科生同学包琰博士（她后来成为美国一所大学的终身教授），为我的书稿投入了大量的精力与时间，进行逐字逐句的修改，助我完成本书的初稿。尽管可能还有不少错误与问题，尤其是文字表达方面的问题，但这源于我的写作能力，就让我文责自负吧！

书稿完成后，我犹豫过要不要正式出版。毕竟，拙作所描述的许多人物还活跃在当下经济大潮中，我的描述是否客观？是否完全符合当时的历史场景？答案是：不一定，其中肯定会有部分以偏概全的结论。尽管出版社一而再再而三地邀约，我还是迟迟不肯签合同。毕竟，文章千古事，得失寸心知啊！尤其今年是我恩师葛家澍教授一百周年诞辰。老人家在世时，他的每一篇文章、每一本著作，都是经过反复修改、斟酌，才加以发表与出版的。他同样是这样不断叮嘱与教导我们的。这是我迟迟不愿意将书稿交予出版社的原因之一！

我最终将此稿付梓出版，大概与 2021 年监管部门的一纸处罚通知书有关。2021 年 3 月 12 日，广东榕泰（600589.SH）发布公告称收到中国证监会广东监管局的《行政处罚及市场禁入事先告知书》（广东证监处罚字〔2021〕5 号），因未按时披露 2019 年年报，未按规定披露关联关系以及 2018 年、2019 年年报虚增利润等，广东榕泰及董事长等高管被处罚款总计超千万元，此外，公司实际控制人、董事长兼总经理被罚 3 年禁入证券市场。尤其是该公司的四位独立董事，他们一年的独立董事津贴才 5 万元（税前），每人被罚款 50 万元（税后）。

对于这样的处罚，四位独立董事均表示不服，他们的申辩理由如下。

时任独立董事兼审计委员会召集人冯育升、时任独立董事陈水挟、时任独立董事郑子彬辩称：一是未实际参与上市公司日常经营管理，无法左右定期报告披露时间，也未参与违规行为的任何环节，在违规事项中未起任何作用；二是已履行了作为上市公司独立董事应有的勤勉尽责义务，在违规行为发生前尽其所能主动了解审计进展及公司经营情况，在违规行为发生后尽其所能敦促上市公司尽快披露定期报告；三是在未按时披露定期报告违规行为中，对独立董事减轻或免除处分，符合既往监管实践。时任独立董事李晓东辩称：一是已勤勉尽责，积极履行独立董事职责，从未缺席董事会会议，依照法律法规和章程独立判断，并发表相关独立意见；二是公司发出的《关于无法在法定期限披露定期报告及公司股票停牌的公告》的所载内容未经董事会会议批准，属于董事长擅自以董事会名义发布，其对相关事项均不知情；三是提交杨宝生出具的书面"免责声明"，证明其任独立董事以来勤勉尽责，在此次事件中确无任何责任；四是其代表中国互联网界担任多个国际互联网组织要职，如因处罚导致个人信誉折损，引起国际社会连锁反应，可能会造成难以挽回的负面国际影响。

对于这样的申辩，作为监管部门的上海证券交易所并没有采纳，他们对这样的申辩答复如下。⊖

时任独立董事兼审计委员会委员召集人冯育升，时任独立董事郑子彬、李晓东、陈水挟，时任监事杨愈静、陈东扬、朱少鹏虽不参与公司日常经营管理，但作为上市公司董事、监事，负有督促公司及时编制年度报告、按时披露的法定义务，应持续关注并了解公司重大事项与经营管理状况，及时关注年度报告编制及审议情况并督促公司按时披露定期报告，对提出的未实际参与公司经营、无法左右定期报告披露事项等异议理由不予采纳。同时，时任独立董事郑子彬、李晓东、陈水挟，时任监事杨愈静、陈东扬、朱少鹏未能提供有效证据证明其在年度报告编制过程中已经勤勉尽责。

这是自 2020 年 3 月实施新证券法以来，中国证券市场监管部门第一次对独立董事实施如此严厉的处罚。相信这种对独立董事的经济处罚只是刚刚开始，根据新证券法，如果独立董事在工作中不尽职，后续估计还会有更严厉的刑事处罚。独立董事再也不像过去那样，是一个"对外独立，对内懂事"的轻松活！此时，有人想到一个办法，或许能让独立董事避免承担如此之重的经济处罚，那就是给独立董事购买责任险。有些独立董事认为，只要购买这些保险，以后出事情，由保险公司出钱赔偿，自己仍然可以高枕无忧。有人戏称，给独立董事购买责任险就像给打仗的将军戴上有

⊖　摘引自https://xw.qq.com/amphtml/20201230A0H15M00?ivk_sa=1024320u。

防护作用的头盔，于是董事责任险又被称为"将军的头盔"。然而，这样的"头盔"不会无条件地让独立董事放开手脚，随意履行自己应尽的义务。几乎所有保险公司在开设这类保险时，都有一个前提：如果独立董事没有尽到自己的责任，存在重大过失与失责，保险公司拒绝承担赔偿责任。这样的"头盔"不具备万无一失的保险作用，关键还是要独立董事成为一个合格的治理专家，成为一个专业的董事会成员。

看来，今后当好一个独立董事，再也不是凭感觉或经验就行的。也许，我这本带回忆录性质的拙作，能够为新证券法下，如何尽职地担任独立董事之职，提供一些建设性的看法。尽管拙作中有不少瑕疵与问题，但相信读者看完之后，多多少少会受到一些启发。

李若山

2021年12月26日

会计极速入职晋级

书号	定价	书名	作者	特点
66560	49	一看就懂的会计入门书	钟小灵	非常简单的会计入门书；丰富的实际应用举例，贴心提示注意事项，大量图解，通俗易懂，一看就会
44258	49	世界上最简单的会计书	（美）穆利斯 等	被读者誉为最真材实料的易懂又有用的会计入门书
59148	49	管理会计实践	郭永清	总结调查了近1000家企业问卷，教你构建全面管理会计图景，在实务中融会贯通地去应用和实践
70444	69	手把手教你编制高质量现金流量表：从入门到精通（第2版）	徐峥	模拟实务工作真实场景，说透现金流量表的编制原理与操作的基本思路
69271	59	真账实操学成本核算（第2版）	鲁爱民 等	作者是财务总监和会计专家；基本核算要点，手把手讲解；重点账务处理，举例综合演示
57492	49	房地产税收面对面（第3版）	朱光磊 等	作者是房地产从业者，结合自身工作经验和培训学员常遇问题写成，丰富案例
69322	59	中小企业税务与会计实务（第2版）	张海涛	厘清常见经济事项的会计和税务处理，对日常工作中容易遇到重点和难点财税事项，结合案例详细阐释
62827	49	降低税负：企业涉税风险防范与节税技巧实战	马昌尧	深度分析隐藏在企业中的涉税风险，详细介绍金三环境下如何合理节税。5大经营环节，97个常见经济事项，107个实操案例，带你活学活用税收法规和政策
42845	30	财务是个真实的谎言（珍藏版）	钟文庆	被读者誉为最生动易懂的财务书；作者是沃尔沃原财务总监
64673	79	全面预算管理：案例与实务指引（第2版）	龚巧莉	权威预算专家，精心总结多年工作经验/基本理论、实用案例、执行要点，一册讲清/大量现成的制度、图形、表单等工具，即改即用
61153	65	轻松合并财务报表：原理、过程与Excel实战	宋明月	87张大型实战图表，手把手教你用EXCEL做好合并报表工作；书中表格和合并报表的编制方法可直接用于工作实务！
70990	89	合并财务报表落地实操	蔺龙文	深入讲解合并原理、逻辑和实操要点；14个全景式实操案例
54616	39	十年涨薪30倍	李燕翔	实录500强企业工作经验，透视职场江湖，分享财务技能，让涨薪，让升职，变为现实
69178	169	财务报告与分析：一种国际化视角	丁远	从财务信息使用者角度解读财务与会计，强调创业者和创新的重要作用
69738	79	我在摩根的收益预测法：用Excel高效建模和预测业务利润	（日）熊野整	来自投资银行摩根士丹利的工作经验；详细的建模、预测及分析步骤；大量的经营模拟案例
64686	69	500强企业成本核算实务	范晓东	详细的成本核算逻辑和方法，全景展示先进500强企业的成本核算做法
60448	45	左手外贸右手英语	朱子斌	22年外贸老手，实录外贸成交秘诀，提示你陷阱和套路，告诉你方法和策略，大量范本和实例
70696	69	第一次做生意	丹牛	中小创业者的实战心经；赚到钱、活下去、管好人、走对路；实现从0到亿元营收跨越
70625	69	聪明人的个人成长	（美）史蒂夫·帕弗利纳	全球上亿用户一致践行的成长七原则，护航人生中每一个重要转变

财务知识轻松学

书号	定价	书名	作者	特点
45115	39	IPO 财务透视：方法、重点和案例	叶金福	大华会计师事务所合伙人经验作品，书中最大的特点就是干货多
58925	49	从报表看舞弊：财务报表分析与风险识别	叶金福	从财务舞弊和盈余管理的角度，融合工作实务中的体会、总结和思考，提供全新的报表分析思维和方法，黄世忠、夏草、梁春、苗润生、徐珊推荐阅读
62368	79	一本书看透股权架构	李利威	126 张股权结构图，9 种可套用架构模型；挖出 38 个节税的点，避开 95 个法律的坑；蚂蚁金服、小米、华谊兄弟等 30 个真实案例
70557	89	一本书看透股权节税	李利威	零基础 50 个案例搞定股权税收
52074	39	财报粉饰面对面	夏草	夏草作品，带你识别财报风险
62606	79	财务诡计（原书第 4 版）	（美）施利特 等	畅销 25 年，告诉你如何通过财务报告发现会计造假和欺诈
58202	35	上市公司财务报表解读：从入门到精通（第 3 版）	景小勇	以万科公司财报为例，详细介绍分析财报必须了解的各项基本财务知识
67215	89	财务报表分析与股票估值（第 2 版）	郭永清	源自上海国家会计学院内部讲义，估值方法经过资本市场验证
58302	49	财务报表解读：教你快速学会分析一家公司	续芹	26 家国内外上市公司财报分析案例，17 家相关竞争对手、同行业分析，遍及教育、房地产等 20 个行业；通俗易懂，有趣有用
67559	79	500 强企业财务分析实务（第 2 版）	李燕翔	作者将其在外企工作期间积攒下的财务分析方法倾囊而授，被业界称为最实用的管理会计书
67063	89	财务报表阅读与信贷分析实务（第 2 版）	崔宏	重点介绍商业银行授信风险管理工作中如何使用和分析财务信息
58308	69	一本书看透信贷：信贷业务全流程深度剖析	何华平	作者长期从事信贷管理与风险模型开发，大量一手从业经验，结合法规、理论和实操融会贯通讲解
55845	68	内部审计工作法	谭丽丽 等	8 家知名企业内部审计部长联手分享，从思维到方法，一手经验，全面展现
62193	49	财务分析：挖掘数字背后的商业价值	吴坚	著名外企财务总监的工作日志和思考笔记；财务分析视角侧重于为管理决策提供支持；提供财务管理和分析决策工具
66825	69	利润的 12 个定律	史永翔	15 个行业冠军企业，亲身分享利润创造过程；带你重新理解客户、产品和销售方式
60011	79	一本书看透 IPO	沈春晖	全面解析 A 股上市的操作和流程；大量方法、步骤和案例
65858	79	投行十讲	沈春晖	20 年的投行老兵，带你透彻了解"投行是什么"和"怎么干投行"；权威讲解注册制、新证券法对投行的影响
68421	59	商学院学不到的 66 个财务真相	田茂永	萃取 100 多位财务总监经验
68080	79	中小企业融资：案例与实务指引	吴瑕	畅销 10 年，帮助了众多企业；有效融资的思路、方略和技巧；从实务层面，帮助中小企业解决融资难、融资贵问题
68640	79	规则：用规则的确定性应对结果的不确定性	龙波	华为 21 位前高管一手经验首次集中分享；从文化到组织，从流程到战略；让不确定变得可确定
69051	79	华为财经密码	杨爱国 等	揭示华为财经管理的核心思想和商业逻辑
68916	99	企业内部控制从懂到用	冯萌 等	完备的理论框架及丰富的现实案例，展示企业实操经验教训，提出切实解决方案
70094	129	李若山谈独立董事：对外懂事，对内独立	李若山	作者获评 2010 年度上市公司优秀独立董事；9 个案例深度复盘独董工作要领；既有怎样发挥独董价值的系统思考，还有独董如何自我保护的实践经验
70738	79	财务智慧：如何理解数字的真正含义（原书第 2 版）	（美）伯曼 等	畅销 15 年，经典名著；4 个维度，带你学会用财务术语交流，对财务数据提问，将财务信息用于工作